## Manual Im

# Photoshop CS4

MANUAL IMPRESCINDIBLE

Responsable Editorial:
Eugenio Tuya Feijoó

Diseño de cubierta:
Cecilia Poza Melero

Manual Imprescindible de

# Photoshop CS4

José María Delgado Cabrera

ANAYA
MULTIMEDIA

Todos los nombres propios de programas, sistemas operativos, equipos hardware, etc. que aparecen en este libro son marcas registradas de sus respectivas compañías u organizaciones.



Edición española:


Juan Ignacio Luca de Tena, 15. 28027 Madrid
Depósito legal: M-9.246-2009
ISBN: 978-84-415-2557-3
Printed in Spain
Impreso en: Gráficas Hermanos Gómez S. L. L.

*A Fátima y Carlos, esas dos nuevas personitas*
*que han llegado a nuestas vidas.*

# Agradecimientos

Desde esta página quiero agradecer de todo corazón a Eugenio Tuya y al resto de equipo de Anaya multimedia la posibilidad de seguir trabajando en este proyecto, me costa que esta vez ha sido más complicado de lo habitual.

# Sobre el autor

José María Delgado Cabrera es Ingeniero en Informática y durante los últimos diez años ha escrito más de 30 libros de diferentes materias como Photoshop, Illustrator, Office o Windows. También coordina y desarrolla materiales formativos para el Centro Nacional de Formación del Profesorado, organismo dependiente del Ministerio de Educación y Ciencia. Actualmente combina su actividad profesional como administrador de sistemas Linux con la gerencia de varias empresas familiares. Todo esto sin abandonar sus grandes pasiones: el diseño gráfico, la fotografía y por supuesto, sus tres pequeños diablillos.

Si desea opinar acerca de este libro, aclarar dudas o recibir material complementario, puede ponerse en contacto con el autor.

Muchas gracias por elegir este libro, esperamos que cumpla todas sus expectativas.

Josemdelgado.ba@gmail.com

# Índice de contenidos

## 



## 



## 

# Cómo usar este libro

# ¿Es éste su libro?

Si se encuentra decidiendo entre éste y otros tantos libros sobre Photoshop que podrá encontrar en las estanterías de su librería, intentaremos ayudarle un poco, por lo menos en lo que a este manual se refiere.

El propósito del libro que tiene entre sus manos no es otro que hacerle mucho más sencillo el aprendizaje de la mejor herramienta para retoque fotográfico y diseño artístico que existe actualmente en el mercado. Todo, sin olvidar las funciones para la gestión de archivos con Adobe Bridge, la localización y compra de imágenes con Adobe Stock Photos o la simulación en dispositivos móviles con Adobe Device Central.

Si nunca ha tenido contacto con Photoshop, o sólo lo ha utilizado para trabajos sencillos y desconoce el verdadero alcance de todas sus posibilidades, no lo dude, éste es su libro. Y para que termine de decidirse aquí le mostramos algunas pinceladas sobre todo lo que podrá conseguir después de leer este libro:

- Dominar a fondo el funcionamiento de todas las herramientas y funciones disponibles en Photoshop.
- Aprovechar las posibilidades de la nueva herramienta Adobe Bridge para localizar y organizar las imágenes de una forma rápida y sencilla.
- Comprender y aprender a utilizar uno de los elementos más importantes dentro de Photoshop, las capas. Con ellas conseguiremos resultados de composición realmente espectaculares en todos nuestros diseños.
- En estos momentos, con el auge de las cámaras digitales, trataremos un aspecto tan importante como el color en nuestras imágenes, viendo la forma de corregir defectos típicos como los famosos ojos rojos, o cómo aprovechar sus posibilidades para mejorarlas.
- Hablaremos de los filtros como elemento imprescindible de transformación y desarrollo creativo.
- Trataremos en profundidad un tema tan importante para una herramienta de dibujo como es el color.
- Comprobaremos las posibilidades para el tratamiento y la optimización de gráficos para Internet.
- Describiremos algunos de los complementos más importantes como la creación de hojas de contactos, panorámicas, tratamiento de imágenes en bloque o el montaje de una galería Web.
- Y un largo etcétera que puede consultar muy fácilmente echando un vistazo al índice de contenidos del libro.

Si necesita empezar a trabajar con Photoshop y aprovechar las infinitas posibilidades que ofrece, las páginas siguientes le ayudarán a conocer todos los aspectos necesarios para sacarle el máximo rendimiento a esta potente aplicación. Por el contrario si se considera un usuario avanzado de Photoshop, éste no es su libro, y deberá buscar otro encuadrado dentro de un nivel más alto.

# Organización del libro

La organización de este libro está planteada de modo que la curva de aprendizaje sea progresiva y el avance en el conocimiento de la aplicación no suponga ningún problema. En los primeros capítulos se tratan aspectos esenciales como nociones básicas sobre imágenes digitales, entorno de la aplicación, Adobe Bridge y, por supuesto, el uso de herramientas más sencillas. A partir de aquí, un tema esencial son las distintas formas y métodos disponibles para la selección dentro de imágenes. Dada su importancia hemos dedicado un capítulo completo a conocer todos sus detalles y posibilidades.

Una vez plantados los pilares básicos de nuestro conocimiento sobre Photoshop, daremos otro paso importante al descubrir las capas y máscaras. Estos dos elementos fundamentales dentro de la filosofía de la aplicación nos permitirá aumentar exponencialmente las oportunidades de diseño y creatividad que ofrece el programa. Aquí nuestra recomendación es que preste mucha atención a todos y cada uno de los apartados del capítulo para no perder detalle sobre un aspecto tan importante como éste.

El siguiente paso irá encaminado hacia los usuarios de cámaras digitales y la forma de corregir los problemas más comunes que podemos encontrar en nuestras fotografías.

Después de descubrir los secretos básicos de Photoshop iremos abordando materias menos conocidas pero igualmente útiles como los grupos de recorte, las opciones de deshacer del panel Historia y, cómo no, todas las funcionalidades para el tratamiento de textos.

Llegados a este punto, daremos un cambio brusco y dirigiremos todos nuestros esfuerzos a conocer las posibilidades de Photoshop en el tratamiento de imágenes para Internet.

Para la recta final del libro nuestra propuesta es mucho más ambiciosa al adentrarnos en uno de los temas más apasionantes de Photoshop, el color. Aquí descubriremos sus particularidades y sobre todo, aprenderemos a aprovechar toda la potencia de la aplicación en este sentido. También conoceremos cómo sacar partido a los más de cien filtros incluidos en Photoshop y por supuesto al nuevo panel Ajustes.

Con todos los conocimientos que obtendrá después de leer y practicar con todos los aspectos propuestos en este libro, no tendrá ningún problema en abordar cualquier proyecto de diseño o retoque fotográfico. ¡Ánimo!

# Convenios empleados en este libro

Las combinaciones de teclas que en la pantalla aparecen relacionadas con el signo más, como por ejemplo Ctrl+U, en este libro aparecen relacionadas con un guión e impresas en negrita, por ejemplo, **Control-U**.

Los nombres de botones y combinaciones de teclas aparecen en negrita para facilitar su identificación; por ejemplo, el botón **Guardar**.

Los nombres de comandos, cuadros de diálogo, menús y submenús aparecen con un tipo de letra diferente para facilitar su identificación; por ejemplo, el menú Ventana. Los comandos consecutivos para seleccionar aparecen separados por el signo mayor que (>) y en el orden de la selección. Por ejemplo, Archivo>Guardar como.

En el libro aparecen resaltados una serie de temas o acontecimientos extraordinarios de la siguiente forma:

**Nota:**

*Comentarios o noticias fuera de texto.*

**Advertencia:**

*Información importante a tener en cuenta para la integridad del trabajo o del sistema.*

**Truco:**

*Consejo o información que puede facilitar un trabajo.*

# Introducción

# Photoshop Creative Studio

Hablar de Photoshop es hablar de tratamiento profesional de imágenes, diseño de calidad y por supuesto, creatividad sin límites. Tanto si está como no inmerso en proyectos donde intervenga el procesado digital de imágenes habrá oído hablar de Photoshop. Y por supuesto, nadie que lo haya utilizado o haya visto utilizarlo puede quedar al margen de su potencia y posibilidades.
Por otra parte, si la idea que tiene de Photoshop es la de una herramienta complicada y difícil de manejar, cambie de opinión, ya que Photoshop cubre perfectamente las necesidades tanto de usuarios profesionales como de aquellos con menos conocimientos. Y es precisamente para estos últimos, donde Adobe ha realizado un mayor esfuerzo en los últimos años, mejorando la interfaz de la aplicación, haciendo su entorno mucho más amigable y adaptando sus posibilidades a todos los nuevos usuarios que adquieren una cámara digital o un escáner y quieren modificar, tratar o mejorar sus imágenes.
Siempre que nos encontramos ante una nueva versión de nuestra aplicación de diseño favorita, nos surge la misma duda, ¿es posible mejorarla? Pues parece ser que sí, y atendiendo a las opiniones de los millones de usuarios de Photoshop existentes en todo el mundo, Adobe se supera en cada actualización, incluyendo nuevas características, posibilidades, herramientas, etcétera. Hace algunas versiones, Adobe nos sorprendía con la paleta Historia como la mejor opción para deshacer y rehacer acciones dentro de Photoshop; después con las Formas se ampliaron las posibilidades para el tratamiento vectorial de imágenes, y también quedamos sorprendidos por las capacidades casi "mágicas" del pincel inteligente con el que podemos recuperar zonas perdidas de la imagen con sólo algunos clic de ratón. En el caso de la versión que nos ocupa, Photoshop mejora en aspectos tan importantes como la gestión de archivos con el mejorado Adobe Bridge, la modularidad de su interfaz o los nuevos paneles Ajustes y Máscaras.
Pero dejando a un lado las herramientas y los efectos espectaculares, Photoshop en su conjunto ofrece innumerables opciones para el tratamiento digital de imágenes, así como para la creación artística. Sin ir más lejos, la mayoría de los diseños que encontramos todos los días en revistas, carteles, trípticos y, por supuesto, Internet, se han realizado utilizando Photoshop.
El manual que tiene entre sus manos pretende ser una guía eficaz para comprender el funcionamiento de Photoshop y alguno de sus complementos más importantes como Bridge. A partir de aquí, que sea su imaginación y su creatividad la que le lleve a conseguir resultados que dejen boquiabiertos a cualquiera. Porque si algo nos ha traído la evolución actual de la informática

es la posibilidad de conseguir con pocos recursos situar nuestros objetivos al mismo nivel que los de cualquier profesional. Ya no necesitamos grandes inversiones en hardware y software para lograr diseños profesionales, ahora es suficiente con un escáner o una cámara digital, Photoshop y algo de imaginación. Con los conocimientos adquiridos después de la lectura de este manual, no tendrá ningún problema en aprovechar al máximo las posibilidades de una herramienta tan increíble como Photoshop.

Este manual trata de recoger la experiencia acumulada día a día y plasmarla del modo más ameno posible. Pero, nuestro objetivo no estará totalmente cumplido si no se divierte con cada una de las páginas de este libro. Photoshop es una herramienta con una característica muy especial, fomenta la creatividad, por lo tanto, no deje de aprovecharla.

### Qué necesita saber para aprovechar a fondo este libro

Siguiendo la filosofía de la colección, este manual está pensado para todas aquellas personas que nunca han trabajado con Photoshop o, si lo han hecho, no conocen realmente las posibilidades de la aplicación. También hablamos del mundo de la imagen digital en general y muchos de los conceptos tratados no hacen referencia de forma exclusiva a Photoshop sino que pueden aplicarse a cualquier proyecto de diseño.

Sí son necesarios unos conocimientos básicos sobre el manejo de Windows y sus elementos como las carpetas, archivos, etcétera, pero suponemos que si está pensando en desarrollar proyectos de preimpresión estos conceptos los tendrá claros.

Por último, y se trata sólo de una recomendación, sería conveniente disponer de algún dispositivo de captura digital de imagen como un escáner o cámara digital puesto que, de este modo, encontrará mucha más utilidad a muchos de los temas tratados en este libro. En cuanto a las características del equipo, es el propio Photoshop el que determina esta pauta, siendo una aplicación algo exigente sobre todo en cuanto a memoria se refiere. Si comprueba que su equipo no se desenvuelve con soltura a la hora de aplicar filtros o transformaciones, quizás necesite ampliar la cantidad de este recurso.

# Prólogo

# Acerca de Photoshop

**En este capítulo aprenderá:**

- La historia del programa.
- Evolución de Photoshop.
- Hasta donde...

## Sobre el protagonista

En sus comienzos Photoshop sólo se utilizaba principalmente en entornos profesionales como estudios de diseño, talleres de preimpresión, fotógrafos, productoras de vídeo, etc. El siguiente paso fueron los diseñadores Web, que encontraron en Photoshop la mejor herramienta para dar rienda suelta a su imaginación y plasmar en Internet toda su creatividad. En estos momentos, generalizado el uso de dispositivos digitales como escáneres o cámaras, Photoshop se convierte en el complemento ideal para cualquier usuario que desee mejorar el resultado de sus instantáneas o simplemente divertirse un poco.

Actualmente, Photoshop es el líder indiscutible dentro del segmento de aplicaciones destinadas tanto a la creación como al tratamiento digital de imágenes, y reflexionando un poco sobre la época que nos ha tocado vivir, donde la imagen y el diseño parecen ser el eje alrededor del cual gira todo, Photoshop se convierte, sin duda, en la herramienta definitiva.

En la figura 0.1 podemos ver el aspecto que ofrecía el entorno de las primeras versiones de Photoshop y su configuración actual. Como puede comprobar la evolución es más que evidente, pero como se suele decir, lo mejor no es lo que se ve si no todo lo que hace.

## Un poco de historia

En sus comienzos, Adobe Photoshop se utilizaba dentro de los inexpugnables muros de Industrias Light and Magic, cuyo propietario era ni más ni menos que el mismísimo George Lucas. En esta época, sus funciones no pasaban de ser más que potentes conversores entre distintos formatos gráficos.

Poco a poco, los creadores de Photoshop (Thomas y John Knoll), junto con los desarrolladores de Adobe, fueron incorporando nuevas posibilidades a esta herramienta hasta hacerse imprescindible en cualquier proceso de diseño, retoque y tratamiento gráfico. Pero fue sobre todo a partir de la versión 3.02 donde el salto cualitativo fue más notable, y desde ésta hasta nuestros días, las continuas mejoras han hecho de Photoshop un espléndido producto del que, con la ayuda de este manual, le enseñaremos a disfrutar.

Es posible que ya haya trabajado o por lo menos conozca algún que otro programa de tratamiento de gráficos, pero Photoshop es otra historia. Algunas de sus características más notables, como las capas y los filtros, sin contar la gran cantidad de herramientas de edición disponibles, hacen de esta aplicación un punto obligado de referencia para todos los profesionales del diseño.

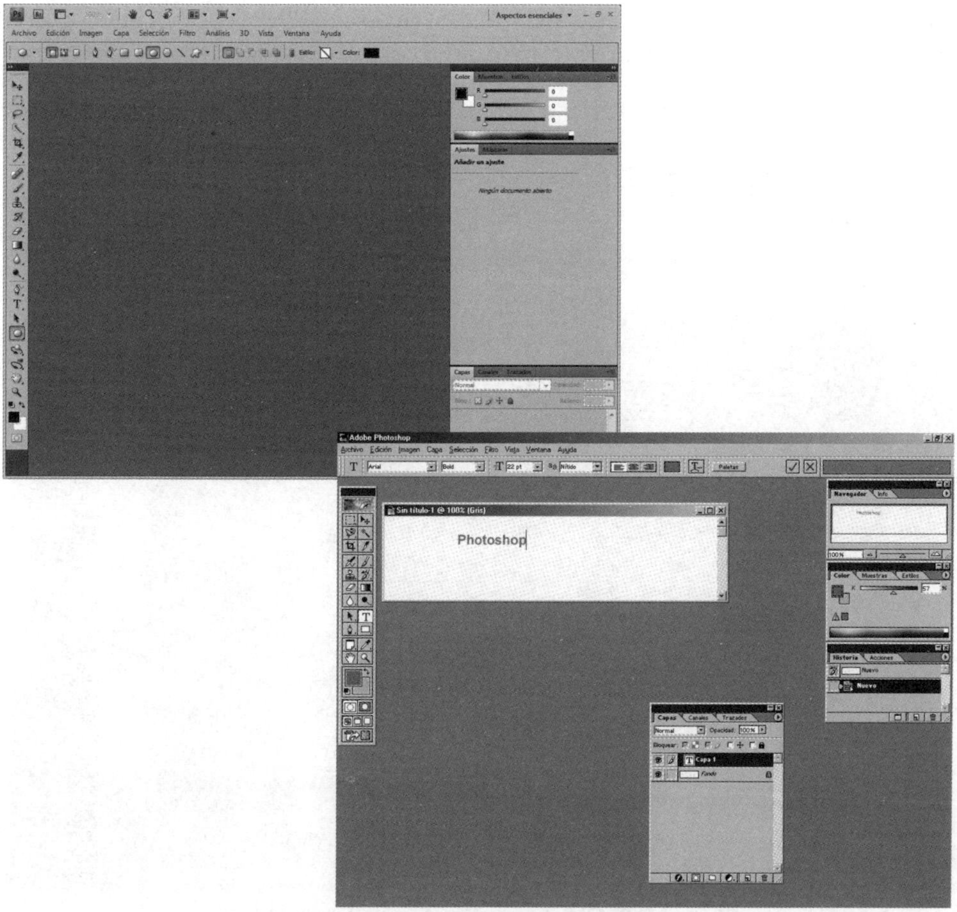


**Figura 0.1.** Evolución del entorno de Photoshop.

**Nota:**

*En este manual dedicamos un capítulo completo a las capas, en el que descubriremos todo lo relacionado con la utilización de este elemento como pieza fundamental en el desarrollo de cualquier trabajo con Photoshop.*

Lo cierto es que, una vez que empiece a trabajar con Photoshop y conozca sus posibilidades, no podrá pensar en otra cosa. Se crea una especie de dependencia, y continuamente imaginará nuevos efectos o transformaciones para aplicarlos sobre sus imágenes, diseños, etcétera. Quizás nos estemos excediendo, ¿verdad? Sí, seguro que sí. Pero no piense que exageramos tanto cuando hablamos del nivel de adicción que produce Photoshop, y si no, compruébelo al terminar de leer este manual, o quizás no sea necesario esperar tanto (figura 0.2)...

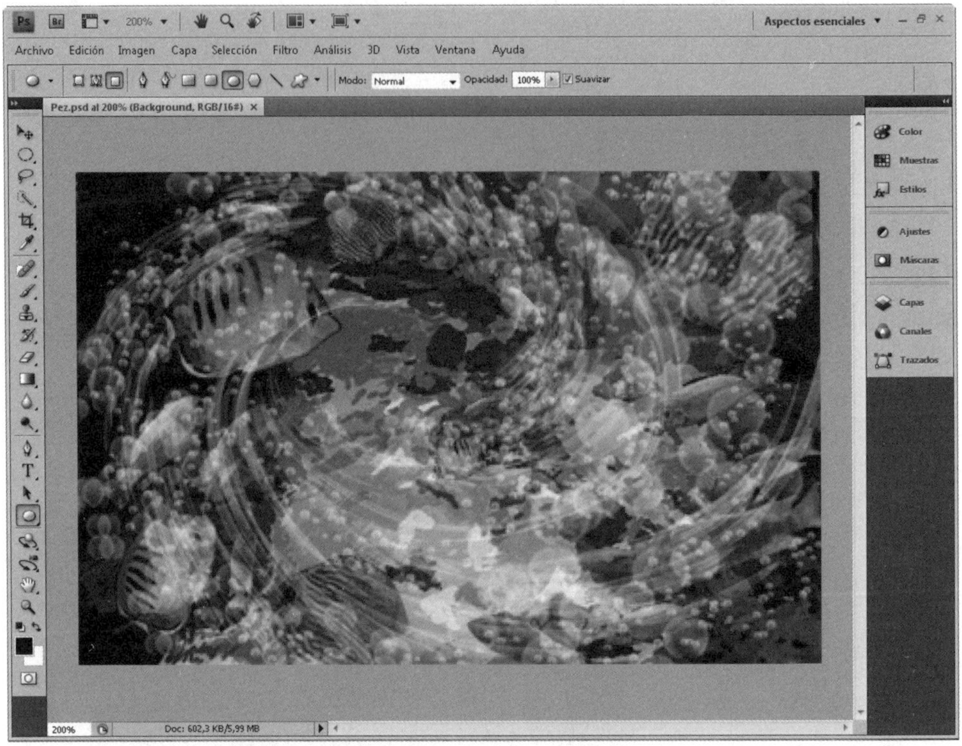


**Figura 0.2.** Diseño realizado con Photoshop.

# Hasta dónde...

Pecando de poco originales podríamos decir que los límites a la hora de trabajar con Photoshop los pone nuestra imaginación. Para ser valorados como artistas, ya no necesitamos ser genios dibujando óleos o acuarelas. En los tiempos que corren, las nuevas tecnologías permiten desarrollar toda nuestra capacidad creativa a través de medios electrónicos y herramientas como Photoshop.

Piense en Photoshop como si fuera su paleta y sus pinceles, es decir, las herramientas que van a permitir plasmar cualquier tipo de idea sobre nuestro lienzo digital.

Sería difícil ajustar el uso de Photoshop dentro de un marco profesional concreto, dado que el amplio espectro de posibilidades que ofrece lo sitúan como herramienta indispensable en multitud de disciplinas:

- Proyectos multimedia.
- Diseño de cartelería y material corporativo.
- Internet, tanto en diseños estáticos como dinámicos con botones, rollover, etcétera.
- Diseño de trípticos, portadas de revistas...
- Retoque fotográfico.
- Gráficos para dispositivos móviles.

Con Photoshop podremos desde restaurar los viejos retratos de nuestros abuelos hasta arreglar esa dichosa fotografía en la que hemos salido con los ojos cerrados. En la figura 0.3 se observa una imagen antes y después de retocarla con Photoshop.
En general, Photoshop será nuestro perfecto aliado en cualquier trabajo donde sea necesario aplicar elementos de diseño o desarrollar líneas creativas.

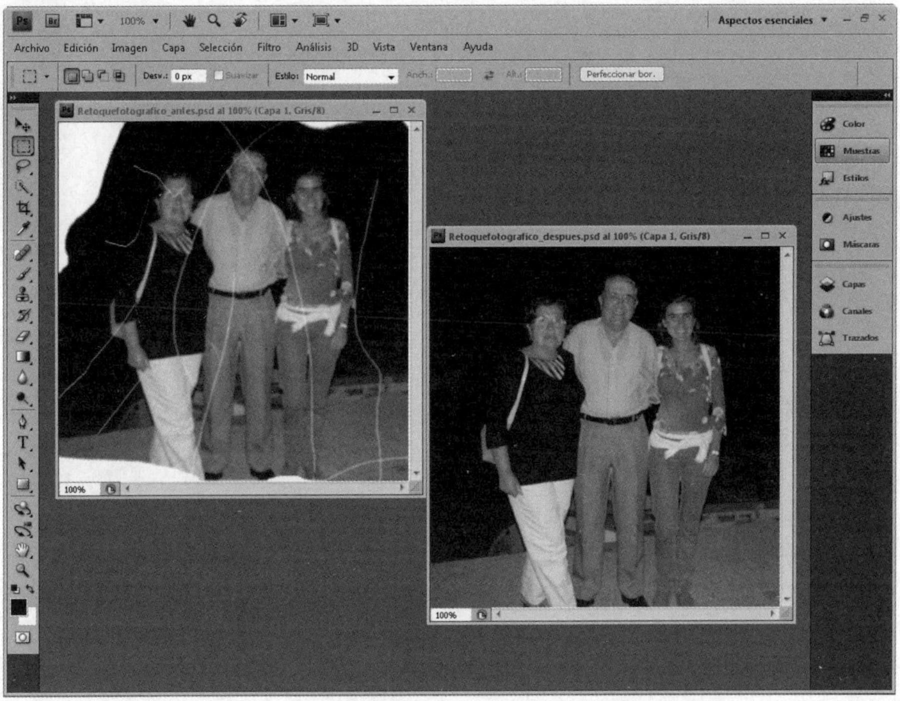


**Figura 0.3.** Ejemplo de retoque fotográfico.

# Capítulo 1

# Imagen digital conceptos básicos

**En este capítulo aprenderá a:**

- Conocer los aspectos básicos del tratamiento digital de imágenes.
- Distinguir sus propiedades y características principales.
- Trabajar con los modos de color más habituales.
- Estudiar los formatos de archivos de imágenes más utilizados.
- Obtener imágenes para nuestros proyectos de Photoshop.

# Introducción

Después de conocer la historia del programa y descubrir algunas de las novedades más importantes de esta versión, nos adentraremos en los aspectos básicos que caracterizan a las imágenes en formato electrónico. Estos conocimientos son imprescindibles antes de empezar a trabajar a fondo con Photoshop.

**Nota:**

*Muchos de los conocimientos planteados en este capítulo no sólo le serán de gran utilidad para trabajar con Photoshop, también le servirán para trabajar con cualquier otra herramienta de diseño o tratamiento digital de imágenes.*

Es lógico que esté deseando comenzar a trabajar con Photoshop y aprender todas sus posibilidades, pero creemos que un capítulo como éste donde se definen las características fundamentales del tratamiento digital de imagen le resultará de gran ayuda, por lo que le pedimos un poco de paciencia y que preste mucha atención a las páginas siguientes.

# Mapas de bits versus gráficos vectoriales

A la hora de representar el contenido de una imagen existen dos métodos que a su vez sirven para dividir las imágenes en dos grandes grupos: mapas de bits y gráficos vectoriales. En el grupo de imágenes denominado mapa de bits, el contenido se representa mediante pequeños puntos rectangulares denominados píxeles. En la figura 1.1 hemos ampliado una imagen para que se puedan apreciar mejor los cuadrados, píxeles, que forman un mapa de bits.

**Advertencia:**

*Antes de continuar nos detendremos en la definición de píxel, ya que será uno de los términos más utilizado a lo largo de todo el libro. Un píxel es la unidad mínima a partir de la cual se forma cualquier imagen en mapa de bits. Para la representación de un píxel se puede utilizar 1 bit, 2 bits, 4 bits... de información. Este valor determinará el número de colores que puede representar dicho píxel; como es evidente, a más bits, más colores y, por lo tanto, mejor calidad de imagen, pero también, mayor tamaño de la misma.*

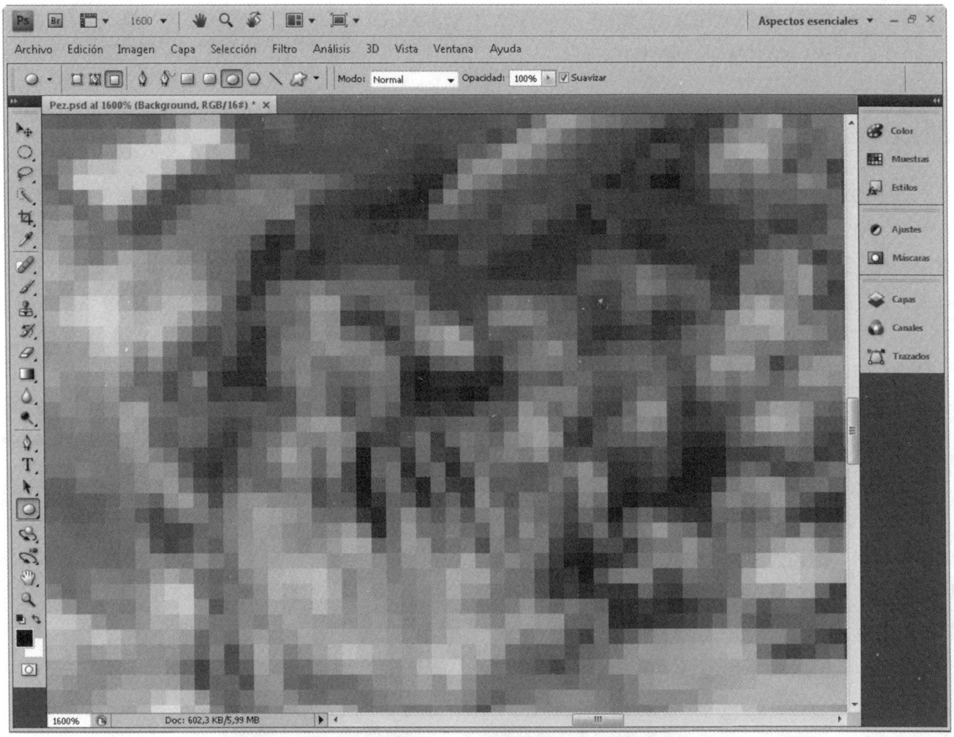


**Figura 1.1.** Imagen ampliada para apreciar mejor el aspecto de los píxeles que la forman.

El segundo grupo de imágenes, los gráficos vectoriales, sigue un método de representación totalmente distinto. Cada uno de los elementos que componen la imagen se tratan como objetos, y sus propiedades se definen mediante fórmulas matemáticas. Existen aplicaciones específicas para trabajar con este tipo de gráficos, como Adobe Illustratror, destinadas a fines concretos como el diseño industrial o las artes gráficas. En cualquier caso y como veremos a lo largo del libro, Photoshop también dispone de capacidades destinadas al trabajo con gráficos vectoriales.

## Lo mejor y lo peor de cada formato

Una vez descritos brevemente cada uno de los modelos de representación de imágenes, llega la hora de tomar una decisión, ¿mapas de bits u objetos? La cuestión no es tan simple y, como casi siempre, lo mejor es buscar un término medio. Por tanto, lo más conveniente sería analizar cada caso y utilizar el método más apropiado en cada uno de ellos.

Para ayudarle, expondremos lo mejor y lo peor tanto de los mapas de bits como de los gráficos vectoriales.

## Mapas de bits: lo mejor

Lo mejor de los mapas de bits es, sin duda alguna, las facilidades e innumerables posibilidades que ofrecen las aplicaciones diseñadas para el tratamiento de este tipo de imágenes. Con ellas podemos pintar, borrar, retocar, transformar, etcétera, con tan sólo elegir la herramienta adecuada y algunos clics de ratón.

Observe, en la figura 1.2, un sencillo boceto creado con Photoshop en tan sólo unos minutos con algunos golpes de pincel y la herramienta Aerógrafo. Hacer lo mismo con algún programa de dibujo (o vectorial) nos podría llevar bastantes horas.

**Figura 1.2.** Ejemplo de mapa de bits creado con Photoshop.

## Mapas de bits: lo peor

Los problemas principales de los mapas de bits son la resolución y su tamaño. El primer término hace referencia al número de píxeles por pulgada que contiene la imagen (ampliaremos esta información un poco más adelante en este mismo capítulo) y el segundo, a la cantidad de bytes que ocupa el archivo.

La resolución de una imagen resulta determinante en su aspecto, ya que a más resolución, más píxeles y, por lo tanto, mayor nivel de detalle. El verdadero problema llega cuando ampliamos la imagen; en este caso, la pérdida de calidad va en proporción directa al grado de ampliación. En la figura 1.3 puede comprobar el aspecto de un mapa de bits ampliado, eso sí, en exceso para entender mejor lo que estamos explicando.

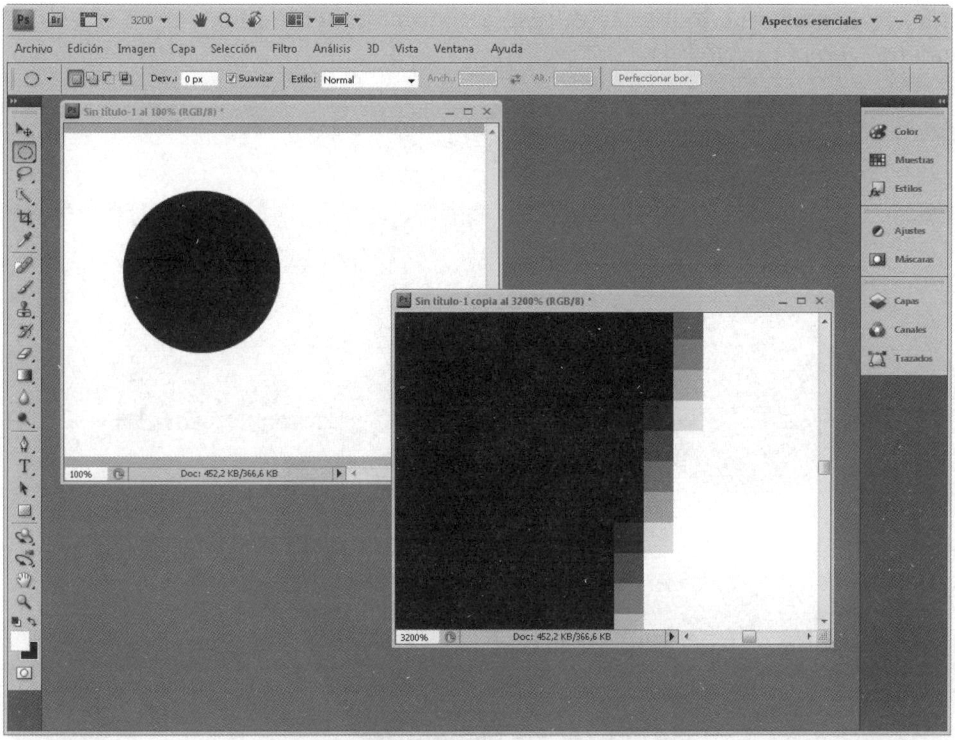


**Figura 1.3.** Mapa de bits ampliado.

Una solución parcial a este problema es utilizar resoluciones altas (más de 300 ppp). Decimos parcial porque al aumentar la resolución, también se incrementa el tamaño de la imagen hasta niveles en los que nos resultará complicado trabajar con ella si no disponemos de un equipo suficientemente potente.

## Gráficos vectoriales: lo mejor

La principal ventaja de los gráficos vectoriales es su total independencia de la resolución, dado que su contenido (figuras, líneas, texto, etc.) se describe mediante ecuaciones y fórmulas matemáticas. Por este motivo, no importa el grado de ampliación que apliquemos sobre el gráfico. La figura 1.4 representa el mismo ejemplo que hemos utilizado en la anterior figura 1.3 pero, en este caso convertido en gráfico vectorial y ampliado; como puede comprobar, no existe pérdida de nitidez en el proceso de ampliación.

El uso de gráficos vectoriales se encuadra normalmente dentro de trabajos que requieren un alto nivel de detalle a cualquier tamaño, como diseños complejos o mapas. Otra de las ventajas de los gráficos vectoriales es su tamaño, ya que, en la mayoría de los casos, resultan notablemente inferiores a sus equivalentes en mapa de bits.

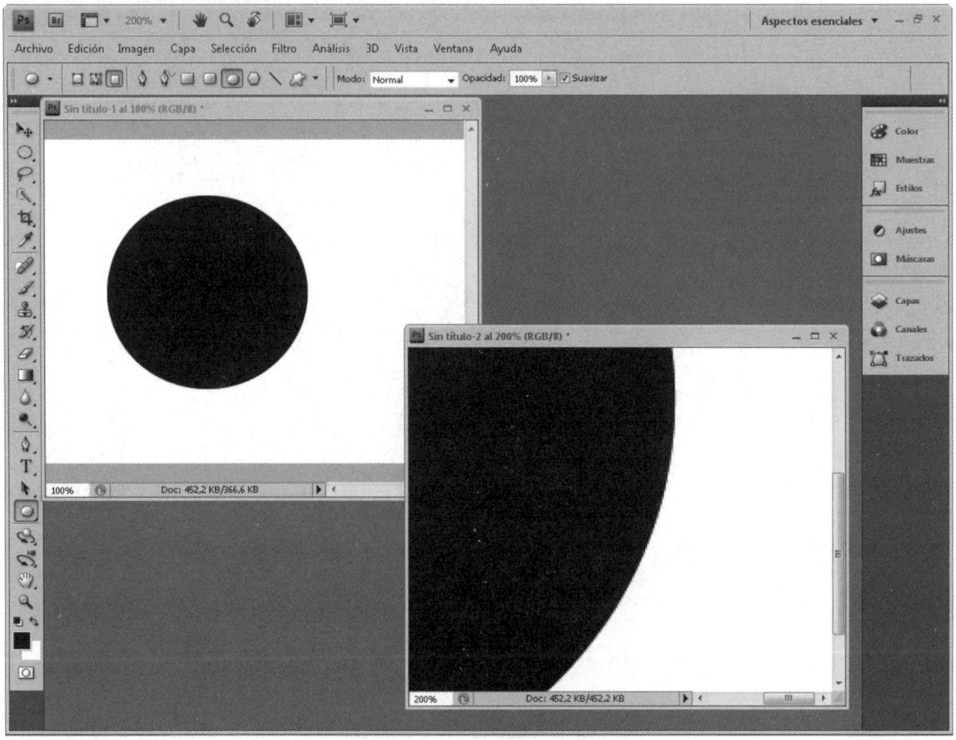


**Figura 1.4.** Gráfico vectorial ampliado.

**Nota:**

*Actualmente, los gráficos vectoriales tienen una presencia cada día más importante en el desarrollo de sitios Web completamente multimedia e interactivos a partir de tecnología Flash. Los gráficos vectoriales permiten crear atractivas animaciones con un tamaño de archivo muy ajustado.*

## Gráficos vectoriales: lo peor

Como principal desventaja frente a los mapas de bits, los gráficos vectoriales presentan la complejidad que conlleva su creación y tratamiento, sobre todo a la hora de diseñar formas irregulares, ya que se plantean muchos más problemas que en los programas de pintura.

# Modos de color

Un modo de color determina la combinación de tonalidades aplicadas sobre una imagen para su representación o impresión. Sólo con esta frase, puede que no se haga una idea real del significado del término y para arreglarlo pondremos un ejemplo sencillo. Seguro que cuando era pequeño ha jugado alguna vez a mezclar colores, y también de que se sorprendía cuando al mezclar el rojo y el verde apareciera milagrosamente el amarillo. Este ejemplo, un tanto infantil, refleja con toda claridad el principio que siguen la mayoría de los modos de color. Es decir, la utilización de diferentes colores básicos para componer el resto de tonalidades necesarias para representar cualquier imagen.

A continuación describiremos las características más representativas de los modos de color más utilizados habitualmente. Además, en la figura 1.5 puede ver el aspecto del cuadro de diálogo disponible en Photoshop para seleccionar un color en cualquiera de los modos que describimos a continuación.

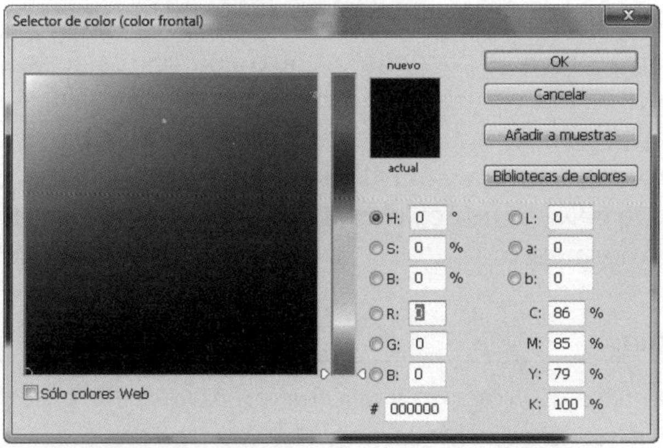


**Figura 1.5.** Selector de color de Photoshop.

# RVA (RGB)

RVA es, sin duda, uno de los modos de color más conocidos por todos, ya que es el que utilizan los monitores de ordenador y los receptores de televisión que todos conocemos. El modo RVA está basado en tres colores primarios: rojo, verde y azul, y con ellos se forma el resto de tonalidades necesarias para representar cualquier imagen, concretamente, hasta 16 millones de combinaciones.

Siguiendo con las características del modo RVA diremos que se considera un método de adición. El motivo es que los colores se consiguen a partir de la conjunción de haces de luz roja, verde o azul sobre un fondo negro. La ausencia de luz genera, lógicamente, el color negro, y los valores máximos simultáneos de los tres obtienen el blanco.

**Nota:**

*Para que tenga más información, también comentaremos que, técnicamente, cada color se genera a partir de la aplicación de un determinado valor de brillo, entre 0 y 255, a cada uno de los colores básicos: rojo, verde y azul.*

## CMAN

El modo CMAN es menos conocido en el ámbito doméstico, pero es sin duda el que tiene mayor aceptación en sectores como la imprenta, fotomecánicas o talleres de preimpresión.
La composición se hace a partir de cuatro colores básicos: cian, magenta, amarillo y negro. Y, al contrario del modelo anterior, éste se considera un método de sustracción, ya que los colores se obtienen a partir de la acumulación de tinta cian, magenta y amarilla sobre un fondo blanco. En este caso, la ausencia total de color produce el blanco, mientras que la saturación de los tres genera el color negro.

**Nota:**

*Tampoco es necesario irse a una imprenta para buscar un ejemplo donde se utilice el modelo CMAN, basta con echar una mirada a cualquier impresora de inyección de tinta existente en el mercado para ver que disponen de un cartucho con los colores cian, magenta y amarillo, más otro, normalmente independiente de los anteriores, donde se almacena la tinta negra.*

## Escala de grises

No estamos seguros de si se debería considerar la escala de grises como un modo de color. En cualquier caso, estas imágenes se usan para fines muy dispares, desde ilustraciones para periódicos hasta elegantes diseños en blanco y negro. Las imágenes que se encuentran en el modo escala de grises utilizan las 256 tonalidades posibles entre el blanco y el negro para representar cualquier motivo de la misma.

**Truco:**

*Photoshop incluye una forma mucho más eficiente y completa de transformar cualquier imagen en color a tonos de grises, se trata del comando* Blanco y negro. *En la figura 1.6 puede ver el aspecto de este cuadro de diálogo, aunque también esta disponible desde el panel Ajustes.*

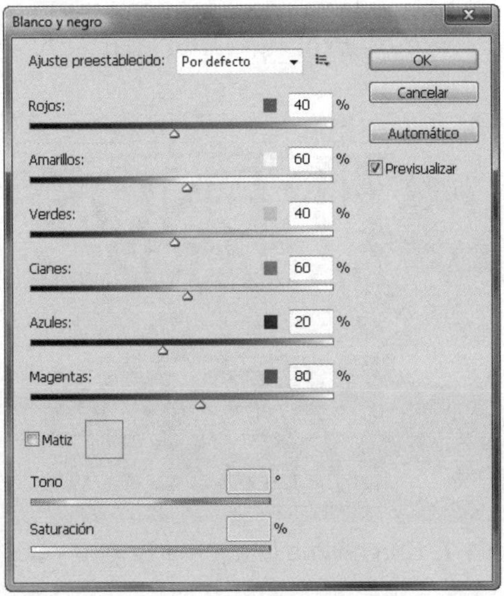


**Figura 1.6.** Cuadro de diálogo Blanco y negro.

# Resolución

Como hemos comentado en los primeros apartados de este capítulo, el concepto resolución hace referencia al número de píxeles por pulgada que compone la imagen. Queremos hacer hincapié en que se trata de una medida totalmente lineal, es decir, no estamos hablando de una pulgada cuadrada. Por lo tanto se trata del número de píxeles que tiene la imagen a lo largo de una línea recta de 2,54 cm de longitud (una pulgada).

**Nota:**

*Aunque Photoshop admite la posibilidad de medir la resolución de una imagen usando valores de píxeles por centímetros, aconsejamos utilizar los puntos por pulgada, ya que es el estándar general dentro del mundo del diseño gráfico.*

Es lógico pensar que mientras más píxeles haya por pulgada, más posibilidades habrá de definir los detalles de una imagen y mejor será su calidad. Esto es cierto aunque, como veremos, también tiene sus inconvenientes. La figura 1.7 muestra una misma imagen ampliada, donde la primera se encuentra a una resolución de 300 ppp y la segunda, a 72 ppp. Para poder mostrar ésta última al mismo tamaño que la primera hemos tenido que ampliarla varias veces, y el motivo lo veremos en el siguiente apartado.

**Figura 1.7.** Una misma imagen a 72 ppp y 300 ppp.

## Diferencias entre tamaño y resolución

Para dejar totalmente claro el concepto de resolución y distinguirlo del tamaño de la imagen, queremos aclarar que el tamaño corresponde a las dimensiones físicas de la imagen mientras que, como ya hemos comentado, la resolución indica el número de píxeles por pulgada utilizados para su representación. Por lo tanto, con un mismo tamaño podremos disponer de distintos valores de resolución. Hacemos esta aclaración porque es muy habitual cuando empezamos a trabajar con una aplicación como Photoshop confundir estos términos. El motivo es que, al aumentar la resolución de una imagen en Photoshop, el tamaño de visualización también se amplía. Este efecto está motivado por la

limitación de resolución que ofrecen las pantallas de ordenador. Es decir, lo normal es que nuestro monitor muestre valores de resolución comprendidos entre los 72 ppp y 92 ppp como máximo; por lo tanto, si la imagen tiene una resolución mayor, la manera de mostrar esa información adicional es distribuirla linealmente, provocando un aumento en el tamaño de visualización de la misma, y de ahí que nos parezca que las proporciones de la imagen aumentan cuando aumentamos la resolución.
La figura 1.8 representa el aspecto de las imágenes del apartado anterior en Photoshop con un valor de zoom del cien por cien pero con distintas resoluciones (72 ppp y 300 ppp, respectivamente).

**Figura 1.8.** Representación en Photoshop de dos imágenes del mismo tamaño pero con resoluciones diferentes.

## Resolución de pantalla y de impresión

En muchos casos será el destino de nuestro trabajo el que determine la resolución a utilizar. Como sabemos, la resolución habitual de pantalla suele estar comprendida entre 72 y 92 puntos por pulgada (ppp). Por lo tanto, para todos aquellos diseños que tengan como destino final este medio (Internet, Multimedia, etc.), sería absurdo usar resoluciones mayores. No olvidemos que el incremento de la resolución aumentará notablemente el tamaño del archivo.

**Advertencia:**

*En ocasiones, los gráficos utilizados en el desarrollo de un proyecto Multimedia o sitio Web, también serán necesarios para crear algún folleto, tríptico, etcétera, relacionado con el producto. En este tipo de situaciones, nuestra recomendación es crear el original con una resolución alta y después reducirla para obtener las versiones de pantalla. Los resultados pueden ser lamentables si realizamos el proceso contrario.*

Cuando nuestro trabajo tenga como destino la impresión, ya sea en imprenta o en cualquier otro dispositivo, lo recomendable es utilizar resoluciones altas para conseguir buena calidad. En general, es conveniente trabajar con resoluciones a partir de 300 ppp.

**Nota:**

*Una resolución habitual de imprenta, a la hora de realizar trabajos a todo color, puede ser de 2.400 ppp. Imagine el nivel de detalle que se obtiene con estos valores.*

## Moiré

En el momento de imprimir, debemos tener en cuenta la resolución de nuestro trabajo. Si la resolución de la imagen es menor que la resolución de impresión, el número de puntos que utilizará el dispositivo de impresión será el resultado de dividir su resolución entre la que le hemos asignado a la imagen.

Hasta aquí todo bien pero, ¿qué ocurre si este número no es entero, por ejemplo, 3,6? Los puntos de la impresora no son divisibles y tampoco tienen capacidad de redondeo. Esta situación genera en la imagen un extraño efecto denominado Moiré. La mejor solución a este problema es utilizar resoluciones para nuestra imagen que sean múltiplos del valor de resolución que utiliza la impresora.

**Truco:**

*Podemos atenuar el efecto moiré sobre una imagen utilizando el filtro Destramar.*

# La pantalla sí engaña

La calibración del monitor es un aspecto importante que no debemos descuidar. Algunos monitores incluyen software de calibración pero si de verdad queremos que la pantalla de nuestro ordenador reproduzca fielmente los colores y no tengamos ninguna sorpresa a la hora de imprimir debemos recurrir a un aparato denominado colorímetro, que incluye un sensor óptico y un programa de configuración. Con él no tendremos ningún problema, si bien es cierto que se trata de una solución algo exagerada para usuarios domésticos. Si quiere una solución más económica puede optar por imprimir una copia de lo que desea imprimir antes de llevar los archivos a la imprenta y de esta forma aproximar todo lo posible los colores a la realidad. La primera vez que ejecute Photoshop se activará de forma automática el asistente de calibración. No hay que ser impaciente y apresurarse a hacer clic en el botón **Cancelar** para abandonar el proceso. Nuestro consejo es completarlo y, si no conocemos los datos que solicita el programa, utilizar los valores estándar o por defecto.

**Nota:**

*Al final de este libro describimos la forma de utilizar las utilidades de calibración incluidas en Photoshop.*

# Formatos más comunes

Existe una gran diversidad y variedad de formatos, aunque en la práctica los que se utilizan realmente se podrían contar con los dedos de una mano. Photoshop permite trabajar con una amplia gama de formatos, como puede comprobar al ejecutar los comandos Guardar o Guardar como y desplegar la lista **Formato** que muestra la figura 1.9.

**Nota:**

*Photoshop dispone de su propio formato y, como es lógico, se adapta mejor que ningún otro a las características del programa. Este formato se denomina PSD. Como característica relevante podríamos decir que almacena información sobre las capas, canales y otras propiedades definidas en la imagen. Siempre que sea posible le recomendamos que lo utilice.*

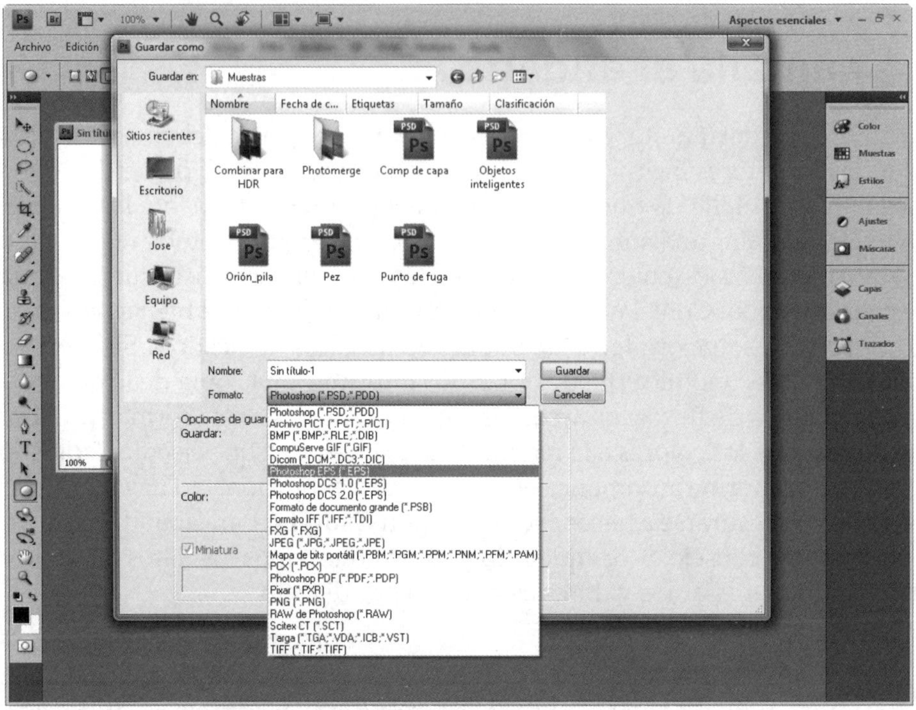


**Figura 1.9.** Formatos disponibles en Photoshop.

# Formatos de mapas de bits

Dentro del ámbito de las imágenes en formato mapa de bits, la descripción de los que más se utilizan sería la siguiente:

- BMP: Fue diseñado por Microsoft para utilizarlo en sus aplicaciones Paint y PaintBrush. Posteriormente, se desarrolló una variante para el sistema operativo de IBM OS/2. El algoritmo de compresión utilizado por este formato se denomina RLE.
- TIFF: Sin duda alguna es uno de los más utilizados y extendidos actualmente, tanto para entornos Mac como Windows. Fue desarrollado por Aldus para homogeneizar los formatos de imágenes digitales. Este formato utiliza un algoritmo principal de compresión denominado LZW aunque admite otras posibilidades.

- TGA, PCX: Estos dos formatos también son modelos de mapa de bits, pero menos conocidos y utilizados que los anteriores.
- JPEG: Por supuesto, no podemos olvidarnos de uno de los formatos más importantes de la actualidad, sobre todo por utilización casi estándar en cámaras digitales, proyectos multimedia e Internet.

## Formatos vectoriales

Ya sabemos que la información de este tipo de imágenes no se almacena como puntos independientes, sino como fórmulas matemáticas que describen los objetos y formas que la componen. Las variaciones más comunes de este formato son las siguientes:

- EPS: Éste es uno de los formato que más se usa para almacenar gráficos vectoriales. La mayoría de los programas más importantes como Illustrator o Freehand permiten exportar a este formato o directamente trabajar con él. En el caso de Illustrator con la extensión .ai o .art y Freehand directamente como .eps.
- CDR: Este formato es propio de CorelDRAW y, aunque está definido para trabajar con esta aplicación, también se utiliza normalmente en otros programas de diseño vectorial. Es frecuente encontrar colecciones de Clipart en este formato.
- SWF y SVG: Estos dos formatos son actualmente los que más se utilizan en el diseño de espacios Web que requieran el uso de animaciones, contenidos multimedia o que simplemente deseen abandonar las típicas páginas html y dar un poco más de vida a su sitio Web. El primero de ellos .swf (Shockwave Flash) lo utilizan aplicaciones tan conocidas como Macromedia Flash o Director y se ha convertido en estándar. Por otra parte, el formato .svg aún no se encuentra tan extendido como el anterior pero seguro que dará mucho que hablar, sobre todo por la ventaja que ofrece al poder editar sus características directamente con el bloc de notas.

**Nota:**

*PostScript es un lenguaje de descripción de páginas, formado por un conjunto de instrucciones y códigos que detallan los elementos que componen la página impresa. Para que todo funcione, el dispositivo de salida debe entender este lenguaje. Normalmente se necesita una impresora láser PostScript.*

## Formatos más indicados para Internet

Dadas las especiales características de la Red, hay varios formatos que se adaptan mejor a sus necesidades y, por este motivo, se han establecido como estándares para este medio. Estos formatos son GIF, JPEG, PNG-8 y PNG-24. La explicación sobre las propiedades y detalles de estos formatos la dejamos para el capítulo dedicado a la optimización de gráficos para la Web.

**Nota:**

*Como hemos comentado, si bien es cierto que el formato JPEG tiene su origen en la Red, actualmente es el que han adoptado la gran mayoría de fabricantes de cámaras digitales. Entre las características que han provocado este hecho se encuentra sin duda la capacidad que tiene el formato JPEG para representar imágenes de gran calidad con un tamaño muy ajustado.*

## RAW, el nuevo negativo digital

Aunque el formato RAW lleva algún tiempo entre nosotros, es ahora cuando está tomando mayor presencia. Se trata de un formato poco conocido y utilizado principalmente en la fotografía digital. Teniendo en cuenta el tamaño de los archivos que maneje lo encontrará disponible en cámaras de gama alta como las réflex digitales que tanta admiración causan entre los entusiastas de la fotografía digital.
Las imágenes almacenadas en formato RAW podemos decir que se encuentran en "bruto", es decir, tal y como fueron captadas por el CCD de la cámara digital, sin procesamiento alguno, ni compresión. Éste es el motivo por el que se conoce a este formato como "negativo digital". La ventaja es evidente, podemos corregir cualquier aspecto de la imagen o aplicar sobre ella cientos de efectos o situaciones distintas de luz, color, etcétera.

**Nota:**

*CCD es el dispositivo electrónico que utilizan las cámaras digitales para captar la imagen cuando se abre el obturador. En las cámaras tradicionales esta función la realiza la película mediante los productos químicos sensibles a la luz que la componen. En la figura 1.10 puede ver el aspecto de una cámara réflex digital.*

**Figura 1.10.** Cámara réflex digital.

El inconveniente del formato RAW es que cada fabricante utiliza su propia definición del mismo y así lo demuestran las diferentes extensiones que podemos encontrar: .crw, .mrw, .nel, .raw o .orw. Incluso Windows no admitía este formato hasta no hace demasiado tiempo. Dado su potencial, existe un movimiento que intenta unificar las características de todos los fabricantes en lo que a este formato respecta. En cualquier caso, ya existen multitud de programas que permiten tratar los archivos RAW de forma idéntica a cualquier otro tipo de archivo.

Los ingenieros de Photoshop son conscientes de la importancia de este formato para los profesionales de la fotografía y en cada nueva versión añaden más funcionalidades para trabajar con él.

# Obtener imágenes

Será frecuente que para nuestros proyectos de diseño necesitemos disponer de imágenes que se encuentren relacionadas con la temática del trabajo que debemos llevar a cabo, o para realizar composiciones o transformaciones.

También en aquellos casos en los que llevemos a cabo retoques fotográficos tendremos que convertir la imagen física a formato digital para abrirla y trabajar con ella. Ofrecemos a continuación algunas ideas para resolver todas estas cuestiones.

## Escáner

El escáner tiene como misión que podamos obtener una copia en formato digital a partir de una imagen física. Funciona de forma similar a una fotocopiadora pero, en este caso, en lugar de tener una copia impresa, obtendremos un archivo electrónico. Este archivo, en alguno de los formatos que acabamos de ver (TIFF, BMP, JPEG...), será totalmente válido para trabajar con él en Photoshop.

Los escáneres pueden ser de muchos tipos diferentes: escáneres de mano, planos, de tambor, etcétera. Sus precios en el mercado oscilan entre unos pocos euros, los más económicos, hasta los varios miles que pueden llegar a costar los más sofisticados, que resultan apropiados para talleres de fotocomposición e imprentas.

**Nota:**

*En estos últimos años el precio de los escáneres ha bajado de forma considerable, al tiempo que sus prestaciones también se han visto mejoradas notablemente.*

## Cámaras digitales

Si existe un mercado donde resulte difícil estar al tanto de los nuevos avances, provocado por el bombardeo de productos y nuevas tecnologías, es el de la fotografía digital. En estos momentos ya casi nadie se acuerda de las antiguas cámaras de carrete que tantos y tantos buenos recuerdos nos han proporcionado.

Actualmente cualquier cámara supera el par de megapíxeles, consiguiendo de esta manera obtener calidades muy cercanas o superiores a las que obteníamos con las cámaras tradicionales. Los precios también están dejando de ser "de susto" aunque todavía son dispositivos caros. La ventaja de las cámaras digitales está clara, no necesita enviar sus fotos a un laboratorio y después digitalizarlas para utilizarlas en sus diseños. Directamente pasan de la cámara al ordenador.

**Nota:**

*El cambio de las cámaras analógicas a digitales ha provocado también una evolución en los laboratorios tradicionales de fotografía. Nuestra recomendación es que si quiere obtener buenas copias en papel de sus imágenes, la calidad que encontrará en estos establecimientos será difícil de igualar por cualquier impresora doméstica.*

# Resumen

Este primer capítulo del libro describe los principios básicos que definen las características de las imágenes digitales: formatos, resolución, modos de color, etcétera.

De todos los conceptos que planteamos, es importante que tengamos clara la idea de resolución como información que determina la calidad final de la imagen, y el concepto de píxel como información mínima que define una imagen en mapa de bits.

# Capítulo 2

# Interfaz de la aplicación

**En este capítulo aprenderá a:**

- Conocer los elementos básicos del entorno de Photoshop.
- Configurar la barra de estado.
- Trabajar con paneles.
- Guardar diferentes espacios de trabajo.
- Utilizar el sistema de ayuda.

# Introducción

Para comenzar a utilizar Photoshop y, en general, cualquier otra aplicación instalada en Windows debemos hacer clic sobre el botón **Inicio** y, a continuación, seleccionar la opción Todos los programas (sólo Programas en caso de sistemas anteriores a Windows XP o Vista) para llegar hasta cualquiera de los programas instalados en el equipo.

**Nota:**

*Si pensamos trabajar muy a menudo con Photoshop, podemos plantearnos la posibilidad de crear un acceso directo en el Escritorio o en la barra de tareas.*

Lo más importante cuando abrimos por primera vez Photoshop es no desanimarse por el aspecto intimidador del programa. Es cierto que aparecen multitud de opciones, paneles, botones... pero no debemos asustarnos. A lo largo de los distintos capítulos que componen el manual que tiene entre sus manos, trataremos las características más importantes que ofrece el programa para que no tenga ningún problema a la hora de aprovechar todas sus posibilidades.

# Componentes básicos

A primera vista, Photoshop muestra elementos que nos resultarán familiares de otras aplicaciones Windows, y otros que no lo son tanto como, por ejemplo, los paneles. Tan sólo existe un componente que quizás echará de menos: la barra de iconos al estilo típico de otras aplicaciones como Word o Excel. En este caso, los ingenieros de Adobe han decidido sustituirla por una barra sensible al contexto, es decir, según la tarea o herramienta que estemos ejecutando en cada momento, la barra mostrará diferentes opciones asociadas a ella. A este elemento lo llamaremos a partir de ahora "barra de opciones", aunque también lo podemos encontrar referenciado en algunas ocasiones como Panel de control.
Con la idea de ir familiarizándonos con los distintos elementos que conforman el entorno del programa, a continuación describiremos los más importantes.

- Barra de aplicación: Es el espacio situado en la parte superior y hasta ahora sólo incluía los tres botones típicos: Minimizar, Restaurar y Cerrar. En Photoshop CS4, además de estos botones se incluye un acceso directo a Adobe Bridge, botones para mostrar reglas, guías y cuadrícula, lista con los espacios de trabajo disponibles y más elementos que trataremos a lo largo de este manual.

- Ventanas de documento: Por otra parte, cada vez que trabajamos con una imagen en Photoshop, asociada a ésta aparece una ventana y su correspondiente barra de título en la que se observa el nombre del archivo y un tanto por ciento que corresponde a la escala de visualización de la imagen. También aparece, junto al porcentaje de zoom, el nombre de la capa seleccionada en ese momento, el modo de color y un pequeño botón para cerrar esta ventana.

**Truco:**

*Haga clic con el botón derecho sobre la barra de título de cualquier ventana de documento y aparecerá un menú emergente en el que encontrará diferentes comandos que afectan a la configuración de las ventanas de documento. En la figura 2.1 puede comprobar el aspecto de este menú emergente.*

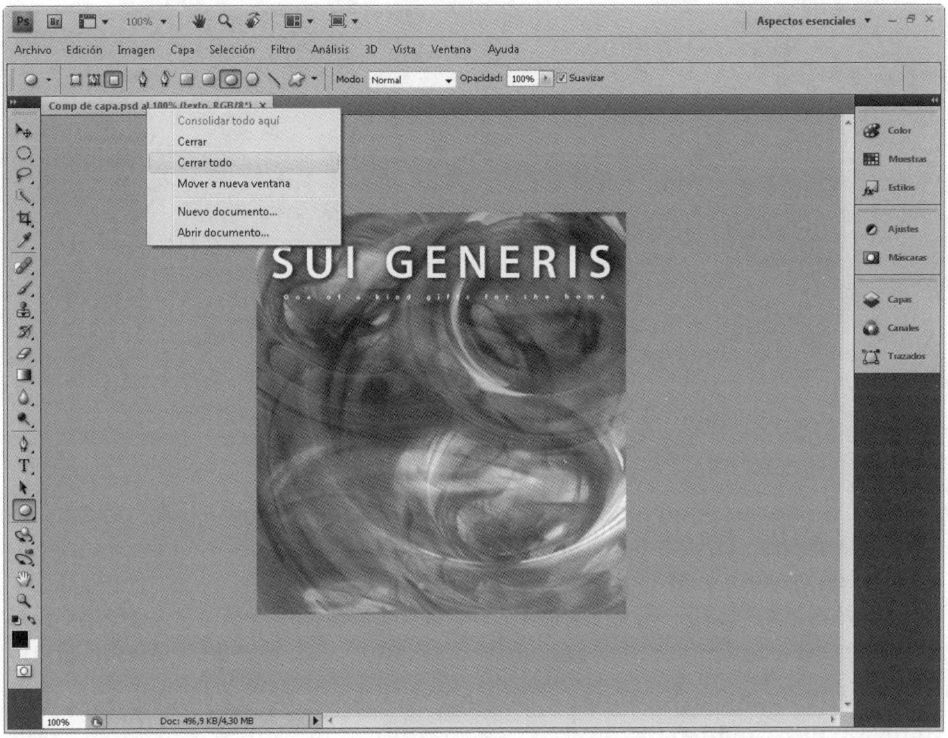


**Figura 2.1.** Menú emergente asociado a una ventana de documento.

- **Barra de opciones**: Esta barra permite disponer de acceso inmediato a las propiedades de la herramienta seleccionada en cada momento. Además, en su extremo derecho dispone de un espacio reservado para elementos especiales como un icono para abrir directamente Adobe Bridge o elegir un espacio de trabajo determinado como muestra la figura 2.2. En el capítulo dedicado a las herramientas mostraremos con más detalle las posibilidades de este elemento.

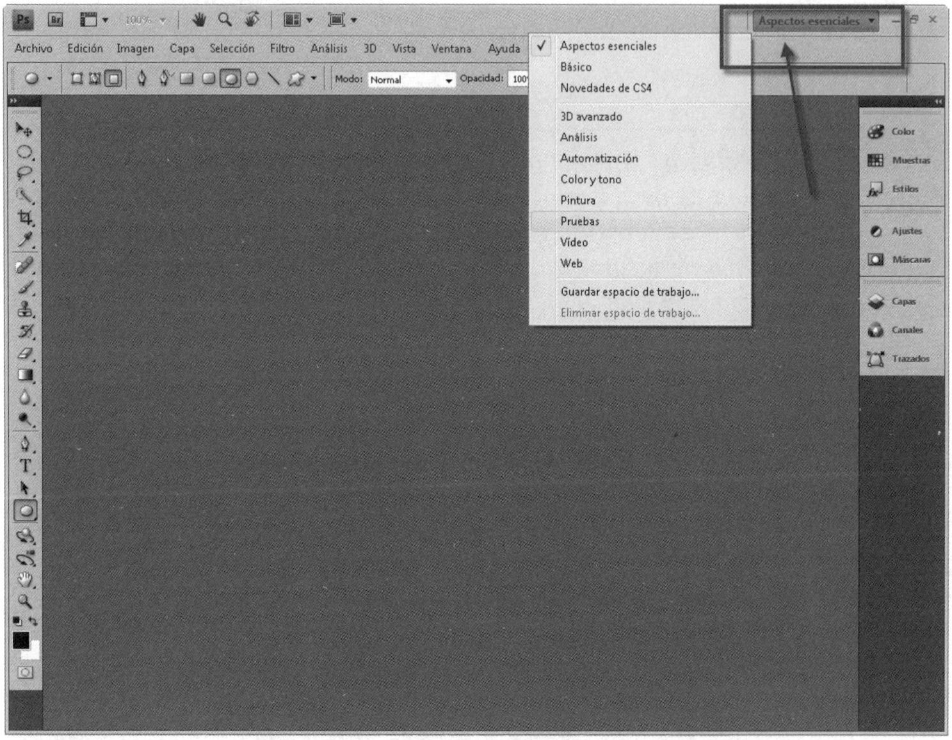


**Figura 2.2.** Seleccionar un espacio de trabajo diferente desde la barra de opciones.

- **Barra de menús**: Contiene todos los comandos disponibles. Estos comandos se encuentran divididos en categorías representadas por cada una de las entradas visibles en la barra. Como veremos a continuación, existe la posibilidad de configurar el aspecto de los distintos menús y comandos para que se adapten mejor al trabajo que deseamos realizar en cada momento.
- **Barra de estado**: Muestra información de interés, relacionada con la operación que estemos llevando a cabo o sobre la herramienta seleccionada. Esta barra se encuentra en la parte inferior de cada ventana de documento

como muestra la figura 2.3. Es decir, para cada imagen abierta tendremos las opciones disponibles de este elemento.

**Figura 2.3.** Barra de estado asociada a cada una de las imágenes abiertas en Photoshop.

Dentro de la Barra de estado también podemos encontrar la escala de visualización del documento activo, el tamaño del mismo y un pequeño icono que contiene opciones para personalizar la información que muestra la barra. Al hacer clic sobre él, observe la figura 2.4, tendremos acceso en primer lugar a varias posibilidades. Entre ellas, el comando Mostrar da acceso a un nuevo menú en el que encontraremos los siguientes elementos:

- Version Cue: Con la activación de esta entrada, conseguiremos que las modificaciones realizadas sobre la imagen sean registradas desde la aplicación Adobe Version Cue y muestre su situación actual en cada momento.
- Tamaños de archivo: Es la opción por defecto que acabamos de comentar en el apartado anterior.

**Figura 2.4.** Acceso al comando Mostrar desde la barra de estado del documento.

**Nota:**

*Simplificando mucho, podríamos decir que el programa Version Cue permite realizar un seguimiento de las distintas versiones de una imagen si trabajamos individualmente, o crear proyectos en los que varias personas trabajen en grupo sobre uno o más archivos relacionados.*

- Perfil del documento: Indica el tipo de perfil que utiliza el documento para mostrar su gama de colores.
- Dimensiones del documento: Como no podía ser de otro modo, muestra el alto y el ancho en centímetros del documento activo.
- Escala de medida: Resulta útil a la hora de medir y obtener cálculos determinar una correspondencia entre un número concreto de píxeles y un número de unidades de escala como píxeles, puntos, milímetros, etcétera. El valor actual de escala sería el que muestra esta opción.

- Tamaños virtuales: El primer valor indica la cantidad de memoria necesaria para gestionar todas las imágenes abiertas y el portapapeles. El segundo de los parámetros muestra la cantidad de memoria total disponible en el sistema para Photoshop. En el momento en el que la cantidad de la izquierda sea mayor que la situada a la derecha, Photoshop utilizará el disco duro como espacio de memoria virtual, y el sistema irá mucho más lento.
- Eficiencia: Mientras esta variable se encuentre al cien por cien no debemos preocuparnos, ya que significa que Photoshop tiene memoria RAM suficiente para trabajar con la imagen actual. Pero si el valor desciende, la cantidad de memoria no es suficiente y, por lo tanto, Photoshop utiliza la memoria virtual para trabajar. En este caso, la eficacia del sistema disminuye y todas las operaciones se ralentizarán drásticamente.

**Nota:**

*La memoria virtual consiste en utilizar parte del disco duro como una extensión de la memoria principal del sistema. Teniendo en cuenta que la velocidad de transferencia de un disco es mucho menor que la de la memoria, el uso de esta alternativa reduce el rendimiento de Photoshop y de cualquier otro programa que la utilice.*

- Temporizador: Si activa esta opción, conocerá el tiempo que se emplea en la ejecución de la última operación realizada.
- Herramienta actual: Muestra el nombre de la herramienta seleccionada.
- Exposición de 32 bits: Permite adaptar la previsualización de imágenes HDR de 32 bits para que el monitor no las muestre demasiado oscuras o descoloridas.

**Truco:**

*Mantenga pulsada la tecla* **Alt** *y haga clic sobre el cuadro de la barra de estado que muestra el tamaño del archivo: obtendrá rápidamente información sobre sus dimensiones, la resolución y el número de canales como muestra la figura 2.5.*

**Truco:**

*Puede utilizar la casilla que muestra el valor de visualización para modificar este parámetro: sólo es necesario escribir en ella el porcentaje que desee.*

**Figura 2.5.** Información sobre las dimensiones de la imagen.

# Sobre el comportamiento de las ventanas de documento

Creemos conveniente hacer un pequeño paréntesis antes de continuar para comentar el comportamiento de las ventanas que contiene la imagen o imágenes con las que estamos trabajando, denominadas ventanas de documento en Photoshop. Por defecto cuando creamos o abrimos una nueva imagen en Photoshop, la ventana de documento asociada queda fijada a la parte superior del entorno en modo maximizada, tal y como muestra la figura 2.6. Cada nuevo archivo o imagen que abramos quedará también de esta forma, creando una estructura de pestañas similar a la que utilizan algunos navegadores de Internet. Este sistema es realmente cómodo y permite tener ordenado nuestro espacio de trabajo.

Para mostrar cualquier ventana en un marco independiente, haga clic sobre el título y arrastre hasta que se encuentre ligeramente separado del área superior.

Repita esta operación, pero acercando el título de la ventana a la barra de opciones hasta que se desvanezca ligeramente, en ese momento suelte para que vuelva a quedar fijada y maximizada.

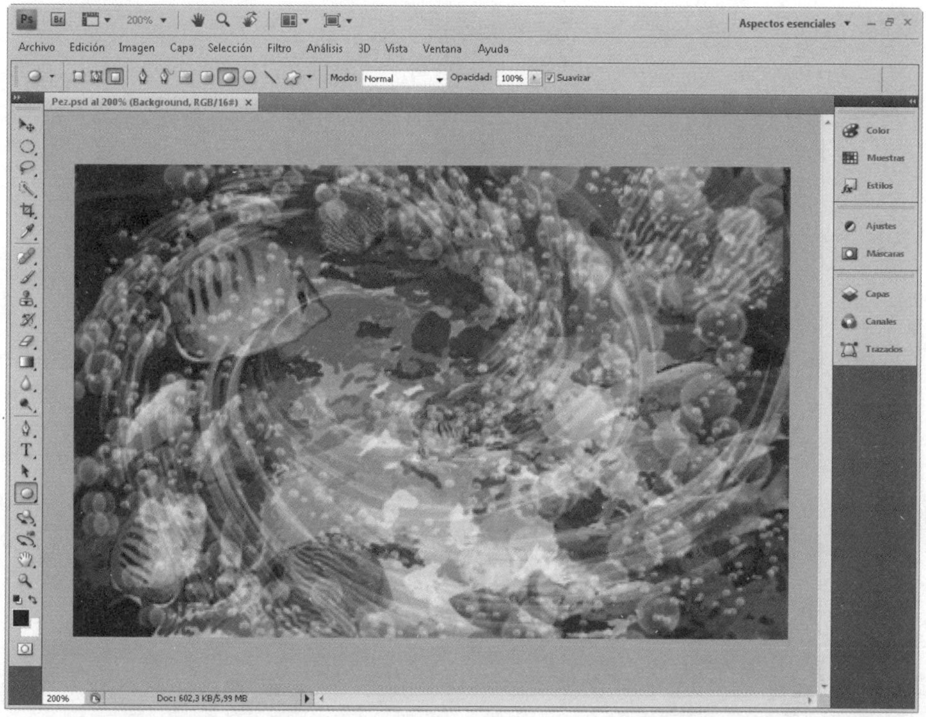


**Figura 2.6.** Ventana de documento en su configuración por defecto.

# Herramientas

Todas las herramientas disponibles en Photoshop se encuentran agrupadas en el panel Herramientas que aparece en la figura 2.7. Para mostrarlas u ocultarlas utilizaremos el comando Herramientas del menú Ventana. Además de las herramientas, este elemento ofrece otras posibilidades como, por ejemplo:

- Acceder al selector de color de Photoshop.
- Modificar el color de primer plano y el color de fondo.
- Seleccionar el modo de edición de máscara.

Si tenemos en cuenta que gran parte de la potencia de Photoshop se encuentra en sus herramientas, dedicaremos un capítulo entero a su descripción y a las posibilidades que ofrece cada una de ellas.

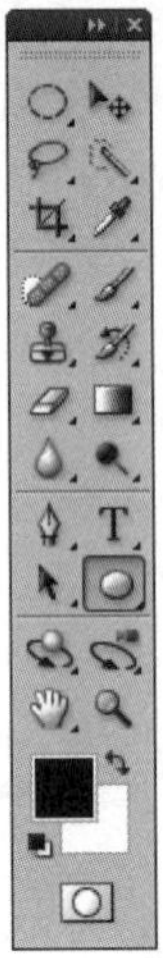

**Figura 2.7.** Herramientas de Photoshop.

**Truco:**

*En función del tamaño de su pantalla y del espacio disponible en ella puede mostrar los elementos que componen el panel Herramientas en una sola columna o en dos. Para ello utilice el pequeño icono situado en la parte superior izquierda del panel.*

# Paneles

Los paneles son el eje principal sobre el que se sustenta la interfaz de Photoshop. Estos elementos condicionan el modo de trabajo y son el común denominador para la mayoría de los productos desarrollados por la firma Adobe.
A continuación exponemos brevemente la función de los paneles más importantes para que vaya familiarizándose con este importante elemento del entorno del programa:

- Color: Para seleccionar cualquier color en alguno de los modos disponibles deberá utilizar este panel, aunque lo más habitual es usar los selectores de color en el panel Herramientas.
- Muestras: Muestra la paleta de colores asociada a la imagen actual. Puede añadir o eliminar colores para adaptar la paleta a sus necesidades.
- Estilos: Este panel contiene un buen número de efectos y transformaciones ya definidas, listas para utilizar en cualquiera de nuestros trabajos con un solo clic de ratón.

- **Capas**: En este panel aparecen todas las capas que componen la imagen actual y permite trabajar con ellas, así como añadir máscaras de capas, efectos, capas de ajuste... Sin lugar a dudas, una de las más importantes dentro del entorno de Photoshop.
- **Máscaras**: Íntimamente relacionado con el elemento anterior, el panel Máscaras es una de las novedades incorporadas en esta nueva versión. Su propósito hacernos más sencillo el trabajo con los diferentes tipos de máscaras que podemos crear y diseñar en Photoshop.
- **Canales**: Muestra la división de los distintos canales que permiten componer la imagen según el modo de color que se utiliza en cada momento. Resulta fundamental cuando trabajamos con canales ya que permite seleccionar el canal sobre el que deseamos aplicar una acción determinada.
- **Información**: Aparece información sobre datos básicos de la imagen como: valores de los componentes RVA, situación exacta del puntero, valor hexadecimal del color actual, etcétera.
- **Navegador**: Actúa como un eficaz sistema de zoom en el que sólo necesitamos mover el control deslizante para ampliar o reducir la imagen actual. También podemos mover el cuadrado rojo que representa la zona visible de la imagen para mostrar cualquier área del documento.
- **Historia**: Podemos considerar este panel como un registro donde se almacenan todas las acciones que llevamos a cabo con la aplicación, permitiendo deshacer de modo independiente o secuencialmente cada una de ellas. La importancia de este elemento resulta tan significativa que hemos querido dedicarle un capítulo completo con el fin de mostrar a fondo todas sus posibilidades.
- **Herramientas preestablecidas**: Como veremos en el capítulo dedicado a las herramientas, Photoshop permite configurar cualquiera de las herramientas disponibles y almacenar estos ajustes para que podamos utilizarlos tantas veces como necesitemos. Pues bien, la misión de este panel será almacenar y ofrecernos un acceso sencillo a todas esas herramientas preconfiguradas.
- **Carácter y Párrafo**: Estos dos paneles ofrecen posibilidades ampliadas para el tratamiento de textos y resultan imprescindibles cuando incluimos este tipo de elemento en nuestros diseños.
- **Pinceles**: Con ella podemos elegir el tipo de pincel más adecuado en cada caso, añadirle efectos, crear nuestros propios pinceles personalizados, etcétera. Las opciones de este panel se encuentran desactivadas hasta que seleccionamos alguna de las herramientas de pintura.

- Animación: Permite diseñar elementos animados directamente desde el entorno de Photoshop.
- Histograma: Muestra una representación gráfica de la imagen según el número de píxeles en cada nivel de color, ofreciendo información sobre la cantidad de sombras, medios tonos y píxeles iluminados.

### Nuevo panel Ajustes

Creemos que este elemento es tan importante que hemos querido dedicarle una mención especial. Principalmente pensado para tareas de diseño y retoque fotográfico, agrupa multitud de comandos relacionados con este tipo de trabajos como: Exposición, Blanco y negro, Brillo/Contraste, Niveles, etcétera. En la figura 2.8 puede comprobar su aspecto.

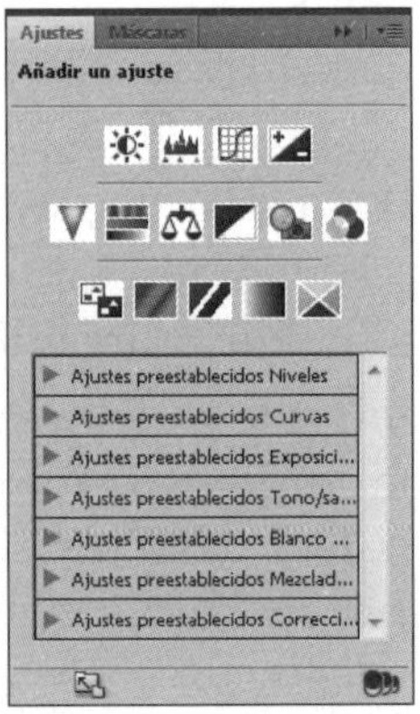


**Figura 2.8.** Panel Ajustes.

Pero no sólo se trata de un acceso directo a comandos importantes, su principal virtud se centra en que todas las transformaciones realizadas desde este panel son "no destructivas". Aunque ampliaremos este concepto en los próximos capítulos, adelantamos que se trata de la posibilidad de eliminar cualquier cambio fácilmente, o incluso ocultarlo temporalmente.

## Organización básica de los paneles

Siempre que necesitemos ampliar el espacio de trabajo, tenemos la opción de agrupar varios paneles, de modo que sólo quede completamente visible aquel que esté seleccionado, y del resto tan sólo aparezca una pestaña con su nombre. Este el modo que teníamos hasta ahora para mejorar la organización de nuestro espacio de trabajo, pero desde la versión anterior de Photoshop existe alguna más. En la figura 2.9 podemos apreciar varios paneles agrupados.

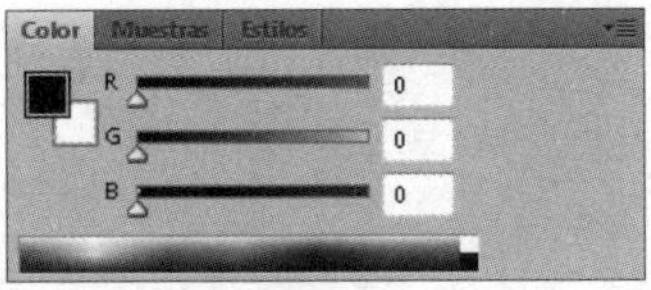


**Figura 2.9.** Ejemplo de varios paneles agrupados.

Para agrupar uno o varios paneles deberá seguir los pasos que se describen a continuación:

1. Use el menú Ventana para mostrar el panel que quiere agrupar. Compruebe como el panel elegido aparece en la ventana del programa.
2. Haga clic sobre la pestaña que contiene el nombre del panel y arrástrela hasta que esté encima del panel o grupo de paneles donde desee agruparlo. Mientras arrastra, el programa mostrará una silueta del panel.
3. Suelte el panel y el elemento arrastrado aparecerá en primer plano.

Si lo que necesita es llevar a cabo el proceso contrario, es decir, separar o aislar un panel, simplemente haga clic sobre su pestaña y arrástrela fuera.

## Nuevos métodos para organizar paneles

Photoshop ofrece otras alternativas para adaptar la situación de los paneles a nuestras necesidades. En la figura 2.10 puede comprobar el aspecto por defecto que muestra Photoshop cuando iniciamos la aplicación por primera vez. Observe que los grupos de paneles no son elementos independientes si no que se encuentran vinculados a una unidad mayor donde cada panel se puede mostrar completa o en forma de icono.

Estos grupos de paneles se pueden expandir y contraer con tan sólo hacer clic en el pequeño icono situado en la esquina superior derecha como muestra la figura 2.11. En esta figura, aparece el grupo principal que mostraba la figura anterior pero esta vez contraído.

Podemos seguir contrayendo el grupo, hasta que sólo se muestre un icono que represente cada una de los paneles que contiene como puede ver en la figura 2.12. Para ello, haga clic sobre el borde del panel o grupo de paneles y arrastre hacia la derecha. Con este mismo método, pero arrastrando hacia la izquierda, puede ampliar el panel o grupo de paneles.

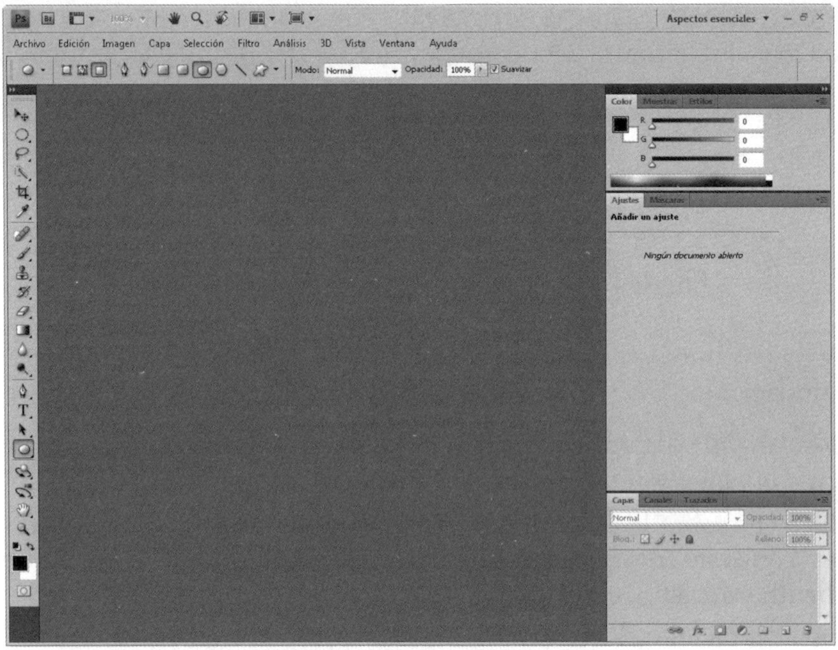


**Figura 2.10.** Organización por defecto de los paneles en Photoshop.

**Figura 2.11.** Botón para contraer y expandir un grupo de paneles.

**Nota:**

*Cuando un panel se encuentra representado únicamente por su icono, bastará hacer clic sobre él para que se muestre completa con todos sus elementos. También puede realizar esta misma acción para ocultarlo.*

**Figura 2.12.** Paneles en su representación mínima.

Pero esto no es todo, podemos seguir configurando el aspecto de los paneles en Photoshop. Por ejemplo, haga doble clic sobre el nombre del panel para contraerlo. Para volver a mostrar el panel completo haga la misma operación.

Si lo que necesita es modificar sus proporciones haga clic y arrastre la esquina inferior derecha del panel.

También podemos realizar algunas operaciones sobre los conjuntos de paneles que forman parte de cada grupo. Concretamente para cerrarlo o modificar sus proporciones. En la figura 2.13, puede ver una leyenda que muestra la ubicación de cada uno de estos iconos y su propósito.

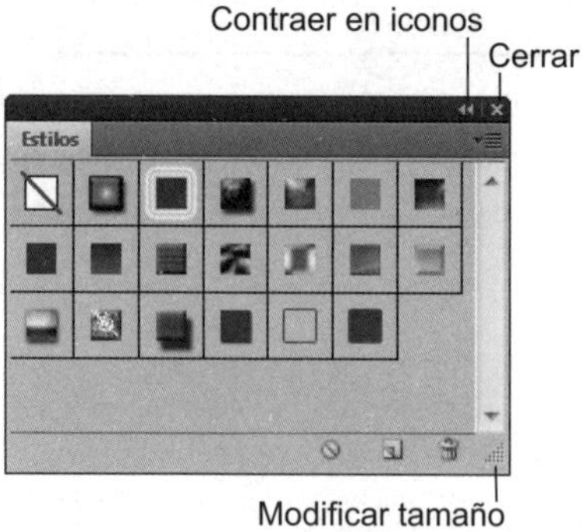


**Figura 2.13.** Cerrar y modificar proporciones de un panel.

Si lo desea, puede crear sus propios grupos de paneles. Para ello es necesario hacer clic sobre el nombre del panel y arrastrarlo encima del nuevo grupo donde desee incluirlo. En ese momento, una línea de color azul indica que ya podemos soltar el panel. De esta forma, podemos crear grupos de paneles completamente personalizados y adaptados a nuestras necesidades.

**Truco:**

*El comando* Aspectos esenciales (por defecto) *situado en el menú* Ventana>Espacio de trabajo *permite recuperar la configuración inicial de los paneles en el entorno de trabajo.*

Una forma rápida de reducir el espacio que ocupa un grupo de paneles es hacer clic con el botón derecho sobre el encabezado y seleccionar el comando Contraer en iconos en el menú que muestra la figura 2.14. En este mismo menú, se encuentra el comando Contraer automáticamente paneles de iconos. Si decide utilizarlo, los paneles se ocultarán con tan sólo hacer clic en cualquier lugar vacío del espacio de trabajo. Tenga en cuenta esta opción, ya que resulta muy cómoda y evita que después de cierto tiempo el entorno del programa se encuentre saturado de paneles y ventanas.

**Advertencia:**

*El comando* Contraer automáticamente paneles de iconos *sólo funciona cuando el grupo se encuentra contraído, es decir, sólo se muestran los iconos representativos de cada panel.*

Para terminar, comentaremos que todos los paneles disponen de un pequeño menú asociado, donde encontraremos numerosos comandos relacionados con la función que tiene dicho panel. La forma de acceder a este menú es utilizar el icono que hemos resaltado en la figura 2.15.

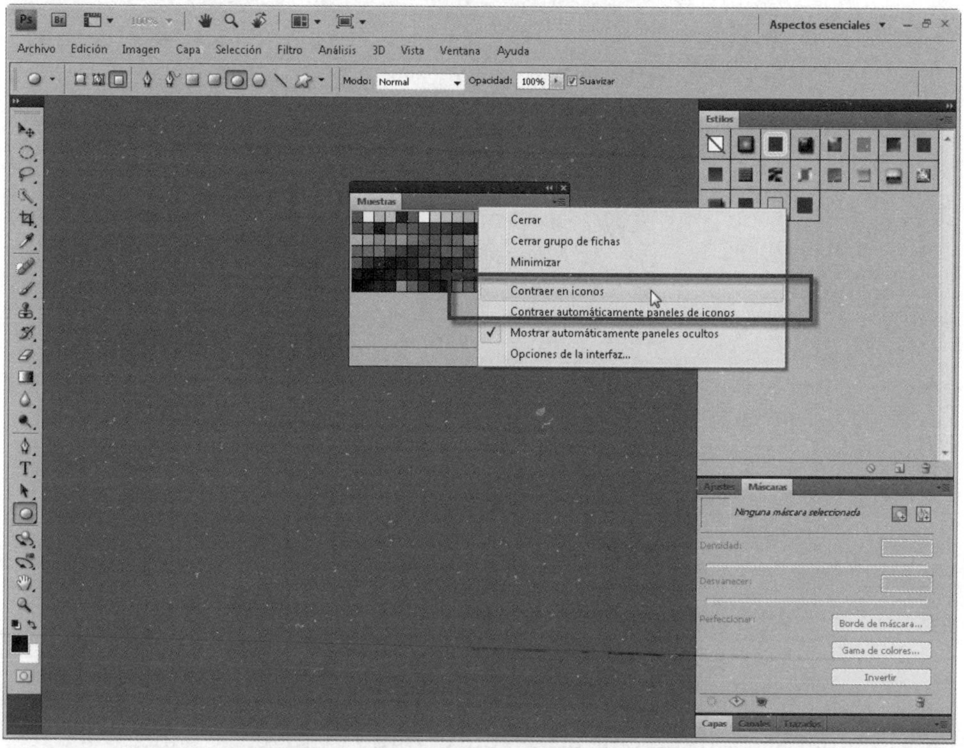


**Figura 2.14.** Comando Contraer en iconos en el menú asociado a los grupos de paneles.

# Espacios de trabajo

Como acabamos de ver en el apartado anterior, Photoshop ofrece un alto grado de flexibilidad a la hora de configurar todos los paneles disponibles. Pero además, dispone una configuración específica del entorno según el uso que hagamos del programa en cada caso. Por ejemplo, para proyectos de retoque fotográfico podemos necesitar con mayor frecuencia paneles como Color o las Herramientas preestablecidas; en cambio, si se trata de trabajos de diseño lo mejor será tener a mano los paneles Capa, Estilos o Trazados. Para hacernos la vida un poco más fácil, Adobe pone a nuestra disposición los "Espacios de trabajo", mediante los cuales podremos guardar tantas configuraciones de la interfaz como necesitemos.

**Figura 2.15.** Menú asociado a cada panel.

Para guardar la configuración actual del entorno incluyendo paneles activos, la posición de los mismos, las opciones de los cuadros de diálogo, etcétera, haga lo siguiente:

1. Seleccione el comando Guardar espacio de trabajo situado en el menú Ventana>Espacio de trabajo para mostrar el cuadro de diálogo que aparece en la figura 2.16.
2. En el cuadro de diálogo que aparece, escriba un nombre para el espacio de trabajo y haga clic en el botón **Guardar**.

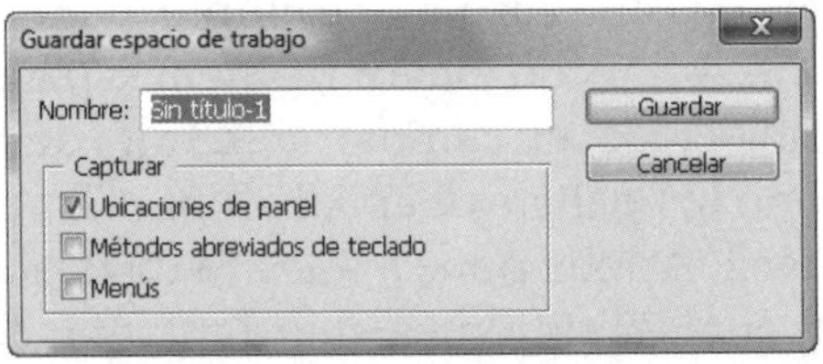


**Figura 2.16.** Cuadro de diálogo Guardar espacio de trabajo.

Después de estos sencillos pasos, observe en la figura 2.17 como en la parte superior de la ventana principal, en la Barra de aplicaciones, aparece el nombre del espacio de trabajo que acabamos de crear junto con el resto de espacios disponibles. También encontrará este nuevo espacio al final de los comandos del menú Ventana>Espacio de trabajo.

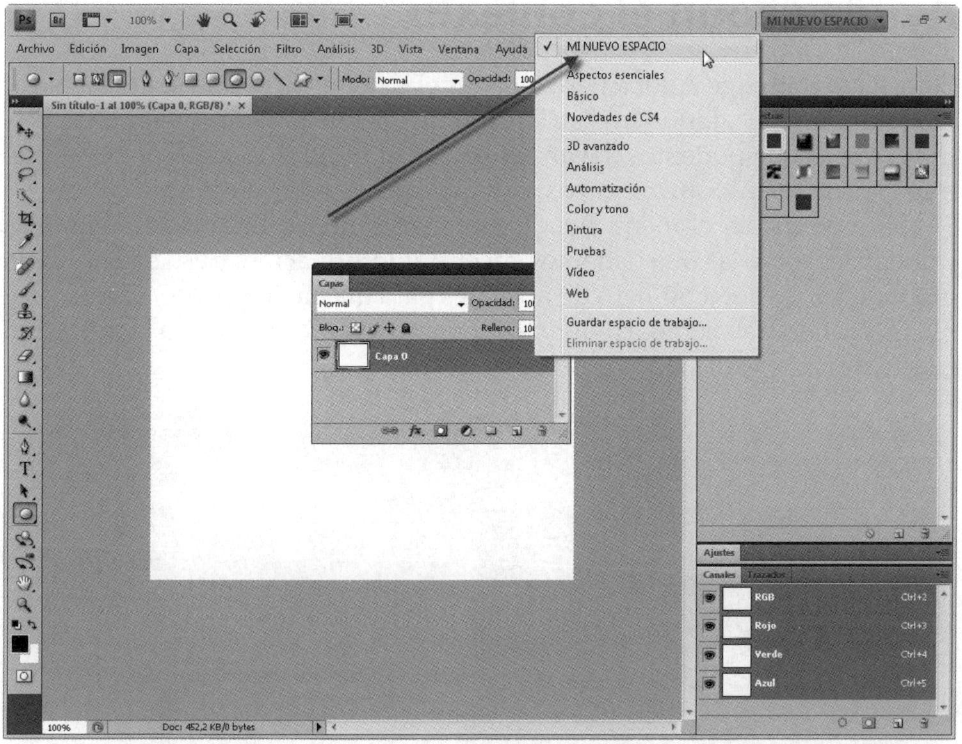

**Figura 2.17.** Nuevo espacio de trabajo en la Barra de aplicación.

Para eliminar uno o todos los espacios de trabajo definidos, utilice el comando Eliminar espacio de trabajo. Después, en el cuadro de diálogo que aparece, utilice la lista desplegable para elegir el elemento que desea eliminar o seleccione la opción Todos.

**Nota:**

*Photoshop sólo permite eliminar los espacios de trabajo creados por nosotros mismos y no los incluidos en el programa por defecto. Además, para eliminar un espacio de trabajo debe comprobar que no se encuentre activo o seleccionado en ese momento.*

Si no deseamos complicarnos la vida creando nuestro entorno de trabajo personalizado, podemos usar algunos de los que pone a nuestra disposición el programa, listos para cubrir necesidades concretas como: Aspectos esenciales, Básico, Pintura, etcétera.

# Ayuda según el contexto

El formato que elige Adobe para mostrar el sistema de ayuda se aproxima al modelo "How to" donde la distribución de los temas se hace según las distintas tareas que podemos llevar a cabo con el programa como por ejemplo: trabajar con textos, utilizar capas, crear imágenes Web, etcétera.

Si hacemos clic en el menú **Ayuda**, encontraremos al final todas las tareas principales sobre las que podemos encontrar información, y asociadas a cada una de ellas un buen número de opciones para que no tengamos ningún problema cuando trabajemos con Photoshop. La figura 2.18 muestra la ubicación exacta de estos temas de ayuda.

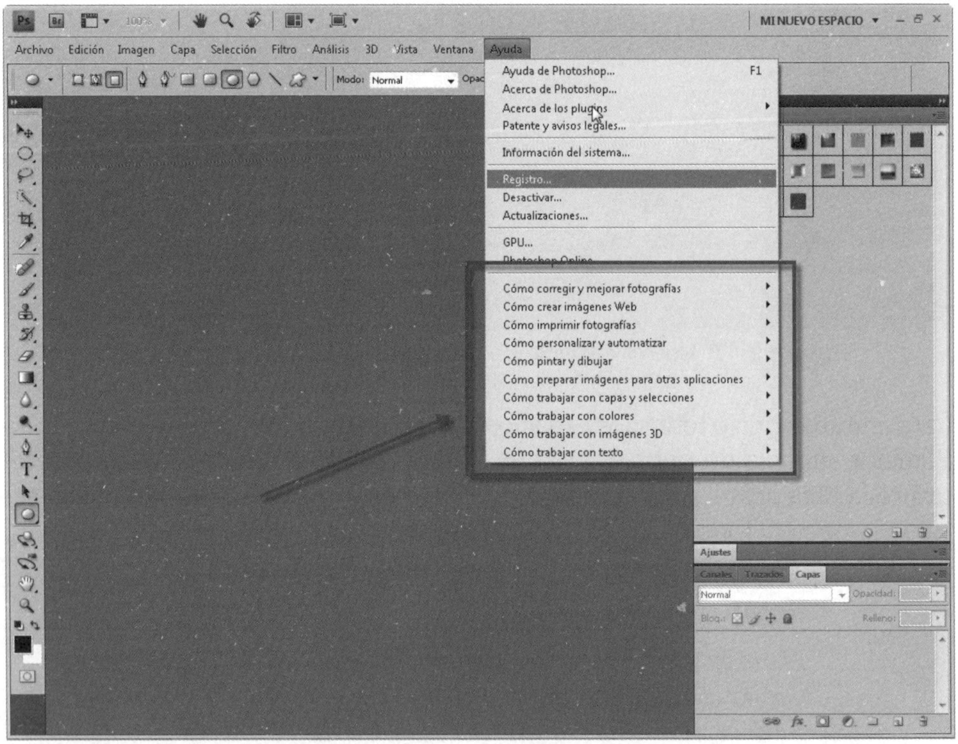


**Figura 2.18.** Temas de ayuda relacionados con las tareas más habituales.

## Formato tradicional para la ayuda

Finalmente, utilice el comando Ayuda de Photoshop o pulse la tecla **F1** para mostrar la ayuda en formato Web. A partir de aquí, la forma más sencilla de utilizar la ayuda es escribir dentro de la casilla resaltada en la figura 2.19 aquello sobre lo que necesitamos obtener más información.

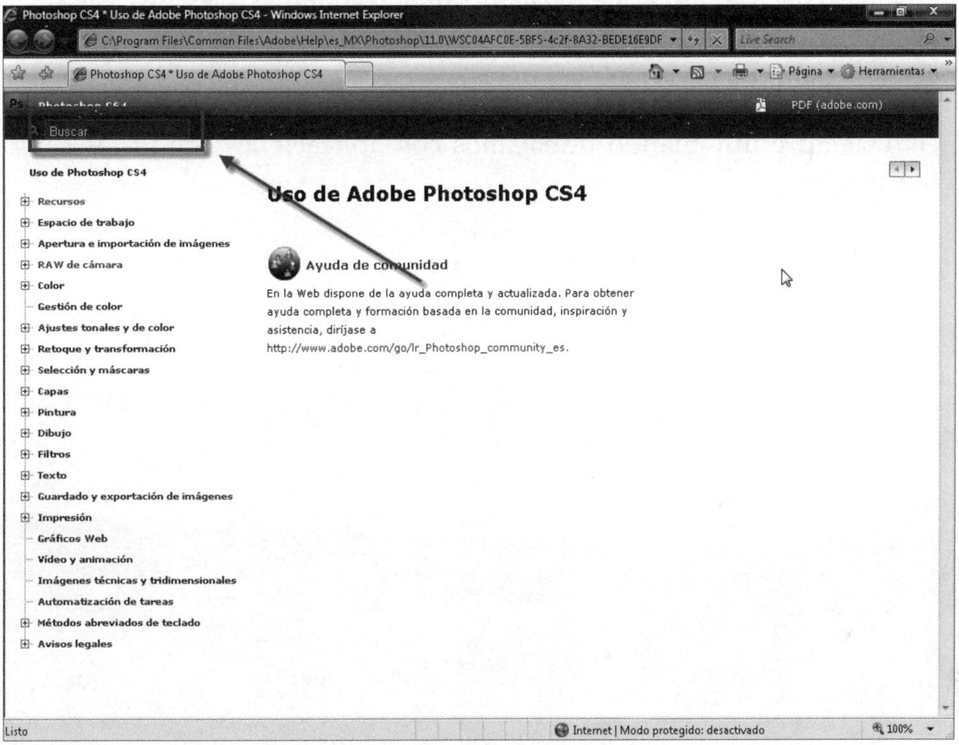


**Figura 2.19.** Ayuda de Photoshop.

Además del método descrito, la ventana de ayuda dispone en el espacio situado a la izquierda todos los temas disponibles clasificados por tareas.

**Truco:**

*Uno de los últimos temas de la ayuda, concretamente* Métodos abreviados de teclado, *muestra información interesante sobre los atajos de teclado más importantes de Photoshop. Si quiere agilizar el rendimiento de su trabajo, nuestra recomendación es que abandone el ratón y empiece a utilizar combinaciones de teclas.*

# Resumen

Antes de entrar de lleno en las posibilidades de Photoshop es imprescindible que conozcamos las funcionalidades básicas de su entorno de trabajo. Como dirían los estrategas militares, en este capítulo hemos hecho un reconocimiento del terreno previo a la batalla.

Ya conocemos el sentido los paneles, cómo agruparlos o trabajar con ellos por separado o cómo crear nuestros espacios de trabajo con la configuración necesaria para cada ocasión.

Por último, hemos visto la forma de acceder a la ayuda del programa, aspecto siempre útil cuando trabajamos con aplicaciones complejas como Photoshop.

# Capítulo 3

# Tareas básicas

**En este capítulo aprenderá a:**

- Utilizar distintos métodos para crear una nueva imagen.
- Cambiar el formato al mismo tiempo que abrimos un archivo.
- Modificar aspectos básicos de una imagen como el tamaño, la resolución o el modo de color.
- Rotar y girar imágenes.
- Ampliar y reducir la visión de una imagen mediante el zoom.
- Guardar una imagen en diferentes opciones.
- Modificar el color de fondo y de primer plano.

# Introducción

Nuestro punto de partida es la creación de una nueva imagen y, por lo tanto, será lo primero que aprenderemos en este capítulo. Como paso preliminar para crear toda obra maestra que se precie, es imprescindible preparar el lienzo sobre el que trabajaremos. Para elegir el lienzo adecuado debemos tener en cuenta aspectos como las dimensiones de la imagen, el modo de color, la resolución, etcétera.

En Photoshop tenemos una gran ventaja con respecto a los métodos de dibujo tradicionales ya que, si durante la ejecución de nuestro trabajo necesitamos modificar las propiedades de nuestro lienzo, podemos hacerlo fácilmente.

Ahora veamos cuáles serían los pasos para crear una nueva imagen:

1. Seleccione el comando Nuevo en el menú Archivo. Aparece el cuadro de diálogo Nuevo que podemos ver en la figura 3.1.
2. En el primer cuadro de texto, escriba el nombre que desee para la imagen.
3. Modifique los valores Anchura, Altura y Resolución según necesite en cada caso. Puede utilizar las listas situadas a la derecha de los valores para seleccionar la unidad de medida. Del mismo modo, si lo prefiere, despliegue la lista Predefinir para elegir algunos de los formatos estándar disponibles.
4. En la lista Modo de color, elija el modelo de color que quiera utilizar. Y a la derecha, la profundidad del modo en bits, valor que determinará el número máximo de colores que podremos representar en la imagen. Por ejemplo, con 8 bits tendremos para 256 colores y con 16 bits tendremos para 65536.
5. La lista Contenido de fondo permite definir el aspecto que tomará el fondo de la imagen.
6. Observe como a la derecha del cuadro de diálogo aparece el tamaño inicial que tendrá la imagen. Para finalizar, haga clic en **OK** y compruebe que aparece una nueva ventana de documento según las características definidas.

**Nota:**

*Con algunos modos de color como Mapa de bits, la opción* Transparente *se encuentra desactivada.*

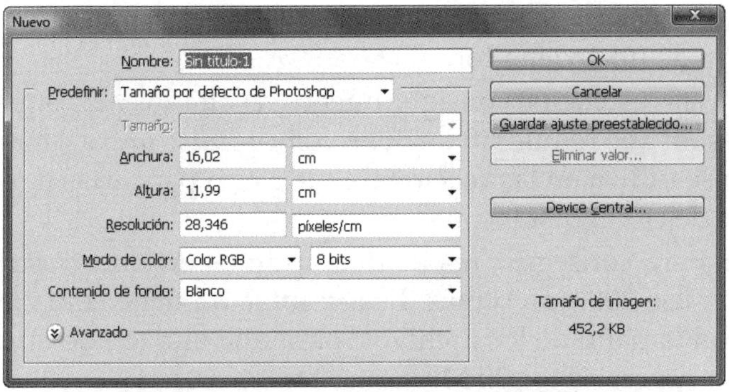


**Figura 3.1.** Cuadro de diálogo Nuevo.

# Crear nuestros perfiles personalizados

Si existe un tipo de formato o configuración para nuevos archivos que vaya a utilizar con cierta frecuencia, puede utilizar el botón **Guardar ajuste preestablecido** para mostrar el cuadro de diálogo que aparece en la figura 3.2. En él podrá asignar un nombre a la configuración actual. Desde ese momento, el nuevo perfil pasará a formar parte de la lista Predefinir del cuadro de diálogo Nuevo.

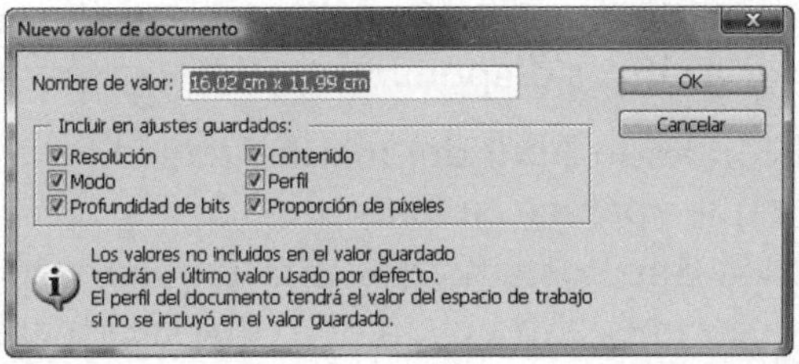


**Figura 3.2.** Crear nuestro perfil personalizado.

# Sobre la resolución de la imagen

Como hemos comentado, es importante tener claro, a la hora de crear una nueva imagen, ciertos aspectos como la resolución o el modo de color. Quizás las dimensiones o el fondo no sean tan fundamentales, ya que podremos modificarlas fácilmente cuando sea necesario. Pero con la resolución no ocurre lo mismo; el motivo es que este parámetro define, entre otros aspectos, el nivel de detalle de nuestro gráfico. Algunas resoluciones típicas podrían ser:

- 72 ppp: Esta resolución se utiliza para el diseño de gráficos cuyo destino final son páginas Web o productos Multimedia. La limitación de este valor viene dada por las características del medio en el que serán difundidas: la pantalla de un ordenador.

- 150 ppp: Esta resolución consigue buenos resultados para aquellos trabajos de impresión que requieran un buen compromiso entre tamaño y calidad. También se utiliza en la creación de carteles o pancartas destinadas a ser vistas desde cierta distancia.
- 300 ppp: Para conseguir resultados óptimos en nuestros proyectos de impresión use 300 ppp o más. Esta resolución tiene como mayor inconveniente el tamaño de los archivos: para una imagen de tamaño Din A4, el tamaño superaría los 20 Mb.

**Nota:**

*La notación ppp equivale a decir puntos por pulgada, medida más habitual que define la resolución de una imagen.*

# Abrir un archivo existente

Otra de las tareas que tendremos que realizar de forma habitual es la de abrir algún archivo ya existente. Con Photoshop podrá abrir y trabajar con la mayoría de los formatos gráficos disponibles.

1. Haga clic en el comando Abrir del menú Archivo para mostrar el cuadro de diálogo Abrir que aparece en la figura 3.3.
2. Utilice los accesos directos situados a la izquierda para llegar hasta la carpeta en la que se encuentra el archivo que desea abrir.
3. Finalmente, haga doble clic sobre el archivo con el que desee trabajar.

**Truco:**

*Para abrir más de un archivo al mismo tiempo, pulse el botón izquierdo del ratón, haga clic en algún espacio en blanco y, a continuación, arrastre hasta seleccionar los archivos que desee abrir. También puede mantener pulsada la tecla* **Control** *mientras selecciona archivos alternos, o la tecla* **Mayús** *para hacerlo con archivos consecutivos.*

El atajo que le permite acceder al cuadro de diálogo Abrir, sin necesidad de recurrir al menú Archivo, es **Control-O**. También puede hacer doble clic sobre cualquier espacio vacío de la ventana de la aplicación.

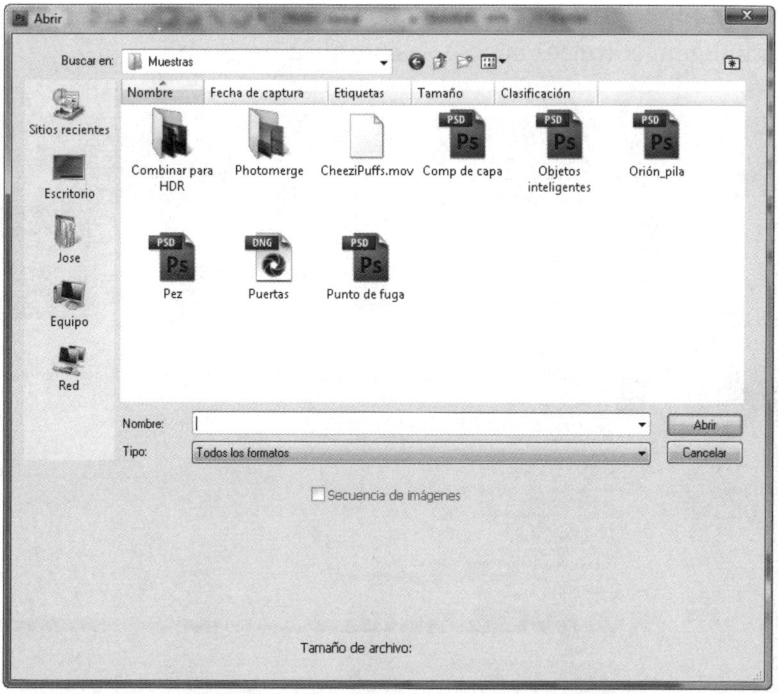


**Figura 3.3.** Cuadro de diálogo Abrir.

## Abrir como

Dentro del menú Archivo disponemos de la opción Abrir como. Con este comando es posible modificar el formato de un archivo en el mismo instante de abrirlo; solamente debemos seleccionar, en la lista desplegable Abrir como, que puede ver en la figura 3.4, el formato al que deseamos convertir el gráfico original. La ventaja de esta característica es que aprovechamos la operación de abrirlo para modificar su formato y, de esta forma, evitamos tener que realizar este cambio después.

# Crear una imagen desde el Portapapeles

Otra opción interesante para abrir una imagen podría ser la siguiente: imagine que nos encontramos trabajando con cualquier otro programa de dibujo o de retoque fotográfico y queremos utilizar esa misma imagen para tratarla en Photoshop. Pues bien, el proceso normal sería guardar la imagen y abrirla de nuevo en Photoshop. Pero, si lo que queremos es utilizar sólo una parte de dicha imagen, entonces la cosa se complica un poco.

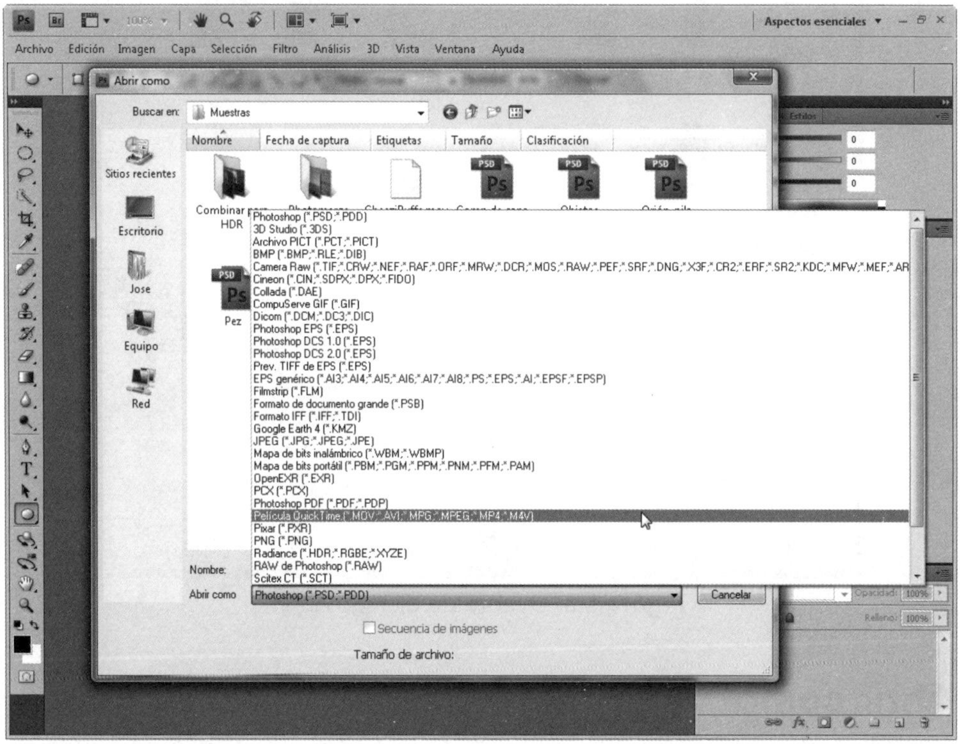


**Figura 3.4.** Lista de formatos del cuadro de diálogo Abrir como.

La forma de solucionarlo es muy sencilla. En la aplicación de origen, seleccione la parte de la imagen que desee y utilice el comando Copiar (**Control-C**); a continuación, en Photoshop, ejecute el comando Nuevo del menú Archivo. Observará que las dimensiones se corresponden exactamente con el área de la imagen que acaba de cortar. Haga clic en **Aceptar** y ejecute el comando Pegar (**Control-V**). La imagen aparece en la ventana que acabamos de crear, lista para modificarla en Photoshop.

**Truco:**

*También podemos utilizar este método después de capturar imágenes con la tecla* **Impr Pant**. *En este caso, los valores que muestra el cuadro de diálogo* Abrir *corresponderá con la resolución de nuestra pantalla (800x600, 1024x768, etc.) (figura 3.5).*

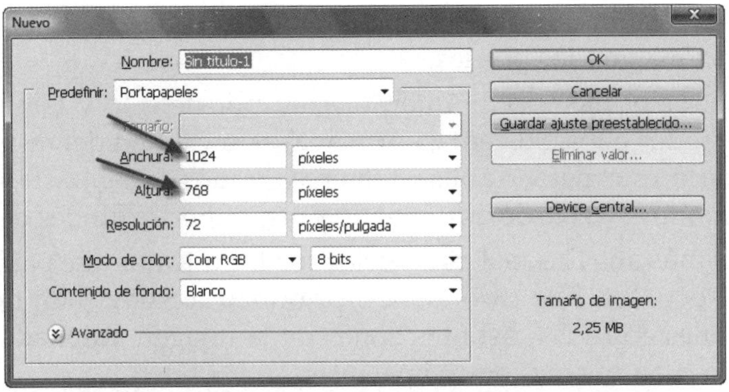


**Figura 3.5.** Crear una nueva imagen desde una captura de pantalla, utilizando la tecla Impr Pant.

# Modificar aspectos básicos de la imagen

Después de crear una nueva imagen o de abrir una existente, es posible que necesitemos cambiar algunos de sus parámetros básicos, como el tamaño, el modo de color, etcétera. En los siguientes apartados detallamos los pasos necesarios para llevar a cabo cada una de estas operaciones.

## Tamaño

Como ya comentamos cuando tratamos el comando Nuevo, podemos modificar el tamaño de un gráfico después de crearlo tantas veces como sea necesario. Photoshop, cada vez que modificamos el tamaño de una imagen, sigue una serie de normas para que la deformación de la imagen sea mínima, sobre todo a la hora de rellenar los huecos que se generan después de ampliar un gráfico. A este proceso se le conoce con el nombre de "interpolación". En realidad, lo que hace Photoshop es tomar información sobre los píxeles que se encuentran más próximos y rellenar los huecos teniendo en cuenta estos datos.
Los métodos de interpolación son cinco y tanto sus ventajas como sus inconvenientes serían los siguientes:

- Por aproximación: Es, sin lugar a dudas, el método más rápido de los cinco, pero sus resultados no son demasiado buenos, ya que Photoshop se limita a copiar los píxeles más próximos para rellenar los huecos generados.
- Bilineal: En este caso, la interpolación genera diferentes tonos intermedios para evitar cambios bruscos en áreas generadas por la transformación de la

imagen. El resultado es un efecto de suavizado que mejora notablemente la transición entre los píxeles.

- **Bicúbica:** Es el método de interpolación por defecto y también el más lento de todos ellos. Su ventaja principal es la calidad del resultado. Para conseguirlo, este método aplica diferentes grados de contraste, reduciendo de este modo el efecto de difuminado y mejorando la nitidez de la imagen.
- **Bicúbica más suavizada:** Los criterios son los mismos que para el método anterior pero, en este caso, dando prioridad al suavizado de formas y transiciones entre las distintas zonas de la imagen ampliada. Debemos utilizarlo cuando ampliemos imágenes.
- **Bicúbica más enfocada:** Este método está especialmente indicado cuando necesitemos reducir el tamaño de la imagen, ya que mejorará el enfoque y, en consecuencia, el resultado final.

Photoshop utiliza los métodos de interpolación no sólo cuando modifica el tamaño de una imagen, sino que también aplica estos mismos criterios a la hora de rotar, sesgar o realizar cualquier otro tipo de transformación. En la sección **Generales** del cuadro de diálogo **Preferencias**, puede seleccionar el método de interpolación por defecto como puede ver en la figura 3.6.

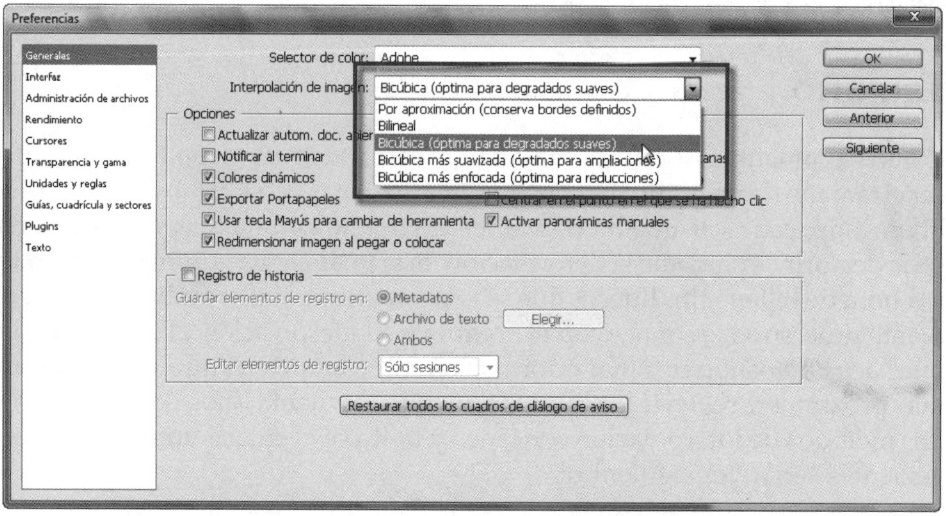


**Figura 3.6.** Interpolación por defecto en las preferencias del programa.

Después conocer los detalles sobre el proceso que sigue Photoshop a la hora de modificar el tamaño de una imagen, vamos a conocer qué pasos debemos seguir para completar esta operación:

1. Seleccione el comando Tamaño de imagen situado dentro del menú Imagen, para mostrar el cuadro de diálogo que aparece en la figura 3.7.
2. Utilice la sección Tamaño del documento para introducir las nuevas medidas de la imagen. Si se encuentra activa la casilla Restringir proporciones, el cambio se hará de forma proporcional.
3. Del mismo modo, mantenga activa la casilla de verificación Cambiar escala de estilos si quiere que todos los efectos aplicados sobre la imagen aumenten o reduzcan su tamaño proporcionalmente a los cambios que se aplican sobre la imagen.
4. Elija el método de interpolación en la lista denominada Remuestrear la imagen y a continuación haga clic en **OK**, para que Photoshop aplique los cambios sobre la imagen.

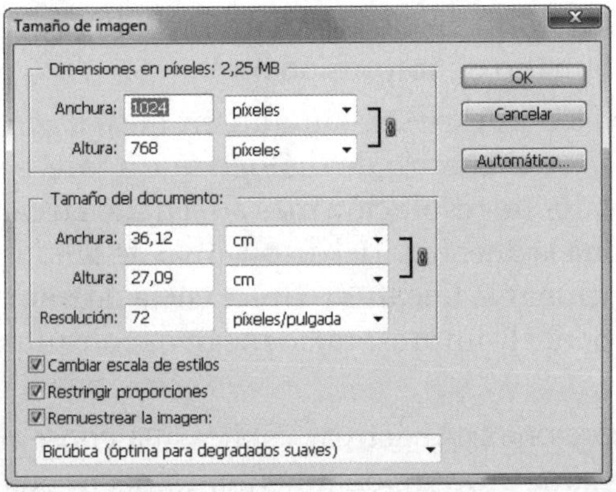


**Figura 3.7.** Cuadro de diálogo Tamaño de imagen.

Observe que, en la parte superior del cuadro de diálogo Tamaño de imagen, aparecen las dimensiones en píxeles de la imagen. Y lo que es todavía más interesante: cuando modificamos las proporciones del gráfico, podemos ver de inmediato el nuevo tamaño de la imagen y, entre paréntesis, el tamaño original.

**Truco:**

*Si necesita volver a recuperar los datos iniciales de la imagen, en el cuadro de diálogo* Tamaño de imagen, *mantenga pulsada la tecla* **Alt** *y compruebe cómo el botón* **Cancelar** *se convierte en* **Restaurar**. *Haga clic en él y los valores de partida volverán a cada una de las opciones.*

Teniendo en cuenta la importancia y la frecuencia de uso de este comando en Photoshop, repasaremos algunos conceptos antes de continuar:

- Dimensiones en píxeles: Estos valores corresponden al número total de píxeles que componen la imagen. A mayor resolución, más píxeles, como ya vimos en los capítulos anteriores.
- Tamaño del documento: Estos valores corresponden al tamaño real de la imagen. Una imagen con resolución alta ocupará mucho más en pantalla que a la hora de la impresión. Esto se debe a la limitación de la resolución de pantalla.
- Resolución: La resolución define el número de píxeles por unidad de longitud (normalmente píxel por pulgada). A mayor número de píxeles, mayor grado de detalle mostrará dicha imagen. Es lógico, por tanto, que al aumentar o disminuir la resolución de una imagen, los valores de la sección Dimensiones en píxeles se vean afectados, pero no los parámetros que definen el tamaño de impresión real.
- Automático: Utilice este botón situado en el margen derecho para que Photoshop muestre el cuadro de diálogo que aparece en la figura 3.8 y le recomiende el valor de resolución más adecuado en cada caso. Introduzca en la casilla **Trama** la lineatura del dispositivo de salida y Photoshop hará el resto. Para determinar la lineatura o frecuencia de trama del dispositivo de salida (normalmente la impresora) lo mejor es consultar la documentación del mismo.
- Restringir proporciones: Al activar esta casilla conseguimos modificar el tamaño de la figura proporcionalmente; es decir, cuando cambiamos el alto, el ancho se adapta de forma automática y viceversa. De este modo, nos aseguramos de respetar siempre las proporciones originales de la imagen, sin deformarla.
- Remuestrear la imagen: La acción de remuestreo consiste en modificar el tamaño de la imagen, pero utilizando los valores en píxeles de la misma. Al activar esta casilla, podemos editar los cuadros de texto Altura y Anchura de la sección Dimensiones en píxeles y, por supuesto, elegir el método de interpolación.

**Nota:**

*La diferencia principal entre remuestrear una imagen y cambiar su tamaño es que, en el primero de los casos, el cambio afecta de forma inversamente proporcional a la resolución de la imagen; por el contrario, con el cambio de tamaño, nosotros decidimos si queremos que afecte o no a la resolución del gráfico. Quizás le parezca enrevesado al principio, pero piénselo detenidamente y verá que resulta bastante lógico. Insistimos en recordar que en el capítulo anterior tratamos estos conceptos; vuelva a él si tiene alguna duda.*

**Figura 3.8.** Cuadro de diálogo Resolución automática.

# Tamaño del lienzo

Ya sabemos cómo modificar el tamaño de la imagen, pero en muchos otros casos lo que necesitaremos será ampliar el espacio disponible para seguir trabajando en nuestro diseño.

1. Seleccione el comando Imagen>Tamaño de lienzo, para mostrar el cuadro de diálogo que podemos ver en la figura 3.9.

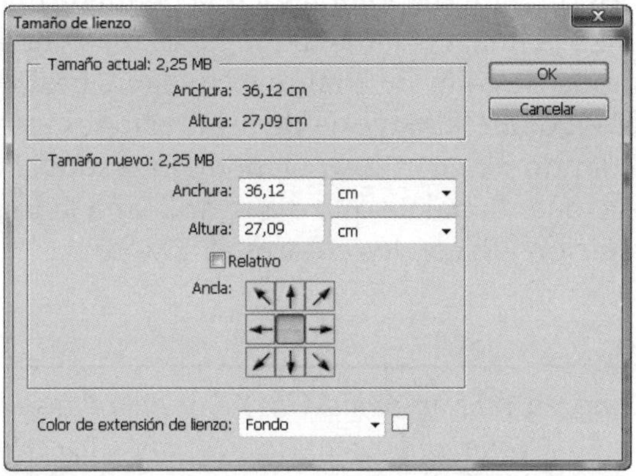


**Figura 3.9.** Cuadro de diálogo Tamaño de lienzo.

2. Introduzca las nuevas proporciones del lienzo en las casillas Altura y Anchura, o active la casilla de verificación Relativo para ampliar o reducir un valor determinado a partir de las medidas actuales de la imagen. En este último caso, si lo que necesita es reducir el tamaño de la imagen deberá utilizar valores negativos.

3. La opción Ancla sirve para determinar el lugar que tomará la imagen actual después de ampliar el lienzo. La casilla seleccionada aparece en color blanco.
4. Finalmente disponemos de la lista desplegable Color de extensión de lienzo, donde podremos elegir el tono que tomará la zona ampliada.
5. Haga clic en **OK** y al instante el espacio útil de la imagen se habrá ampliado según los valores elegidos.

**Truco:**

*En el cuadro de diálogo* Tamaño de lienzo, *también puede mantener pulsada la tecla* **Alt** *para que el botón* **Cancelar** *se convierta en* **Restaurar** *y recuperar los valores iniciales de la imagen.*

## Modo de color

Como ya hemos comentado, el modo de color define el método que se utiliza para representar el espectro cromático de una imagen. Conocer el modo de color de un gráfico es sencillo: basta con seleccionar el comando Modo del menú Imagen. Al instante, aparecerá un nuevo submenú en el que podremos ver todos los modos de color disponibles y una pequeña marca a la izquierda del modo que utiliza la imagen actual como podemos ver en la figura 3.10. Para cambiar el modo de color de cualquier imagen, basta con seleccionarlo dentro del menú Modo. En la mayoría de las ocasiones este proceso será suficiente, excepto cuando desee utilizar el modo Indexado. Para este caso concreto, deberá seleccionar la paleta que desee aplicar a la imagen y algún que otro parámetro relacionado con los colores elegidos.

**Truco:**

*Si la imagen está en modo CMYK y queremos convertirla a un esquema de color indexado, no podremos hacerlo directamente. Deberemos transformar primero la imagen a modo RGB y posteriormente, a color indexado.*

## Rotar

El proceso de rotación de una imagen consiste en girarla un cierto valor en grados a la derecha o a la izquierda.

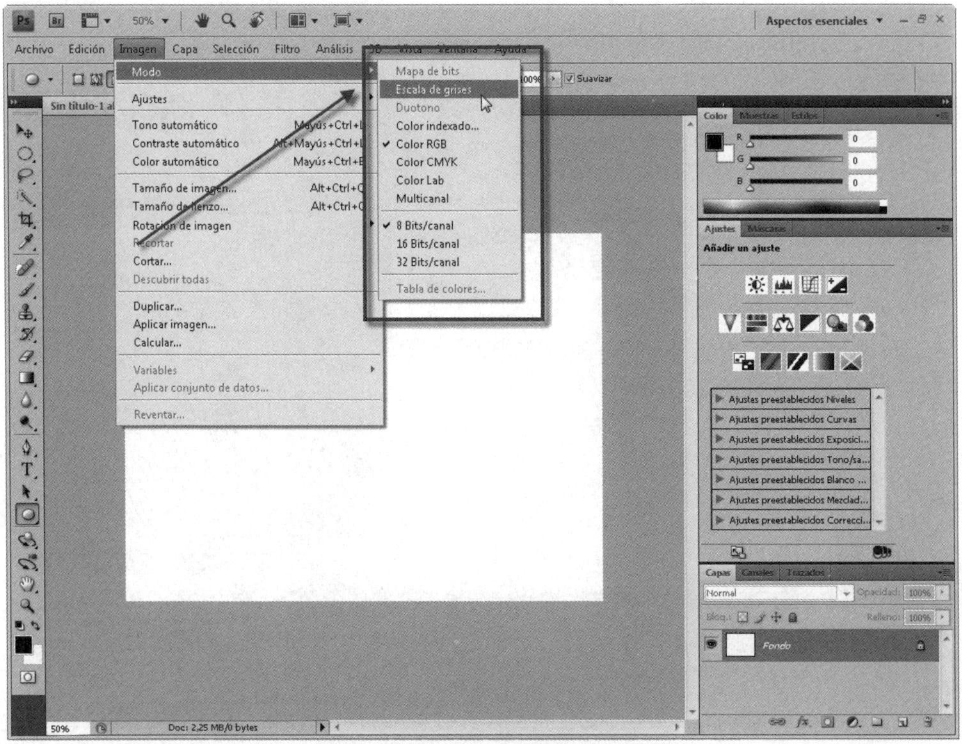


**Figura 3.10.** Menú Modo.

Por ejemplo, es común que al digitalizar una imagen, ésta no tenga la orientación adecuada. Veamos cómo hacerlo desde Photoshop:

1. Seleccione el comando **Rotación de imagen** del menú **Imagen**. Al instante aparecerá un nuevo submenú con diversas opciones como muestra la figura 3.11.
2. Elija el valor de rotación que más le interese. Después de unos segundos, la imagen aparece con la nueva orientación.

Dentro del menú **Rotación de imagen** existen varias opciones además de los valores predefinidos de rotación (90°, 180°, etcétera):

- **Arbitrario**: Al seleccionar esta opción aparece el cuadro de diálogo que muestra la figura 3.12, donde podemos introducir el valor exacto de la rotación, así como indicar su sentido.
- **Voltear lienzo horizontal**: Con esta opción giramos la imagen completa tomando como referencia su eje vertical, es decir, lo que se encontraba en la derecha pasa a estar en la izquierda de la imagen y viceversa.

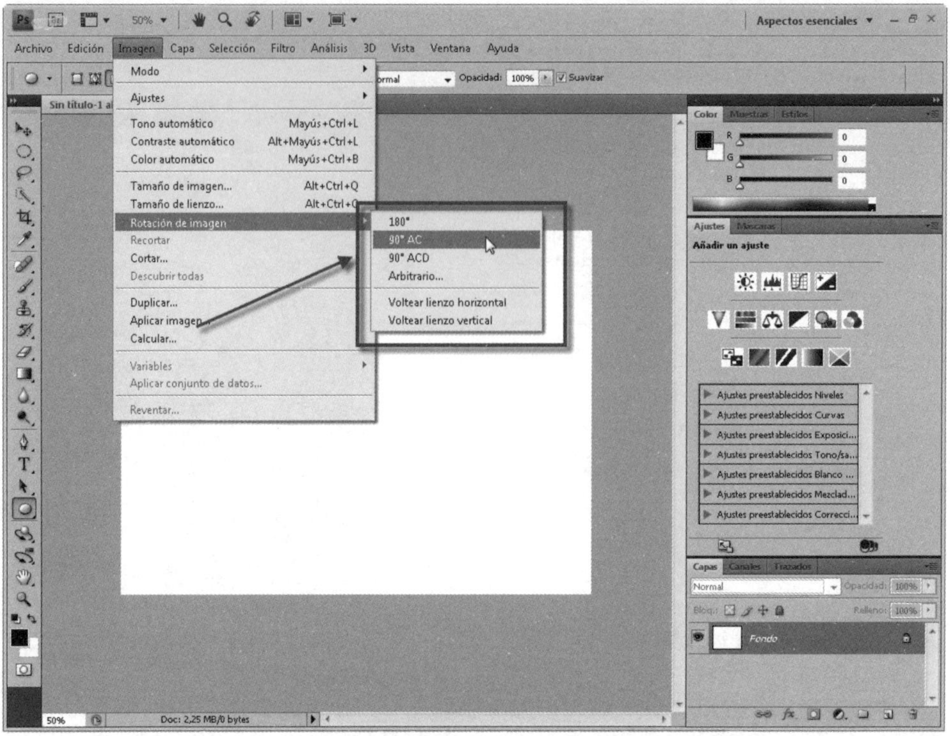


**Figura 3.11.** Opciones del menú Rotar lienzo.

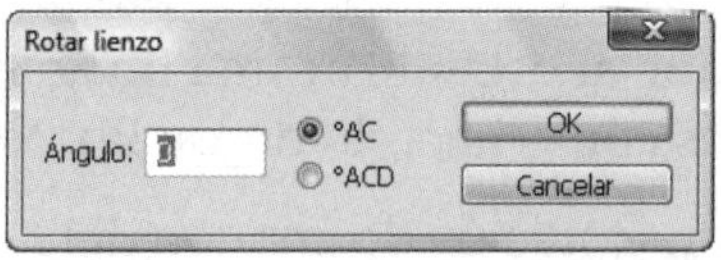


**Figura 3.12.** Cuadro de diálogo Rotar lienzo.

Voltear lienzo vertical: En este caso, el volteo de la imagen toma como referencia el eje horizontal. Ahora todo lo que estaba en la parte superior pasaría a estar en la parte inferior y viceversa.

**Nota:**

*Para que no nos liemos con las siglas AC y ACD, la primera de ellas coincide con el sentido de giro de las agujas del reloj, mientras que ACD produce un giro en sentido contrario. Para los curiosos, las siglas AC corresponden a la expresión a dextrórsum y las siglas ACD significan a contra dextrórsum.*

# Zoom

Hacer zoom consiste en ampliar o reducir toda la imagen o parte de la misma. Photoshop proporciona una gran variedad de métodos para llevar a cabo esta tarea. El más sencillo es utilizar la combinación de teclas **Control-+** (signo más) para ampliar, y **Control--** (signo menos) para reducir. Personalmente, creo que ésta es la forma más cómoda de hacer zoom sobre la imagen actual, aunque mostraremos el resto de métodos para que decida el que le resulte más conveniente en cada caso.

**Advertencia:**

*Cuando hacemos zoom sobre una imagen, no aumenta el tamaño de la ventana de documento que la contiene, a no ser que utilicemos la Zoom y activemos la casilla* Encajar ventana, *dentro de la barra de opciones. A continuación veremos esta operación con más detalle.*

## Herramienta Zoom

La herramienta Zoom se encuentra en último lugar dentro de panel Herramientas de Photoshop (su atajo de teclado es la letra **Z**), pero también tenemos un acceso directo en la parte superior, justo encima de la barra de menús. Al seleccionarla, el cursor se transforma en una pequeña lupa con un signo más en su interior. La forma de utilizarla es sencilla: basta con hacer clic sobre la zona de la imagen que deseemos ampliar. Del mismo modo, si mantenemos pulsada la tecla **Alt**, observaremos que el signo del interior de la lupa se convierte en un menos, con lo que la herramienta se encuentra lista para reducir la zona de la imagen sobre la que hagamos clic.

Pero, si aún queremos sacarle más partido a esta herramienta, haremos clic y arrastraremos para describir un rectángulo que defina la zona de ampliación como muestra la figura 3.13. Esta última opción de la herramienta es la que probablemente resulte más útil. También debe saber que al hacer doble clic sobre la herramienta Zoom, conseguiremos ajustar el valor del zoom al tamaño real de la imagen.

**Truco:**

*Otra forma distinta de acceder a todas aquellas áreas no visibles de una imagen ampliada es pulsar la barra espaciadora. En ese momento, el cursor del ratón se transforma en una mano. A partir de ese instante, podemos arrastrar en la dirección que deseemos para desplazarnos a cualquier zona de la imagen. Éste es, sin duda, el método que utilizará con más frecuencia por su comodidad.*

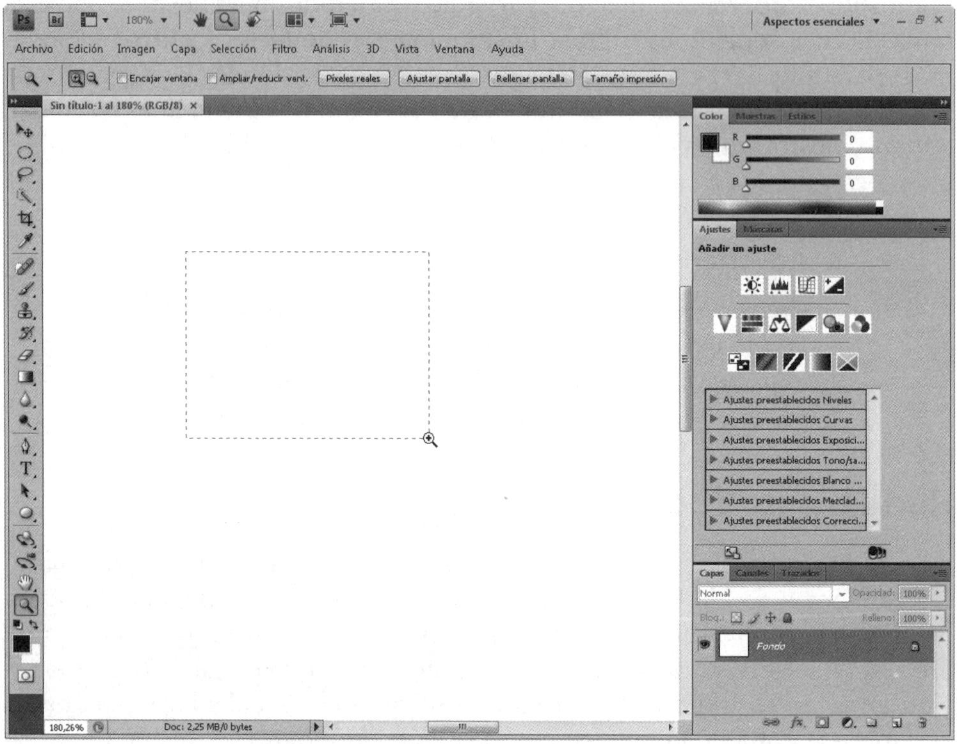


**Figura 3.13.** Establecer el área de ampliación con la herramienta Zoom.

## Opciones asociadas al botón derecho de la herramienta Zoom

Aún no hemos terminado con los métodos para ampliar o reducir el zoom sobre una imagen; todavía quedan algunas sorpresas. Para comprobarlo, seleccione la herramienta Zoom y haga clic con el botón derecho. Aparecerá un submenú con cinco opciones como puede ver en la figura 3.14, cuyo significado es el siguiente:

- Encajar en pantalla: Aumenta el valor del zoom para aprovechar todo el espacio posible del área de trabajo. También aumenta el tamaño de la ventana que contiene la imagen y tiene en cuenta el espacio ocupado por los paneles activos.

- **Píxeles reales**: Al seleccionar esta opción, la imagen aparece en su tamaño real, es decir, con un valor equivalente de zoom del 100%.
- **Tamaño de impresión**: Photoshop ajusta el valor del zoom al tamaño real de impresión de la imagen. Estos parámetros corresponden a los que se encuentran establecidos en la sección **Tamaño de impresión** del cuadro de diálogo **Tamaño de imagen**. Concretamente corresponde a los valores de la sección **Tamaño del documento**.
- **Aumentar**: Incrementa el valor del zoom hasta el siguiente valor predeterminado.
- **Reducir**: Disminuye el valor del zoom hasta el valor predeterminado anterior.

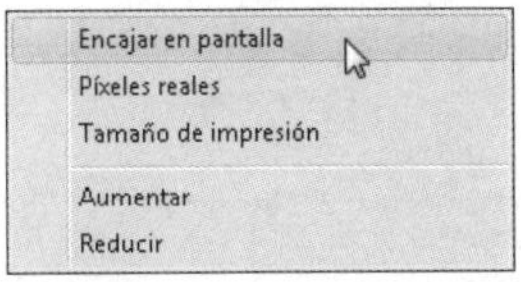


**Figura 3.14.** Menú emergente asociado a la herramienta Zoom.

**Nota:**

*En la barra de opciones que muestra Photoshop al seleccionar esta herramienta, encontrará los botones Píxeles reales, Ajustar pantalla y Tamaño impresión cuya función es la misma que hemos descrito para los comandos vinculados al botón derecho de la herramienta Zoom.*

# Guardar la imagen

Lo primero que debemos tener siempre presente en relación con el título de este apartado es que nunca debemos esperar a terminar el trabajo para guardarlo. Es conveniente usar el comando **Guardar** con cierta frecuencia para evitar perder todo nuestro trabajo por culpa de una caída de tensión, corte de luz o cualquier otro problema.

1. Seleccione el comando **Guardar** dentro del menú **Archivo**, para mostrar el cuadro de diálogo del mismo nombre que aparece en la figura 3.15.
2. Utilice el cuadro **Nombre de archivo** para escribir el nombre de la imagen. Por defecto, el formato seleccionado es el propio de Photoshop (.PSD).
3. Elija la carpeta en la que quiere guardar el archivo y haga clic en **Guardar** para finalizar la operación.

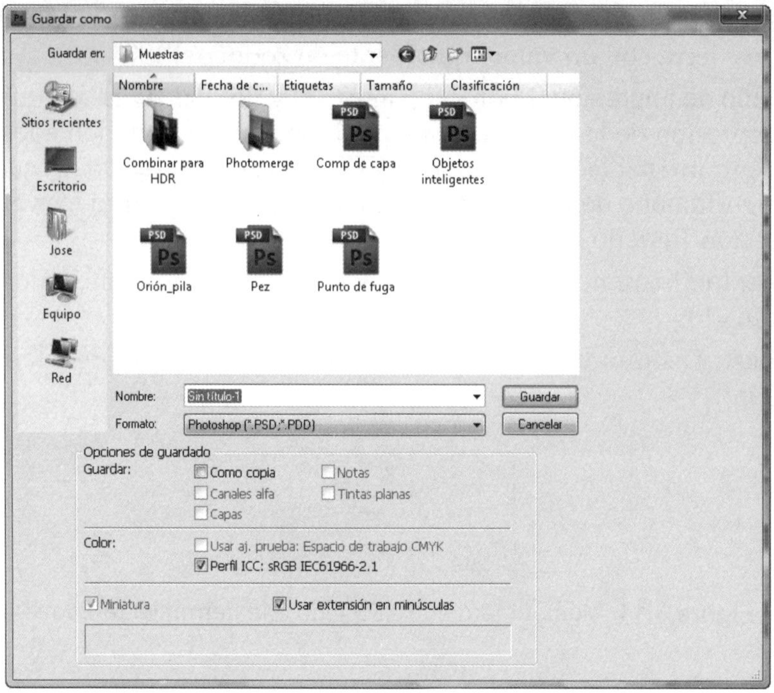


**Figura 3.15.** Cuadro de diálogo Guardar como.

Esta secuencia de pasos es válida para la primera vez que guardamos la imagen, ya que resulta indispensable proporcionar un nombre para la imagen y un lugar en donde almacenarla. A partir de este momento, será suficiente con utilizar la combinación de teclas **Control-S**.

**Advertencia:**

*Debe tener en cuenta que no todos los formatos permiten almacenar ciertas características como capas, estilos o determinados ajustes. Si así ocurriera, Photoshop mostrará un mensaje en la parte inferior del cuadro de diálogo* Guardar como *advirtiendo del problema.*

## Guardar como

El comando Guardar como permite almacenar la imagen actual con otro nombre e incluso con otro formato distinto. Cuando usamos este comando, la imagen original queda intacta pero se sustituye en la ventana de documento por la que acabamos de guardar. Al igual que ocurría con el comando

Guardar, deberá utilizar el formato propio de Photoshop (.PSD) si desea almacenar toda la información adicional de la imagen como capas, máscaras, trazados, etcétera.

## Guardar una copia

Para guardar una copia del archivo actual, utilice el comando Guardar como activando la casilla de verificación Como copia situada en la sección Opciones de guardado como puede ver en la figura 3.16. Del mismo modo, si utiliza la combinación de teclas **Control-Alt-S** para realizar esta tarea, comprobará que el cuadro de diálogo Guardar como ya aparece con la casilla Como copia activada.

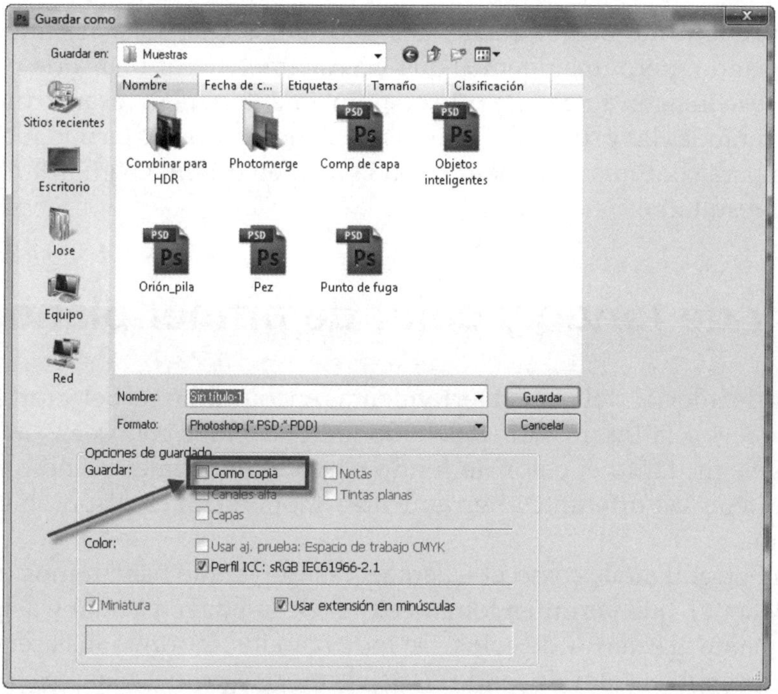


**Figura 3.16.** Guardar una copia.

El objetivo de este comando no es otro que generar una nueva imagen tomando como referencia solamente las capas activas o visibles. La gran ventaja de este comando es la posibilidad de ir guardando distintas variaciones de la imagen original sin necesidad de realizar ninguna modificación sobre ésta y manteniendo siempre abierto el archivo original.

## Duplicar

El comando Duplicar del menú Imagen permite crear una copia en memoria de la imagen actual. Al seleccionarlo, aparece un cuadro de diálogo en el que podremos escribir el nombre del archivo y elegir entre copiar el estado actual de las capas o sólo el de aquellas que se encuentren combinadas.

**Advertencia:**

*Debe tener claro que después de esta operación sólo hay una copia del archivo en memoria, por tanto, es necesario utilizar el comando* Guardar *si queremos almacenar la imagen definitivamente.*

En un primero momento, quizás nos podríamos cuestionar la utilidad de este comando, pero imaginemos que necesitamos hacer una serie de pruebas sobre la imagen actual. En este caso, solamente será necesario duplicarla para hacer todas las pruebas necesarias y, cuando hayamos terminado, cerrar la copia para continuar trabajando con la imagen original o guardarla si nos gusta el resultado.

# Color de fondo y color de primer plano

En la parte inferior del panel Herramientas encontramos el Selector de color como muestra la figura 3.17, desde donde podremos conocer y, al mismo tiempo elegir, tanto el color de fondo como el de primer plano que utilizaremos con las diferentes herramientas y operaciones disponibles en el programa.
Existen herramientas, como el Cuentagotas (de la que hablaremos un poco más adelante), que permiten tomar colores de la imagen actual y asignarlos directamente al selector de color. De todos modos, la forma más sencilla de modificar tanto el color de fondo como el color de primer plano es haciendo clic sobre él. En ese momento, aparecerá el cuadro de diálogo que muestra la figura 3.18, en cuya parte izquierda podremos elegir un color de forma visual, y en la derecha tenemos la posibilidad de hacerlo de manera mucho más precisa, introduciendo la proporción exacta de cada color en cualquiera de los cuatro modos (RGB, CMYK, LAB y HSB). Incluso podríamos utilizar el valor hexadecimal del color para que el selector mostrara su aspecto, opción muy útil cuando creamos gráficos para Internet.

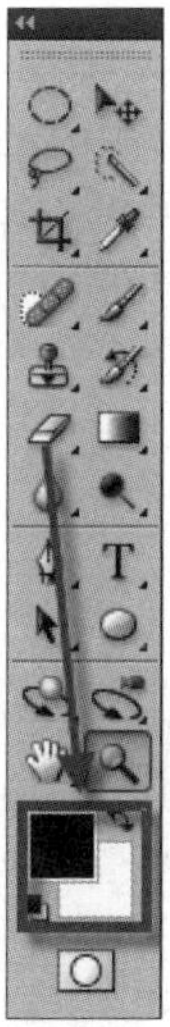

**Figura 3.17.** El selector de color del panel Herramientas.

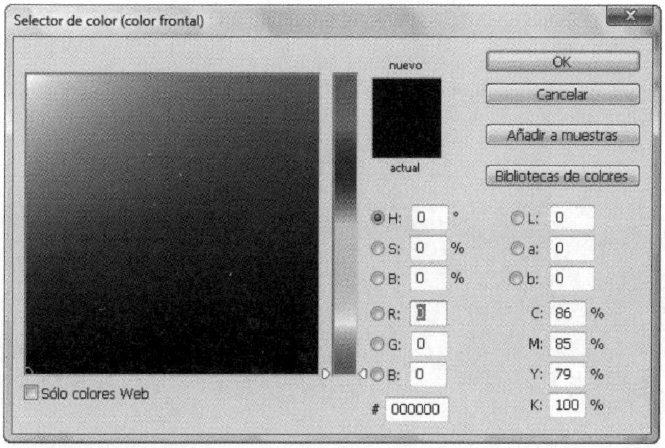


**Figura 3.18.** Cuadro de diálogo Selector de color.

También dentro del cuadro de diálogo Selector de color, justo en la mitad superior, encontraremos un pequeño cuadro dividido en dos mitades. La primera de ellas muestra el color que estamos seleccionando y, en la mitad inferior, aparece el color actual del selector.

**Truco:**

*La letra* **X** *del teclado actúa como atajo para intercambiar los colores de fondo y de primer plano.*

**Nota:**

*El botón* **Bibliotecas de colores** *ofrece la posibilidad de elegir entre distintas colecciones de colores definidas por terceras empresas y que se utilizan mucho en el ámbito de la preimpresión y fotomecánica como, por ejemplo, Pantone.*

# Resumen

En este capítulo hemos repasado las acciones y comandos más habituales y que, sin duda, utilizaremos con más frecuencia como: abrir archivos, guardarlos, modificar el formato de salida, etcétera.
Otro de los aspectos que se ha tratado son los métodos más comunes para modificar tanto el tamaño de la imagen como el tamaño del lienzo, que es la forma que tiene Photoshop de nombrar al espacio total que ocupa la imagen.
Por último, hemos visto las posibilidades de la herramienta Zoom y de la forma de realizar transformaciones sencillas como rotar o voltear.

# Capítulo 4

# Adobe Bridge, el nuevo explorador

**En este capítulo aprenderá a:**

- Conocer la herramienta Adobe Bridge.
- Utilizar las características principales del programa.
- Crear y utilizar palabras clave para clasificar imágenes.
- Trabajar con etiquetas.
- Aprovechar las posibilidades del panel Filtro.
- Manejar información EXIF.
- Ajustar las preferencias del programa.

# Adobe Bridge, la evolución necesaria

Cuando trabajamos con aplicaciones de la talla de Photoshop, InDesign o Illustrator no es suficiente con el típico comando Abrir, necesitamos una herramienta que permita trabajar de forma cómoda y sencilla con grandes cantidades de archivos, conocer sus propiedades, que ofrezca ciertas capacidades de organización, previsualización, etcétera. Hasta no hace demasiado tiempo el Explorador de archivos de Photoshop cumplía con estos propósitos pero era necesaria una evolución que permitiera llegar un poco más lejos. Adobe Bridge es una herramienta sencilla de utilizar que ofrece innumerables posibilidades como veremos a lo largo de este capítulo. En la figura 4.1 podemos comprobar su aspecto. En realidad se trata de una aplicación independiente, pero que se encuentra estrechamente vinculada al resto de programas que componen Adobe Creative Suite.

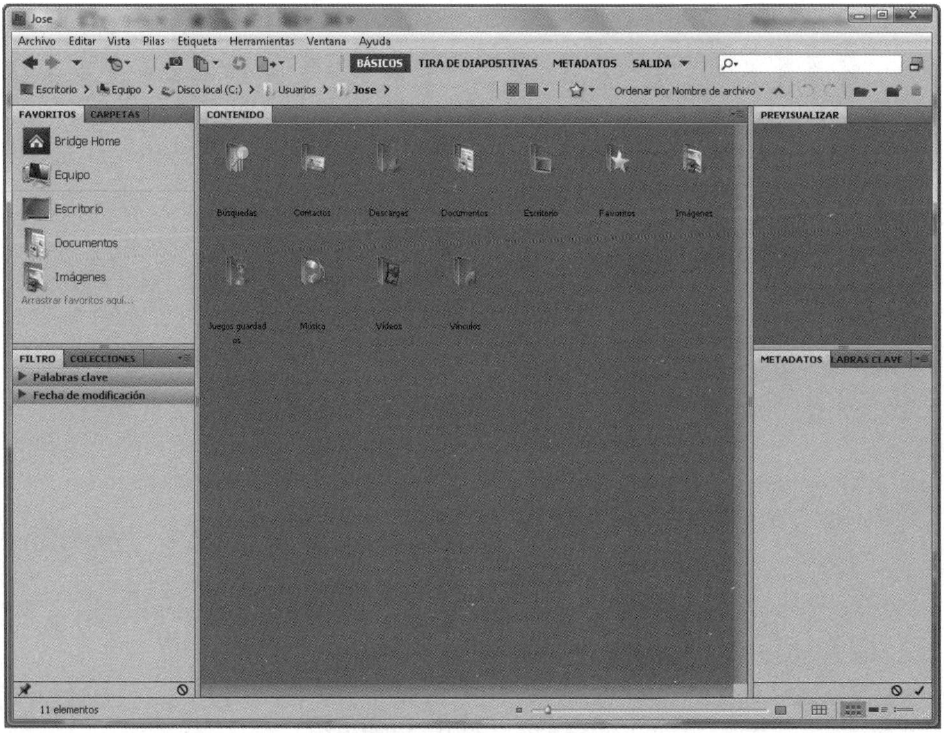


**Figura 4.1.** Adobe Bridge.

Después de ver por primera vez el entorno de Adobe Bridge debemos reconocer el gran trabajo realizado por los informáticos de Adobe, ya que el aspecto de la aplicación es realmente impresionante, al tiempo que resulta muy intuitiva y eficaz en el día a día.

## Primeros pasos con Adobe Bridge

Para abrir Adobe Bridge tenemos varias opciones, una de ellas es utilizar el comando Archivo>Buscar en Bridge de Photoshop. Otra forma sería utilizar su propia entrada situada en el menú Inicio>Todos los programas, junto a Photoshop. Por último, le diremos que el pequeño icono situado en la barra de opciones y que hemos resaltado en la figura 4.2 también permite llegar hasta Bridge desde el entorno de Photoshop.

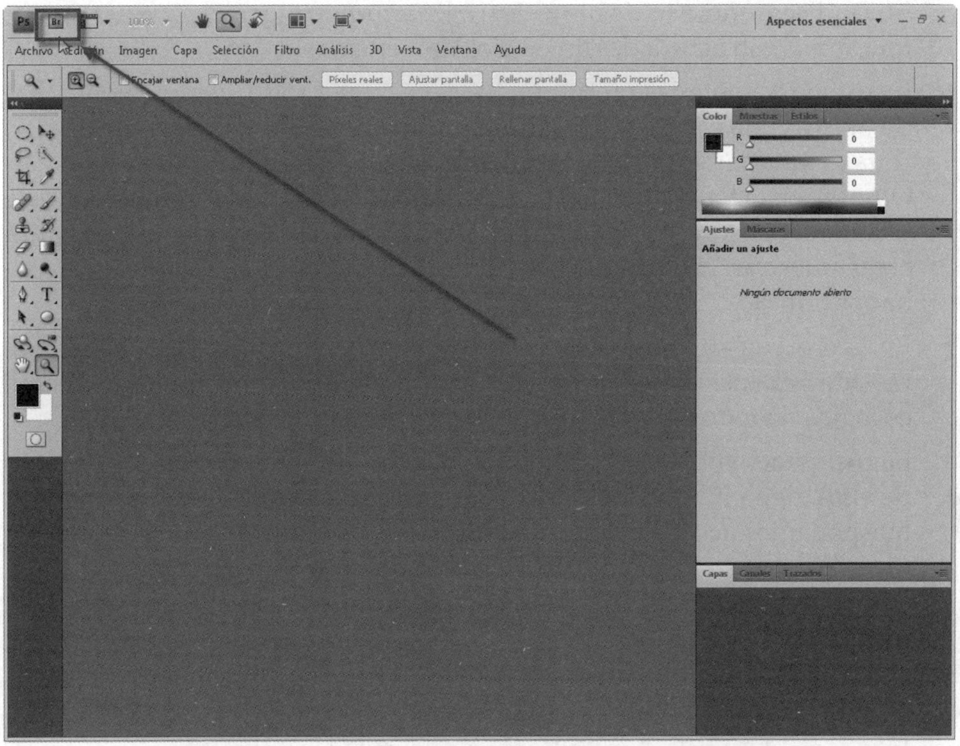


**Figura 4.2.** Icono Ir a Bridge en el entorno de Photoshop.

**Nota:**

*Tanto si ha instalado Adobe Creative Suite o simplemente Photoshop, la aplicación Bridge será uno más de los elementos que incorpora este paquete integrado de diseño.*

**Truco:**

*El atajo de teclado disponible en Photoshop para abrir Adobe Bridge es* **Alt-Control-O**.

Antes de entrar en detalle sobre las posibilidades de Adobe Bridge conozcamos el significado de los distintos elementos que componen su entorno. En este caso, hemos tomado como referencia la situación por defecto de cada uno de ellos:

- En la esquina superior izquierda encontraremos dos paneles: Favoritos y Carpetas. El primero contiene accesos directos a elementos típicos como Mi PC, Escritorio, Mis documentos... En segundo lugar, el panel Carpetas, muestra la estructura de directorios del sistema.
- Justo bajo la ventana anterior podrá ver el panel Filtro. Este elemento será de gran ayuda a la hora de localizar documentos con Adobe Bridge. Se trata de una característica realmente potente y muy sencilla de utilizar. Observe en la figura 4.3 la lista de criterios de filtrado disponible. En esta misma ubicación se encuentra el panel Colecciones que nos permitirá crear nuestras propias agrupaciones de imágenes siguiendo determinados criterios.
- En la esquina superior derecha se encuentra el panel Previsualizar que mostrará el aspecto del documento seleccionado en cada momento. Como es lógico no todos los documentos admiten esta característica.
- Bajo el panel anterior aparecen los paneles de información. El primero de ellos, denominado Metadatos, muestra mucha más información de la que podamos necesitar en la mayoría de los casos, sobre todo si la imagen incluye datos en formato EXIF. El segundo panel, denominado Palabras clave, permite añadir términos que hagan referencia al contenido de la imagen con el objeto de facilitarnos su posterior localización. Sin duda, un complemento muy útil cuando nuestra biblioteca de imágenes alcanza un número considerable de archivos.
- Por último, la zona más amplia situada en el centro de la aplicación muestra el contenido de la carpeta seleccionada. Podemos configurar fácilmente el aspecto y la información de los archivos que muestra esta ventana eligiendo cualquiera de los botones situados en la esquina inferior derecha de la ventana de Adobe Bridge.

  En la figura 4.4 hemos resaltado estos botones para que no tenga problemas a la hora de localizarlos.

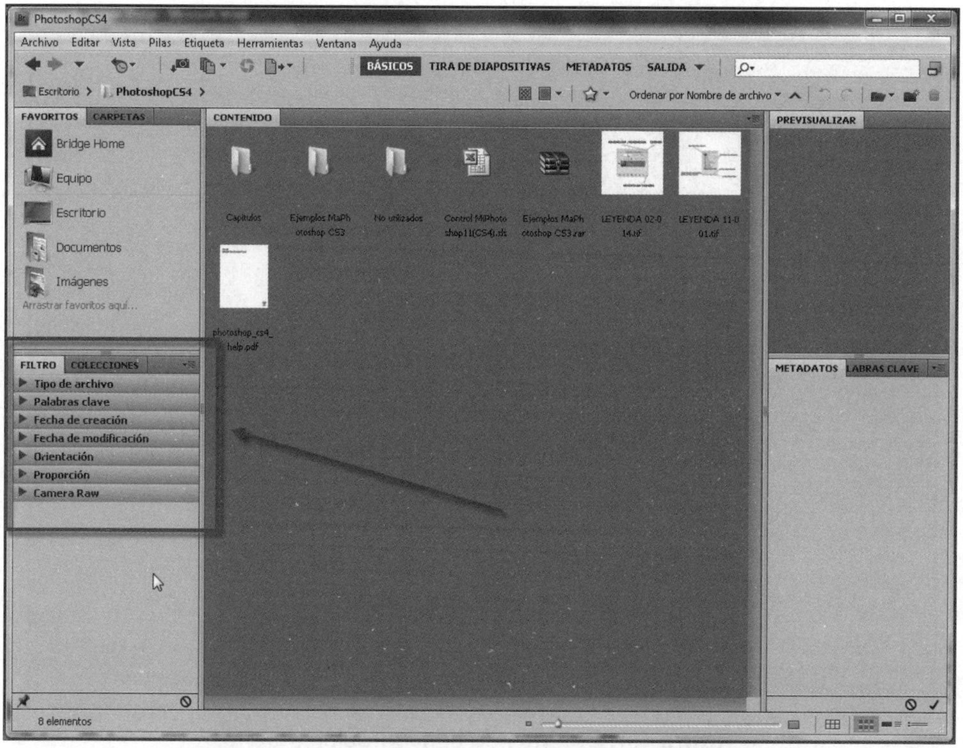


**Figura 4.3.** Criterios disponibles en la ficha Filtro.

**Truco:**

*Utilice la tecla* **Tab** *para poder ocultar temporalmente todos los paneles y mostrar únicamente el contenido de la carpeta seleccionada. Esta misma tecla le servirá para recuperar el aspecto original de Bridge. También puede utilizar el pequeño icono situado en la esquina inferior izquierda de la ventana para poder ocultar o mostrar los paneles.*

El entorno de Adobe Bridge es completamente modular y por lo tanto, personalizable. Con esto queremos decir que los paneles se pueden cambiar de ubicación y redimensionar sin problemas, para adaptar la configuración del entorno a nuestras necesidades. Para poder cambiar la posición de un panel, haga clic en su etiqueta y seguidamente arrastre hasta colocarlo donde desee. Si lo que necesita es cambiar sus proporciones, sitúe el cursor en algún extremo y arrastre.

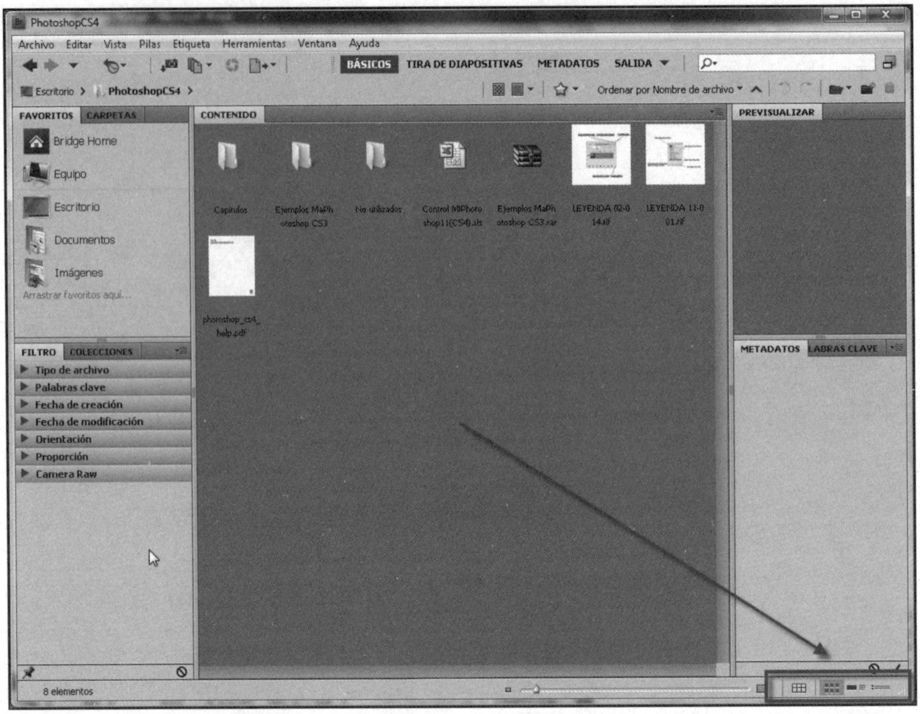


**Figura 4.4.** Botones de configuración para la visualización de archivos en Adobe Bridge.

**Nota:**

*Sobre el significado y uso de la información EXIF hablaremos en este mismo capítulo.*

Si desea tener una vista previa ampliada de cualquier documento que lo permita: archivos pdf, imágenes, documentos de texto, etcétera, haga clic sobre el archivo en el panel Contenido para seleccionarlo y después utilice la combinación de teclas **Control-L**. El aspecto de Bridge después de realizar estos pasos será similar al que puede ver en la figura 4.5.

## Adobe Bridge en el arranque

Si nuestro sistema operativo es Windows XP o superior, estaremos acostumbrados a la ventana que aparece cada vez que conectamos un dispositivo: memorias USB, cámaras digitales, MP3... Si hemos instalado Photoshop Creative

Suite, una de las posibilidades que aparecerá en esta ventana será Adobe Bridge como puede comprobar en la figura 4.6. Esto nos permitirá explorar el contenido del dispositivo aprovechando toda la potencia de Bridge.

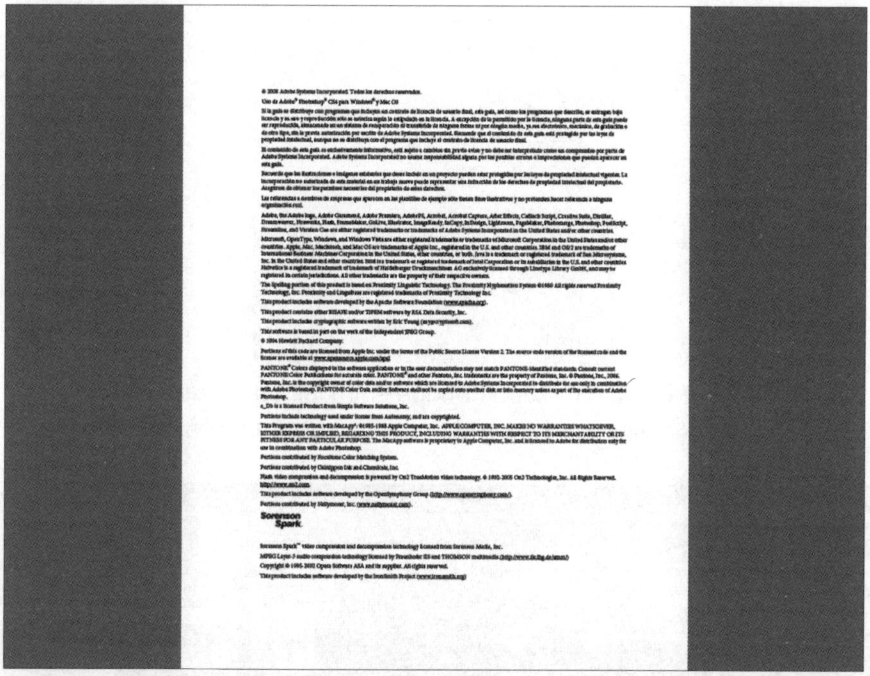

**Figura 4.5.** Vista previa ampliada de un documento PDF en Adobe Bridge.

## Trabajar con Adobe Bridge

La forma de utilizar esta nueva herramienta es muy sencilla e intuitiva. En los paneles Carpetas o Favoritos seleccione la ubicación de los archivos. Tras unos segundos, la ventana principal mostrará el contenido. Después seleccione la imagen que desee para que el programa abra una vista en miniatura de la misma e información sobre sus características. Hasta aquí nada nuevo, pero como ya comentamos al principio, Adobe Bridge permite muchas más posibilidades. Veamos las más importantes:

- Haga clic con el botón derecho sobre cualquier archivo para mostrar el menú contextual que aparece en la figura 4.7. Entre las opciones disponibles encontraremos el comando Abrir con. Con él, podremos abrir el archivo en la aplicación predeterminada, en nuestro caso Photoshop, o en cualquier otra aplicación instalada del paquete Adobe Creative Suite.

**Figura 4.6.** Adobe Bridge entre las opciones disponibles tras la conexión de un nuevo dispositivo.

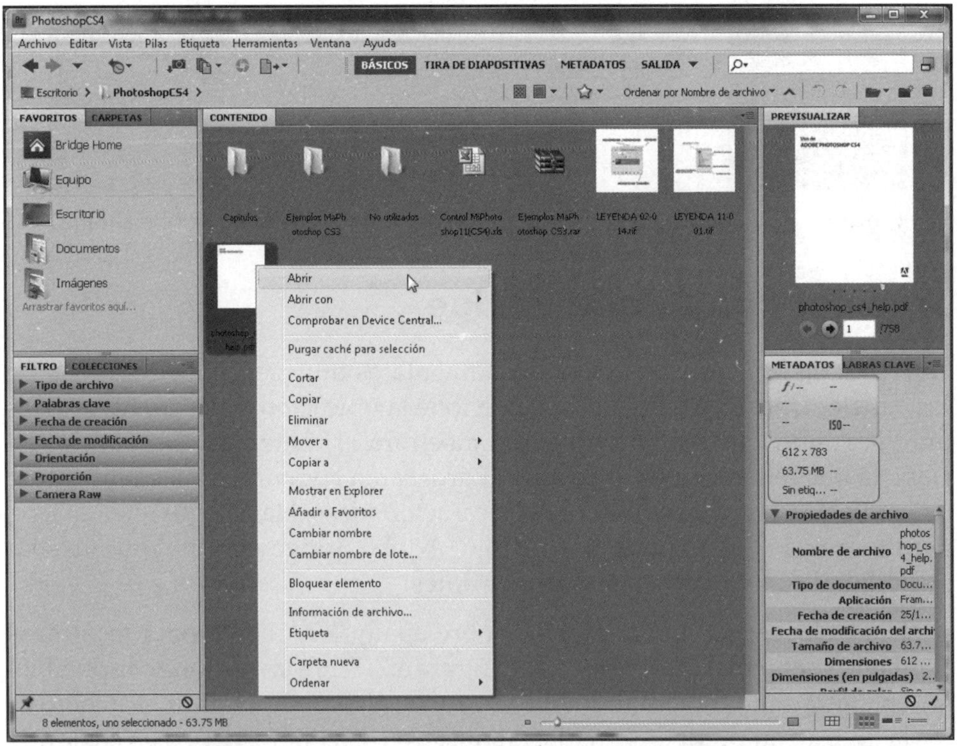


**Figura 4.7.** Menú contextual asociado a un elemento en Adobe Bridge.

- También entre las opciones que aparecen después de hacer clic con el botón derecho sobre alguna imagen, se encuentra el comando Mostrar en Explorer, cuya función no es otra que abrir el Explorador de Windows para indicar la ubicación exacta donde se encuentra el archivo.
- Si creemos que vamos a utilizar un gráfico con mucha frecuencia, por ejemplo, logotipos, es posible incluirlo en la pestaña Favoritos con tan sólo hacer clic con el botón derecho sobre él y elegir el comando Añadir a Favoritos.
- Mantenga pulsada la tecla **Control** o **Mayús** para seleccionar más de un archivo al mismo tiempo y realizar operaciones sobre ellos. Si lo desea puede utilizar los comandos Seleccionar todo, Anular selección o Invertir selección situados en el menú Editar.

  Otro método sería hacer clic y arrastrar con el ratón en algún espacio vacío del panel Contenido para describir un área donde englobaríamos los elementos que deseamos seleccionar, tal y como puede comprobar en la figura 4.8.

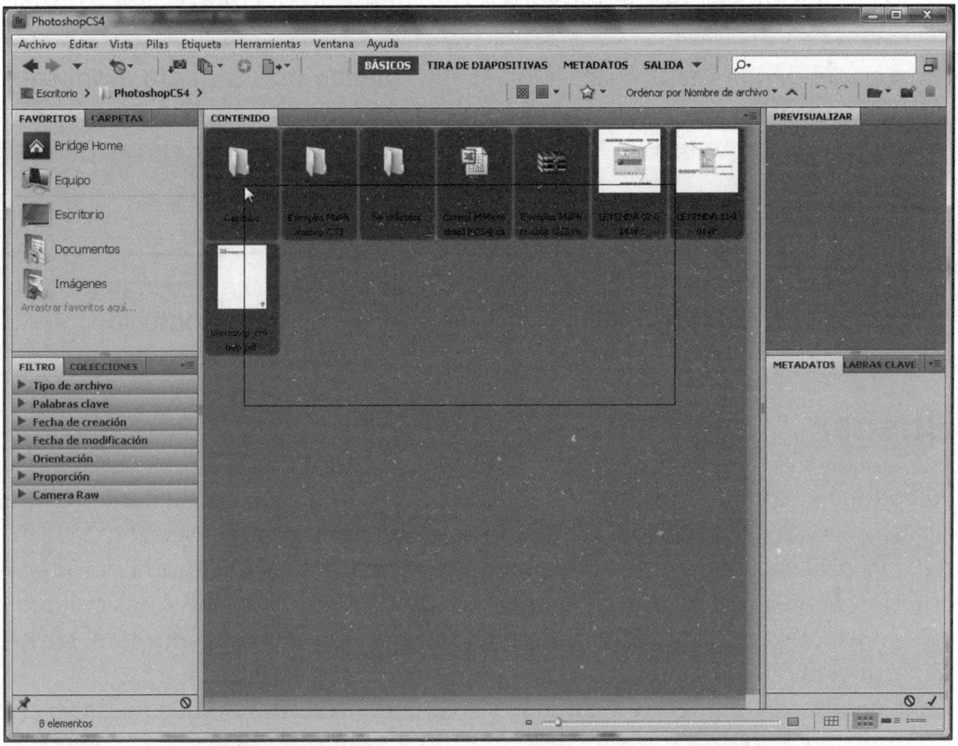


**Figura 4.8.** Describir área de selección en Adobe Bridge.

- Para eliminar una o más imágenes, selecciónelas en primer lugar y después pulse la tecla **Supr** o elija el comando Eliminar incluido entre las opciones del botón derecho.
- Los comandos disponibles para rotar el gráfico o los gráficos seleccionados se encuentran tanto en los iconos situados en la parte superior de la ventana del programa como entre las opciones del menú Editar.
- Otra opción interesante es la posibilidad de cambiar los nombres de todos los archivos existentes en una ubicación determinada de forma automática. En este caso, el comando que debe elegir en el menú Herramientas es Cambiar nombre de lote. Veremos las posibilidades de este cuadro de diálogo en el siguiente apartado.
- Los criterios para ordenar las imágenes que aparecen en el área de previsualización son muchos y variados como muestra la figura 4.9. Para comprobarlo despliegue el menú Vista>Ordenar. También veremos cómo es posible mejorar este aspecto mediante el uso de etiquetas.
- Tampoco podemos olvidar las funciones de búsqueda incluidas en el Explorador y a las que tendremos acceso desde el comando Editar>Buscar.
- Uno de los elementos que más sorprenden de Bridge es sin lugar a dudas el panel denominado Filtro. Con él será mucho más cómodo localizar y aislar imágenes dentro de grandes volúmenes de archivos. En los siguientes apartados trataremos la forma de aprovechar sus posibilidades.

**Truco:**

*El deslizador situado en la parte inferior de la ventana permite cambiar el tamaño de visualización de los iconos en el panel* Contenido.

# Buscar

Seleccione el comando Buscar situado en el menú Editar y al instante tendrá acceso al cuadro de diálogo del mismo nombre. En la primera sección debe indicar la localización exacta donde buscar los archivos y en la segunda introducir criterios de búsqueda como la fecha de creación, el tipo de archivo, las palabras clave, etcétera. Una vez hecho todo esto, indique si quiere que empiece, termine, contenga o no contenga el término que escriba a la derecha.

En el cuadro de diálogo Buscar, a la derecha del término de búsqueda se encuentra un icono que con un signo más en su interior. Al hacer clic sobre él aparece una nueva línea de criterios para ajustar todo lo posible la búsqueda.

Por ejemplo, si quisiéramos localizar los archivos creados entre el 1/1/2008 y 12/1/2010 el aspecto del cuadro de diálogo de búsqueda sería el que muestra la figura 4.10. Photoshop permite utilizar hasta 12 líneas de criterios adicionales.

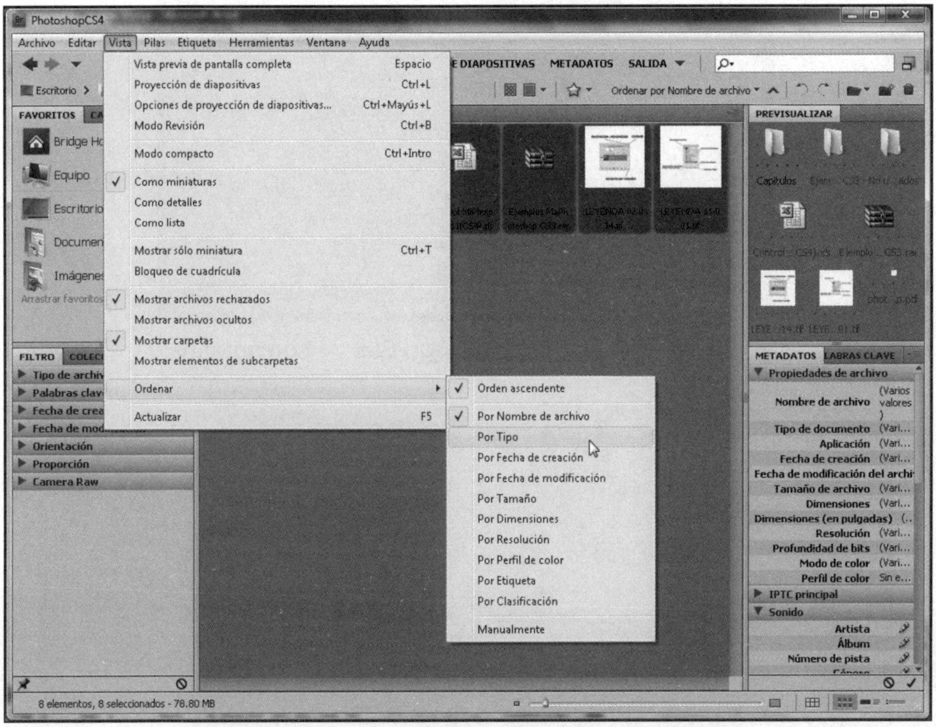


**Figura 4.9.** Criterios de ordenación disponibles en el comando Ordenar del menú Vista.

# Lotes

El comando Cambiar nombre de lote situado en el menú Herramientas muestra el cuadro de diálogo que aparece en la figura 4.11. En él encontramos opciones muy sencillas e intuitivas, simplemente tendremos que decidir qué hacemos con los archivos después de cambiarles el nombre: dejarlos en la misma ubicación, moverlos o copiarlos. Después, en la sección Nuevos nombres de archivos debemos buscar la mejor combinación para renombrarlos.

Los pequeños botones Más y Menos permiten añadir nuevas líneas de composición para conseguir el nombre adecuado para nuestros archivos. Después, puede observar en la sección Previsualizar el nombre actual del archivo y la nueva denominación que tomará después de ejecutar el comando. También informa sobre el número de archivos implicados en el proceso de renombrado.

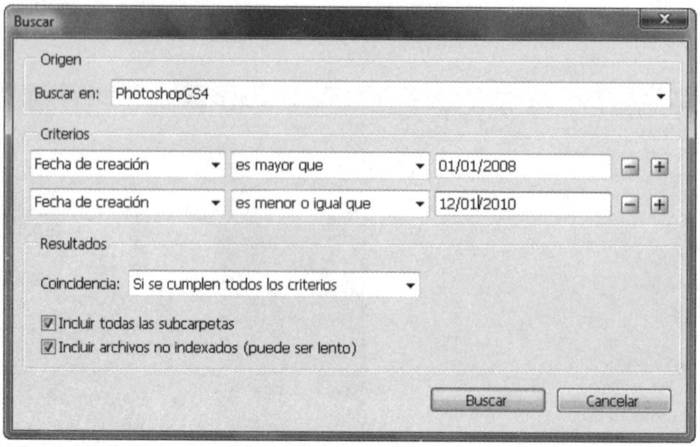


**Figura 4.10**. Cuadro de diálogo Buscar con criterios.

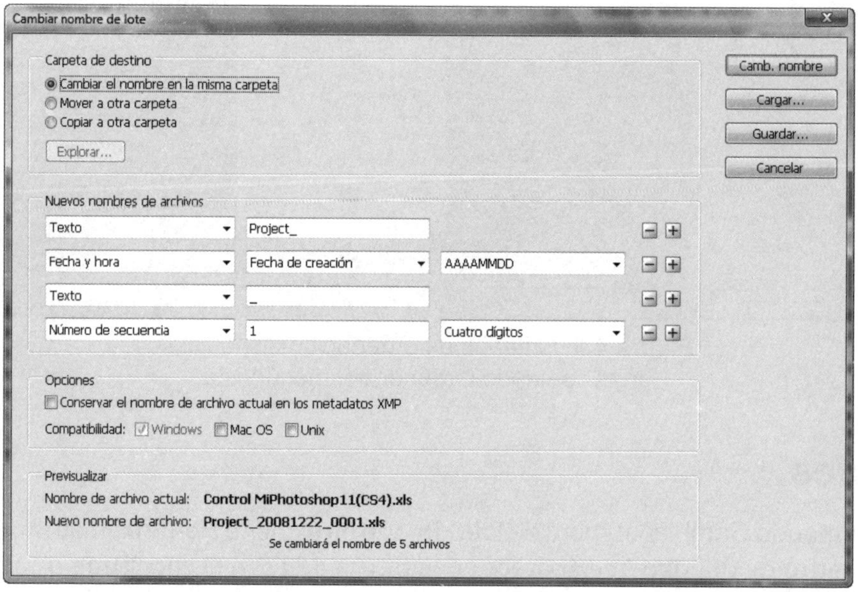


**Figura 4.11.** Cuadro de diálogo Cambiar nombre de lote.

## Nota:

*Si tiene pensado utilizar los archivos en otros sistemas como Mac OS o Linux active las casillas de compatibilidad con estos formatos en la sección* Opciones.

# Filtro

Como hemos comentado, el panel Filtro es un elemento fundamental de Adobe Bridge debido a que cada vez resulta más difícil localizar cualquier elemento entre los cientos de imágenes, fotos y archivos en general almacenados en nuestros discos duros.

Como podemos ver en la figura 4.12, el panel Filtro hace gran parte del trabajo automáticamente y después de clasificar la información de la carpeta seleccionada la divide en categorías. A continuación describimos las más importantes:

- Tipo de archivo: Muestra un recuento de todos los tipos de archivos disponibles en la carpeta elegida: RAR, JPEG, Documentos de Word, etcétera.
- Palabras clave: Aunque trataremos esta característica con más detalle en el siguiente apartado, adelantamos que las palabras clave son términos asociados a documentos que tienen como propósito ayudar a localizar y clasificar todo tipo de información.
- Fecha de creación: El criterio de clasificación de esta sección es la fecha de creación de los documentos seleccionados.
- Fecha de modificación: Igual que el punto anterior, pero referida a la fecha en la que se modificó por última vez el archivo.
- Orientación: Divide los documentos en aquellos orientados verticalmente y los que se muestran en horizontal.
- Proporción: Muestra los documentos según su relación de tamaño.
- Índices de velocidad ISO: La velocidad ISO con la que fue tomada originalmente la imagen será la información que utilice el panel Filtro en esta sección para enumerar los archivos seleccionados.

Los diferentes criterios que aparecen en las categorías del panel Filtro se forman dinámicamente en función del contenido de la carpeta seleccionada. Es decir si en la ubicación elegida existen archivos de imagen en formato JPEG y PNG esos serán los criterios de selección que mostrará la sección Tipo de archivo del panel Filtro.

Tampoco aparecerán siempre las mismas categorías, todo dependerá de los diferentes tipos de archivos disponibles y de sus características.

La forma de utilizar las diferentes clasificaciones del panel Filtro es realmente simple. En primer lugar a la izquierda del nombre de cada categoría se encuentra un pequeño icono que permite ocultar o mostrar su contenido. A partir de aquí será suficiente con hacer clic sobre alguno de los criterios para mostrar sólo aquellos elementos que lo cumplen. Por ejemplo, si necesita que el panel principal muestre sólo archivos de tipo PDF haga clic en este tipo de archivo y el resultado será similar al que puede ver en la figura 4.13. Como puede comprobar, Bridge coloca una pequeña marca a la izquierda del criterio utilizado.

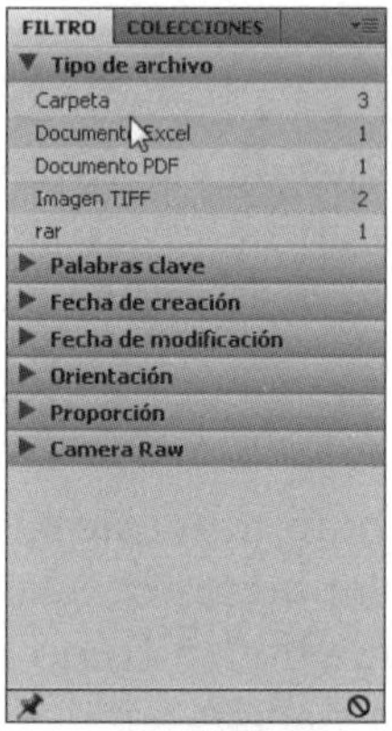


**Figura 4.12.** Panel Filtro.

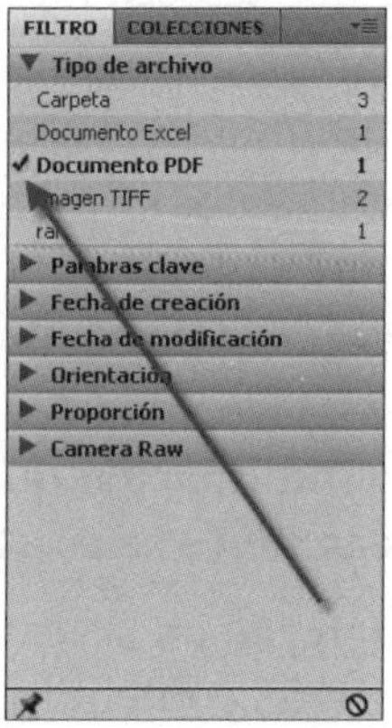


**Figura 4.13.** Criterio seleccionado en el panel Filtro.

## Nota:

*Puede elegir tantos criterios como quiera hasta encontrar la fórmula exacta para mostrar sólo aquellos archivos que desee. Una vez realizada la selección, recuerde que puede hacer clic con el botón derecho sobre cualquier espacio vacío el panel* Contenido, *y seleccionar el comando* **Ordenar** *para mejorar la búsqueda de cualquier elemento como puede ver en la figura 4.14.*

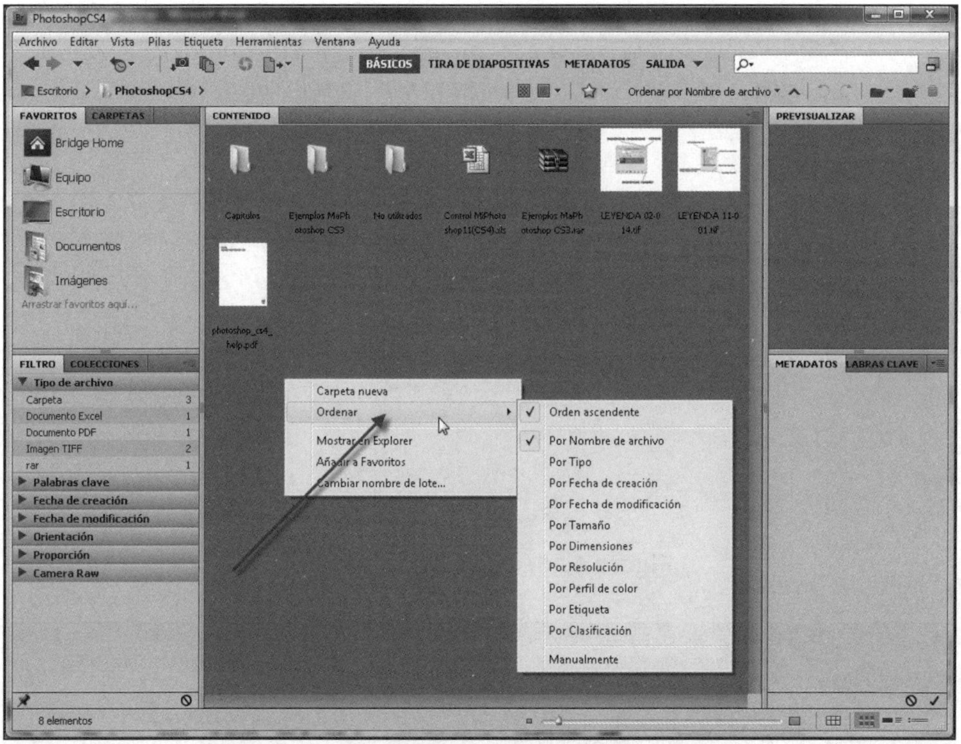


**Figura 4.14.** Opciones de ordenación.

Aquí no terminan las ventajas del panel Filtro. Imagine que ha completado un criterio de búsqueda y ya tiene localizado los archivos que necesita. Ahora desea examinar otras capetas, pero no quiere perder el trabajo ya realizado de modo que cuando vuelva a la primera carpeta el criterio se mantenga. La solución se encuentra en el pequeño icono situado en la parte inferior izquierda del panel representado por una tachuela, como puede ver en la figura 4.15. Si lo activa después de realizar un criterio de filtrado, estos ajustes se mantendrán aunque examinemos otras ubicaciones del equipo.

Para desbloquear los archivos filtrados, utilice el icono Borrar filtro situado justo a la derecha del cuentagotas o si lo prefiere, la combinación de teclas **Control-Alt-A** lleva a cabo el mismo trabajo.

**Truco:**

*Otra forma de ordenar archivos en Bridge es utilizar el comando* Ordenar por... *situado en la parte superior de la ventana de aplicación como puede comprobar en la figura 4.16. Además, a la derecha de este comando se encuentra un pequeño icono que permite ordenar de forma ascendente o descendente los archivos del panel* Contenido, *según el criterio utilizado en cada momento con un solo clic de ratón.*

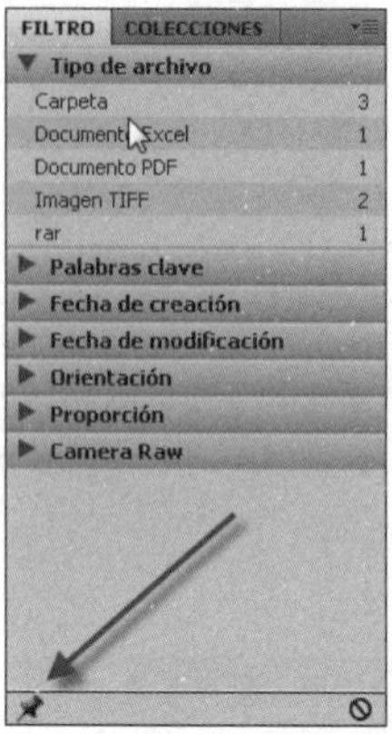


**Figura 4.15.** Icono Bloquear filtro.

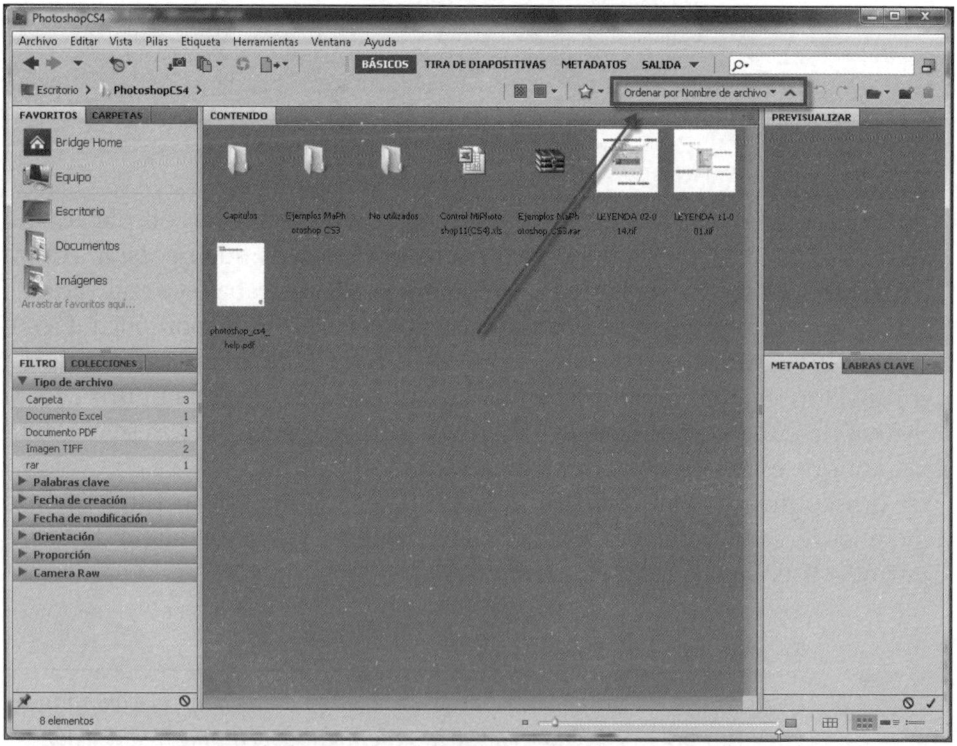


**Figura 4.16.** Comando Ordenar por.

# Etiquetas, clasificaciones y rótulos

Las etiquetas son un buen método para clasificar nuestras imágenes siguiendo dos criterios básicos, por un lado tenemos una serie de nombres predeterminados: Seleccionar, Segundo, Aprobado, Revisar y Pendiente y asociado a cada uno de ellos un color. Por otra parte existe la posibilidad de asignar un número de estrellas que servirán para asignar mayor o menor importancia a cada documento. Por ejemplo, podríamos utilizar el color verde para todas aquellas imágenes relacionadas con viajes y después dentro de este grupo utilizar el código de estrellas para marcar las que más nos gusten. La forma de llevar a cabo esta clasificación es muy sencilla:

1. Seleccione la imagen o imágenes a las que quiere asignar alguno de los códigos de color.
2. Después, en el menú Etiqueta, haga clic sobre el rótulo más apropiado en cada caso: Seleccionar, Segundo, Aprobado, Revisar o Pendiente.
3. A continuación, para asociar un número de estrellas determinado, utilice también el menú Etiqueta, pero en este caso, fijándonos en las opciones del primer bloque.

Una vez hecho esto, el panel **Filtro** mostrará una nueva categoría denominada Rótulos. A partir de ahora utilice este método de clasificación para mostrar sólo las imágenes que le interese en cada caso, como puede ver en la figura 4.17.

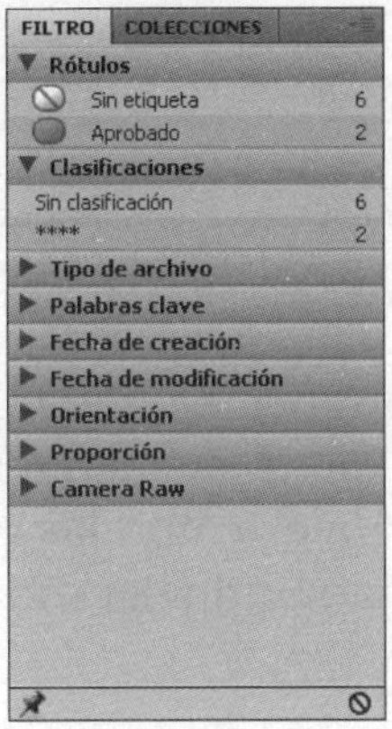


**Figura 4.17.** Nuevas categorías Rótulos y Clasificaciones.

Si lo desea puede cambiar el nombre asociado al color de cada una de las etiquetas disponibles. Para hacerlo seleccione el comando Preferencias situado en el menú Editar de Adobe Bridge. Una vez abierto el cuadro de diálogo, seleccione en el margen izquierdo la categoría Rótulos para mostrar las posibilidades de configuración indicada en la figura 4.18. A partir de aquí, para cambiar el nombre haga clic sobre él y escribir el título que desee utilizar.

**Nota:**

*Personalmente creemos que los títulos por defecto vinculados a los diferentes colores disponibles no son los más adecuados. Le recomendamos que personalice este aspecto del programa utilizando otros más apropiados según sus necesidades.*

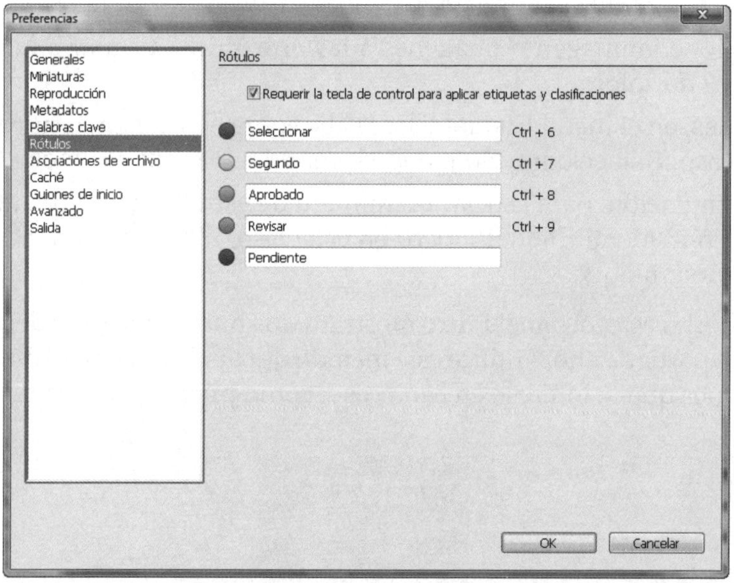


**Figura 4.18.** Configuración por defecto para etiquetas en Adobe Bridge.

Como verá, resulta muy útil y sencillo utilizar las etiquetas como método de clasificación. Sobre todo, si se tiene en cuenta la facilidad con la que se acumulan fotografías con dispositivos como las cámaras digitales o escáneres; aunque debe tener presente que Bridge gestiona todo tipo de archivos y no sólo documentos gráficos.

**Truco:**

*Una forma rápida y sencilla de aplicar etiquetas sobre un archivo es hacer clic sobre él con el botón derecho y seleccionar el comando* Etiqueta *dentro del menú emergente que aparece.*

## Palabras clave

Las palabras clave son otro importante elemento de las posibilidades de clasificación de Bridge y por supuesto, mucho más completo que las etiquetas. Concretamente podemos asociar cualquier término a nuestros documentos: Cumpleaños, Boda, Verano 2011, etcétera, y de esta forma será suficiente con utilizar estas palabras para localizar rápidamente todos los archivos relacionados.

El panel Palabras clave ofrece una estructura por defecto. Pero lo mejor será tener nuestras propias palabras clave para personalizar todo lo posible Bridge de acuerdo con nuestras necesidades. Tanto para crear nuevas palabras clave principales como secundarias (asociadas a una palabra clave ya creada) debe recurrir al menú asociado al panel y que puede ver en la figura 4.19.

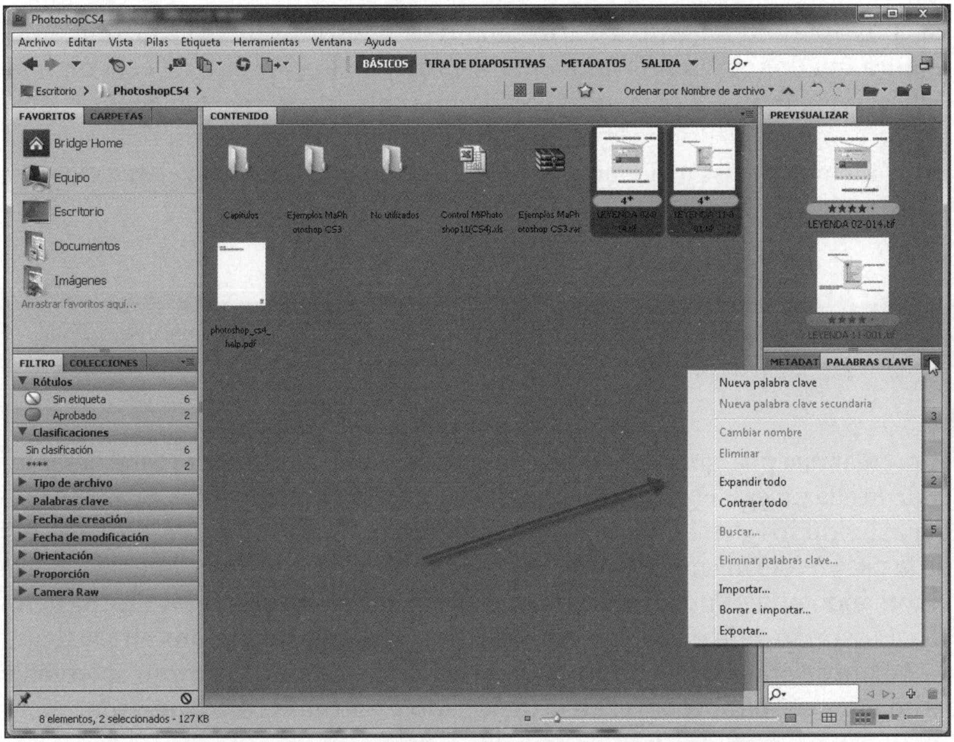


**Figura 4.19.** Menú asociado al panel Palabras clave.

Una vez creadas las palabras clave, bastará con seleccionar el archivo o archivos sobre los que quiere aplicar cualquiera de ellas y hacer clic en la pequeña casilla de verificación situada a la izquierda de su nombre.

**Nota:**

*Nuestra recomendación es que dedique algunos minutos a pensar la mejor forma de clasificar sus documentos antes de empezar a añadir palabras clave y categorías indiscriminadamente. Seguro que es un tiempo bien empleado.*

**Truco:**

*En la parte inferior del panel existe un pequeño icono (signo más) que le permitirá añadir palabras clave o palabras clave secundarias sin necesidad de recurrir al menú asociado al panel.*

# Pilas

Las pilas permiten agrupar varios archivos y mostrar un único icono o miniatura que lo represente. Para entender mejor el propósito de esta característica, en la figura 4.20, hemos creado una pila con varias imágenes. Como puede comprobar, Bridge le asigna un aspecto distinto a este tipo de elementos y además muestra el valor correspondiente al número de elementos que contiene la pila.

**Truco:**

*El atajo de teclado* **Control+G** *permitirá crear rápidamente una pila a partir de los archivos seleccionados.*

Para crear una pila, simplemente tiene que seleccionar los archivos que desea incluir en ella y elegir el comando Agrupar como pila del menú Pilas. Si quiere volver a dividir los elementos de la pila, debe seleccionar el comando Desagrupar de la pila en este mismo menú. Si desea acceder al contenido de una pila utilice el comando Abrir pila del menú Pilas, o el atajo de teclado **Control-Flecha derecha**. El aspecto de la pila después de abrirla será similar al que muestra la figura 4.21. Para dejarla de nuevo agrupada, el comando asociado al menú emergente se denomina Cerrar pila y el atajo de teclado **Control-Flecha izquierda**.

**Nota:**

*Si quiere abrir todas las pilas situadas en la ubicación seleccionada, haga clic en el comando* Expandir todas las pilas *del menú* Pilas.

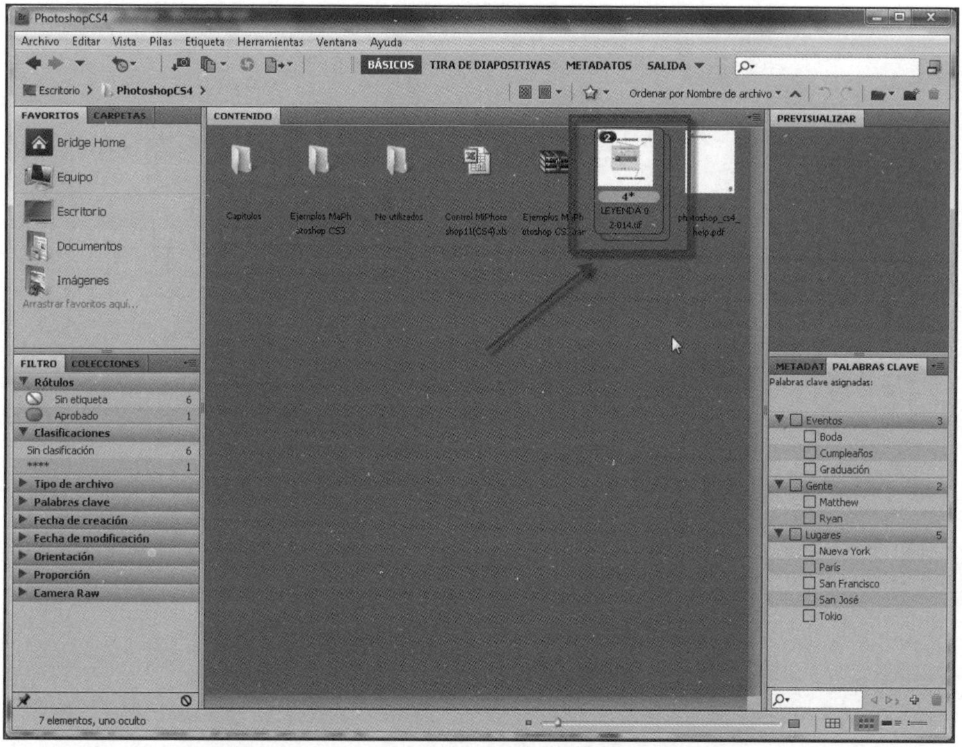


**Figura 4.20.** Pila de archivos creada en Adobe Bridge.

# Espacios de trabajo

En más de una ocasión hemos comentado la flexibilidad que nos proporciona el entorno de Adobe Bridge. Para completar todos los conocimientos adquiridos queremos que conozca el propósito de las etiquetas que aparecen en la parte superior de la ventana de Adobe Bridge denominadas BÁSICOS, TIRA DE DIAPOSITIVAS, METADATOS, SALIDA y más... Cada una de ellas corresponde con un espacio de trabajo disponible en Bridge.

- El primero de ellos, BÁSICOS, mostrará siempre el entorno de Bridge por defecto. Lo podemos utilizar cuando estemos en algún otro modo y deseemos recuperar la configuración predeterminada de la aplicación.
- El espacio de trabajo denominado TIRA DE DIAPOSITIVAS, divide el panel Vista previa en dos mitades. En la parte inferior aparecen todos los archivos disponibles en la ubicación seleccionada y en la parte superior se muestra una vista ampliada del que se encuentre activo en cada momento.

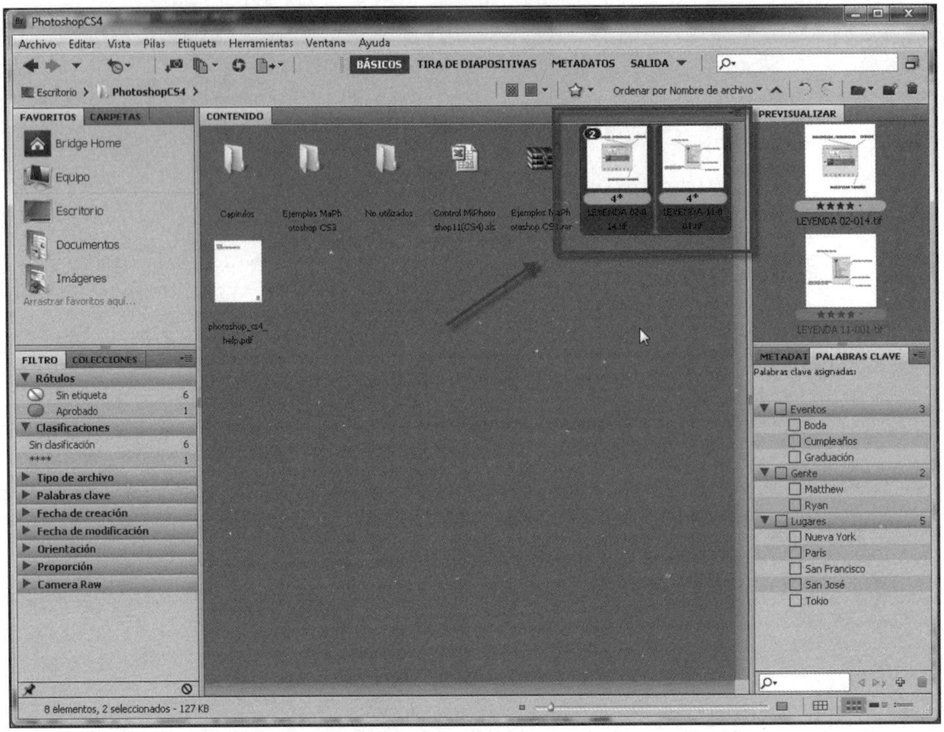


**Figura 4.21.** Pila abierta.

- El tercero de los botones muestra el entorno del programa con el aspecto que puede ver en la figura 4.22. Este modo da prioridad a la información asociada a cada uno de los archivos.
- El cuarto espacio, SALIDA, es realmente interesante ya que permite conocer un buen número de detalles sobre cualquier archivo, si bien es cierto que está pensado sobre todo para fotografías. A la derecha aparecen los paneles Documento, Composición, Reproducción... con gran cantidad de información sobre el elemento seleccionado.
- A la derecha de la opción SALIDA se encuentra un pequeño icono que al seleccionarlo mostrará nuevos espacios de trabajo diferentes: PALABRAS CLAVE, PREVISUALIZAR, MESA DE LUZ y CARPETAS. Uno de los más interesantes sería MESA DE LUZ cuyo propósito es el mismo que conseguimos si pulsamos la tecla **Tab** en cualquier momento mientras trabajamos con Bridge.

Para terminar con los espacios de trabajo preste atención al regulador situado en la parte inferior de la ventana de la aplicación, con él podrá aumentar o reducir el tamaño de las miniaturas en el panel Contenido.

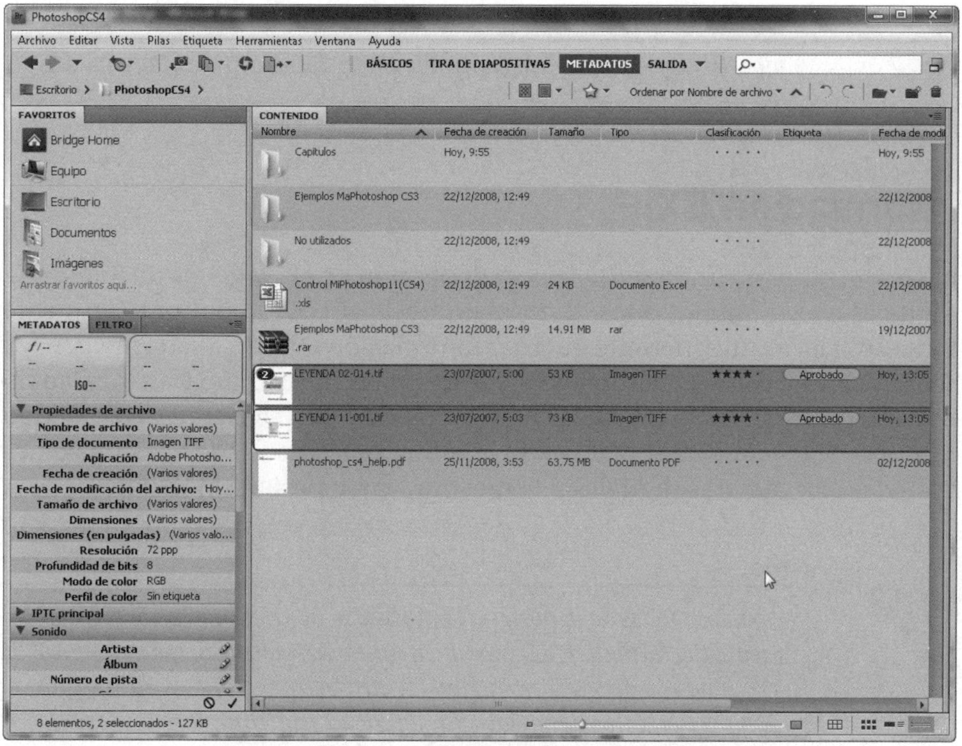


**Figura 4.22.** Espacio de trabajo METADATOS.

**Truco:**

*La combinación de teclas* **Control+F1** *devolverá el entorno de Adobe Bridge a la situación por defecto, colocando todos los paneles en su ubicación predeterminada.*

# Bloquear elementos

Adobe Bridge permite bloquear ciertos elementos para evitar que puedan ser manipulados por error. Para bloquear uno o varios archivos, en primer lugar debe seleccionarlos en el panel Contenido. Una vez hecho esto, haga clic con el botón derecho sobre la selección para mostrar el menú emergente y seleccionar el comando Bloquear elemento o Bloquear todos los elementos según hayamos seleccionado uno o más archivos. Para desbloquear cualquier elemento, repita la operación anterior pero esta vez deberá seleccionar el comando Desbloquear elemento.

**Truco:**

*Adobe Bridge también permite bloquear los elementos agrupados como pilas.*

## Información EXIF

No existe ninguna duda sobre la popularización de las cámaras de fotografía digitales en los últimos años. El formato EXIF, adoptado por prácticamente todos los fabricantes, permite guardar información relativa a cada imagen, ya sea la habitual como el nombre y la fecha, o específicas como la velocidad de obturación, exposición, tipo de cámara, distancia focal, etcétera. Adobe Bridge reconoce el formato EXIF y muestra la información asociada a las imágenes tomadas con cámaras digitales y la mostrará en la pestaña Metadatos.

**Nota:**

*Las posibilidades de la pestaña* Metadatos *no terminan en el reconocimiento del formato EXIF, también muestra información de archivos RAW o de imágenes procedentes de dispositivos GPS para los que podremos ver datos como latitud, longitud y altitud.*

## Ajustar las preferencias de Adobe Bridge

Dado que Adobe Bridge es una aplicación independiente, también dispone de sus propias preferencias para que podamos ajustar el comportamiento del programa a nuestras necesidades sin ningún problema. La forma de llegar a ellas es mediante el menú Editar>Preferencias. A partir de aquí, seleccione las distintas categorías representadas en el área situada a la izquierda del cuadro de diálogo.

# Resumen

El objetivo planteado para este capítulo es dar a conocer las características principales de Bridge, una de las aplicaciones más completas del conjunto Adobe Creative Suite. Bridge está vinculado a todos los programas de la suite permitiendo gestionar de manera sencilla e intuitiva grandes volúmenes de información. La clasificación de archivos, palabras clave, filtros, todo está pensado para que no tengamos problemas a la hora de trabajar con nuestros documentos.

# Capítulo 5

# Funciones de selección

**En este capítulo aprenderá a:**

- Utilizar las herramientas de selección: Marco, Lazo y Varita mágica.
- Configurar las herramientas de selección.
- Realizar selecciones irregulares.
- Utilizar las herramientas Selección rápida y Perfeccionar bordes.
- Transformar nuestras selecciones.
- Trabajar con comandos de selección como Extender o Invertir.
- Deformar selecciones.
- Guardar y recuperar selecciones.

# Introducción

En cualquier otra aplicación, las selecciones son un mero complemento, bastante útil en la mayoría de los casos, pero sin tener una importancia determinante en el uso del programa. En Photoshop no es así: las selecciones son una pieza fundamental dentro de sus posibilidades y dentro del trabajo diario con esta aplicación. Para comprender mejor la importancia de las selecciones, diremos que existen al menos diez herramientas para describir y modificar selecciones. Por si esto fuera poco, en la barra de menús dispone del menú Selección, que puede ver en la figura 5.1, donde encontrará interesantes comandos como Invertir, Perfeccionar borde, Modificar, etcétera.

**Nota:**

*Comprobar cada uno de los conceptos descritos a lo largo del capítulo es, sin duda, la mejor forma de afianzar estos conocimientos más rápidamente, además de ser mucho más divertido.*

Siguiendo una secuencia lógica, en los primeros apartados comprobaremos las posibilidades de todas las herramientas de selección, desde las más sencillas hasta las más complejas. Seguiremos con la descripción del resto de comandos que complementan y amplían las funciones de estas herramientas.

# Selecciones regulares (Marco)

Vamos a empezar con la herramienta más sencilla: Marco rectangular. Como podemos intuir por su nombre, con ella podemos realizar selecciones rectangulares. El proceso sería el siguiente:

1. Seleccione la herramienta Marco rectangular o utilice su atajo de teclado que es la tecla **M**. El cursor se transforma en una delgada cruz.
2. Haga clic para establecer la esquina superior izquierda del marco de selección.
3. Mantenga pulsado el botón izquierdo del ratón y arrastre para describir el área que desea seleccionar. Un rectángulo punteado y parpadeante distinguirá la zona seleccionada (figura 5.2).
4. Finalmente, suelte el botón del ratón y el proceso de selección quedará completado.

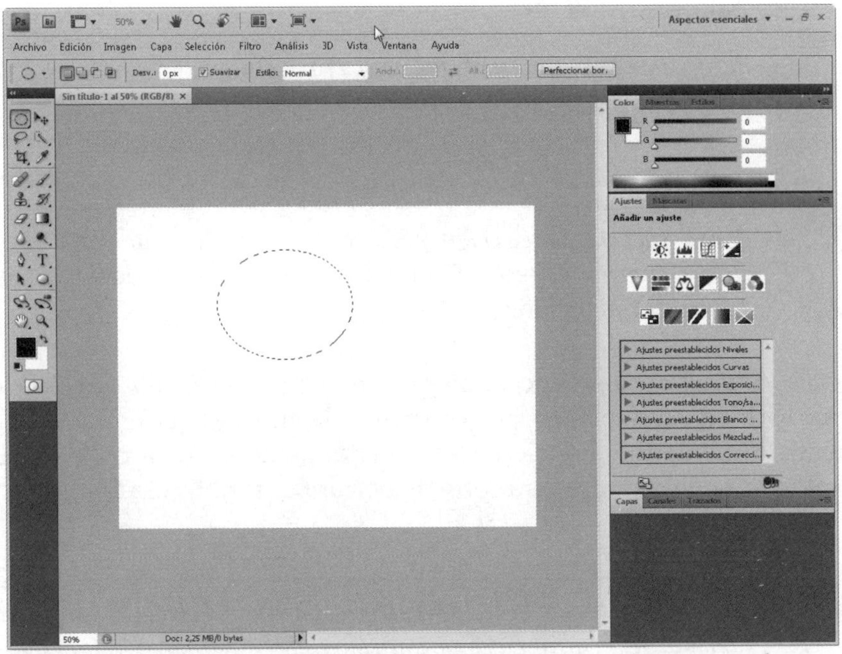


**Figura 5.1.** Menú Selección.

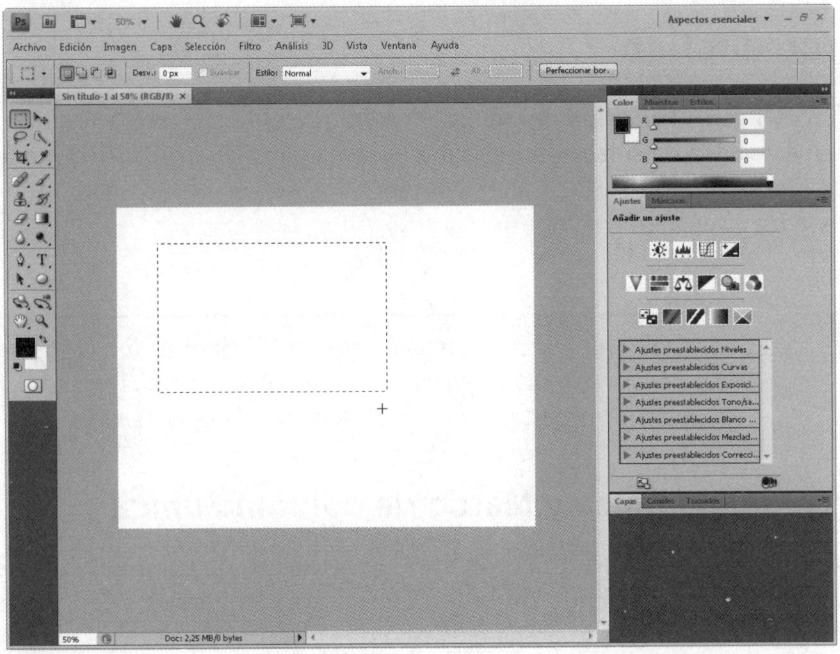


**Figura 5.2.** Área seleccionada utilizando la herramienta Marco rectangular.

**Truco:**

*Para conseguir un cuadrado perfecto, mantenga pulsada la tecla* **Mayús** *al tiempo que arrastra el cursor.*

**Nota:**

*Para deshacer una selección, podemos hacer clic fuera de ella, utilizar la combinación de teclas* **Control-D** *o el comando* Deseleccionar *del menú* Selección.

El proceso que acabamos de describir es la manera más sencilla de seleccionar un área dentro de una imagen, pero no hemos hecho más que empezar. Como ya hemos comentado, la opción Marco rectangular, al ser una herramienta múltiple, contiene a su vez otra serie de herramientas, (figura 5.3.)

**Truco:**

*Ya hemos visto que la tecla* **M** *sirve como atajo de teclado para seleccionar la herramienta Marco. Para alternar entre Marco rectangular y Marco elíptico, mantenga al mismo tiempo pulsada la tecla* **Mayús**.

# Marco elíptico

El Marco elíptico funciona del mismo modo que el Marco rectangular, salvo que, en este caso, la selección describe un área circular o elíptica. Cuando la utilice, mantenga pulsada la tecla **Mayús** para que el área de selección descrita sea un círculo perfecto.

**Truco:**

*Si desea describir un área circular concéntrica con respecto a la posición en la que haga clic, mantenga pulsada la tecla* **Alt**; *si necesita que, además, sea un círculo perfecto, pulse la tecla* **Mayús** *al mismo tiempo.*

## Marco de fila única y Marco de columna única

Estas dos herramientas definen un área de selección de un píxel, que ocupa todo el ancho o todo el alto de la imagen, según tengamos seleccionada la herramienta Marco de fila única o Marco de columna única. En la figura 5.4 puede ver un ejemplo de este tipo de selección.

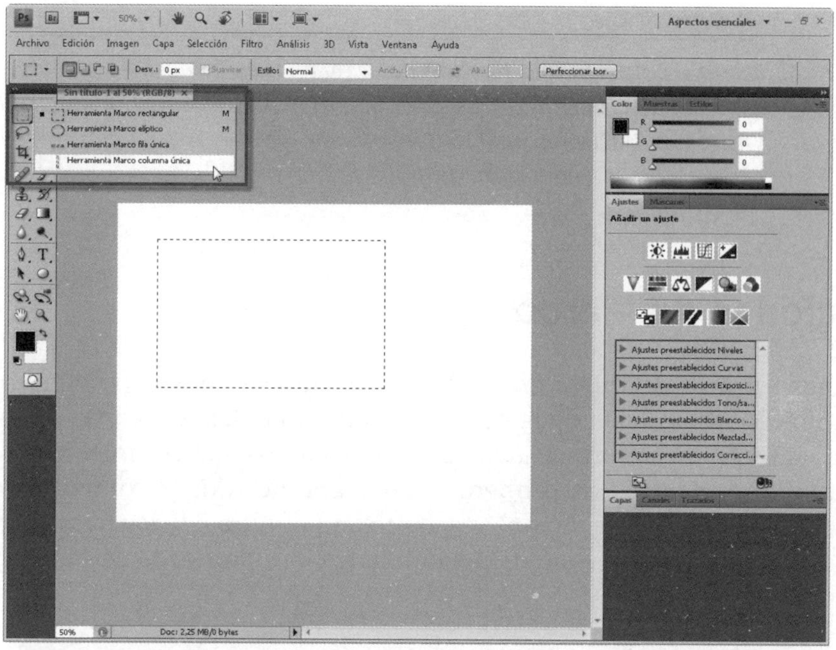


**Figura 5.3.** Componentes de la herramienta Marco rectangular.

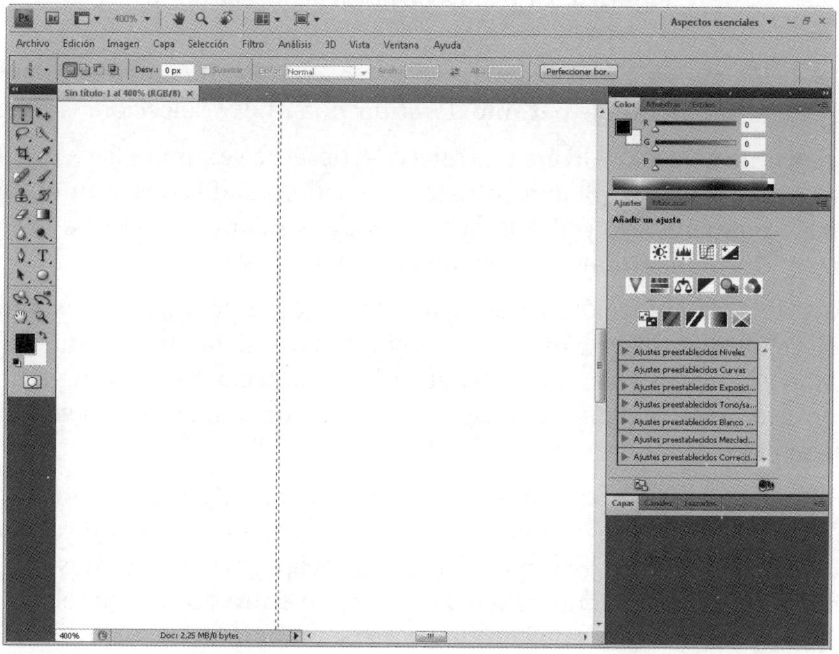


**Figura 5.4.** Selección de fila única.

**Advertencia:**

*Si la resolución o el tamaño de la imagen es demasiado grande, es posible que, al utilizar las herramientas de fila única, no aparezca ninguna selección visible. La solución para este tipo de problema es utilizar el zoom para ampliar la imagen y hacer visible el área seleccionada.*

# Opciones de Marco

Estamos seguros de que a estas alturas no necesitamos decirle en donde podemos configurar las opciones de las herramientas Marco de selección. Efectivamente, nos referimos a la barra de opciones de herramientas.
Dada su importancia, los primeros cuatro botones que encontramos en la barra de opciones, y que hemos resaltado en la figura 5.5, los trataremos de modo independiente al resto de posibilidades. El significado de cada uno de ellos sería el siguiente:

**Figura 5.5.** Botones de modo de selección.

- Selección nueva: Es la opción por defecto y no ejecuta ninguna operación especial, simplemente permite describir una nueva selección.
- Añadir a la selección: El área de selección descrita se suma a la ya existente, sea o no adyacente. Si le resulta más sencillo, puede conseguir el mismo efecto manteniendo pulsada la tecla **Mayús** mientras describe la nueva selección, independientemente de la opción activa.
- Restar de la selección: Al activar esta tercera opción, cualquier nueva selección que describamos se restará a la ya existente. El atajo de teclado equivalente sería mantener pulsada la tecla **Alt**. Como ya hemos comentado en el punto anterior, este atajo funciona sea cual sea el tipo de opción activa.
- Formar intersección con la selección: Si recuerda algo de la teoría de conjuntos, identificará el término "intersección" con los elementos comunes a dos o más conjuntos. Extrapolando este concepto al tema que nos ocupa, la intersección corresponderá a la zona común entre dos o más selecciones. Observe las imágenes de la figura 5.6 en el momento de realizar la intersección y el resultado.

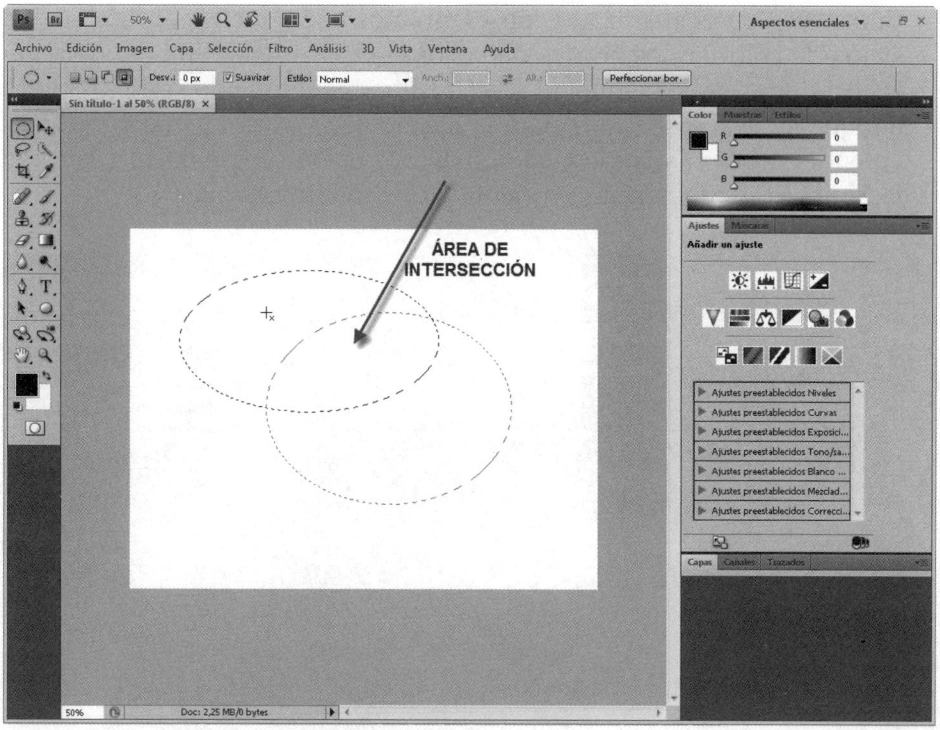


**Figura 5.6.** Intersección de dos selecciones.

**Nota:**

*La diferencia entre activar alguno de los botones anteriores o utilizar el atajo de teclado para sumar, restar o intersecar una selección está definida por la temporalidad del uso. Mientras que los botones de la barra de opciones mantienen permanente el comportamiento de la herramienta, los atajos de teclado aplican la propiedad sólo mientras se encuentra pulsada la tecla correspondiente.*

La descripción del resto de opciones que definen el comportamiento de la herramienta Marco sería la siguiente:

- Desvanecer (Desv): El valor asociado a esta opción permite suavizar los bordes de la selección de modo que sus esquinas y aristas queden más o menos redondeadas en función de la cantidad de píxeles que establezcamos como parámetro. Una forma rápida de establecer un valor para esta opción es situar el cursor sobre ella, hacer clic y sin soltar, arrastrar hacia la izquierda o la derecha.

- Suavizar: Con el suavizado conseguiremos hacer menos brusca la transición de color en los bordes de la zona seleccionada. En la mayoría de las ocasiones, se consiguen mejores resultados activando este parámetro, aunque no está disponible para la herramienta Marco rectangular. Para entender mejor el significado tanto de esta opción como de la anterior en la figura 5.7 podemos ver un ejemplo de cada una de ellas.

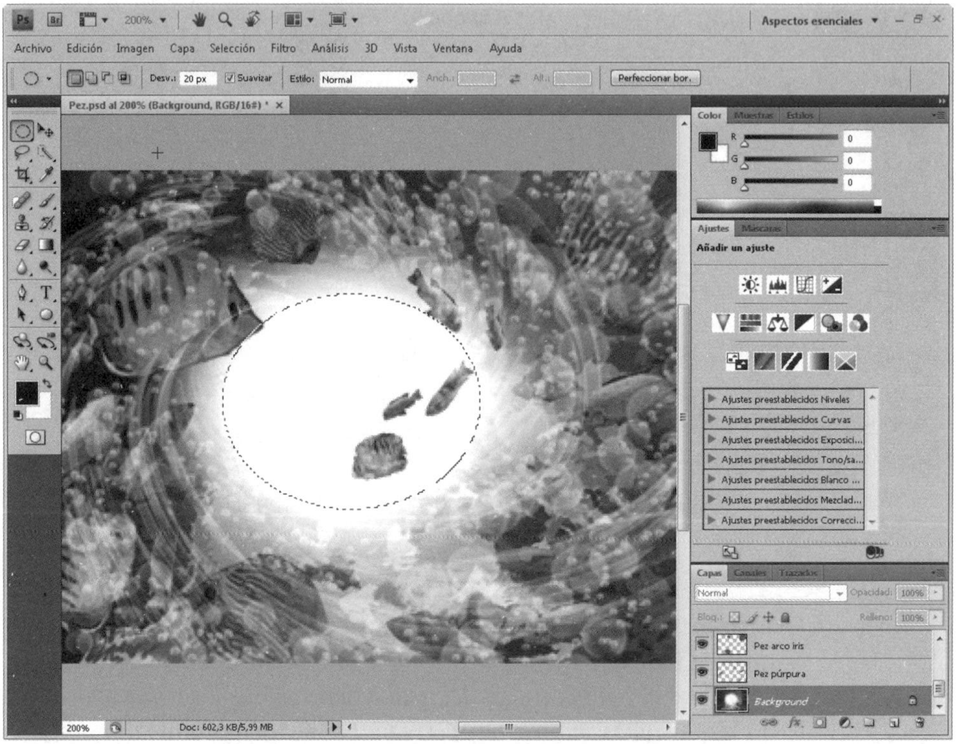


**Figura 5.7.** Resultados conseguidos con las opciones Desvanecer y Suavizado.

**Advertencia:**

*Si desea utilizar las opciones de suavizado y desvanecimiento debe especificarlas antes de llevar a cabo la selección, ya que una vez descrita la misma no tienen ningún efecto.*

- Estilo: En esta lista desplegable podemos encontrar tres opciones; la primera de ellas, Normal, no realiza ningún cambio, y el significado de las dos restantes sería el siguiente:

- Proporción fija: Delimita el tamaño de aquellas selecciones que realicemos con la herramienta Marco, tanto rectangular como elíptico. Por ejemplo, si queremos que el ancho del marco sea tres veces mayor que el alto, deberemos introducir el valor 3 en la casilla Anchura y 1 en la casilla Altura.
- Tamaño fijo: En este caso, el tamaño del marco no queda definido al arrastrar el cursor, sino que viene determinado por los valores de las casillas Altura y Anchura. Al activar esta opción, debe tener en cuenta la resolución de la imagen.

**Nota:**

*En la opción* Proporciones fijas*, es posible introducir valores decimales para ajustar de forma más precisa el resultado de la selección. También se puede cambiar la unidad de medida de píxeles a centímetros escribiendo "cm" tras el valor numérico de* Altura *o* Anchura.

# Selecciones irregulares (Lazo y Lazo magnético)

Ya hemos aprendido a definir selecciones rectangulares y circulares, pero en muchas ocasiones necesitaremos seleccionar zonas con formas irregulares. Para estos casos disponemos de las herramientas Lazo, Lazo poligonal y Lazo magnético.

## Lazo

La función de la herramienta Lazo es bien sencilla: permite delimitar el área de una selección a mano alzada. De esta forma conseguimos que la selección tenga la forma que nosotros (y en muchas ocasiones nuestro pulso) queramos darle. La forma de utilizar esta herramienta también es fácil: haga clic y arrastre mientras mantiene pulsado el botón izquierdo del ratón para describir la zona que desee seleccionar.

Para completar el área de selección, no olvide cerrarla uniendo sus dos extremos; si no lo hace, el programa completará la selección describiendo una línea recta entre el punto de origen y el punto en el que ha soltado el botón izquierdo del ratón.

**Truco:**

*Si mientras define la línea de selección con la herramienta Lazo, descubre que va por mal camino, pulse la tecla* **Supr** *y vuelva sobre sus pasos para eliminar la parte de la línea que le interese borrar.*

## Lazo poligonal

La herramienta Lazo poligonal permite describir un área de selección mediante líneas rectas o segmentos. En la figura 5.8 puede ver un ejemplo y su funcionamiento es el siguiente:

1. Mantenga pulsado el ratón sobre la herramienta Lazo, para mostrar las tres herramientas asociadas a este elemento.
2. Seleccione la herramienta Lazo poligonal y compruebe cómo el cursor cambia de aspecto.
3. Haga clic y mueva el cursor para definir la longitud y la dirección del primer segmento. Una fina línea representa el segmento que estamos describiendo.
4. Cuando el segmento tenga las proporciones adecuadas, haga clic para pasar al siguiente.
5. Repita los pasos 3 y 4 tantas veces como segmentos necesite para componer la selección.
6. Para cerrar la selección, haga doble clic o acerque el cursor al punto de inicio, hasta que aparezca un pequeño círculo, y vuelva a hacer clic. El área de selección queda definida por todos los segmentos descritos.

**Nota:**

*Al igual que ocurría con la herramienta anterior, puede utilizar la tecla* **Supr** *para volver hacia atrás y eliminar los segmentos que necesite borrar.*

## Lazo magnético

Si ha seguido nuestro consejo y ha ido practicando con las herramientas al mismo tiempo que describíamos sus propiedades, habrá comprobado lo difícil que resulta seleccionar el contorno de un objeto utilizando el Lazo o el Lazo poligonal. Pues, para ayudarnos a todos los que no andamos demasiado bien de pulso, tenemos la herramienta Lazo magnético.

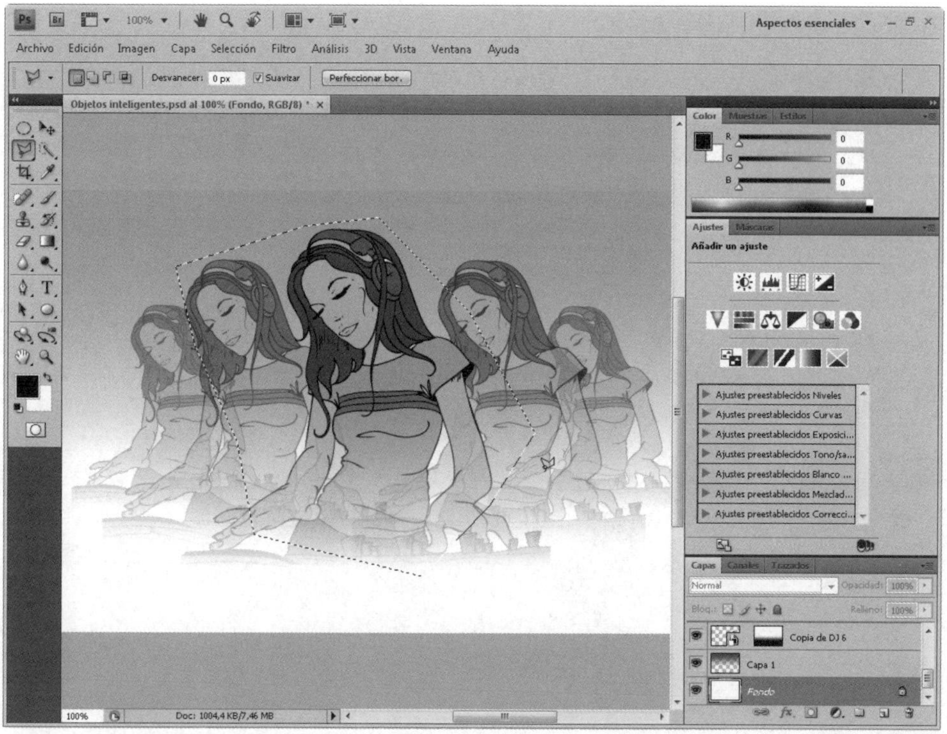


**Figura 5.8.** Selección realizada con la herramienta Lazo poligonal.

La herramienta Lazo magnético permite definir una selección siguiendo el contorno de cualquier elemento de nuestra imagen. Solamente existe una pequeña exigencia, el color de fondo y el color del objeto deben tener el suficiente grado de contraste para que la herramienta no los confunda a la hora de describir sus límites. Para usarla, siga estos pasos:

1. Mantenga pulsado el ratón sobre la herramienta Lazo.
2. Seleccione la herramienta Lazo magnético y compruebe cómo el cursor se transforma en un lazo pegado a un pequeño imán.
3. Haga clic y desplace el cursor siguiendo el contorno del objeto. La línea de selección se adaptará automáticamente a la forma del objeto.
4. Cuando llegue al punto de inicio, haga clic para cerrar el área. La zona seleccionada queda definida.

A medida que vamos realizando la selección, se crean una serie de puntos de fijación que determinan el contorno de la selección al objeto. En la figura 5.9 se puede ver un ejemplo en el que se ha utilizado la herramienta Lazo magnético para realizar una selección (preste atención a los puntos de fijación).

Figura 5.9. Área seleccionada con la herramienta Lazo magnético.

Otra de las grandes ventajas de la herramienta Lazo magnético es que basta con volver hacia atrás con el cursor para eliminar parte de la línea de selección. También podemos pulsar la tecla **Supr** para ir eliminando uno a uno los puntos de fijación creados por la selección.

Entre las opciones del Lazo magnético se encuentran Desvanecer y Suavizar, de las que ya hemos hablado anteriormente. Pero, además, dentro de las posibilidades de esta herramienta, disponemos de los siguientes valores configurables:

- Anchura: Define la distancia en píxeles a partir de la cual la herramienta detectará los bordes del objeto. No conviene que esta distancia sea demasiado amplia, ya que perderíamos mucho control sobre la selección.
- Contraste: La cantidad establecida en este parámetro servirá para determinar los valores de diferencia de color (contraste) que la herramienta debe tener en cuenta a la hora de reconocer los bordes del objeto que estamos intentando seleccionar. Utilice valores bajos de contraste para imágenes con bordes poco definidos y porcentajes altos para contornos bien diferenciados.

- Lineatura: Esta extraña palabreja sirve para definir la distancia a la que se irán añadiendo puntos de fijación. A valores más altos, más puntos de sujeción se agregarán a los bordes de la línea de selección.

**Truco:**

*Para trazar bordes poco definidos, utilice valores de contraste bajos y una anchura de lazo no mucho mayor de 10.*

# Varita mágica

La Varita mágica es otra herramienta imprescindible a la hora de realizar selecciones. Su ventaja con respecto a las demás es la posibilidad de seleccionar áreas similares de forma automática, es decir, no seremos nosotros los que tendremos que describir la zona que se va a seleccionar, será la propia herramienta la que lleve a cabo este trabajo.

La forma de trabajar con la Varita mágica es bastante sencilla: basta con seleccionarla y hacer clic sobre el color que se desea usar como base (muestra) para la selección. A partir de ese momento, la Varita se encarga de reconocer todos los píxeles adyacentes o no adyacentes para comprobar si su color se ajusta al del primer píxel seleccionado; si es así, los añade a la selección. A continuación figura 5.10 nos muestra un ejemplo de selección utilizando esta herramienta.

La barra Opciones de herramientas muestra las siguientes posibilidades cuando utilizamos la Varita mágica:

- Tolerancia: Define la capacidad de la herramienta para seleccionar los píxeles adyacentes según su color. Mientras menor sea este valor, mayor exactitud debe tener el color del píxel para que forme parte de la selección.
- Suavizar: Al activarla conseguimos un efecto menos brusco en los colores próximos al borde de la selección cuando la cortamos o movemos.
- Contiguo: Active esta casilla cuando quiera incluir en la selección sólo píxeles adyacentes; si no lo hace así, añadirá a la selección todos aquellos píxeles de la imagen que coincidan con el color tomado como patrón.
- Muestrear todas las capas: Si se encuentra activa, la selección afectará a todas las capas que componen la imagen. Aunque todavía no sabemos nada sobre las capas, no se preocupe, trataremos ampliamente este tema en el manual en los próximos capítulos.

**Figura 5.10.** Área seleccionada utilizando la Varita mágica.

**Nota:**

*La opción más importante de la herramienta Varita mágica es el valor de tolerancia, ya que permite definir el alcance de nuestra selección. Pruebe distintos valores si la selección no se ajusta a lo que necesita.*

# Selección rápida

Otra herramienta muy interesante es sin lugar a dudas Selección rápida, con ellas podremos realizar selecciones complejas de forma cómoda y sencilla. En realidad es como si estuviéramos pintando sobre la imagen pero el resultado es una selección.

Para utilizar Selección rápida lo primero que debemos hacer es seleccionarla en el panel Herramientas. A continuación, debemos fijarnos en la barra de opciones para ajustar sus valores antes de comenzar a trabajar con ella. Observe en la figura 5.11 como en primer lugar encontramos tres pequeños iconos:

- El primero es la opción por defecto y que sirve para definir una nueva selección.
- El segundo de ellos permite añadir todo lo seleccionado a la selección ya existente.
- A diferencia de la opción anterior, si activa este icono, la nueva selección se restará a las ya existentes.

**Figura 5.11.** Barra de opciones para la herramienta Selección rápida.

La siguiente opción de la barra determina en gran medida el comportamiento de la herramienta, puesto que se trata de elegir el tamaño del pincel. Como hemos comentado, al utilizar la selección rápida parecerá que estemos pintando en lugar de establecer una selección. Por este motivo, elegir el tamaño y la forma del pincel es fundamental para aprovechar todas sus posibilidades.

Si activa la casilla de verificación Muestrear todas las capas la herramienta utilizará la composición completa de la imagen para determinar el borde de selección y no sólo la capa que se encuentre activa en ese momento.

Por último, Mejorar automáticamente se encarga de hacer parte del trabajo por nosotros, ya que muchos de los ajustes que trataremos en el apartado Perfeccionar bordes los realiza de forma automática, suavizando los bordes y mejorando la precisión del marco.

En cualquier caso, no se trata de algo mágico, y existirán ocasiones en las que sus resultados no sean los esperados. Pruebe a trabajar con esta opción activada o desactivada para comprobar cuál de las dos opciones se ajusta mejor a sus necesidades.

Una vez descrita sus opciones, ahora toca la parte más fácil. Haga clic o "dibuje" con la herramienta aquellas zonas de la imagen que desea seleccionar. Selección rápida tomará como referencia la zona y extenderá la selección inteligentemente sobre todo el área similar. En la figura 5.12 puede observar un ejemplo.

**Nota:**

*Con la herramienta Selección rápida también puede utilizar las posibilidades del cuadro de diálogo* Perfeccionar bordes *para mejorar el área seleccionada.*

**Figura 5.12.** Herramienta Selección rápida en acción.

## Perfeccionar bordes

Photoshop muestra entre las opciones de todas las herramientas de selección el botón Perfeccionar bordes. La figura 5.13 muestra el aspecto del cuadro de diálogo que aparece después de seleccionarlo. Para entender y aprovechar todas sus posibilidades describimos a continuación el sentido de las opciones que contiene:

- Radio: A mayor radio más exacto y mayor precisión tendrá el borde de selección. Habitualmente se utilizan valores bajos para motivos con poco detalle y radios más altos para ajustar la selección a elementos más delicados y con mucho desenfoque.
- Contraste: Si aumentamos mucho el valor de radio, podemos provocar que se cree cierto efecto borroso en los bordes de selección. Variando la proporción de contraste podremos solucionar este problema.
- Suavizar: Como su propio nombre indica, se encarga de atenuar los límites de la selección.

- Calar: Los valores establecidos en esta opción generan un efecto de desenfoque alrededor de la selección, formándose una zona de transición determinada por el número de píxeles que introduzcamos en la casilla. Los efectos del calado tan sólo son visibles cuando movemos, cortamos o copiamos la selección. Para comprenderlo mejor, observe, en la figura 5.14, los resultados de utilizar un calado de 10 píxeles en una selección rectangular.
- Contraer/Expandir: Sirve para aumentar o disminuir los límites de la selección. Sin duda otra posibilidad realmente útil a la hora de trabajar con cualquiera de las herramientas de selección.

**Nota:**

*Antes de continuar queremos hacer un pequeño comentario sobre la opción de calado, se trata de la relación que mantiene el valor en píxeles que introduzcamos en este cuadro con el tamaño de la imagen. En función de las proporciones de la imagen tendremos que introducir una cantidad mayor o menor de píxeles de calado para conseguir el efecto deseado.*

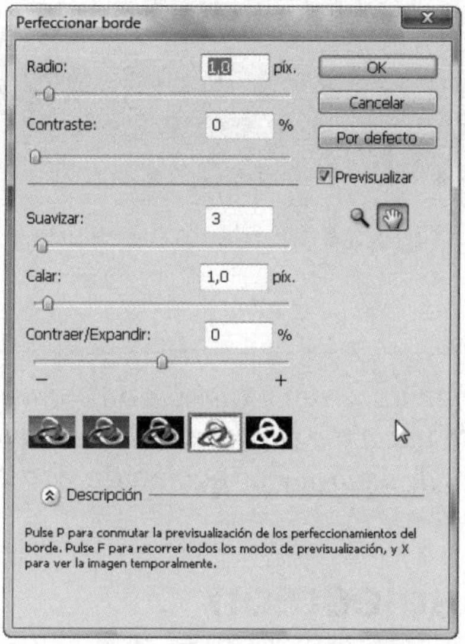


**Figura 5.13.** Cuadro de diálogo Perfeccionar bordes.

Situadas bajo las opciones comentadas anteriormente se encuentran cinco miniaturas, cada una de ellas corresponde con un modo de visualización para el área de selección. Por ejemplo, si elige la tercera de ellas se mostrará la zona seleccionada sobre un fondo de color negro, tal y como puede ver en la figura 5.15.

**Figura 5.14.** Efecto de calado.

**Truco:**

*Utilice los botones Zoom y Mano para aumentar el grado de visualización de la imagen o para mover la zona visible mientras trabaja con el cuadro de diálogo* Perfección de borde.

# Desplazar la selección

Una vez definida el área de selección, su situación no tiene por qué ser definitiva. Coloque el cursor dentro de la zona seleccionada, pulse el botón izquierdo del ratón y manténgalo pulsado al tiempo que arrastra la selección; así de fácil.

**Figura 5.15.** Previsualización de la selección sobre fondo negro.

# Seleccionar Todo

Para seleccionar todo el contenido de una capa, podemos utilizar varios métodos. El más sencillo es ejecutar la combinación de teclas **Control-A**. Recuerde que para deshacer la selección puede usar **Control-D**.

Otra forma de seleccionar todo es utilizar el comando Todo del menú Selección, aunque es evidente que esta manera resultará algo más lenta.

# Invertir la selección

En muchas ocasiones, resultará más sencillo seleccionar justo lo contrario de aquello que realmente queremos. La forma más sencilla de hacerlo es utilizar la combinación de teclas **Mayús-Control-I** o hacer clic con el botón derecho sobre la selección y elegir el comando Seleccionar inverso. Aunque, si lo prefiere, también dispone del comando Invertir dentro del menú Selección.

## Extender

Seguimos con las posibilidades para tratar las selecciones y, como verá, parece que no tiene fin. El comando Extender, situado dentro del menú Selección, tiene una interesante misión: amplía la selección comparando el color de los píxeles adyacentes a los que ya se encuentran seleccionados y, si se encuentra dentro del rango de tolerancia definido en las opciones de la Varita mágica, lo incluye en la selección.

## Similar

El comando Similar cumple prácticamente la misma función que Extender, pero lleva el resultado un poco más lejos. Si Extender incluía en la selección todos los píxeles adyacentes que estuvieran dentro de un rango de tolerancia establecido, Similar realiza esta operación, pero no sólo para los adyacentes, sino para todos los que formen parte de la capa activa en ese momento.

## Modificar la selección

Además de los dos potentes comandos que acabamos de ver, existen más posibilidades para modificar el área seleccionada. Como puede comprobar en la figura 5.16, estas opciones se encuentran asociadas al comando Modificar del menú Selección y deberíamos tenerlas siempre presentes:

- Borde: El área seleccionada queda reducida a una franja cuyo ancho será el que hayamos indicado en el cuadro de diálogo que aparece después de ejecutar este comando.
- Redondear: Atenúa las esquinas de las selecciones rectangulares o poligonales, redondeándolas. El valor que debe introducir en el cuadro de diálogo es el radio correspondiente a la curvatura de la esquina.
- Expandir: Amplía el área de selección tantos píxeles como indiquemos en el cuadro de diálogo que aparece después de ejecutar el comando.
- Contraer: Igual que la opción anterior, pero en esta ocasión reduce el área seleccionada.
- Desvanecer: Si ha trabajado con versiones anteriores de Photoshop, esta opción sustituye al comando Calar, pero su función es idéntica. Se produce un efecto de desenfoque alrededor de la selección, formándose

una zona de transición. El ancho de esta área queda definido por el número de píxeles que introduzcamos en la casilla Calado. Los efectos del calado tan sólo son visibles cuando movemos, cortamos o copiamos la selección.

**Truco:**

*Para rellenar automáticamente una selección con el color de fondo, utilice la combinación de teclas* **Control-Retroceso**.

**Figura 5.16.** Opciones asociadas al comando Modificar.

# Modificaciones múltiples

Si tiene intención de rotar, escalar, sesgar..., en definitiva, de deformar el área seleccionada, el comando apropiado para llevar a cabo estas tareas se llama Transformar selección y se encuentra en el menú Selección.

## Truco:

*También puede seleccionar el comando* Transformar selección *en el menú emergente que aparece cuando hace clic con el botón derecho sobre una selección y mientras se encuentran activas las herramientas Marco o Lazo.*

Utilice los selectores para modificar el tamaño de la selección, y mantenga pulsada la tecla **Alt** si desea que este cambio sea proporcional.
Del mismo modo, observe cómo, al colocar el cursor entre dos manejadores, dicho cursor, se transforma en una doble flecha curvada, tal y como muestra la figura 5.17.En ese momento, puede hacer clic y arrastrar para girar la selección.

**Figura 5.17.** Manejadores listos para girar la selección.

Otra posibilidad es deformar la selección tirando de cualquiera de sus esquinas. Para hacerlo, pulsaremos la tecla **Control** y arrastraremos el manejador que más nos interese.

**Nota:**

*El pequeño círculo situado en el centro de la selección hace las funciones de eje de giro de ésta. Puede arrastrar este punto a cualquier parte, dentro o fuera de la selección, para modificar el eje de giro cuando aplique rotaciones sobre ella.*

**Truco:**

*Si hace clic con el botón derecho sobre la selección después de utilizar el comando* Transformar selección, *aparece un menú emergente con todas las opciones de transformación disponibles.*

# Modificación del contenido de la selección

En el apartado anterior hemos visto distintas fórmulas para modificar un área de selección, pero es posible que lo que necesitemos sea cambiar el contenido de esta selección. Para aplicar este tipo de transformación, disponemos de los comandos Transformación libre y Transformar del menú Edición, pero de ellos hablaremos más ampliamente en el capítulo dedicado a las capas.

**Nota:**

*No crea que nos hemos olvidado de la selección de elementos de texto pero, teniendo en cuenta su importancia, hemos preferido dejar este tema para tratarlo en el capítulo dedicado exclusivamente al texto.*

# Deformar selecciones

Photoshop incluye un interesante comando para modificar selecciones de una forma mucho más potente. Describa una selección usando cualquiera de las herramientas comentadas al principio del capítulo y después elija el comando Edición>Transformar>Deformar. El aspecto de la selección será similar al que muestra la figura 5.18. En ella podemos observar la malla que aparece sobre la selección y los distintos puntos de control de color gris oscuro situados alrededor de la misma. Si hacemos clic sobre cualquiera de ellos y arrastramos, podremos comprobar que la malla se transforma y modifica su aspecto. Se puede usar esta característica para adaptar la selección a la forma que necesitemos.

**Figura 5.18.** Selección en modo deformación.

**Nota:**

*Si hemos seleccionado el comando* Transformación libre *en el menú* Edición, *podemos acceder a las posibilidades que acabamos de ver con tan sólo hacer clic en el botón que hemos resaltado en la figura 5.19. Este botón permite pasar del modo transformación tradicional al modo deformación y viceversa.*

**Figura 5.19.** Botón que permite cambiar entre el modo transformación libre o deformación.

# Guardar y recuperar selecciones

Es posible que en algunas ocasiones dediquemos mucho tiempo hasta que logremos seleccionar aquella zona de la imagen que realmente deseamos tratar. Del mismo modo, puede ocurrir que necesitemos utilizar una selección más de una vez.

Existen dentro del menú Selección dos comandos que pueden ayudar en este tipo de situaciones: Cargar selección y Guardar selección.

Una vez definida la selección, elegiremos el comando Selección>Guardar selección y Photoshop mostrará el cuadro de diálogo que podemos ver en la figura 5.20.

En él, tendremos las opciones que se describen a continuación:

- Documento: Aquí debemos elegir entre guardar la selección en alguno de los documentos abiertos o en un archivo nuevo. Si piensa utilizar la selección guardada únicamente en la imagen actual, la puede asociar al mismo archivo pero si cree que la necesitará en más de un documento quizás le interese crear un archivo sólo para las selecciones.
- Canal: Esta lista mostrará la opción Nuevo por defecto si es la primera selección que guardamos; en caso de tener almacenada más de una, podremos elegir cualquiera de ellas. De esta forma podremos modificar las selecciones previamente guardadas añadiendo, restando o intersecando nuevas zonas, según el botón de opción señalado en la sección Operación.
- Nombre: Introduzca aquí el nombre por el que quiere reconocer la selección que desea guardar.

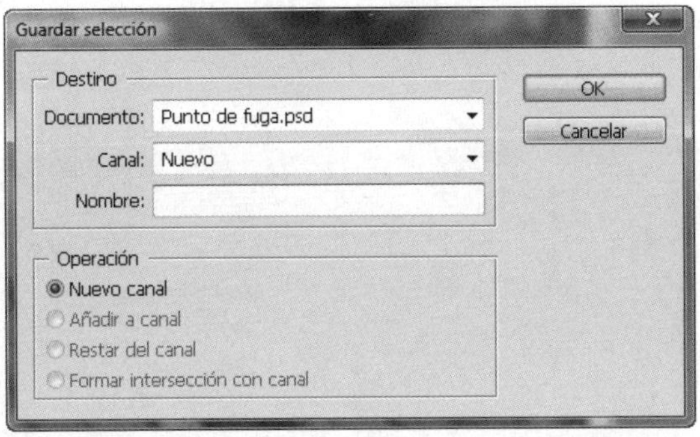


**Figura 5.20.** Cuadro de diálogo Guardar selección.

## Cargar selección

Para recuperar cualquiera de las selecciones guardadas, tendremos que recurrir al comando Selección>Cargar selección. En este caso, en el cuadro de diálogo que muestra el programa debemos seleccionar en primer lugar el documento donde se encuentra la selección que necesitamos rescatar, y a continuación, en la lista Canal elegiremos alguna de las selecciones disponibles.

# Resumen

Nos encontramos ante otro de los capítulos fundamentales dentro de este manual. Las herramientas y comandos de selección son, sin duda, algunas de las funciones que más utilizaremos en Photoshop.

Hemos tratado las de las cuatro herramientas básicas de selección como son el Marco, el Lazo, la Varita mágica, la Selección rápida... así como muchos de los comandos incluidos en el menú Selección y, por supuesto, todas las posibilidades de la barra de opciones de cada herramienta. En fin, un tema lleno de conceptos útiles e interesantes.

No debe olvidar la potente herramienta Selección rápida, ni las posibilidades del cuadro de diálogo Perfección de bordes.

Como último consejo, queremos recomendarle que aprenda los atajos de teclado que hemos descrito como medio para realizar las funciones de selección más importantes ya que, de este modo, ahorrará mucho tiempo en su trabajo.

# Capítulo 6

# Herramientas de pintura

**En este capítulo aprenderá a:**

- Moverse por los elementos del panel Herramientas.
- Utilizar la barra de opciones.
- Crear nuestras propias herramientas preestablecidas.
- Trabajar con las herramientas de pintura: Pincel, Lápiz, etcétera.
- Utilizar las posibilidades de clonación.
- Conocer la herramienta Sustitución de color.

# Panel Herramientas

Estamos seguros de que no habrá podido reprimir la tentación de comprobar el funcionamiento de algunas de las herramientas de Photoshop. En realidad, es una buena forma de empezar a familiarizarse con la funcionalidad de este programa. De todos modos, existe una gran diferencia entre lo que parece que puede hacer una herramienta y lo que hace en realidad, dado que las posibilidades de configuración suelen ser muy amplias en la mayoría de ellas.

En la figura 6.1, podemos observar el panel Herramientas de Photoshop. Si desea conocer la denominación exacta de cualquiera de ellas mantenga unos instantes el cursor encima de su icono.

También puede hacer clic y mantener pulsado el botón izquierdo para conocer todas las herramientas agrupadas en cada posición del panel Herramientas.

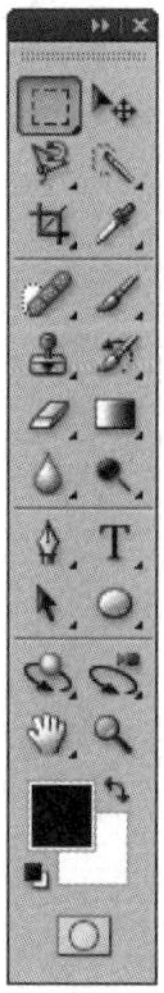

**Figura 6.1.** Panel Herramientas de Photoshop.

**Nota:**

*En la sección* Interfaz, *del cuadro de diálogo* Preferencias **(Control-K)**, *se encuentra la casilla* Mostrar información de herramientas. *Su función es mostrar una pequeña etiqueta con el nombre de la herramienta junto a su atajo de teclado cuando mantenemos el cursor durante unos segundos sobre ella.*

No hemos creído conveniente agrupar en un mismo capítulo todas las herramientas disponibles, ya que, para el correcto aprovechamiento de muchas de ellas, necesitamos ciertos conocimientos que iremos adquiriendo en los próximos capítulos. Por este motivo, en los siguientes apartados veremos las herramientas de pintura más importantes, así como algunas de edición o retoque, y dejaremos aquellas más específicas para tratarlas en profundidad un poco más adelante en aquellos capítulos donde se describan los procedimientos donde intervengan directamente. Del mismo modo y dada la extensión del tema, hemos utilizado dos capítulos para describir el trabajo y las características más importantes de las herramientas con el propósito de hacer más amena su compresión.

**Nota:**

*Muchos de los elementos que componen el panel Herramientas son múltiples, es decir, agrupan dentro de una misma posición varias herramientas relacionadas. Por ejemplo, haga clic y mantenga pulsado el botón del ratón sobre la herramienta Selección y comprobará que aparecen cuatro nuevas herramientas. Las herramientas múltiples se reconocen fácilmente por el pequeño triángulo negro que muestran en la esquina inferior derecha del botón.*

# Barra de opciones

Antes de tratar las propiedades de cada una de las herramientas, es imprescindible conocer ciertos aspectos de la barra de opciones, también denominada por Photoshop panel Control. Las posibilidades mostradas en cada ocasión por este elemento están asociadas a la herramienta seleccionada. Podríamos decir que se trata de un completo panel de configuración para cada una de las herramientas disponibles en Photoshop.

Teniendo en cuenta que los elementos de configuración que aparecen en la barra de opciones hacen referencia siempre a la herramienta actual, aprovecharemos los siguientes apartados para tratarlas junto a la descripción de cada herramienta. En la figura 6.2 puede comprobar el aspecto y la situación por defecto de este elemento.

**Figura 6.2.** Barra de opciones.

**Nota:**

*Para mostrar u ocultar la barra de opciones, utilizaremos el comando* Opciones *del menú* Ventana. *También puede cambiar su posición si lo desea y para ello, haga clic en el extremo izquierdo y arrastre hasta la posición que necesite.*

# Lista de herramientas preestablecidas

Sin importar la herramienta que se encuentre seleccionada en cada momento, la barra de opciones dispone en su extremo izquierdo de la posibilidad de acceder a una lista de herramientas ya configuradas según ciertos parámetros. En la barra de opciones, haga clic sobre el pequeño botón que se encuentra a la derecha del icono de la herramienta y que hemos destacado en la figura 6.3; al instante, se despliega un pequeño panel. Si la casilla de verificación Sólo herramienta actual se encuentra activa, desactívela y podrá ver todas las herramientas preestablecidas en Photoshop.

**Figura 6.3.** Lista de herramientas preestablecidas en la barra de opciones.

Por defecto, el contenido del panel no es ni más ni menos que distintas herramientas previamente configuradas y pensadas para poder utilizarse en situaciones concretas. Pero si de verdad queremos aprovechar las posibilidades de esta característica del programa debemos crearnos nuestras propias herramientas preestablecidas. Imaginemos que usamos mucho la herramienta Texto con un tipo de letra Arial y un tamaño de 10 puntos. Pues bien, para no repetir estos ajustes cada vez que la necesitemos, podemos guardarla en la lista de herramientas preestablecidas y con un solo clic de ratón disponer de ella.

**Truco:**

*La casilla de verificación* Sólo herramienta actual *muestra las configuraciones preestablecidas de la herramienta seleccionada en ese instante. Es decir, si se encuentra activa Pincel corrector, el panel mostrará las configuraciones existentes para esta herramienta.*

## Crear una herramienta preestablecida

Aunque la intención es buena, pensamos que las opciones que incluye por defecto el panel Herramientas preestablecidas no resultan demasiado útiles. Lo mejor es que seamos nosotros mismos los que añadamos aquellas configuraciones que realmente necesitemos. La forma de hacerlo sería la que se muestra a continuación:

1. Seleccione la herramienta que desee.
2. En la barra de opciones, defina los ajustes con los que quiere guardar la herramienta.
3. Despliegue la lista de herramientas preestablecidas y en la esquina superior derecha, haga clic sobre el pequeño icono cuadrado como puede ver en la figura 6.4.
4. En el cuadro de diálogo que muestra la figura 6.5, introduzca un nombre que le permita identificar a la herramienta y su configuración.
5. Para terminar, haga clic en **Aceptar**.

Antes de terminar con las herramientas preestablecidas debe saber que después de hacer clic con el botón derecho sobre alguna de ellas aparecerá un menú donde podrá cambiar su nombre, eliminarla o crear una nueva.

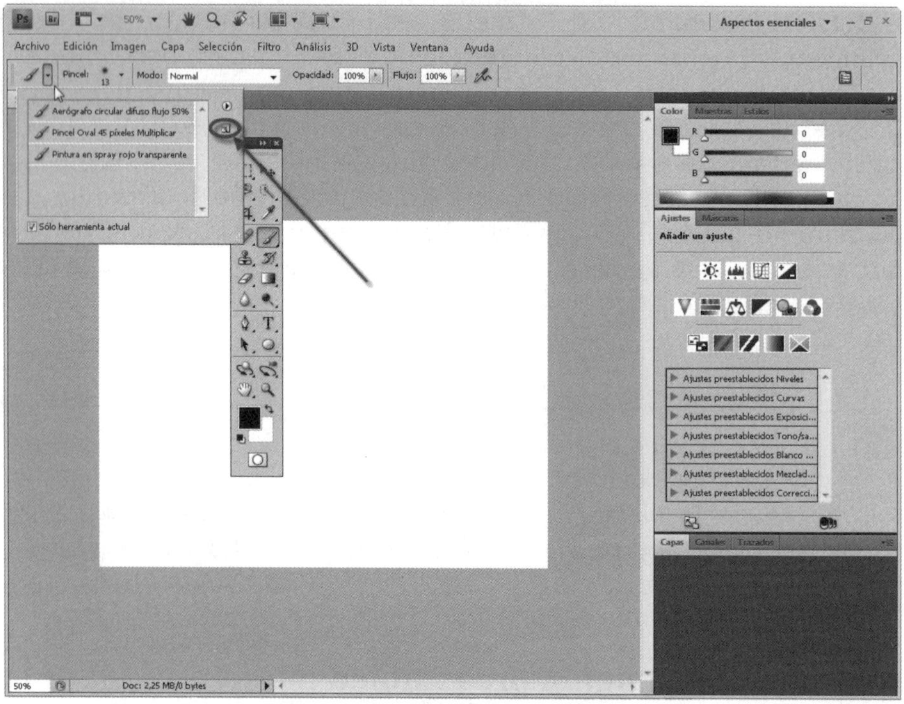


**Figura 6.4.** Botón para crear una nueva herramienta preestablecida. MARCAR

**Figura 6.5.** Asignar un nombre a la nueva herramienta preestablecida.

## Truco:

*Existe un panel independiente, que podemos ver en la figura 6.6, que engloba todas las opciones vistas hasta ahora. Para mostrar u ocultar este panel, debemos utilizar el comando* Herramientas preestablecidas *del menú* Ventana.

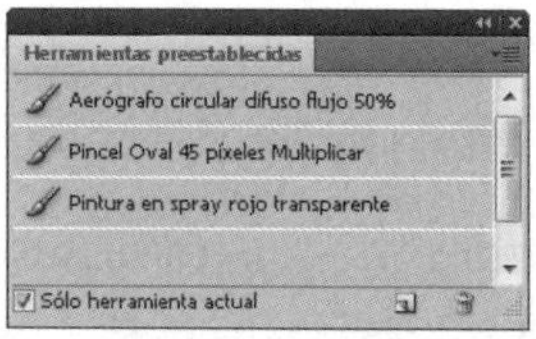


**Figura 6.6.** Panel Herramientas preestablecidas.

# Herramientas

A partir de aquí dedicaremos el resto del capítulo a mostrar el funcionamiento y las distintas posibilidades de muchas de las herramientas disponibles en Photoshop. En este sentido, nuestra recomendación es que, al mismo tiempo que comentamos el funcionamiento de cada herramienta, practique con ellas utilizando los gráficos instalados como ejemplos o cualquier otra imagen.

# Recortar

Como su propio nombre indica, la herramienta Recortar ofrece la posibilidad de eliminar parte de una imagen, seleccionando el área que deseamos conservar. La forma de utilizar la herramienta Recortar sería la siguiente:

1. Haga clic en la herramienta Recortar. Vera como el cursor se transforma en un pequeño cúter.
2. Haga clic en lo que será la esquina superior izquierda del área que desea conservar.
3. Sin soltar el botón izquierdo del ratón, arrastre para definir el área de la imagen que desea mantener. Observe la figura 6.7.
4. Sitúe el ratón dentro del área de recorte y haga doble clic para completar la operación y eliminar el espacio situado fuera del área seleccionada.

Si lo desea, puede modificar la posición del área de recorte con tan sólo situar el cursor encima de ella y arrastrarla.

**Truco:**

*Si fuera necesario podemos utilizar los selectores que aparecen alrededor del área de recorte para modificar sus proporciones o incluso para girarla. Si desea realizar esta última opción, coloque el cursor fuera de los selectores y compruebe cómo se transforma en una línea curva. En ese momento, haga clic y arrastre para rotar el área de recorte.*

Las posibilidades que muestra la barra de opciones antes de delimitar el área de recorte permiten principalmente definir unas proporciones exactas de recorte. No entendamos por esto la facultad de recortar un área de dimensiones fijas, en este caso hablamos de proporción y no de tamaño. Por lo tanto, los valores que introduzcamos en Anchura y Altura servirán como referencia para mantener la relación proporcional a la hora de describir el área de recorte. En cualquier caso, para entenderlo mejor introduzca dos valores y compruebe el resultado.

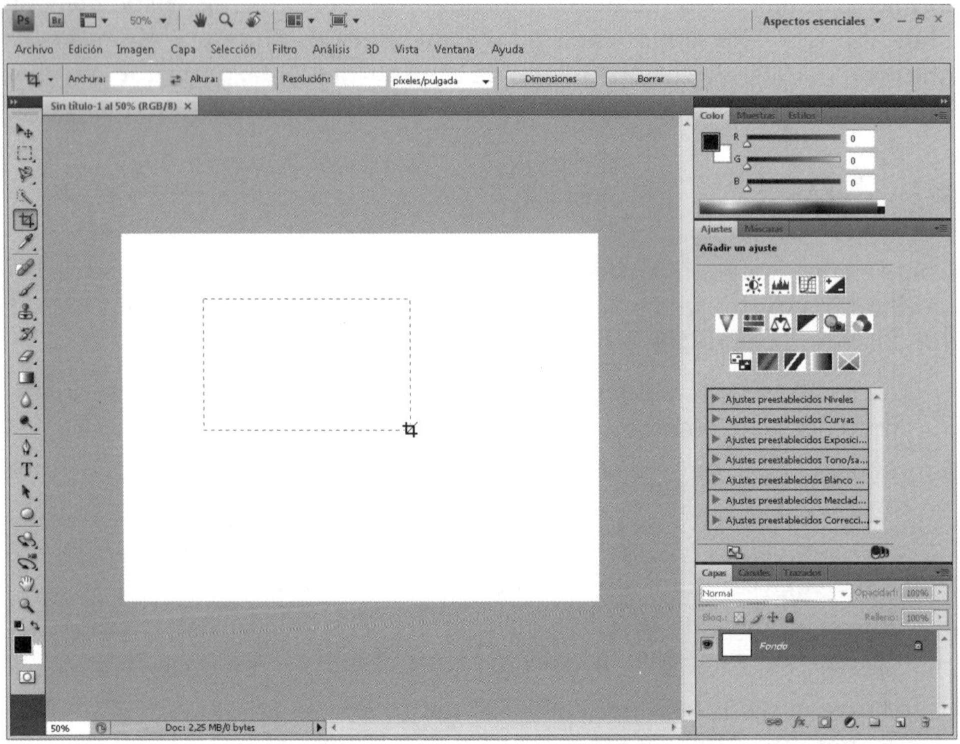


**Figura 6.7.** Herramienta Recortar en acción.

El botón **Dimensiones** permite introducir en las casillas Altura, Anchura y Resolución los valores actuales de la imagen; por el contrario, el botón **Borrar** elimina esta información.

Una vez trazada el área de recorte, observemos en la figura 6.8 como las opciones que aparecen en la barra se transforman. A continuación describimos el propósito de cada una de ellas:

- Escudo: Este nombre tan extraño simplemente sirve para determinar el color y el nivel de opacidad de la zona que se va a eliminar una vez delimitada el área de recorte. Utilice la lista Color y Opacidad para configurar estos dos aspectos.
- Perspectiva: Permite adaptar el área de recorte en aquellas situaciones donde la imagen tiene cierta distorsión. Al activar esta opción, los selec-

tores situados en las esquinas del área de recorte ofrecen la posibilidad de moverlos de forma independiente para ajustar la perspectiva de la imagen y crear áreas de recorte como la que muestra la figura 6.9.

- **Área recortada**: Aquí debemos decidir qué hacer con la zona externa al área de recorte mediante los botones de opción **Eliminar** y **Ocultar**. Mientras que el primero de ellos hace desaparecer el espacio situado fuera del área de recorte, el segundo simplemente lo oculta, pero no modifica el archivo original de la imagen.
  Estas opciones no estarán disponibles si el área de recorte se define sobre una capa de fondo.

**Figura 6.8.** Aspecto de la barra de opciones después de trazar el área de recorte.

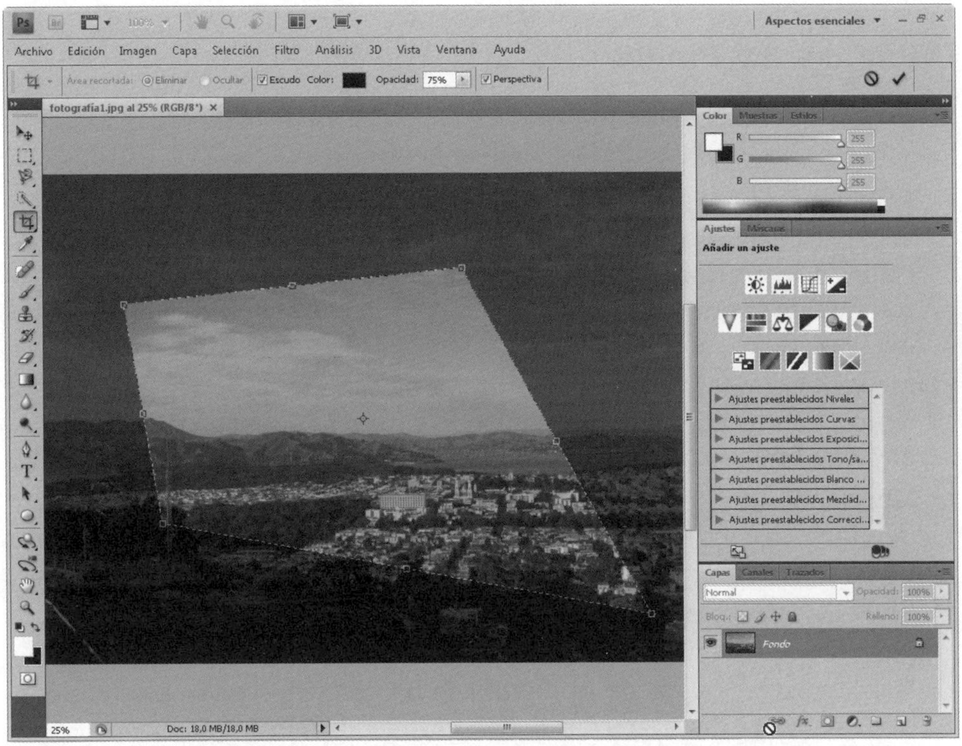


**Figura 6.9.** Posibilidades de la opción Perspectiva.

Los dos botones que aparecen en la parte derecha de la barra de opciones permiten, respectivamente, ejecutar o cancelar la operación de recorte.

**Truco:**

*Si lo desea puede desplazar el área de recorte fácilmente, tan sólo es necesario hacer clic encima de ella con el ratón y arrastrar.*

# Pincel

Tanto la herramienta Pincel como la herramienta Lápiz comparten el mismo lugar y, como recordará, para utilizar una u otra debe mantener pulsado el botón izquierdo del ratón sobre su icono.
Cuando utilicemos la herramienta Pincel, conseguiremos un trazo nítido e intenso con bordes suavizados. Haga una prueba y observará que no aparecen en ninguno de los casos líneas pixeladas (con pequeños dientes) y que el color se hace más opaco a medida que nos acercamos al centro del trazo.

## Opciones del Pincel

En principio, las opciones que aparecen en la barra de opciones cuando seleccionamos las herramientas son las siguientes:

- Pinceles preestablecidos: Esta opción se encuentra disponible para todas las herramientas de pintura y permite elegir entre un buen número de estilos de pinceles, así como modificar el grosor del trazo. En realidad, se trata de una versión reducida del panel Pinceles la cual comentaremos detalladamente más adelante.
- Modo: Los modos de fusión determinan el aspecto que conseguiremos al aplicar la herramienta sobre la imagen y combinar tonos, colores, sobras, etcétera. Pruebe con diferentes modos para comprobar sus efectos.
- Opacidad: En este caso, la transición afecta al grado de transparencia del trazo, llegando a ser completamente transparente si usamos valores próximos a cero.
- Flujo: Este parámetro establece la cantidad de pintura que utiliza el pincel, valor que finalmente establece la intensidad del trazo.
- Habilitar capacidades de Aerógrafo: Si ha utilizado versiones anteriores de Photoshop, quizás recuerde la herramienta Aerógrafo. Pues bien, en realidad sigue existiendo pero agrupada en las opciones de la herramienta Pincel. Si activamos este botón entre las posibilidades de configuración del Pincel, conseguiremos simular el efecto de los sistemas de aerografía tradicionales al dibujar.

Si es una persona observadora, habrá comprobado que en el extremo derecho de la barra de opciones hay un pequeño botón. En realidad, más que un botón, se trata de un acceso directo al panel Pinceles como puede ver en la figura 6.10, donde podremos configurar infinidad de parámetros para conseguir el resultado óptimo en cada caso. Sobre estas posibilidades también hablamos en el siguiente apartado.

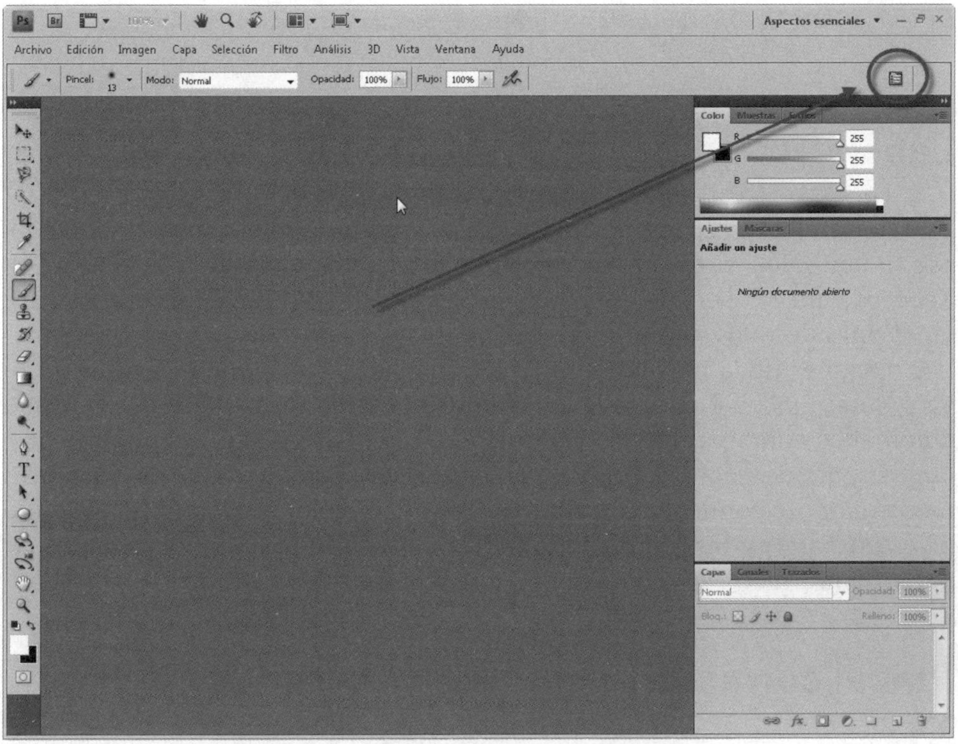


**Figura 6.10.** Acceso directo al panel Pinceles.

## Nota:

*En realidad, el comportamiento de las herramientas Pincel y Aerógrafo es muy similar. La diferencia la encontramos en que mientras con el Pincel la cantidad de pintura es limitada, con el Aerógrafo fluye continuamente. Puede comprobarlo fácilmente activando el botón* **Aerógrafo** *y dejando el cursor fijo en un punto mientras mantiene pulsado el botón del ratón. Observe como la tinta se expande uniformemente alrededor, hecho que no ocurre de forma tan visible si utilizamos la herramienta Pincel.*

Practique un poco combinando distintos valores de opacidad, modos de fusión, utilizando distintos pinceles, etcétera. Ciertamente, parece mentira que una herramienta aparentemente tan simple tenga tantas posibilidades.

**Advertencia:**

*Debe tener cuidado cuando sobrescriba varios trazos con cualquiera de las herramientas de pintura, ya que los porcentajes de opacidad se suman.*

## Lápiz

Esta herramienta de pintura no tiene asociado ningún efecto de suavizado, por lo tanto, los trazos aparecen totalmente rectos y con bordes pixelados. Recuerde que si se encuentra activa la herramienta Pincel, es necesario mantener pulsado unos segundos el ratón para acceder a ella.
Las opciones de la herramienta Lápiz son las mismas que hemos descrito ya para el Pincel. Tan sólo encontramos la casilla de verificación Borrado automático como parámetro propio. Cuando activamos esta opción y pintamos sobre una zona cuyo color coincide con el color frontal, automáticamente el lápiz comienza a pintar utilizando el color de fondo. El objetivo no es otro que evitar cambiar a la herramienta Borrar si deseamos eliminar parte de un trazo.

## Pincel corrector

El Pincel corrector es de ese tipo de herramientas que podemos considerar como "mágicas" ya que sus resultados son realmente sorprendentes, pero antes de explicar su funcionamiento observe la figura 6.11.
Seguro que después de ver el ejemplo se le ha ocurrido más de una idea para utilizar el Pincel corrector. Su funcionamiento es aparentemente sencillo pero el trabajo que realiza es muy complejo. El pincel toma una muestra de la zona que indiquemos y después la aplica sobre el área de destino, pero no de cualquier forma, en realidad compara la textura, los valores de brillo, iluminación y contraste, e incluso el sombreado de los píxeles adyacentes de forma que el resultado de la clonación sea prácticamente perfecto.
Toda esta teoría seguro que le ha parecido muy interesante, pero lo mejor será que veamos cómo podemos aplicarla:

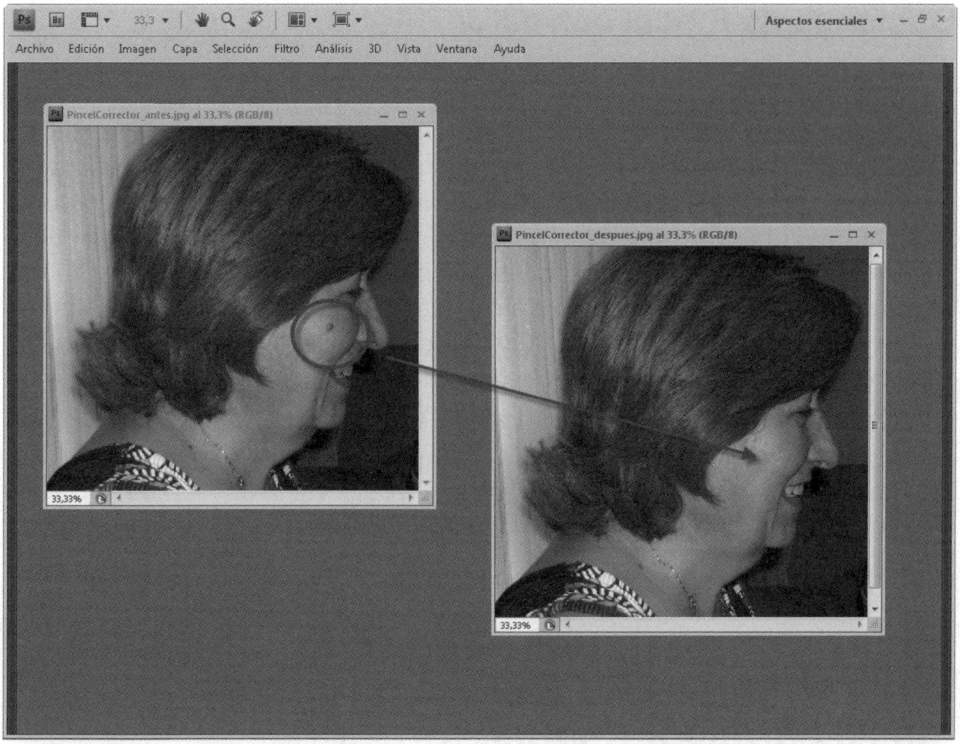


**Figura 6.11.** Imagen antes y después de utilizar la herramienta Pincel corrector.

1. En primer lugar, seleccione la herramienta Pincel corrector (su atajo de teclado es la tecla **J**).
2. Después, mantenga pulsada la tecla **Alt** y haga clic en la zona de la imagen que quiera tomar como referencia. Ésta será la muestra que utilice el Pincel corrector para reparar el área de destino.
3. Haga clic, mantenga pulsado el botón izquierdo del ratón y arrastre sobre la zona que desee corregir. La cruz que aparece mientras utiliza esta herramienta, indica la zona que se está usando como muestra. Si la imagen es complicada, lo mejor será que tenga un poco de paciencia y evite los trazos largos; conseguirá mejores resultados.

**Truco:**

*Si lo desea puede utilizar el Pincel corrector entre dos imágenes distintas. El único requisito es que se encuentren en el mismo modo de color.*

## Opciones de Pincel corrector

Además de las opciones que ya conocemos de Pincel y Modo, se encuentran:

- Origen: En la última secuencia de pasos aprendimos a utilizar la herramienta Pincel corrector tomando como referencia una muestra de la propia imagen; pues bien, si en lugar de hacerlo así queremos usar una textura o cualquier otro patrón, podemos elegir la opción Motivo y seleccionar en la lista que muestra la figura 6.12, el diseño que más nos guste. Para añadir nuevas colecciones de motivos a este panel haga clic en el pequeño botón circular situado a la derecha y elija alguna de las opciones que aparecen en la última sección del menú emergente.
- Alineado: Si esta casilla permanece desactivada, el área tomada como muestra será siempre la misma; en cambio, si la activamos se desplazará siguiendo el recorrido del cursor. Haga la prueba activando y desactivando esta opción para comprender mejor su funcionamiento.
- Muestra: Active esta opción del Pincel corrector si desea utilizar para la muestra la capa actual, la capa actual y su inmediatamente inferior o todas las capas de la imagen.

# Pincel corrector puntual

La diferencia principal entre esta herramienta y el Pincel corrector es que en este caso no existe una muestra previa utilizada como patrón para corregir una zona determinada. El Pincel corrector puntual soluciona pequeñas imperfecciones en la imagen, simplemente tomando como referencia los píxeles situados alrededor del lugar en el que hacemos clic con la herramienta. Principalmente, el Pincel corrector puntual será muy útil a la hora de solucionar pequeñas imperfecciones en fotografías, ya que toma como referencia los valores de luminosidad, textura y sombras para llevar a cabo la corrección de los píxeles seleccionados.

# Parche

Esta herramienta, al igual que la herramienta Pincel corrector, no sólo permite reparar áreas de una imagen tomando como referencia una muestra de la misma, sino que además compara las zonas de origen y de destino para que la fusión sea perfecta. Existen dos modos de utilizar la herramienta Parche. Veamos el primero de ellos:

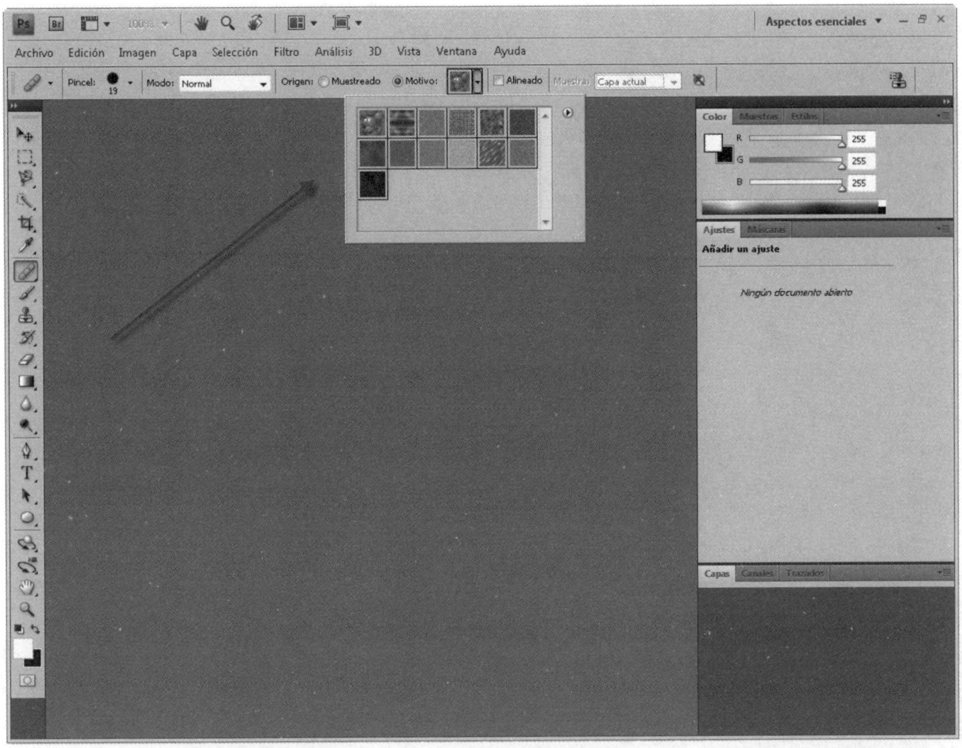


**Figura 6.12.** Patrones disponibles para la herramienta Pincel corrector.

1. Seleccione la herramienta Parche y en la barra de opciones, active el botón de opción denominado Origen.
2. Haga clic y mantenga pulsado el botón izquierdo para describir el área que desea reparar. Cuando termine, suelte el botón y la zona quedará marcada como puede ver en la figura 6.13.
3. Sitúe el cursor dentro de la selección, haga clic y arrastre hasta la zona de la imagen que desee utilizar como muestra para corregir la zona seleccionada.
4. Por último, suelte el botón del ratón para finalizar el proceso.

El segundo de los métodos es similar:

1. Seleccione la herramienta Parche y en la barra de opciones, active el botón Destino.
2. Haga clic y mantenga pulsado el botón izquierdo para describir el área que desea utilizar como muestra. Cuando termine, suelte el botón.

**Figura 6.13.** Área que deseamos corregir.

3. Sitúe el cursor dentro de la selección, haga clic y arrastre hasta la zona de la imagen que desee corregir.
4. Finalmente, suelte el botón del ratón para finalizar el proceso.

Quizás el funcionamiento de esta herramienta resulte algo confuso al principio; por este motivo, le recomendamos que haga distintas pruebas utilizando los dos métodos que acabamos de describir.

**Truco:**

*Si lo desea, puede utilizar las herramientas de selección para describir el área de origen o de destino, antes de seleccionar la herramienta Parche.*

Por último, diremos que si desea modificar el área seleccionada, añadiendo o eliminando zonas, mantenga pulsada la tecla **Alt** para reducir el área marcada o la tecla **Mayús** para ampliarla.

# Sustitución de color

La herramienta Sustitución de color tiene como propósito solucionar problemas locales de nuestras imágenes relacionados con el color. Pero teniendo en cuenta sus características hemos preferido hablar de ella en el capítulo dedicado al color.

# Tampón de clonar

Simplificando mucho, la herramienta Tampón de clonar permite reproducir y copiar partes de nuestra imagen dentro de la propia imagen o en otra diferente. Aunque al principio resulta idéntica, es una herramienta mucho más simple que el Pincel corrector o el Parche, ya que no tiene en cuenta los valores de brillo, contraste, sombras, etcétera, a la hora de fusionar las zonas copiadas. Para comprobar las posibilidades reales que posee esta herramienta, observe detenidamente las dos imágenes de la figura 6.14.

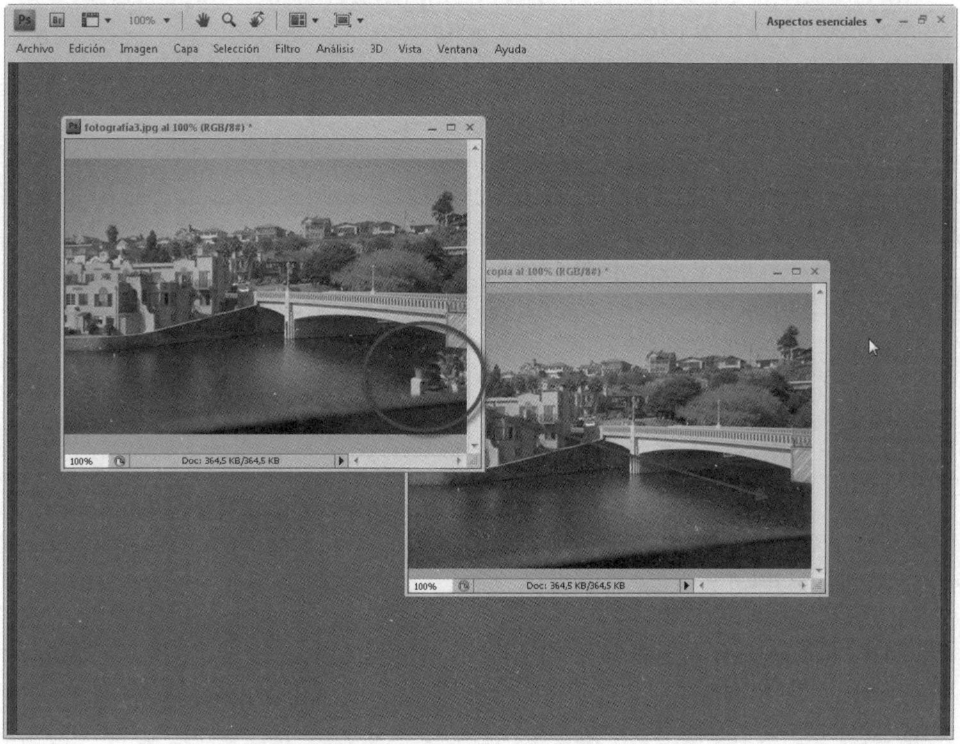


**Figura 6.14.** El juego de las diferencias.

Como por arte de magia, en la imagen de la derecha falta el grupo floral y, por mucho que nos fijemos resulta casi imposible encontrar algún rastro de lo ocurrido. Pues bien, este "truco" ha sido posible gracias a la herramienta Tampón de clonar, cuyo modo de funcionamiento sería el siguiente:

1. Una vez seleccionada la herramienta, despliegue la lista Muestra en la barra de opciones y seleccione Todas para que la muestra tome en cuenta el conjunto de la imagen. Esta será la opción más usual pero si desea tomar como referencia sólo la capa actual o la capa actual y la situada justo debajo también puede hacerlo.
2. Seguidamente, elija el pincel que quiere usar, el modo de fusión y la opacidad que desee.
3. Ya en la imagen, mantenga pulsada la tecla **Alt** y haga clic sobre la zona de la imagen que quiere tomar como muestra. Mientras realiza esta operación, el cursor se transformará en un pequeño punto de mira.
4. Ahora sitúe el cursor sobre el área de la imagen donde desee aplicar la muestra seleccionada. Si el pincel es lo suficientemente grande, espere unos instantes y Photoshop mostrará como quedará la zona clonada. Haga clic para completar el proceso de clonación.
5. Repita esta última operación tantas veces como sea necesario hasta conseguir el efecto deseado.

**Truco:**

*Si a la hora de aplicar la muestra seleccionada, mantenemos pulsado el botón izquierdo del ratón y arrastramos, el punto de referencia también se desplazará. Ésta es la mejor forma de clonar toda una zona de la imagen sin tener que estar continuamente tomando muestras. En la figura 6.15 puede ver un ejemplo.*

**Nota:**

*La herramienta Tampón de clonar contempla la posibilidad de clonar zonas de distintas imágenes. Para hacerlo bastará con tenerlas abiertas al mismo tiempo.*

Las opciones Modo, Opacidad y Flujo tienen la misma aplicación que ya hemos descrito en las herramientas anteriores. También sabemos que si queremos tener en cuenta todas las capas a la hora de definir la muestra, deberemos elegir la opción Todas en la lista desplegable Muestra. Por último, la opción

Alineado permite mantener fijo el punto inicial o mantenerlo alineado con respecto a la zona en la que apliquemos la muestra.

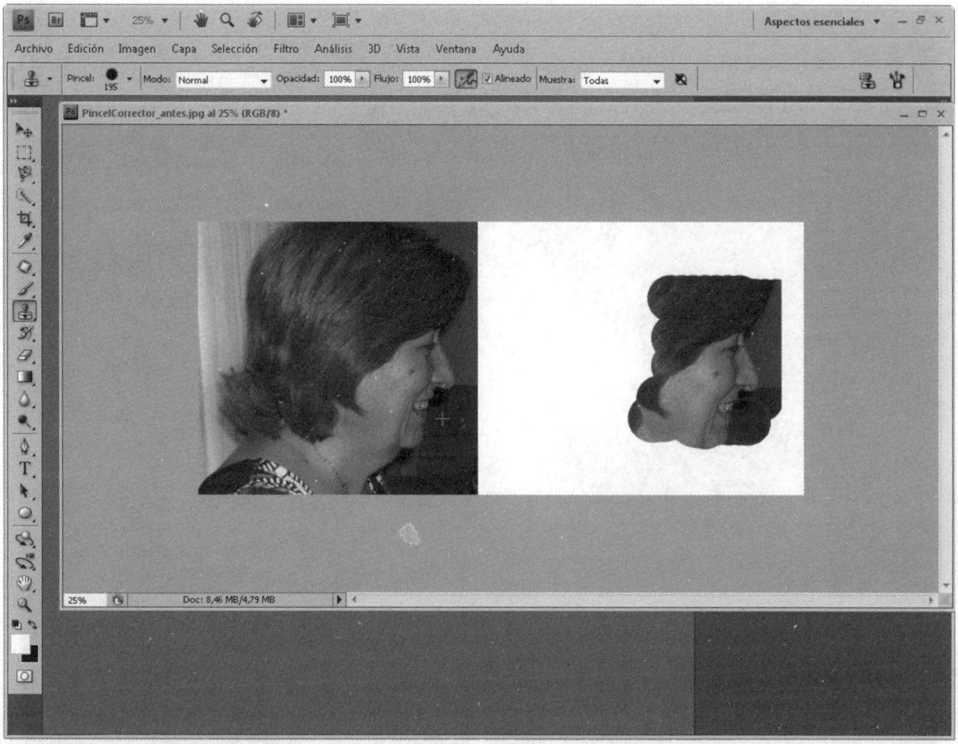


**Figura 6.15.** Clonar zonas paralelas mientras nos desplazamos con el cursor.

**Advertencia:**

*El pequeño icono situado a la derecha de la lista Muestra, sirve para tener en cuenta o no a la hora de clonar, las capas de ajuste definidas en la imagen. Aunque todavía no sabemos nada sobre capas, hacemos esta comentario para que lo tenga en cuenta cuando domine este elemento.*

# Tampón de motivo

La herramienta Tampón de motivo es menos espectacular que la que acabamos de ver, pero igualmente útil en muchas ocasiones. Con ella podemos seleccionar una zona determinada de la imagen y repetirla dentro de la misma imagen o en otra diferente tantas veces como queramos como puede comprobar en la figura 6.16. También permite utilizar motivos predefinidos dentro de Photoshop para conseguir vistosos efectos.

**Figura 6.16.** Resultado de utilizar la herramienta Tampón de motivo.

## Advertencia:

*Si utiliza la herramienta Tampón de clonar o Tampón de motivo entre imágenes distintas, ambas deben estar en el mismo modo de color.*

Con respecto a las opciones del Tampón de clonar, la única diferencia se encuentra en la opción Motivo, que permite el acceso a distintos patrones por defecto incluidos en Photoshop.

## Truco:

*Si activa la casilla de verificación* Impresionista *conseguirá espectaculares efectos simulando este tipo de pintura.*

## Pincel de historia y Pincel histórico

Estas herramientas permiten restablecer el estado de ciertas partes de nuestra imagen a partir de las instantáneas tomadas utilizando el panel Historia. Esta sería la descripción de su función básica pero hemos preferido dejar el resto de posibilidades para el capítulo dedicado a las opciones de deshacer y del panel de Historia, donde hablaremos de ellas en profundidad.

**Nota:**

*Una instantánea no es más que un estado anterior de nuestra imagen. Por ejemplo, imagine que está retocando un cielo azul y decide cambiarlo por un romántico atardecer rojizo. Puede crear una instantánea antes de empezar a modificar el color del cielo y, si no queda del todo satisfecho con su atardecer romántico, podrá volver sin problemas al cielo azul. Así de sencillo, pero de todo hablaremos en el capítulo dedicado a las opciones de deshacer y rehacer con el panel Historia.*

# Resumen

En ese primer capítulo dedicado a las herramientas hemos aprendido a utilizar y configurar todas las herramientas de pintura como el Pincel o el Lápiz, también conocemos como sacar todo el partido del sorprendente Pincel corrector y del Parche, herramientas que sin duda le permitirán abordar de forma profesional cualquier proyecto de retoque fotográfico.
Otro de los grandes descubrimientos de este capítulo ha sido sin lugar a dudas la barra de opciones. Con ella hemos visto cómo se amplían exponencialmente las posibilidades de todas las herramientas incluidas en Photoshop.

# Capítulo 7

# Herramientas de edición

**En este capítulo aprenderá a:**

- Trabajar con el Borrador, Borrador de fondos y Borrador mágico.
- Crear degradados.
- Usar las herramientas de retoque: Sobreexponer, Subexponer, Dedo...
- Añadir notas.
- Utilizar los atajos de teclado predeterminados.
- Crear nuestros propios conjuntos de atajos de teclado.

# Borrador

Quizás pueda pensar que esta herramienta no tenga demasiada explicación. Nada, nada, la seleccionamos y borramos. Pues sentimos decirle que pocas cosas son tan simples en Photoshop; cualquier función, por pequeña que sea, está estudiada al detalle y ofrece innumerables posibilidades. Simplemente compruebe en la figura 7.1 el aspecto de la barra de opciones después de seleccionar esta herramienta.

**Figura 7.1.** Opciones de la herramienta Borrador.

Seleccione la herramienta Borrador y arrástrela sobre la imagen. Si la capa actual es la capa de fondo o tiene bloqueada la transparencia, el borrador sustituirá todo lo que encuentra a su paso por el color de fondo seleccionado en el panel Herramientas. En el caso de encontrarnos en cualquier otra capa, convertirá en transparente el área borrada.

No olvide que tanto el tamaño como la forma del borrador vienen determinados por el modelo de pincel que hayamos seleccionado. Puede cambiar esta configuración en la primera lista desplegable disponible en la barra de opciones.

**Nota:**

*Todos aquellos aspectos relacionados con las capas que aún no conoce los trataremos en los capítulos siguientes.*

## Opciones de borrado

Además de la opción Pincel, que ya conocemos de herramientas anteriores, la barra de opciones ofrece las siguientes posibilidades para configurar el Borrador:

- Modo: Dentro de esta lista desplegable puede elegir el modo de borrado: Pincel, Lápiz y Cuadrado. El efecto que conseguimos con cada uno de estos modos se corresponde con la herramienta del mismo nombre. Además, según el modo, podrá modificar la presión o la opacidad para adaptar el resultado a sus necesidades.
- Opacidad: Permite decidir el grado de transparencia cuando aplicamos el borrado sobre la imagen.

- **Flujo**: Controla la intensidad del borrado. En realidad, estas dos opciones hacen que la herramienta Borrador se comporte como un pincel solo que, en lugar de pintar, elimina parte de la imagen o la rellena con el color de fondo.
- **Aerógrafo**: Si hace un poco de memoria, recordará que entre las posibilidades de la herramienta Pincel también se encontraba esta opción y, del mismo modo, su funcionamiento es equivalente. Es decir, simula el comportamiento de los sistemas de aerografía tradicionales cuando utilizamos el Borrador.
- **Borrar a historia**: Ésta es una potente opción de la que hablaremos en el capítulo dedicado al panel Historia; ahora simplemente adelantaremos que permite devolver el aspecto original a una zona a la que hayamos borrado parte de su contenido.

## Borrador de fondos

El Borrador de fondos permite convertir en transparentes determinados píxeles de una capa. Hasta aquí nada nuevo, pero si le decimos que dispone de la capacidad de reconocer los límites o bordes de cualquier motivo dibujado sobre la capa, a partir de un cierto valor de tolerancia que nosotros mismos controlamos, la cosa cambia bastante. El funcionamiento se basa en reconocer el color de los píxeles (muestra) sobre los que hacemos clic la primera vez y eliminar al arrastrar todos aquellos que mantengan el mismo tono o similar, en función del valor de tolerancia elegido.

Para entender mejor el funcionamiento de esta herramienta, observe la figura 7.2. La ventana derecha muestra el estado original de la imagen, mientras que la izquierda es el resultado de utilizar la herramienta Borrador de fondos sobre el contorno del objeto. Si se fija, el área del cursor de borrado incluye parte del objeto, pero sólo se hace transparente el área de color blanco que lo rodea, respetando estrictamente los detalles del perímetro del objeto.

Las opciones disponibles para esta herramienta determinan su comportamiento, por lo que resulta imprescindible conocer bien su significado si queremos aprovechar las posibilidades del Borrador de fondos:

- **Muestras**: Los tres iconos que encontramos tras la lista Pincel determinan el comportamiento de la herramienta a la hora de elegir el color que se eliminará de la imagen. Si elegimos el primero, la herramienta tomará como muestra distintos colores a media que arrastramos. El segundo, tomará como referencia únicamente el color del primer píxel sobre el que hemos comenzado a usar el borrador. Por último, si elegimos el tercero de los iconos borramos sólo los píxeles cuyo color coincida con el color de fondo seleccionado en el panel Herramientas.

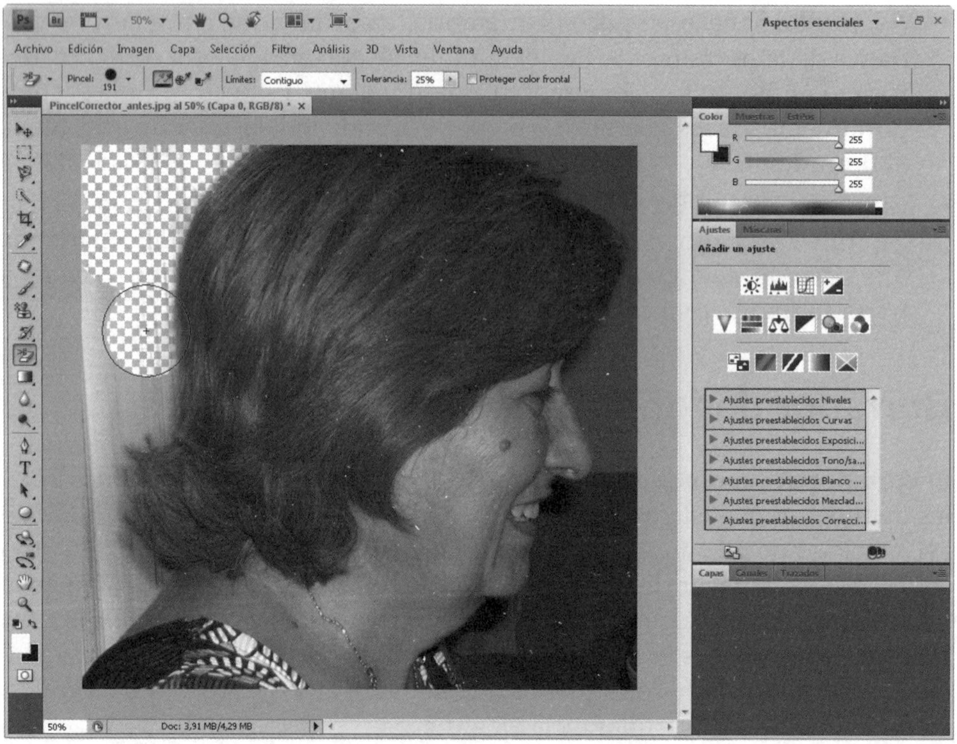

**Figura 7.2.** Ejemplo de uso de la herramienta Borrador de fondos.

- Límites: Dentro de esta lista desplegable encontraremos las siguientes posibilidades: Contiguo, No contiguo y Hallar bordes. La primera borra el color muestreado sin importar el lugar en el que se encuentre dentro de la capa, mientras que la segunda de las opciones sólo elimina áreas contiguas entre sí. Por último, Hallar bordes es la mejor opción para respetar el contorno de los objetos dibujados.
- Tolerancia: Los valores más bajos de tolerancia hacen que sólo se borren aquellos píxeles cuyo color sea muy próximo al de la muestra. A medida que aumentamos la tolerancia, también se ve ampliada la escala de tonalidades incluidas en el área de borrado.
- Proteger color frontal: Respeta todos los píxeles cuyo color coincida con el color frontal seleccionado en el panel Herramientas.

Nos encontramos sin duda ante una de las herramientas más potentes a la hora de afrontar proyectos de retoque fotográfico, por lo que le recomendamos que tenga presente sus posibilidades.

**Truco:**

*El atajo de teclado para seleccionar rápidamente la herramienta Borrador es la tecla* **E**.

## Borrador mágico

Con el Borrador mágico, convertiremos automáticamente en transparentes todos aquellos píxeles iguales o parecidos (según el valor de tolerancia) al píxel sobre el que hagamos clic con la herramienta. En realidad, se trata de hacer de una sola vez el trabajo de la herramienta Borrador de fondos, aunque dependiendo de las características de la imagen será más conveniente utilizar una herramienta u otra. Con respecto a las opciones, si desactivamos la casilla Contiguo, la herramienta eliminará todos aquellos píxeles que coincidan con la muestra, ya sean adyacentes o no a ésta. Haga la prueba activando y desactivando esta opción para comprender mejor su significado.

**Nota:**

*La herramienta Borrador mágico está recomendada sobre todo para aquellas imágenes en las que se encuentren bien delimitados los contornos de los objetos que se desean eliminar o mantener.*

## Degradado

Pero, ¿qué es un degradado? Pues bien, un degradado no es más que la aplicación progresiva de una serie de colores en un área determinada de la imagen, siguiendo una dirección predefinida. En la figura 7.3 se incluyen varios tipos de degradado, aunque por la limitación del blanco y negro no se pueden apreciar con claridad sus detalles. La forma de aplicar un degradado sería la siguiente:

1. Utilice alguna de las herramientas de selección para delimitar la zona en la que aplicará el degradado. Puede obviar este paso si desea generar el degradado sobre toda la imagen.

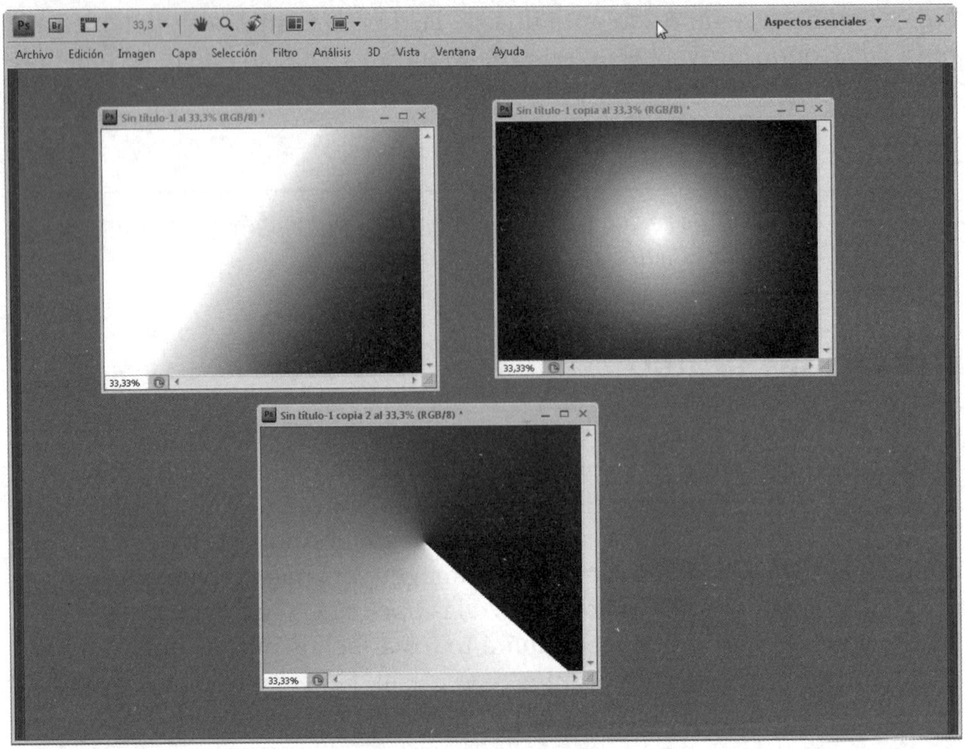


Figura 7.3. Degradados.

2. Seleccione la herramienta Degradado, haga clic y arrastre para definir la dirección del degradado. Compruebe cómo el paso progresivo entre los colores elegidos genera el resultado.

**Truco:**

*La selección definida para aplicar el degradado no tiene por qué ser una forma regular; puede usar cualquiera de las herramientas tratadas en el capítulo anterior para seleccionar un área y aplicar sobre ella el degradado.*

## Opciones de degradado

Para explicar a fondo las opciones y las posibilidades de edición que ofrece esta herramienta necesitaríamos un capítulo entero. Pero como eso no es posible, describiremos al menos el cometido principal de las más importantes:

- La primera de las opciones se denomina Editor de degradados y se accede con tan sólo hacer clic en ella. Mediante este cuadro de diálogo que aparece en la figura 7.4 podemos crear nuestros propios modelos de degradados o modificar algunos de los ya existentes. Otra posibilidad es utilizar el pequeño botón situado a la derecha para desplegar una ventana donde encontraremos distintos modelos de degradados predefinidos. Por defecto no aparecen todos, pero puede hacer clic en el botón circular situado en la esquina superior derecha para mostrar el menú asociado a la ventana y seleccionar el resto de degradados disponibles.
- Modelos de degradado: Contiene todas las posibilidades en cuanto al relleno del degradado. Algunas de ellas dejan intuir su resultado por el nombre que las distingue pero, lamentablemente, en la mayoría deberá ir probando si quiere conocer sus efectos.
- Modo: Desde aquí tendremos acceso a los distintos modos de fusión que ya conocemos del resto de herramientas. En este caso, funciona de la misma forma y pero tratándose de la herramienta Degradado le recomendamos que compruebe sus resultados, pues seguro que no le dejarán indiferente.
- Opacidad: Controla el grado de transparencia del degradado con respecto a la imagen, a mayor opacidad menos visibles serán las capas inferiores.
- Invertir: Esta opción invierte el orden en los colores del degradado.
- Tramado: Sirve para conseguir una transición más suave entre los colores que intervienen en el degradado.
- Transparencia: Activa o desactiva la máscara de transparencia para el degradado. Esta máscara controla el valor de opacidad del relleno en cada etapa del degradado. Ahora estos conceptos nos quedan un poco grandes, pero en los próximos capítulos aprenderemos a manejarlos con soltura.

## Bote de pintura

Ésta es una de las herramientas con más solera de Photoshop, ya que forma parte de la aplicación desde sus primeras versiones. Al pulsar sobre una zona determinada con el Bote de pintura, rellenaremos todos los píxeles del color que tengamos seleccionado como de primer plano.

**Advertencia:**

*No es posible utilizar la herramienta Bote de pintura en imágenes que se encuentren en modo mapa de bits.*

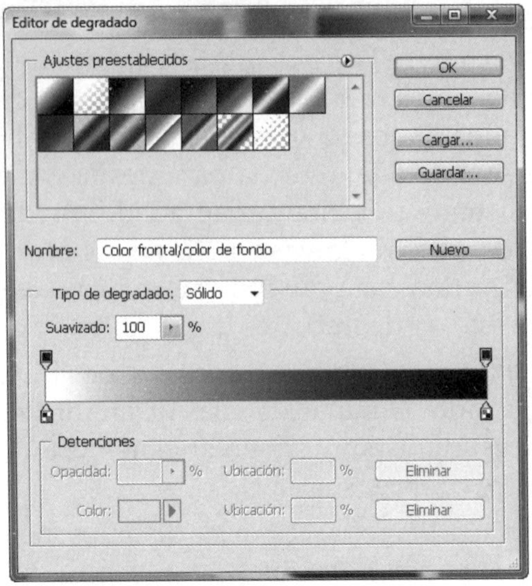


**Figura 7.4.** Editor de degradados.

## Crear nuestros propios motivos de relleno

Ya hemos visto que la herramienta Bote de pintura permite completar un área con el color de primer plano. Pero aún tenemos otra posibilidad, se trata de rellenar utilizando un motivo o muestra. En este caso deberá elegir la opción Motivo de la primera lista desplegable situada en la barra de opciones.
Una vez seleccionada, tenemos dos alternativas: la primera consiste en utilizar alguno de los motivos predefinidos en Photoshop incluidos en la lista situada a la derecha de los tipos de relleno. Otra posibilidad sería definir nosotros mismos el motivo de relleno:

1. Utilice alguna de las herramientas de selección para delimitar el área que usará como motivo.
2. Haga clic en el comando Definir motivo del menú Edición y en el cuadro de diálogo Nombre de motivo escriba el nombre con el que desee identificar el nuevo motivo y haga clic en **OK**.
3. Ahora seleccione la herramienta Bote de pintura y en la barra de opciones, justo en la primera de ellas seleccione Motivo.
4. Haga clic en la lista con los modelos de motivos y seleccione la muestra que acaba de crear, que estará situada al final de todas las existentes.
5. Por último, haga clic con la herramienta Bote de pintura sobre la zona que desee rellenar. Siguiendo una distribución en mosaico, la zona elegida

aparecerá rellena con la muestra seleccionada, tal y como se aprecia en la figura 7.5.

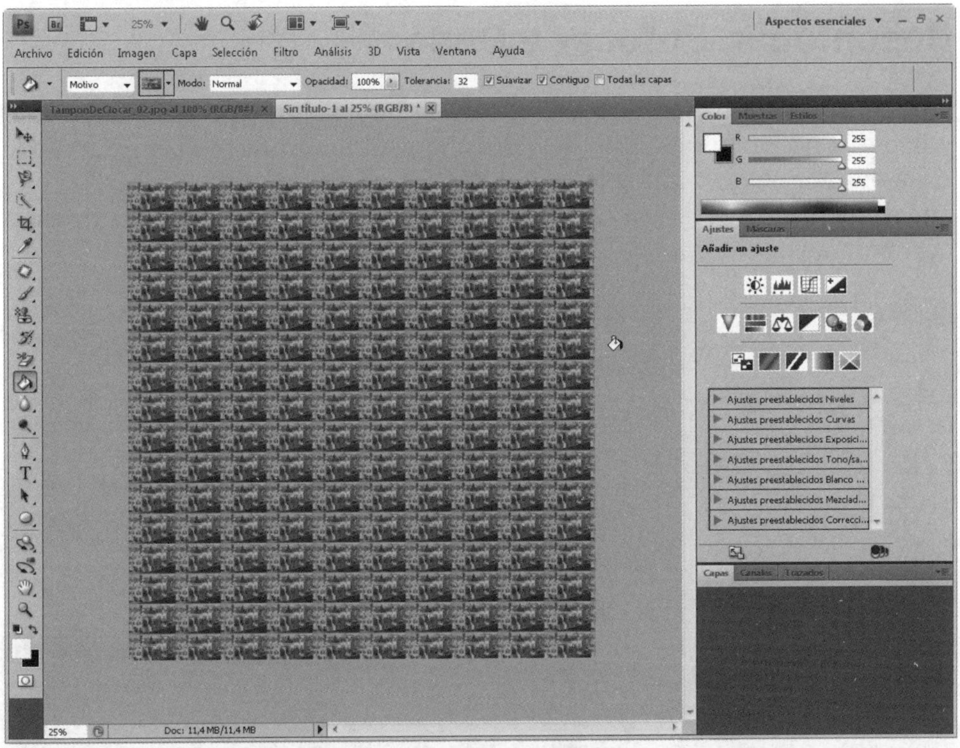


**Figura 7.5.** Relleno con motivo definido por el usuario.

## Opciones de Bote de pintura

Entre las opciones de la herramienta Bote de pintura, encontramos de nuevo la posibilidad de elegir un determinado modo de fusión y un porcentaje de opacidad. Pero no es lo único:

- Tolerancia: Determina el comportamiento del efecto de relleno con respecto a los píxeles adyacentes. Con un valor de tolerancia mayor, la herramienta ampliará la gama de colores que interpreta como rellenables y viceversa. Los valores de tolerancia deben estar comprendidos entre 0 y 256.
- Suavizar: Atenúa los bordes del área rellenada.
- Contiguo: Esta opción rellena sólo los píxeles que tengan algún punto de contacto entre sí. Desactivada, se incluirán todos los píxeles de la imagen cuyo color coincida con los valores de relleno.

- **Todas las capas**: Si activa esta casilla, el relleno afectará no sólo a la capa activa, sino a todas las capas de la imagen.

# Desenfocar, Enfocar y Dedo

Las herramientas Desenfocar y Enfocar así como Sobreexponer, Subexponer y Esponja no permiten aplicar colores, tan sólo modifican el aspecto de la zona editada. No son, por lo tanto, herramientas de pintura sino de retoque o edición. En la figura 7.6 puede comprobar la situación exacta de estas herramientas.

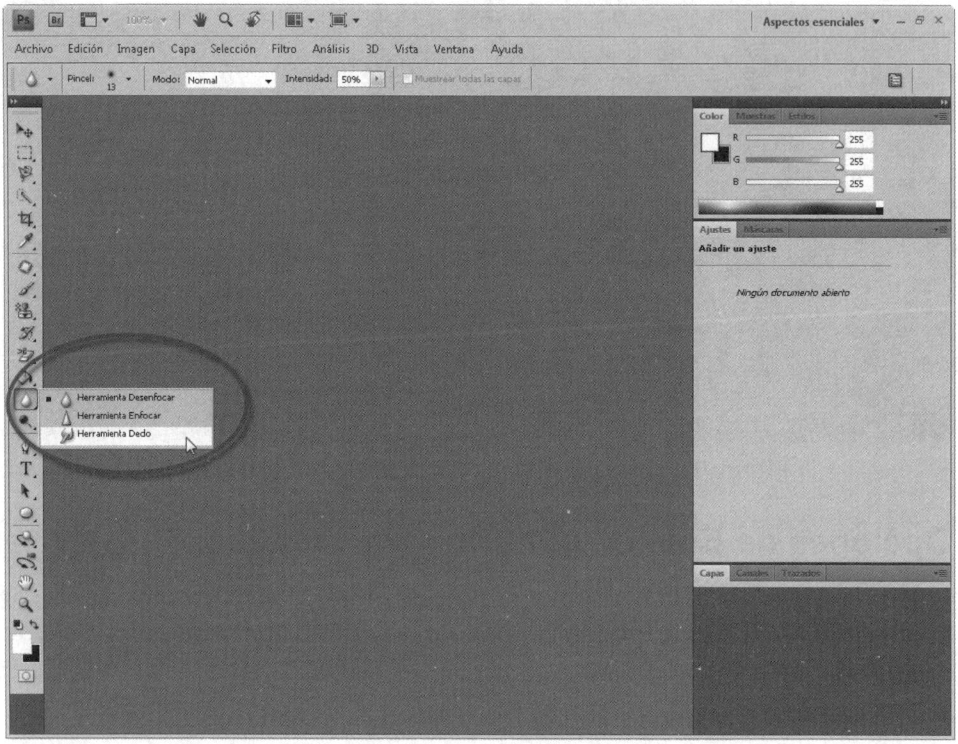


**Figura 7.6.** Herramientas Desenfocar, Enfocar y Dedo.

## Herramienta Desenfocar

Seguro que, por el nombre de esta herramienta, ya habrá adivinado su función. Al aplicarla sobre alguna zona de la imagen, se consigue un efecto de suavizado a costa de una pérdida de nitidez. Técnicamente, genera una reducción

del nivel de contraste entre los colores de píxeles cercanos, creando el efecto de desenfoque.
Actívela y el cursor se transformará en una pequeña gota de color blanco. A continuación, arrastre esta gota por la zona de la imagen que quiera desenfocar.

## Herramienta Enfocar

El efecto de esta herramienta es justo el contrario del que acabamos de explicar en el apartado anterior para Desenfocar. En este caso, se produce un aumento del contraste en el color de los píxeles, pero a efectos visuales apreciaremos un aumento de la nitidez. Debe tener cuidado ya que, si se excede en la aplicación de este efecto, conseguirá sobresaturar la imagen y perderá toda la referencia de los colores originales.

**Nota:**

*Las tareas de enfoque y desenfoque también se pueden realizar mediante filtros que cumplen la misma función que las herramientas que acabamos de tratar. Aunque no hemos hablado nada sobre los filtros, adelantamos que son transformaciones que afectan a toda la imagen, mientras que la acción de las herramientas que acabamos de ver está localizada sobre el área sobre el que se aplica. Hacemos esta aclaración para que no intente desenfocar o enfocar una imagen entera con estas herramientas y la utilice sólo en pequeños retoques.*

## Herramienta Dedo

La herramienta Dedo genera un efecto de arrastre y movimiento sobre los colores de la zona sobre la que se aplica. Para que pueda apreciar la diferencia entre las tres herramientas de edición que acabamos de explicar, en la figura 7.7 tiene un ejemplo en el que, sobre una misma imagen, se han aplicado los efectos de desenfoque, enfoque y dedo.
De las diferentes opciones de Dedo, sólo llama la atención la casilla Pintar con los dedos. Mientras que esta opción permanezca inactiva, el Dedo utilizará la propia tinta sobre la que se aplica. En cambio, cuando se activa, la herramienta Dedo adopta la capacidad de pintar, además de crear el efecto de arrastre. Incluso se puede pintar sin tener nada de tinta debajo, ¡compruébelo!

No debe olvidar que el color que utiliza la herramienta Dedo para pintar es el que se encuentra activo en el selector del panel Herramientas como color frontal.

**Figura 7.7.** Imagen original y resultado de utilizar las herramientas Desenfocar, Enfocar y Dedo.

## Advertencia:

*Ninguna de estas tres herramientas que hemos visto, Desenfocar, Enfocar y Dedo, se puede utilizar con imágenes de mapa de bits o de color indexado.*

## Nota:

*Para cualquiera de las herramientas anteriores, disponemos de toda la gama de pinceles que aparecen por defecto en la opción Pincel de la barra de opciones y, por supuesto, en el panel Pinceles, de la que hablaremos en el próximo capítulo.*

# Sobreexponer, Subexponer y Esponja

Nos encontramos ante otro grupo interesante de herramientas que, del mismo modo que ocurría en el apartado anterior, se encuentran situadas bajo el mismo icono el panel Herramientas. A continuación describimos el propósito de cada una de ellas. Observe a continuación, en la figura 7.8 la situación de estas herramientas.

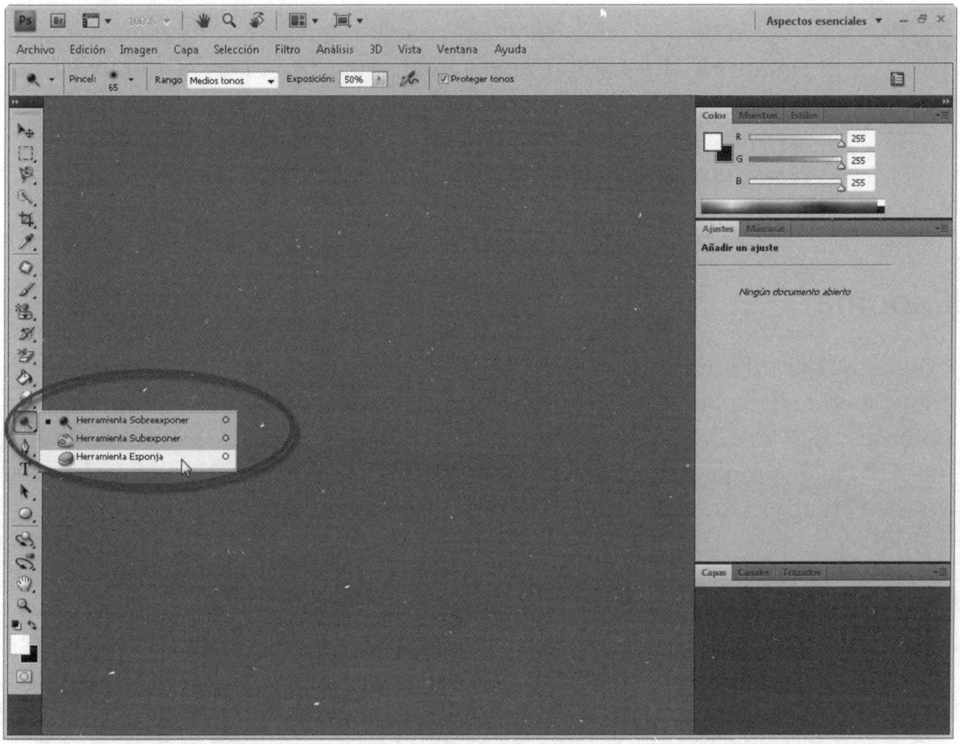


**Figura 7.8.** Herramientas Sobreexponer, Subexponer y Esponja.

## Sobreexponer

La herramienta Sobreexponer está representada por un pequeño alfiler de cabeza negra y, como su propio nombre indica, está pensada para aplicar una sobreexposición de luz sobre un área determinada de la imagen. Para que nos entendamos, consigue aclarar manualmente pequeñas zonas. La forma de usarla es sencilla: basta con seleccionarla y arrastrar el cursor sobre el área que deseemos aclarar.

## Subexponer

Prácticamente todos los conceptos que hemos explicado para la herramienta anterior son extrapolables a la herramienta Subexponer, excepto que, en esta ocasión, el resultado que conseguimos es de oscurecimiento del área sobre la que apliquemos el efecto.

**Nota:**

*El principio de las herramientas Sobreexponer y Subexponer está basado en la fotografía tradicional, donde a la hora del ampliado podemos tapar algunas zonas de la imagen (subexponer) o aumentar el tiempo de exposición a la luz de la ampliadora (sobreexponer). Si es un buen aficionado a la fotografía, seguro que conoce bien estos términos.*

## Esponja

Con esta herramienta, podrá modificar el nivel de saturación dentro de un área concreta de la imagen. Aunque Photoshop posee algunos comandos más potentes para realizar esta operación dentro de la opción Ajustes del menú Imagen, la Esponja sirve para realizar pequeñas correcciones o incluso, si nuestra creatividad lo permite, componer vistosos efectos.

**Nota:**

*Para las imágenes en modo Escala de grises, la herramienta Esponja disminuye o aumenta el contraste de una zona determinada, desplazando los niveles de grises hasta un punto más intermedio.*

Quizás se esté preguntando por qué esta herramienta se llama Esponja. Pues bien, para saciar su curiosidad le diremos que en la fotografía tradicional, para saturar una imagen en su totalidad, se añade más cantidad de líquido revelador, pero si queremos aplicar este efecto sólo a una parte de la imagen se utiliza una esponja para empapar con líquido revelador esa zona concreta.

En la figura 7.9 puede ver una imagen en la que hemos aplicado de forma deliberadamente exagerada las herramientas Subexponer, Sobreexponer y Esponja.

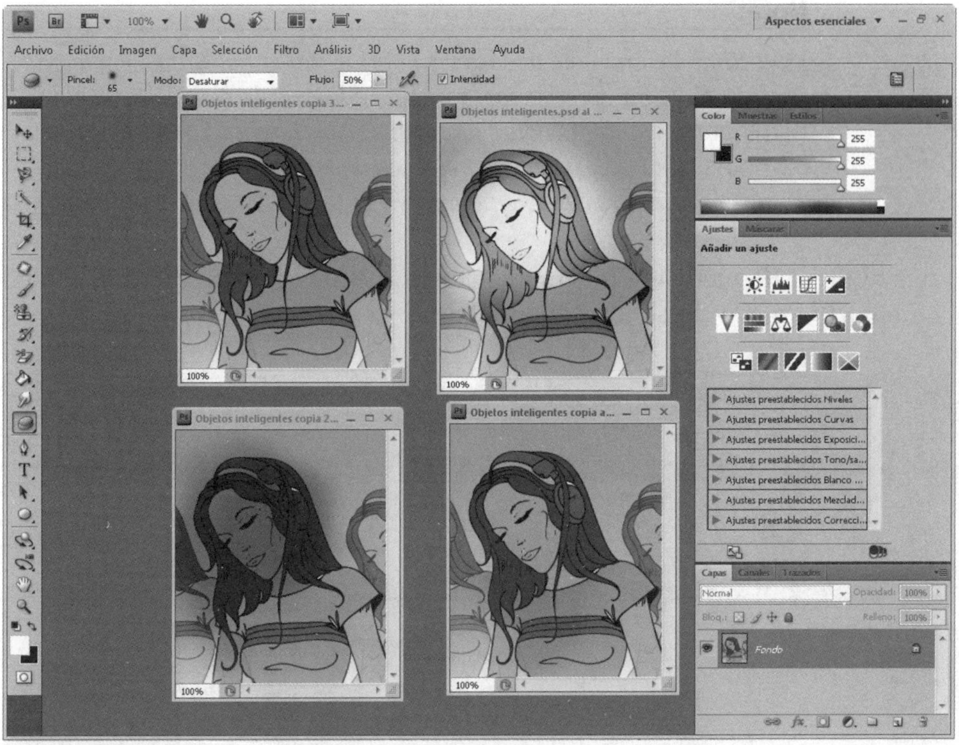


**Figura 7.9.** Efecto de las herramientas Sobreexponer, Subexponer y Esponja.

# Notas

Como habrá podido adivinar, el sentido de esta herramienta es incluir pequeñas anotaciones en nuestras imágenes que nos permitan recordar los aspectos que se deben tener en cuenta. Del mismo modo, resultan de gran utilidad cuando enviamos trabajos a otras empresas o desarrollamos diseños con distintas personas. En todos estos casos, las notas se convierten en un elemento imprescindible a la hora de transmitir información o aclarar cualquier idea.

Para incluir una nota tan sólo debe seleccionar la herramienta, situada en el mismo grupo que la herramienta Cuentagotas, y hacer clic en el lugar de la imagen en el que quiera situarla. Al instante se abre una pequeña ventana en la que podrá escribir el texto que desee. Cuando haya terminado, haga clic en la barra de título para cerrar la nota.

Haga doble clic sobre el icono que representa la nota para abrirla; en ese momento, se activará la herramienta Notas de forma automática.

**Nota:**

*Para eliminar una nota o todas las notas incluidas en la imagen, haga clic con el botón derecho sobre una de ellas y seleccione el comando* Eliminar *para quitar la nota sobre la que ha hecho clic o* Eliminar todas las notas *si quiere hacer desaparecer todas las notas de la imagen actual. También puede arrastrar la nota fuera de la imagen para eliminarla.*

En la figura 7.10 puede ver una imagen en la que hemos incluido un pequeño comentario utilizando la herramienta Nota.

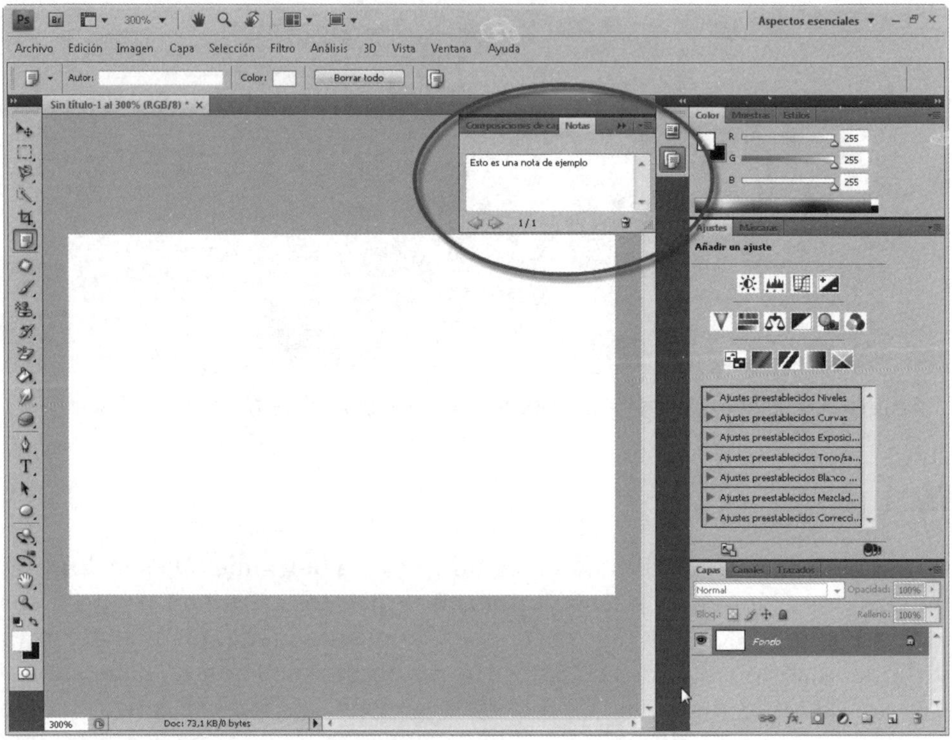


**Figura 7.10.** Ejemplo de uso de la herramienta Nota.

# Cuentagotas

La herramienta Cuentagotas permite tomar una muestra de color que pasa automáticamente a ser el color de primer plano dentro del selector del panel Herramientas. Para usar el Cuentagotas, selecciónelo y pulse sobre el punto de la imagen que tomará como muestra.

A medida que movemos el cuentagotas por el área de la imagen, en el panel Información (pulsar **F8** para mostrarla) podremos ver la posición del Cuentagotas, junto al color del píxel en los modos RVA y CMYK.

**Truco:**

*Si desea que el color seleccionado sea el color de fondo en lugar del de primer plano, mantenga pulsada la tecla* **Alt** *mientras hace clic para obtener la muestra.*

## Muestra de color

Ya hemos comprobado cómo con el Cuentagotas podemos conocer el color exacto de cualquiera de los píxeles que componen nuestra imagen. La herramienta Muestra de color va un poco más lejos y permite comparar entre varias zonas, concretamente entre un máximo de cuatro.

El fin de estas muestras múltiples es cotejar, de forma mucho más precisa, colores de distintas partes de una imagen. Para colocar un muestreador, haga clic con la herramienta Muestra de color en la zona que desee. En el punto en el que se ha colocado el muestreador aparece un símbolo junto a un número que lo identifica. Al mismo tiempo, en la parte inferior del panel Información puede ver, junto al número del muestreador, los valores exactos que representan el color del píxel sobre el que se encuentran. Si observa la figura 7.11, probablemente lo entienda mucho mejor.

Para modificar la posición de un muestreador, haga clic sobre él y arrástrelo. Pero, si lo que quiere es eliminarlo, puede optar por arrastrar el muestreador fuera de la imagen o situarse encima de él al tiempo que mantiene pulsada la tecla **Alt**. El cursor se transformará en una pequeña tijera y sólo tendrá que hacer clic para eliminarlo. En la barra de opciones, la única posibilidad de configuración disponible tanto para la herramienta Cuentagotas, como para Muestra de color es la lista que se denomina Tamaño de muestra. Su función no es otra que definir el área que utilizarán las dos herramientas para determinar el color del píxel. Para las opciones distintas de un píxel, Photoshop se encarga de generar los valores promedio para los colores muestreados.

El botón **Borrar** eliminará todos los muestreadores situados sobre la imagen.

**Truco:**

*Para utilizar el Cuentagotas mientras está manejando cualquiera de las herramientas de dibujo, pulse la tecla* **Alt**.

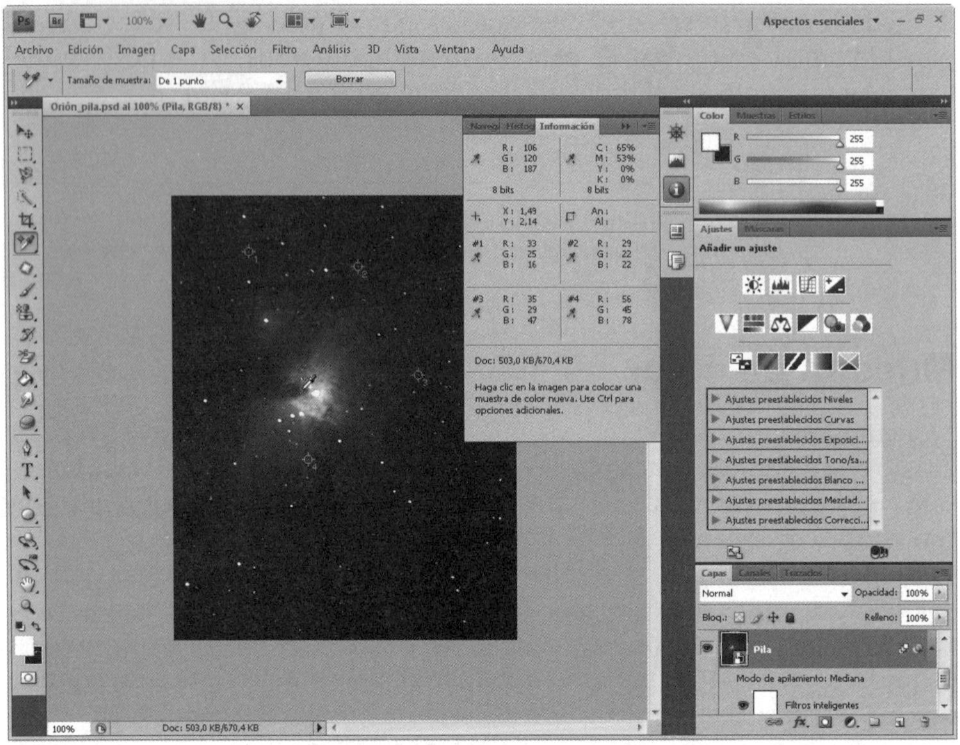


**Figura 7.11.** Muestreadores.

# Regla

La herramienta Regla comparte posición con el Cuentagotas y la herramienta Muestra de color, y tiene como misión determinar la longitud exacta entre dos puntos dentro de una imagen.

Para utilizar la herramienta Regla es necesario que se encuentre visible el panel Información, ya que será en ella donde aparezcan los datos de la medición. Después, haga clic en el punto en el que desee empezar a medir y arrastre hasta completar la distancia que necesite calcular.

Una vez completada esta primera parte del proceso, la interpretación de los datos que aparece en el panel Información y que podemos ver en la figura 7.12, sería la siguiente:

- La posición inicial en la que comenzó la medición. Esta información se encuentra en la esquina inferior izquierda del panel y está representada por los parámetros X e Y.

- Las distancias tanto horizontales como verticales calculadas a partir de los parámetros anteriores (X e Y). Podrá localizar esta información en la esquina inferior derecha del panel (An y Al).
- El ángulo calculado sobre el eje X (A) y la distancia total de la medición (D), que encontrará situados en la esquina superior derecha.

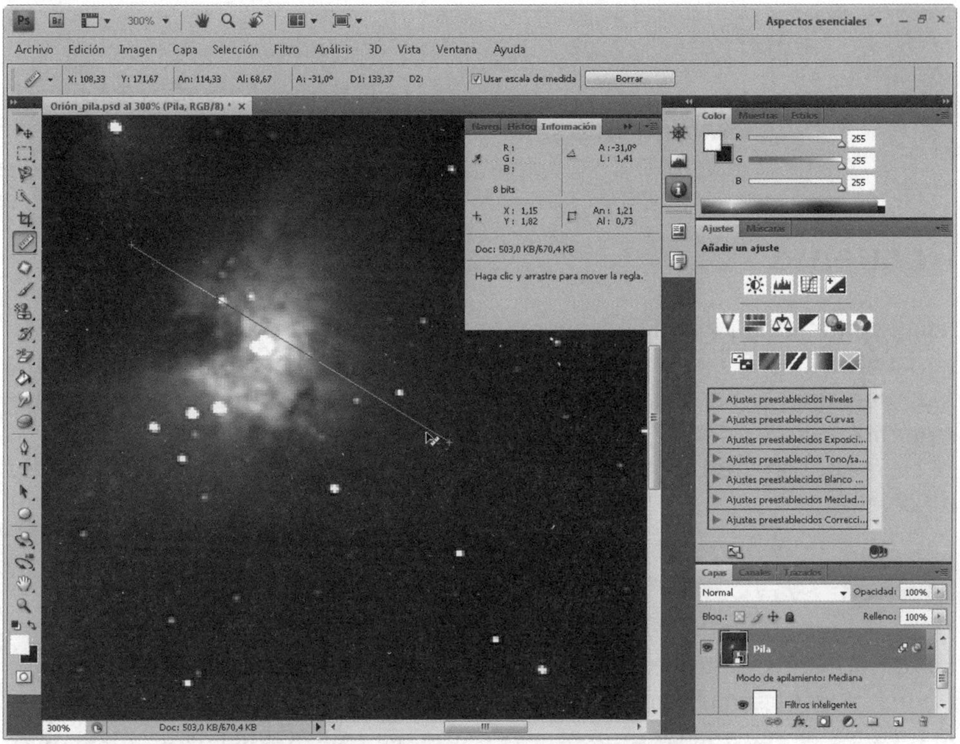


**Figura 7.12.** Panel Información mostrando los datos proporcionados por la herramienta Regla.

## Truco:

*Si mantenemos pulsada la tecla* **Alt** *mientras utilizamos la herramienta Regla, limitaremos sus movimientos en ángulos de 45 grados.*

Después de realizar una medición, la línea que la representa permanece en el área de trabajo. Si quiere utilizar esta misma línea para una nueva medición, tiene la posibilidad de cambiar su localización e incluso de redimensionarla.

Para modificar su posición, acerque el ratón hasta la línea de medición con cuidado de no tocar sus extremos. Comprobará entonces que el cursor cambia de aspecto. A partir de ese momento, simplemente tiene que mantener pulsado el botón izquierdo del ratón y arrastrar la línea de medición.
Si lo que necesita es redimensionar la línea de medición, sitúe el cursor encima de cualquiera de los extremos, haga clic y arrastre.

**Nota:**

*Si desea eliminar del espacio de trabajo una línea de medición, utilice el botón* **Borrar** *de la barra de opciones o arrástrela fuera de la imagen.*

## Recuento

Esta herramienta permite enumerar los distintos objetos dentro de una imagen. Seleccione la herramienta y haga clic en los elementos que desee. Una vez marcados la barra de opciones muestra el número de elementos seleccionados.
El botón **Borrar** elimina todas las marcas de recuento y reinician el contador de objetos.

## Mano

La herramienta Mano permite desplazar el área visible de la imagen, y aunque podemos seleccionarla en el panel Herramientas cada vez que la necesitemos, la forma más sencilla de utilizarla es mantener pulsada la barra espaciadora mientras hacemos clic con el botón izquierdo del ratón y arrastramos.

# Atajos de teclado

Si queremos obtener un buen rendimiento de Photoshop, no podemos permitirnos el lujo de estar continuamente seleccionando herramientas y comandos con el ratón. Existe un método mucho más rápido, los atajos de teclado o métodos abreviados de teclado como los llama Photoshop. Por ejemplo, cada una de las herramientas tiene asociada una letra del teclado que aparece cuando situamos el ratón unos segundos sobre ella. Nuestra recomendación es que poco a poco memorice estas teclas para seleccionar de forma mucho

más cómoda las distintas herramientas. También disponen de combinaciones de teclas los distintos comandos y menús que conforman la aplicación.
En el caso de las herramientas múltiples, mantenga pulsada la tecla **Mayús** mientras pulsa la letra asociada a la herramienta para seleccionar la que necesite en cada caso.

# Personalizar los atajos de teclado

Los atajos de teclado son tan importantes en una aplicación como Photoshop que incluso podemos personalizarlos y definir nuestras propias combinaciones de teclas desde el cuadro de diálogo que muestra la figura 7.13, y que aparece tras seleccionar el comando Métodos abreviados de teclado del menú Edición. Incluso podemos guardar la configuración de atajos de teclado en un archivo para utilizarla cuando y donde necesitemos. Veamos cómo hacerlo.

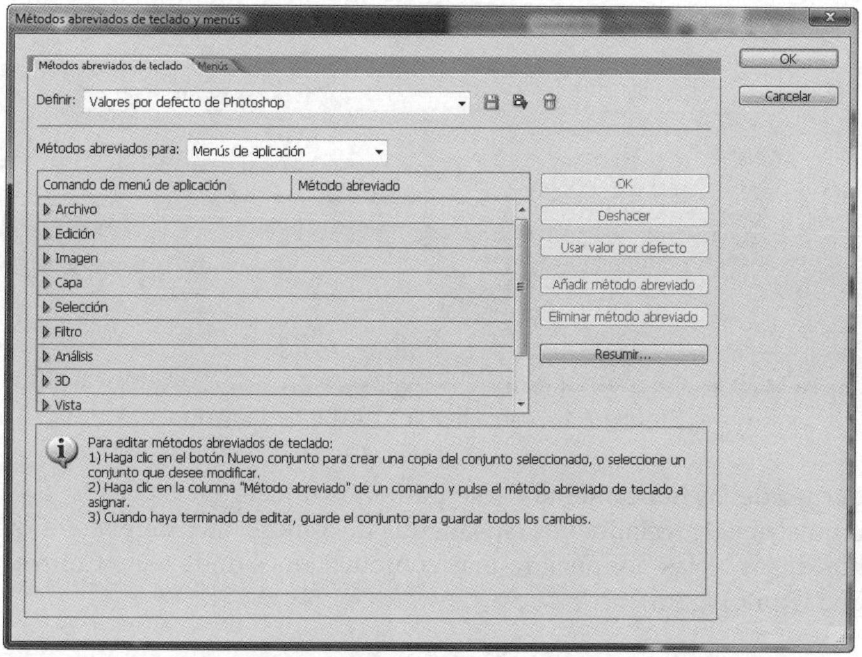


**Figura 7.13.** Cuadro de diálogo Métodos abreviados de teclado y menús.

La primera de las listas desplegables del cuadro de diálogo Métodos abreviados de teclado y menús se denomina Definir y en ella encontraremos tanto las configuraciones estándar del programa como aquellas creadas por nosotros mismos. En la segunda lista, Métodos abreviados para, elegiremos sobre cuál de los elementos básicos de la aplicación menús, paneles o herramientas deseamos trabajar. Por ejemplo, si elegimos **Herramientas**, en la parte inferior podremos ver todas las herramientas disponibles en el programa junto a su atajo de teclado actual. Para modificar cualquiera de ellos sólo es necesario hacer clic sobre él y teclear la nueva combinación. Observe la figura 7.14 donde muestra el aspecto de una herramienta en pleno proceso de edición de su atajo de teclado.

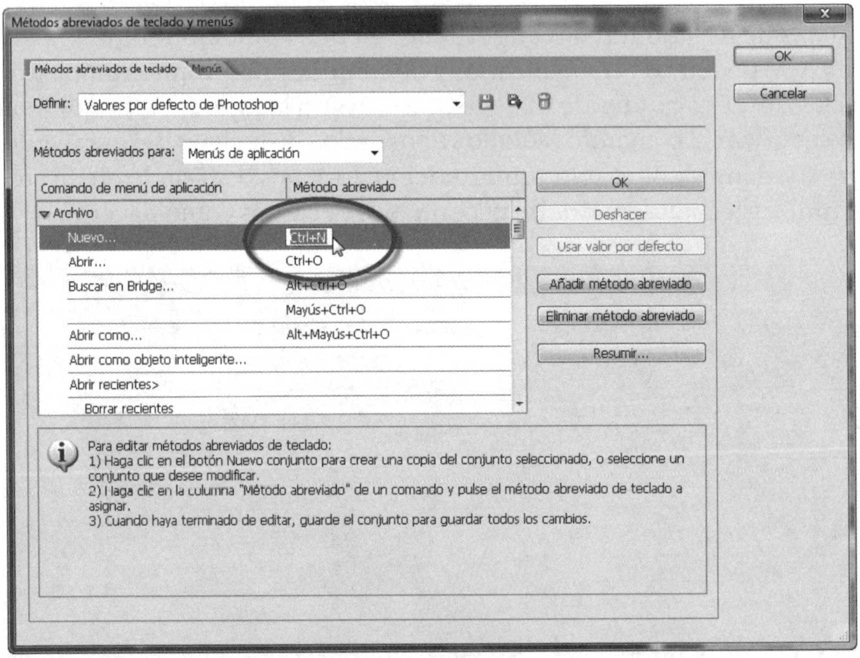


**Figura 7.14.** Modificar los atajos de teclado.

En el caso de las herramientas, sólo podemos utilizar teclas desde la A a la Z como atajos de teclado. Para los menús de aplicación y de paneles disponemos de las teclas de función, más combinaciones de la tecla **Control** con alguna letra o signo.

### Advertencia:

*Si elegimos una combinación que ya esté siendo utilizada por otra herramienta, Photoshop mostrará un mensaje advirtiéndonos de que si persistimos en nuestras intenciones se eliminará el atajo de teclado original de la herramienta.*

El botón **Usar valor por defecto** permite reestablecer el atajo predeterminado de Photoshop para el menú o herramienta seleccionado en ese momento.

# Guardar nuestros atajos personalizados

Como hemos comentado, Photoshop permite almacenar nuestras propias combinaciones de atajos de teclado en un archivo independiente. La forma de hacerlo es muy sencilla:

1. Una vez ajustadas las combinaciones de teclas de los distintos menús y herramientas, haga clic en el botón **Crear un conjunto nuevo** situado a la derecha de la lista Definir como puede ver en la figura 7.15.
2. En el cuadro de diálogo Guardar escriba un nombre para el conjunto y haga clic en el botón **Guardar**.

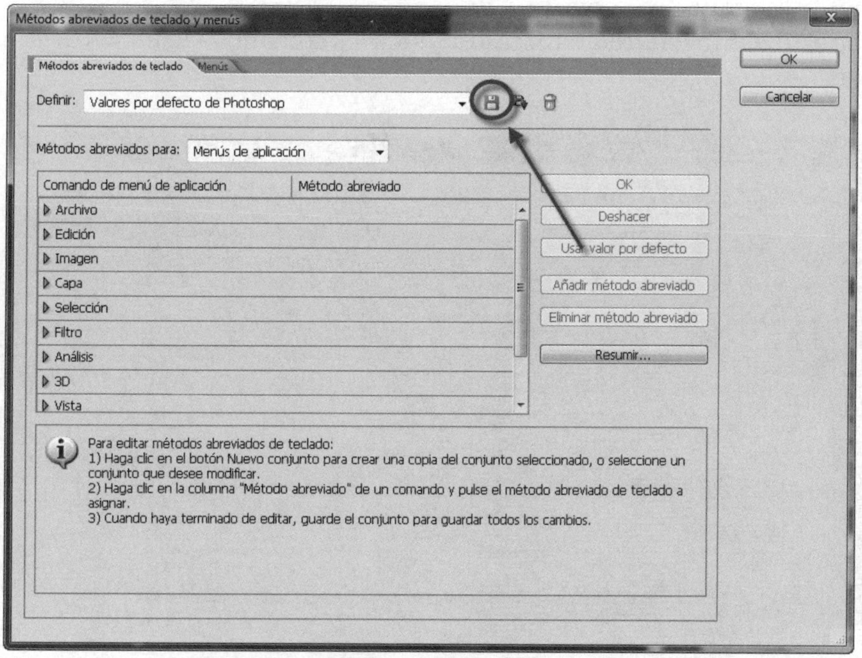


**Figura 7.15.** Botón para crear un conjunto nuevo de atajos de teclado personalizados.

No es mala idea guardar nuestras combinaciones personalizadas de atajos en el directorio específico que a este efecto habilita Photoshop, pero podemos hacerlo en cualquier otro lugar.

**Truco:**

*El botón* **Resumir** *genera un archivo en formato Web (HTML) donde encontraremos todas las combinaciones de teclas del conjunto seleccionado en el cuadro de diálogo* Métodos abreviados de teclado y menús.

# Personalizar los menús

Photoshop también nos permite configurar los distintos comandos y menús de la aplicación.

Para hacerlo tendremos que seleccionar Edición>Menús para mostrar de nuevo el cuadro de diálogo Métodos abreviados de teclado y menús que ya conocemos del apartado anterior, pero en esta ocasión la pestaña activa será Menús como muestra la figura 7.16.

Desde este punto tendremos acceso a todos los comandos y menús de la aplicación.

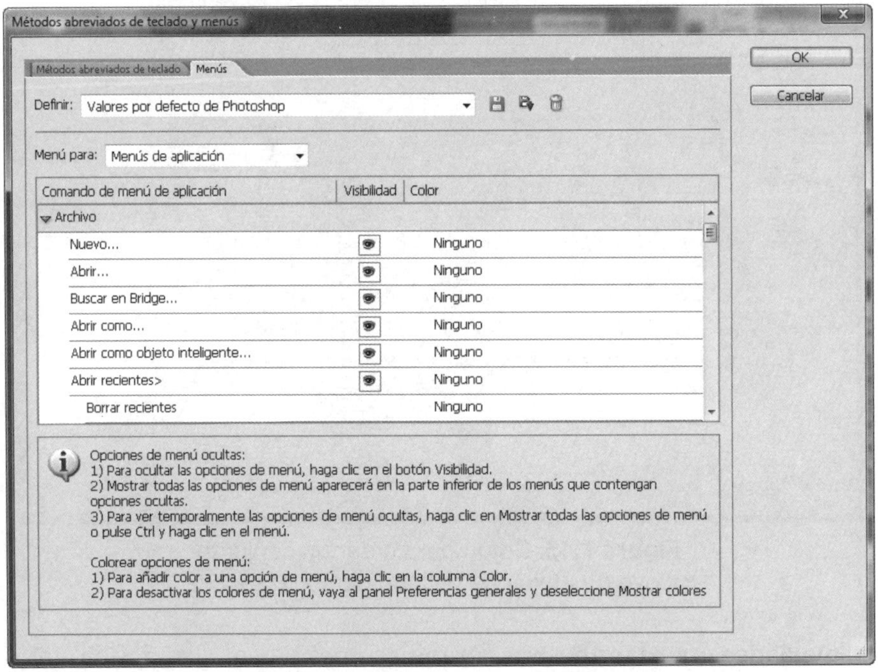


**Figura 7.16.** Pestaña Menús del cuadro de diálogo Métodos abreviados de teclado y menús.

La personalización que nos ofrece el programa para los menús de la aplicación es modificar el color de fondo de cualquiera de las opciones o simplemente ocultarlas. Para lo primero haremos clic en la etiqueta Ninguno situada a la derecha del nombre del menú y en la lista de colores seleccionaremos el que más nos guste. Si lo que pretendemos es que ese comando no aparezca visible, debemos hacer clic en el pequeño símbolo situado entre el nombre del menú y su color asociado.

# Resumen

Sin lugar a dudas nos hemos enfrentado a dos de los capítulos más duros del libro pero, al mismo tiempo, esperamos que hayan sido de los más divertidos e interesantes.

En esta segunda parte dedicada a las herramientas de Photoshop hemos descubierto el Borrador, Borrador de fondos y Borrador mágico. También se han descrito los distintos métodos para crear degradados o el uso de herramientas para Subexponer o Sobreexponer localmente una parte de la imagen.

Quizás en un principio los atajos de teclado no le hayan parecido un aspecto importante de la aplicación, pero estamos seguros de que a medida que avance en el conocimiento y la práctica con Photoshop le resultarán completamente imprescindibles.

# Capítulo 8

# Pinceles

**En este capítulo aprenderá a:**

- Utilizar el panel Pinceles.
- Crear nuestros propios pinceles personalizados.
- Aprovechar las posibilidades del Gestor de ajustes preestablecidos.

# Pinceles

Como habrá podido comprobar en el capítulo anterior, los pinceles no son ni mucho menos una característica exclusiva de la herramienta Pincel, otras muchas herramientas de pintura y edición los utilizan. Concretamente, todas aquellas donde aparece a la derecha de la barra de opciones un pequeño icono que no es otra cosa que un acceso directo a una versión reducida del panel Pinceles. En la figura 8.1 hemos resaltado este icono para que no tenga ningún problema a la hora de localizarlo.
Photoshop dispone de diferentes modelos, estilos y formas de pinceles que permiten elegir el trazo y el efecto más adecuado en cada caso. En este sentido, la gran variedad de opciones que ofrecen las posibilidades de configuración de pinceles en Photoshop aumentan enormemente las capacidades creativas del programa.

**Figura 8.1.** Acceso directo al panel Pinceles.

## Panel Pinceles

Las posibilidades de los pinceles en Photoshop han ido evolucionando hasta la versión actual, donde resulta realmente sorprendente tanto la sencillez de uso como la potencia de su interfaz.
Pero lo mejor será que nos dejemos de alabanzas y veamos la manera de sacar todo el partido al panel Pinceles. En primer lugar, si queremos acceder a ella podemos usar el comando Pinceles del menú Ventana o usar la tecla de función **F5**. La primera vez que mostremos este panel, quedará situado en la ubicación que muestra la figura 8.2.
Una vez abierta el panel Pinceles, nos fijaremos en las opciones que aparecen en su margen izquierdo, donde podemos distinguir dos secciones. La primera de ellas está compuesta únicamente por la entrada Pinceles preestablecidos y, como su propio nombre indica, al hacer clic sobre ella aparecerá a la derecha toda la colección de pinceles por defecto incluidos en el programa, como muestra la figura 8.3. A partir de aquí, para utilizar cualquiera de ellos será suficiente con hacer clic sobre el que más nos guste. Del mismo modo, para que el área de previsualización situada en la parte inferior de la ventana muestre el aspecto de cualquiera de los pinceles de la lista, basta con mantener unos segundos el cursor sobre él.

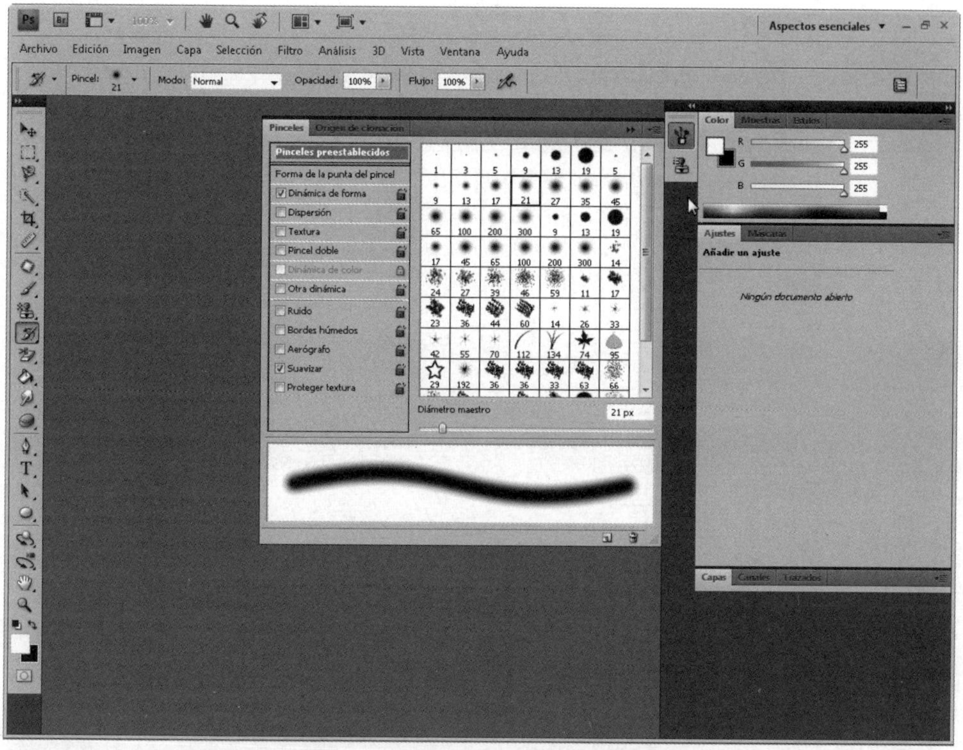


**Figura 8.2.** Situación por defecto del panel Pinceles.

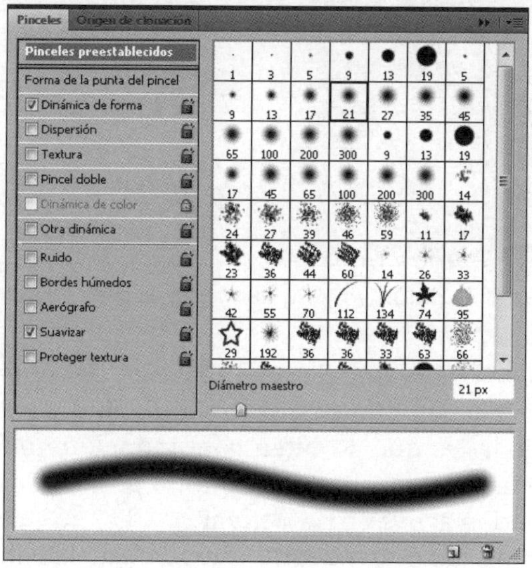


**Figura 8.3.** Pinceles por defecto.

### Truco:

*Si desea añadir nuevas y sorprendentes colecciones de pinceles al panel, haga clic en el pequeño botón resaltado en la figura 8.4 para mostrar el menú asociado. Elija cualquiera de las colecciones que aparecen al final: Pinceles caligráficos, Pinceles gruesos... y, después, en el cuadro de diálogo que muestra el programa, decida si quiere sustituirlos por los que muestra en ese momento el panel o añadirlos para utilizarlos indistintamente.*

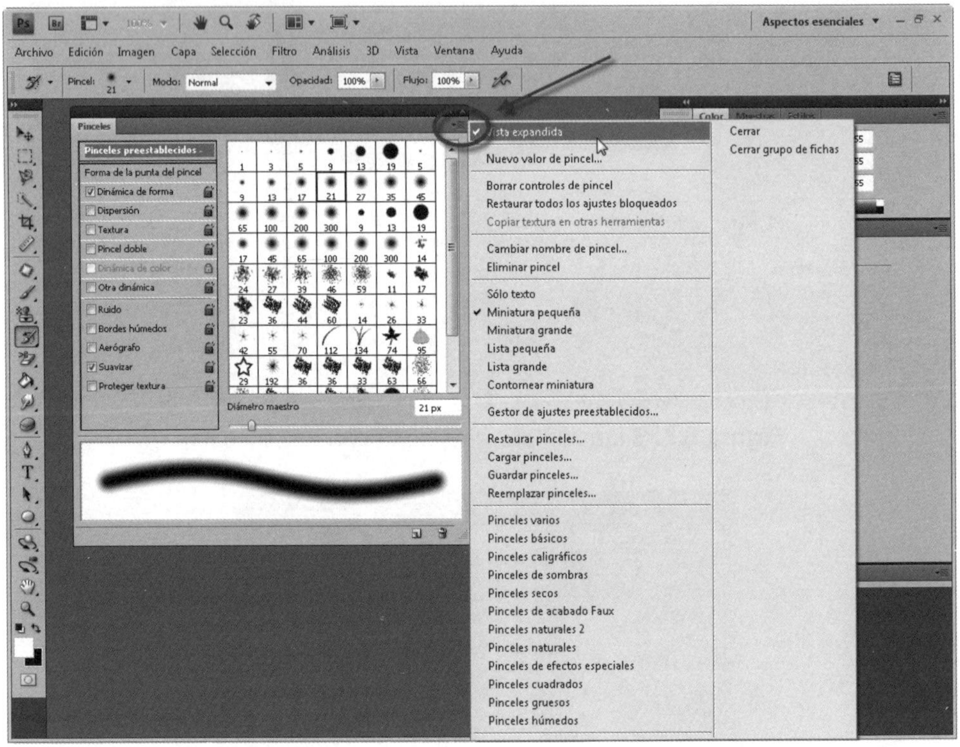


**Figura 8.4.** Botón y menú asociado al panel Pinceles.

El segundo grupo de opciones del panel Pinceles, denominado **Forma de la punta del pincel**, se encuentra a su vez dividido en dos partes. Por un lado, tenemos las propiedades que admiten configuración, incluyendo distintos parámetros para ajustar el resultado y, por otra parte, tenemos las propiedades que sólo se pueden activar o desactivar.

El control deslizante **Diámetro maestro**, situado bajo la lista de pinceles, permite modificar el grosor del pincel seleccionado.

**Truco:**

*Siempre que estemos utilizando alguna herramienta de pintura, podemos acceder a las opciones básicas de pinceles con tan sólo hacer clic con el botón derecho del ratón tal y como puede ver en la figura 8.5.*

**Figura 8.5.** Opciones de pincel asociadas al botón derecho de cualquier herramienta de pintura.

## Propiedades configurables

Para poder entender y aprovechar todas las posibilidades de los pinceles, a continuación mostramos la descripción de las opciones que admiten configuración:

- Dinámica de forma: Activando esta opción conseguiremos que el trazo del pincel no sea constante, sino que cambie según la pauta que le marquemos. Los parámetros que podemos modificar durante el trazo son: el tamaño, el diámetro mínimo, el ángulo y la redondez. Mientras mayor sea el porcentaje que indiquemos para cada uno de estos valores, más inestable será el trazo del pincel. Por otra parte, las opciones que aparecen en las listas desplegables sirven para controlar el aspecto de cada una de las variaciones, por ejemplo: podremos aplicar transiciones, difuminar el trazo o, incluso, si disponemos de una tableta digitalizadora sensible a la presión, modificar el trazo según el ángulo de inclinación de la pluma electrónica.

- Dispersión: Podríamos decir que el efecto que conseguimos cuando activamos esta opción es similar al que ocurre en la vida real cuando pintamos con brochas muy utilizadas o bastante deterioradas. Es decir, el trazo del pincel no será homogéneo, sino que aparecerá diseminado según los valores de Dispersión, Cantidad y Variación de la cantidad. El primero de ellos determina la separación de las marcas y el segundo, la cantidad de éstas. La figura 8.6 muestra un ejemplo en el que hemos utilizado un valor alto de Dispersión y uno bajo de Cantidad. Por último, la casilla de verificación Ambos ejes define la distribución de las marcas: radial o perpendicular al trazo del pincel.
- Textura: Entre las sorprendentes posibilidades que ofrece el panel Pinceles se encuentra ésta, que permite ni más ni menos que seleccionar una textura determinada y conseguir efectos tan sugerentes como los que muestra la figura 8.7.
- Pincel doble: Aquí también nos tenemos que quitar el sombrero, ya que la opción es realmente interesante. Se trata de simular el uso de un pincel con dos puntas y cada una de ellas configurada de un modo distinto. Mientras para la primera Photoshop tomará los valores establecidos en el resto de opciones del panel, para la segunda deberemos elegirlos entre las posibilidades que aparecen al activar esta opción.
- Dinámica de color: Su uso provoca cambios aleatorios en el color del trazo, pudiendo incluso definir transiciones entre el color de fondo y de primer plano con tan sólo activar la opción Transición en la lista desplegable Control. Combinando esta opción junto con las dos anteriores conseguiremos efectos tan espectaculares como muestra la figura 8.8, lástima que las figuras de este libro no sean en color.
- Otra dinámica: Por último, nos encontramos con dos posibilidades más para hacer que el trazo de nuestros pinceles no sea regular, se trata de modificar los valores de opacidad y de flujo. El primero de ellos hace referencia al grado de transparencia del trazo, mientras que el segundo controla la intensidad del mismo.

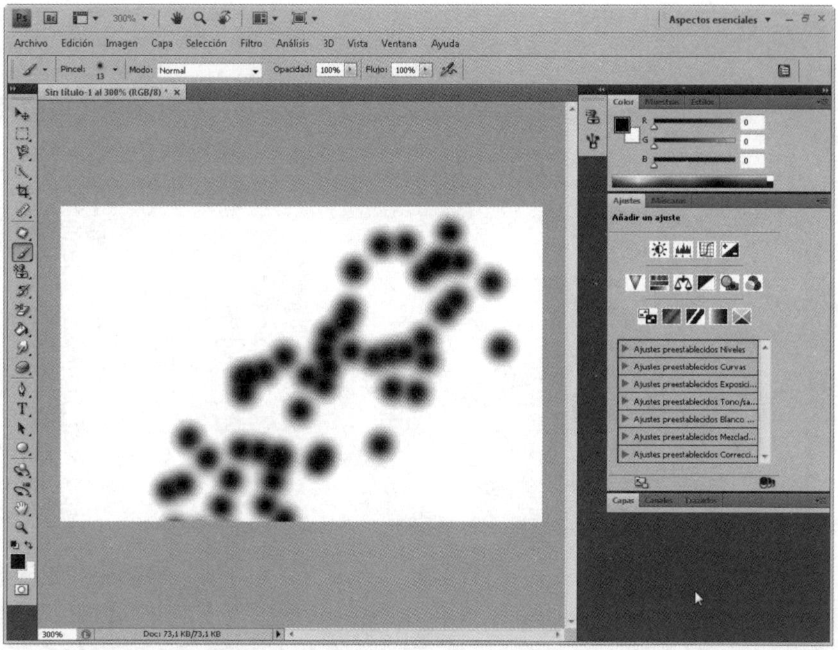


**Figura 8.6.** Valor alto de dispersión en el trazo del pincel.

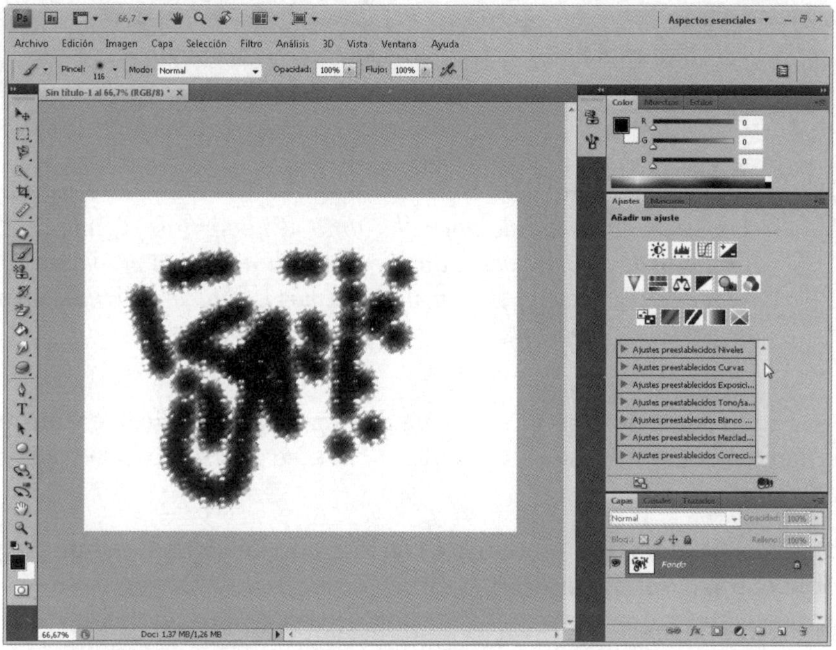


**Figura 8.7.** Resultado de aplicar texturas al trazo del pincel.

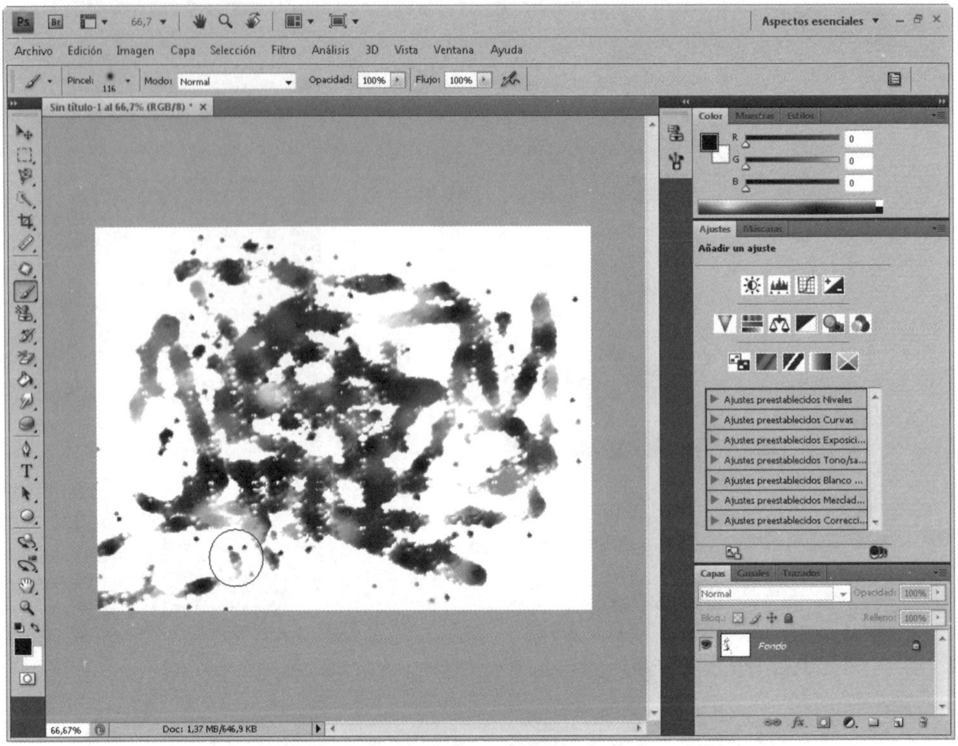


**Figura 8.8.** Espectaculares efectos combinando diferentes configuraciones del pincel.

## Advertencia:

*Un pequeño triángulo amarillo junto al nombre de alguna de las opciones de configuración de pinceles indica que esa propiedad sólo será efectiva al cien por cien si utilizamos una tableta digitalizadora sensible a la presión.*

En la segunda parte de la sección **Forma de la punta del pincel**, encontramos las siguientes opciones que sólo pueden activarse o desactivarse y cuyo significado es el siguiente:

- Ruido: Este valor hace referencia a cierto grado de distorsión que se aplica sobre el trazo del pincel.
- Bordes húmedos: Cuando activamos esta opción, el área central del trazo queda más clara, simulando un efecto de pintura al agua o acuarela.

- **Aerógrafo**: Cumple el mismo objetivo que el botón del mismo nombre que aparece cuando utilizamos la herramienta Pincel; en realidad no es más que otra forma de activar este modo de pintura.
- **Suavizar**: Atenúa los rasgos duros del trazo, haciéndolos algo más suaves. Es posible que se genere cierto retardo en la representación cuando habilitamos este parámetro.
- **Proteger textura**: Permite mantener la textura seleccionada junto con sus valores de configuración para todos los pinceles predefinidos de la colección que utilicen texturas.

Antes de terminar, compruebe en la figura 8.9 como a la derecha de todas las opciones de configuración aparece un pequeño candado. Este icono permite bloquear cualquiera de las propiedades disponibles y, de esta forma, evitar que sean modificadas por descuido o error.

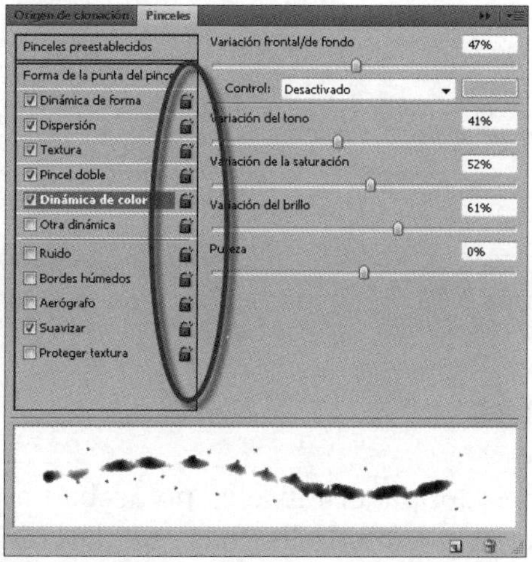


**Figura 8.9.** Bloqueo de las propiedades del pincel.

# Crear un nuevo pincel

No siempre encontraremos el pincel que necesitemos entre los modelos predefinidos que ofrece Photoshop; por esta razón, si lo deseamos, el programa nos permite crear nuestros propios pinceles y, cómo no, incluirlos en el panel para utilizarlos cuando los necesitemos. Para crear un nuevo pincel debemos seguir los pasos siguientes:

1. Seleccione alguno de los modelos de pinceles disponibles; si es posible, elija aquel que se aproxime más al que necesita.

2. Seguidamente, modifique sus propiedades para crear exactamente el tipo de pincel que desee.
3. Haga clic en el botón que hemos resaltado en la figura 8.10 o seleccione el comando Nuevo valor de pincel en el menú asociado al panel.
4. En el cuadro de diálogo que aparece, introduzca el nombre del nuevo pincel y haga clic en **OK**.

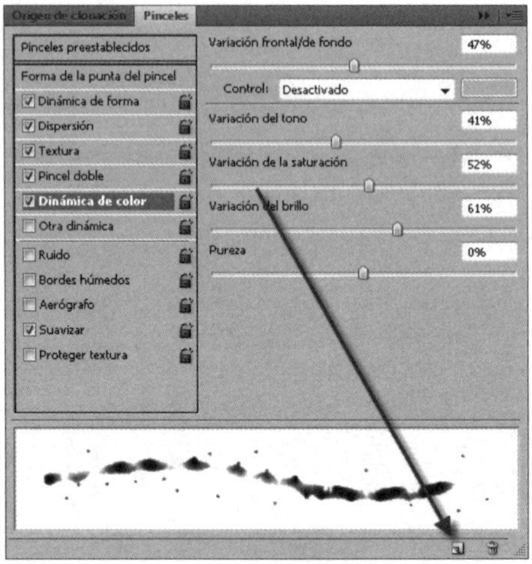


**Figura 8.10.** Botón para crear un nuevo pincel.

## Otras opciones

Pero las posibilidades del panel Pinceles no acaban aquí, ya que su menú asociado ofrece algunas posibilidades más que describimos a continuación. Pero antes un pequeño truco: la forma más rápida de eliminar cualquier pincel preestablecido o de cambiar su nombre es hacer clic con el botón derecho sobre él y elegir el comando Eliminar pincel.

- Vista expandida: Oculta o muestra las opciones de configuración del panel Pinceles.
- Borrar controles de pincel: Elimina todas las opciones asociadas al pincel seleccionado.
- Copiar textura en otras herramientas: Si tenemos definida una textura determinada junto con sus valores de configuración, con este comando podremos copiarla y pegarla en cualquier otra herramienta que admita texturas.

- **Restaurar pinceles:** Sustituye los pinceles actuales por los que Photoshop carga por defecto.
- **Cargar y reemplazar pinceles:** Si lo desea, puede cargar directamente desde archivo, colecciones de pinceles utilizando estos dos comandos.
- **Guardar pinceles:** Si ha creado su propia colección de pinceles, puede asignarle un nombre y guardarla en un archivo.

# Gestor de ajustes preestablecidos

Al principio del capítulo anterior comprobamos cómo Photoshop ofrecía la posibilidad de guardar los ajustes de nuestras herramientas en la barra de opciones o incluso en su propio panel para, de esta forma, disponer de un método cómodo y sencillo de acceder a las ya configuradas. Del mismo modo, en el apartado anterior hemos descrito las posibilidades del panel Pinceles, que en realidad no es otra cosa que decenas de pinceles previamente configurados y listos para utilizarlos cuando necesitemos.
Pero aquí no se acaba todo; seleccione, en el menú **Edición**, el comando **Gestor de ajustes preestablecidos**. En el cuadro de diálogo que podemos ver en la figura 8.11 encontrará todas aquellas colecciones de elementos preconfigurados disponibles en Photoshop como: degradados, motivos, muestras, contornos y por supuesto, herramientas y pinceles.

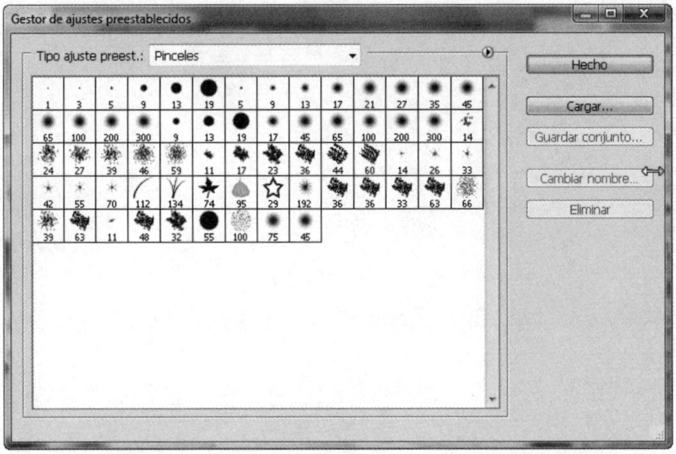


**Figura 8.11.** Gestor de ajustes preestablecidos.

La principal ventaja del Gestor de ajustes es la de ofrecer una interfaz común para administrar todos los conjuntos de elementos incluidos por defecto en el programa. En la lista situada en la parte superior podremos seleccionar el grupo de elementos y, después, los botones situados a la derecha sirven para eliminar, crear o cargar nuevos grupos. Por último, el pequeño botón circular que se encuentra a la derecha de la lista principal mostrará el menú asociado a cada componente.

**Truco:**

*Podemos acceder al Gestor de ajustes desde el menú asociado desde el panel Pinceles, Herramientas preestablecidas, Muestras y Estilos.*

# Resumen

Los pinceles en Photoshop los utilizan muchas de las herramientas que conforman la aplicación. Son, sin duda, un elemento imprescindible en trabajos tan distintos como el retoque fotográfico, la edición de imágenes o el diseño.
El panel Pinceles es uno de los componentes más importantes del programa e incluye multitud de pinceles predefinidos, así como infinitas posibilidades de configuración. Aprovechando sus opciones podremos crear nuestros propios pinceles o modificar cualquiera de los incluidos por defecto.
Por último, el Gestor de ajustes preestablecidos ofrece en un solo cuadro de diálogo todos aquellos elementos incluidos en la aplicación como pinceles, texturas, degradados, motivos, etcétera.

# Capítulo 9

# Capas

**En este capítulo aprenderá a:**

- Conocer el significado de las capas en Photoshop.
- Trabajar y aprovechar todas las posibilidades de las capas.
- Modificar el grado de transparencia de las capas y su orden de apilado.
- Añadir estilos de capa para conseguir efectos espectaculares.
- Crear capas de ajuste y de relleno.
- Trabajar con las composiciones de capas.
- Definir grupos de capas.
- Aplicar transformaciones sobre las capas de nuestras imágenes.

# ¿Qué son las capas?

Podemos comparar las capas de Photoshop con finas películas de papel transparente superpuestas en las que vamos dibujando los distintos elementos que compondrán la imagen. El orden de apilado de las distintas capas resulta determinante en el aspecto final de la imagen. En la figura 9.1 vemos un sencillo gráfico que representa la estructura de capas en Photoshop.

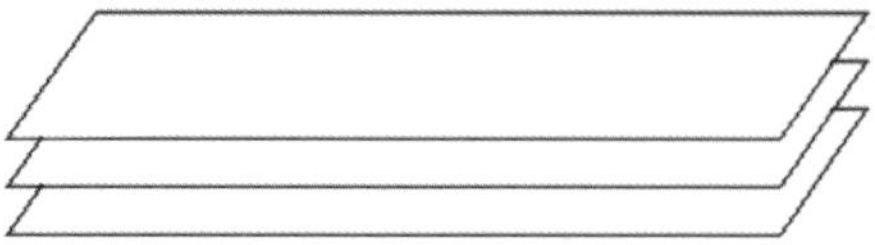

**Figura 9.1.** Sistema de capas.

En realidad, cada capa es, a su vez, una imagen con una serie de propiedades y características propias. La unión de todas las capas generará el aspecto final del gráfico.

Las zonas vacías de una capa se comportan como áreas transparentes, es decir, podemos ver el contenido de las capas que se encuentran debajo. Además, como veremos un poco más adelante, también podemos controlar la opacidad de las zonas no transparentes para conseguir elegantes transiciones.

El uso de las capas permitirá tratar de forma independiente los distintos motivos incluidos en una imagen. Esta característica, además de ser una enorme ventaja, proporciona una amplia libertad para probar, deshacer y en definitiva crear tantas versiones de nuestra imagen como sea necesario.

**Nota:**

*En Photoshop las capas son un elemento fundamental de la aplicación. Con esta indicación queremos hacer hincapié en que este capítulo es uno de los más importantes del libro.*

# Operaciones básicas

En relación con las capas, existen dos componentes dentro de Photoshop que concentran la mayor parte de las operaciones disponibles: el panel Capas y el menú Capa. Sobre todo, cabe destacar la funcionalidad del panel que, de forma completamente visual, ofrece una referencia clara en todo momento del estado y las propiedades de las capas que forman la imagen.

**Nota:**

*En realidad, no todos los comandos del menú* Capa *se encuentran relacionados con este elemento. También dispone de varias entradas relacionadas con las máscaras y con el texto que, en cierto modo, también determinan conceptos íntimamente relacionados con las capas.*

## Panel Capas

El panel Capas mostrada en la figura 9.2 y el panel Herramientas serán, con toda seguridad, los dos elementos que siempre tendremos visibles cuando trabajemos con Photoshop. Para el panel Herramientas el motivo está claro y, si se trata de justificar la presencia del panel Capas, tampoco tendremos que esforzarnos demasiado, ya que permite conocer en cualquier instante el estado de todos los componentes de la imagen, junto con algunas de sus propiedades más importantes.

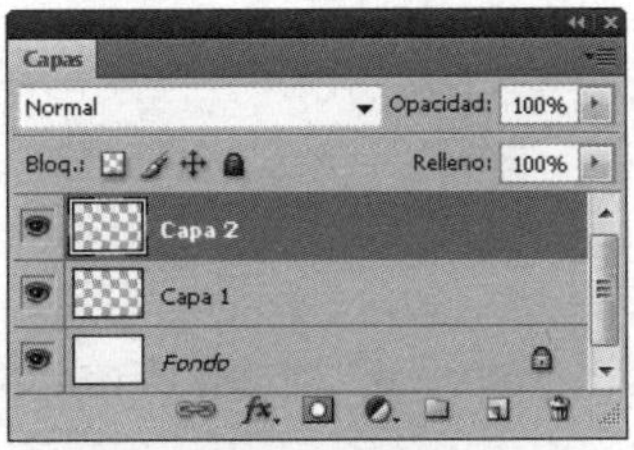


**Figura 9.2.** Panel Capas.

Recuerde que para mostrar u ocultar el panel Capas, puede utilizar el comando Capas del menú Ventana o la tecla de función **F7**. Del mismo modo haga clic sobre la pestaña que muestra el nombre del panel Capas para mostrar u ocultar su contenido. El panel Capas contiene un menú de opciones asociado que aparece cuando hacemos clic sobre el pequeño botón situado en la esquina superior derecha del panel y que hemos resaltado en la figura 9.3 para que sea más sencillo localizar este importante elemento. A lo largo del capítulo, hablaremos de cada uno de los comandos que componen este menú.

## Crear una capa

Al crear una nueva imagen, podemos comprobar en la figura 9.4 como el panel Capas sólo contiene una capa denominada Fondo. Podemos considerar esta capa como la capa base y, en principio, siempre será totalmente opaca, aunque después veremos cómo modificar esta característica.

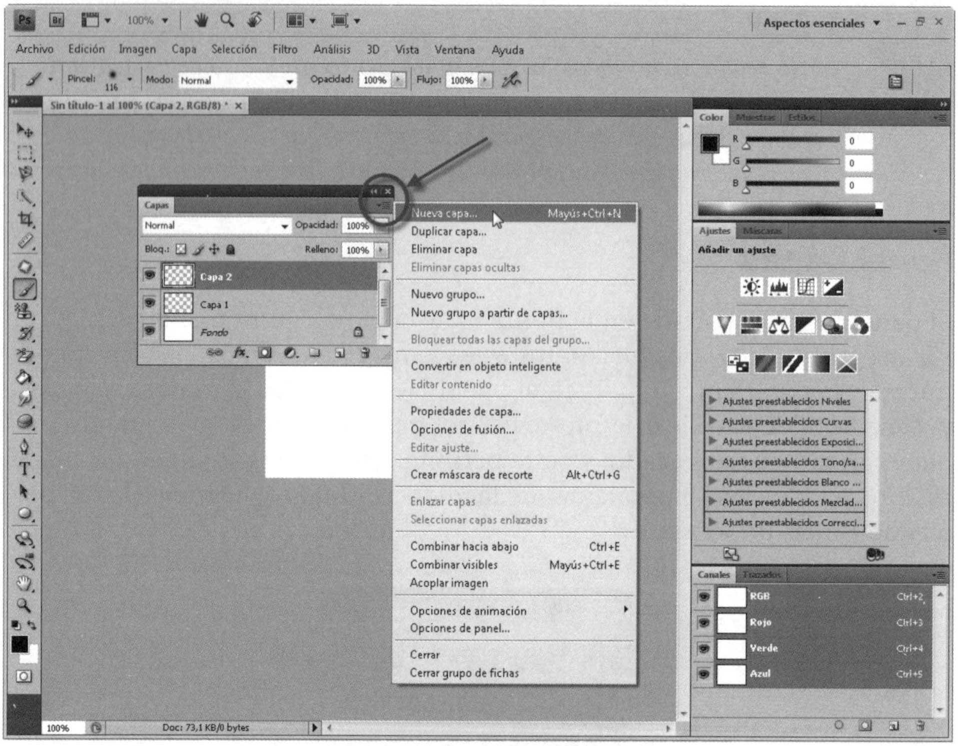


**Figura 9.3.** Menú asociado al panel Capas.

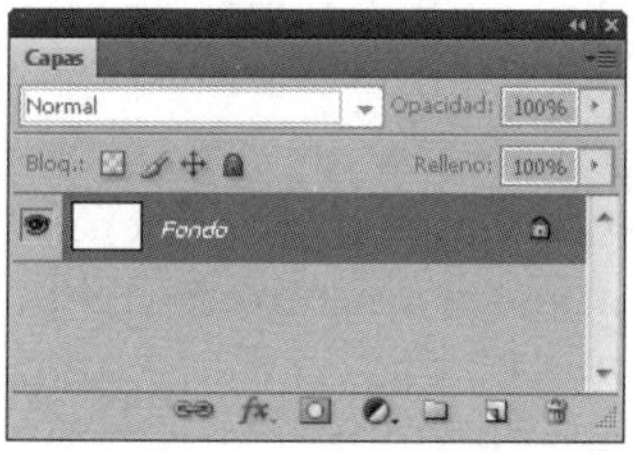


**Figura 9.4.** Capa Fondo.

Partiendo de esta situación, para añadir una capa simplemente tendremos que hacer clic en el botón Crear una capa nueva situado en la parte inferior del panel. Compruebe que la nueva capa se sitúa delante de la capa de fondo. Al crear una nueva capa, ésta siempre se situará delante de la capa seleccionada en ese momento. Para seleccionar una capa, sólo es necesario hacer clic sobre ella; en ese instante, se volverá de color azul oscuro y quedará seleccionada. Otra forma de crear una nueva capa es utilizar los comandos Nueva capa del menú asociado al panel, y Capa>Nueva>Capa, situado en la barra de menús.

Por último, la combinación de teclas **Control-Mayús-N** tiene exactamente la misma función.

**Advertencia:**

*El número máximo de capas que Photoshop permite en una misma imagen es 8.000. Estaremos de acuerdo en que este valor es más que suficiente, incluso para los trabajos de diseño más complejos.*

Cuando utilizamos algún método diferente al botón del panel para crear una nueva capa, aparecerá el cuadro de diálogo Nueva capa que podemos ver en la figura 9.5. En él podremos asignar un nombre a la nueva capa, definir el porcentaje de opacidad, el modo de fusión e incluso un color para identificarla o distinguirla del resto. Veremos el significado de todas estas opciones un poco más adelante.

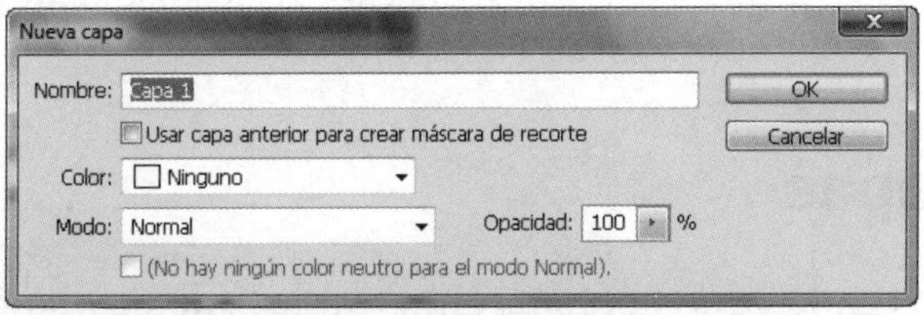


**Figura 9.5.** Cuadro de diálogo Nueva capa.

## Mostrar/ocultar una capa

Para componer distintas versiones de una misma imagen, podemos mostrar u ocultar cualquiera de las capas que la forman. Observemos que, en el panel Capas, a la izquierda del nombre de cada una de ellas, hay un espacio que contiene un pequeño icono representado por un ojo; utilice este elemento para mostrar u ocultar la capa.

## Eliminar una capa

Para eliminar una capa, en primer lugar deberemos seleccionarla; después tenemos varias opciones:

- Arrastrar la capa hasta el icono Eliminar capa (representado por una papelera).

**Truco:**

*Si quiere mostrar u ocultar varias capas consecutivas, haga clic en la primera y arrastre hacia abajo o hacia arriba.*

- Hacer clic en el icono Eliminar capa del panel Capas.
- Hacer clic con el botón derecho y seleccionar la opción Eliminar capa.
- Desplegar el menú asociado del panel Capas y seguidamente, elegir la opción Eliminar capa.

Sólo si elegimos la primera de estas opciones, no aparecerá un cuadro de advertencia solicitando la confirmación de la operación.

**Truco:**

*Si quiere utilizar el icono Eliminar capa, pero no desea que aparezca el cuadro de diálogo de confirmación de borrado, mantenga pulsada la tecla* **Alt** *mientras hace clic sobre él.*

## Enlazar capas

Habrá ocasiones en las que necesitaremos aplicar determinadas características sobre más de una capa al mismo tiempo. Para no tener que hacerlo una a una, existe la posibilidad de enlazar varias capas. De esta forma, los cambios afectarán a todas las capas enlazadas.

**Nota:**

*Como veremos al final del capítulo, Photoshop ofrece la posibilidad de agrupar varias capas. Este método ofrece muchas más funcionalidades que el enlazado de capas y además tendremos nuestras capas mejor organizadas, aunque bien es cierto que para pequeños trabajos o retoques sencillos será suficiente con las posibilidades de enlazar capas que ofrece el programa.*

Seleccione todas aquellas capas que desea enlazar manteniendo pulsada la tecla **Control** mientras hace clic en cada una de ellas. Para enlazar todas las capas situadas entre dos determinadas, haga clic en la primera y mientras mantiene pulsada la tecla **Mayús** pulse en la última de las capas. Una vez seleccionada haga clic sobre el primer icono situado en la parte inferior del panel Capas, representado por varios eslabones. Un pequeño símbolo, resaltado en la figura 9.6, indica qué capas están enlazadas.

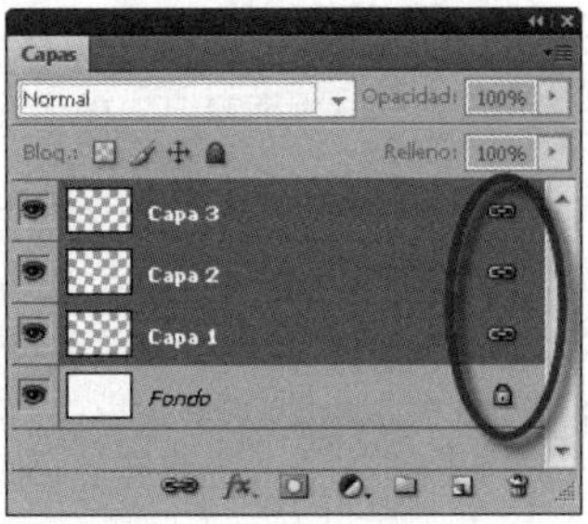


**Figura 9.6.** Varias capas enlazadas.

# Grado de transparencia

Como ya sabemos, las zonas libres de una capa son por defecto transparentes, permitiéndonos ver el contenido de las capas inferiores. Pero aún hay más, podemos modificar el porcentaje de opacidad de aquellas zonas no transparentes de la capa. Para hacerlo, en primer lugar, seleccionaremos la capa y después desplazaremos el control Opacidad, que puede ver en la figura 9.7, hasta conseguir el nivel de transparencia deseado.

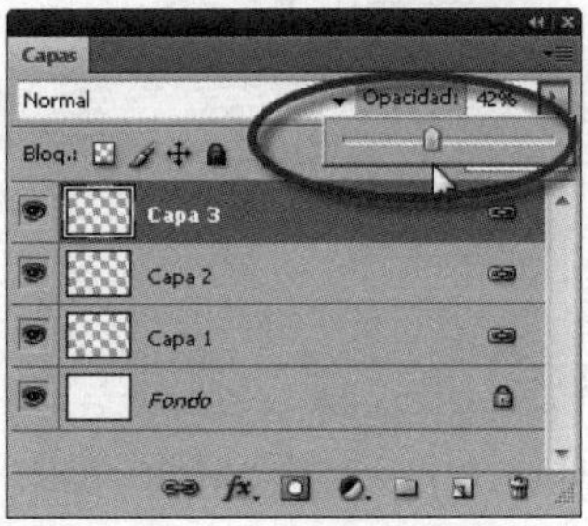


**Figura 9.7.** Control Opacidad del panel Capas.

**Advertencia:**

*El valor de opacidad de una capa es independiente del utilizado con cualquier herramienta de dibujo. En este caso estamos hablando del valor de opacidad de la capa con respecto al conjunto de la imagen, mientras que aplicado con cada herramienta sólo afecta al comportamiento de la misma.*

# Combinar capas

La operación de combinar consiste simplemente en unir dos o más capas. Todas las posibilidades de combinación están recogidas en comandos del menú asociado al panel Capas y su descripción es la siguiente:

- Acoplar imagen: Si elegimos esta opción, todas las capas que forman la imagen se unen en una sola.
- Combinar hacia abajo: Une la capa seleccionada y la que se encuentra justo debajo, pero antes, debemos asegurarnos de que ambas se encuentran visibles.
- Combinar visibles: Une todas las capas que se encuentren visibles en el momento de ejecutar este comando. Recuerde, si aparece un pequeño ojo a la izquierda del nombre de la capa es que la capa está visible.
- Combinar capas: Esta opción sólo está activa cuando tenemos una o más capas seleccionas y sustituye en el menú a la opción Combinar hacia abajo. Su función es unir todas aquellas capas que se encuentren seleccionadas en ese momento.

En la figura 9.8 comprobamos el aspecto del panel Capas antes y después de unir varias capas.

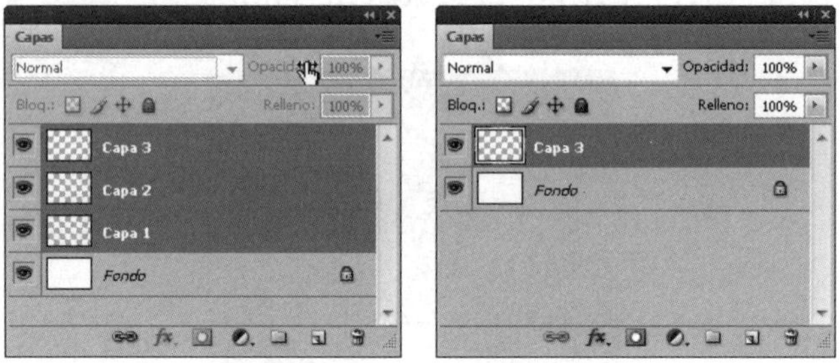


**Figura 9.8.** Panel Capas antes y después de combinar varias capas.

# Modificar el orden de las capas

Como ya hemos comentado, el orden de apilado de las capas define el aspecto final de la imagen. Si quiere modificarlo, haga clic sobre la capa que desee cambiar de posición y arrástrela hacia arriba o hacia abajo, dependiendo del lugar en que quiera situarla. El cursor se transforma en una mano cerrada y una línea horizontal mostrará la nueva posición. Además, una silueta rectangular representa la capa para facilitarnos aún más la operación.

## Propiedades básicas

Haga clic con el botón derecho sobre la capa y elija la opción Propiedades de capa. En el cuadro de diálogo que aparece puede modificar tanto el nombre como el color que identifica la capa. Esta última posibilidad puede resultar muy útil para diferenciar ciertas capas o grupos de capas dentro de la imagen en diseños de composición compleja. En la figura 9.9 puede comprobar el aspecto del cuadro de diálogo Propiedades de capa.

## Nueva capa de fondo

Si fuera necesario, podemos convertir la capa de fondo en normal. Para ello, haga doble clic sobre ella y, en el cuadro Nueva capa, modifique su nombre. Sencillo, ¿no? Ahora bien, si necesita de nuevo una capa de fondo, puede crearla a partir del comando Nueva del menú Capa y, después, seleccionando el comando Capa a partir de fondo.

# Estilos de capa

Los estilos de capa en Photoshop proporcionan diferentes transformaciones preconfiguradas, listas parar utilizar y mejorar el aspecto de nuestros diseños, añadiendo sombras, luces, biseles, relieves, etcétera.
Para utilizar los estilos de capa, tendremos que seleccionar la capa sobre la que deseamos aplicarlos y elegir después alguna de las opciones que aparecen en el comando Estilo de capa del menú Capa. O si lo prefiere, puede utilizar el botón  del panel Capas que hemos resaltado en la figura 9.9. Quizás este último método sea el más cómodo de utilizar.

**Figura 9.9.** Botón Añadir un estilo de capa.

Después de seleccionar cualquiera de los estilos, aparecerá el cuadro de diálogo que se muestra en la figura 9.10, donde no sólo podremos modificar los parámetros que determinan el resultado del efecto, sino que disponemos de la posibilidad de activar y configurar tantos estilos como deseemos.

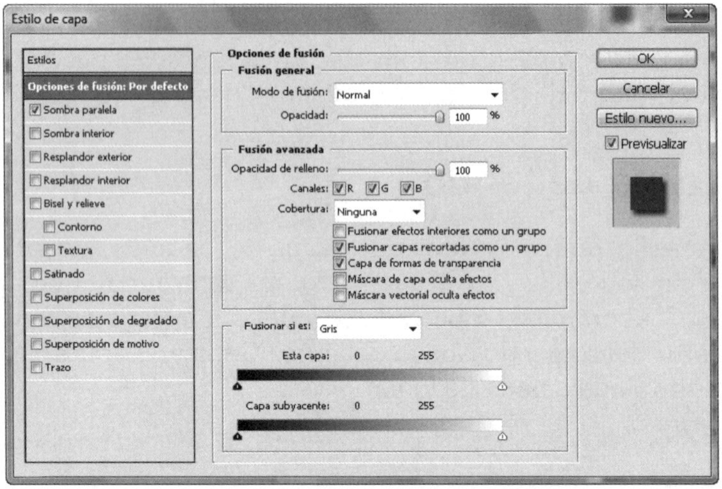


**Figura 9.10.** Cuadro de diálogo Estilo de capa.

Aunque a primera vista pueda parecer lo contrario, la forma de utilizar el cuadro de diálogo Estilo de capa es sencilla. En el margen izquierdo aparece una lista con lo siguiente:

- Estilos: Si hacemos clic sobre esta opción, en la parte derecha del cuadro de diálogo aparecerá el contenido del panel Estilos. En los capítulos dedicados a los filtros trataremos con más detalle los aspectos que definen esta característica, pero muy brevemente diremos que permite aplicar efectos predefinidos de forma rápida y sencilla.
- Opciones de fusión: Algunas páginas más adelante mostraremos el significado de las distintas opciones de fusión, así como su sentido dentro del trabajo con capas.
- Lista de estilos: El resto de opciones que aparecen junto a una casilla de verificación no son ni más ni menos que los estilos de capa disponibles.

Por defecto, si hemos seleccionado un estilo en el botón del panel Capas, como por ejemplo Sombra paralela, la parte central del cuadro de diálogo mostrará todas las posibilidades de configuración para ese estilo como podemos comprobar en la figura 9.11. Si quiere activar cualquier otro estilo, haga clic sobre la casilla de verificación que se encuentra a la izquierda de su nombre, y para modificar sus ajustes, haga clic sobre su nombre.

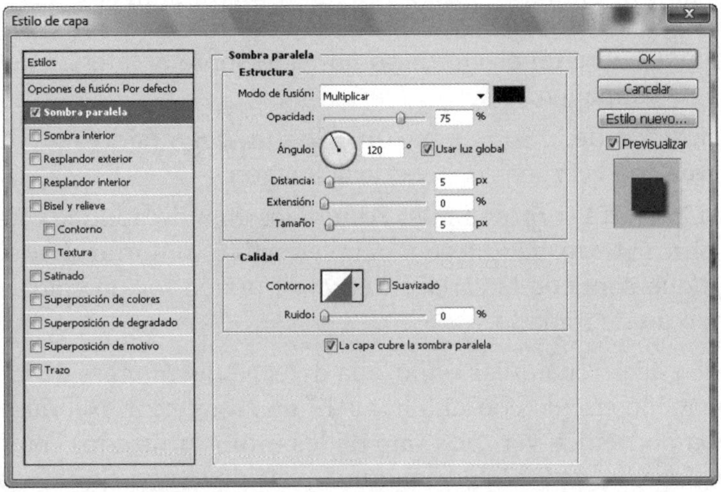


**Figura 9.11.** Opciones de configuración para el estilo de capa Sombra paralela.

Una vez abierto el cuadro de diálogo Estilo de capa podemos activar y configurar tantos estilos como deseemos. Es decir, no existe limitación en cuanto al número de estilos que podemos aplicar al mismo tiempo sobre una capa.

**Truco:**

*El botón* **Estilo nuevo** *del cuadro de diálogo* Estilo de capa *permite guardar la configuración del estilo o estilos actuales para utilizarlos posteriormente tantas veces como necesitemos.*

Existen diez estilos de capa diferentes, que describimos brevemente:

- Sombra paralela: Crea un efecto de sombra bajo la capa, generando sensación de elevación.
- Sombra interior: En este caso, la sombra se crea en el interior de los elementos que compongan la capa, simulando profundidad o hundimiento.
- Resplandor exterior: Añade efectos de luces que tienen su origen en puntos externos a la capa.
- Resplandor interior: Del mismo modo que ocurría en el efecto anterior pero, en este caso, el origen de la luz emana del centro de la capa.

- Bisel y relieve: Permite añadir sombras y luces para crear efectos tridimensionales que simulan sensación de volumen sobre los elementos de la capa. Para conseguir mejores resultados utilice algunas de las posibilidades de la lista Motivo asociada al subestilo Textura.
- Satinado: Genera un efecto de sombreado sobre el interior de las zonas opacas de la imagen.
- Superposición de...: Sobrepone un color, un degradado o un motivo que interactúa con las zonas opacas de la imagen.
- Trazo: Obtendrá sorprendentes resultados cuando aplique este estilo de capa sobre el texto, ya que genera un atractivo contorno alrededor de los objetos que contiene la capa. Este borde puede ser un color sólido, un motivo o un degradado.

Después de aplicar cualquier estilo, a la derecha del nombre de la capa aparece un pequeño círculo con una letra "F" en su interior. Del mismo modo, bajo la capa podremos ver cada uno de los estilos utilizados como muestra el ejemplo de la figura 9.12. El triángulo invertido situado junto a la letra "F" permite ocultar o mostrar los estilos aplicados sobre la capa.

**Figura 9.12.** Panel Capas, representación de los estilos aplicados sobre la imagen.

**Truco:**

*La forma más sencilla de modificar los parámetros de cualquier efecto de capa es hacer doble clic sobre el estilo de capa o sobre el símbolo que los representa (recuerde, el círculo con la letra "F" en su interior).*

Otra forma de conocer los estilos aplicados sobre una capa es hacer clic con el botón derecho sobre el símbolo de estilo de capa. Una pequeña marca de verificación junto al nombre del estilo indica que se encuentra activo.

**Nota:**

*Para eliminar todos los efectos aplicados sobre una capa, pulse con el botón derecho sobre y seleccione* Borrar estilo de capa. *Si sólo quiere desactivar alguno, deberá recurrir al cuadro de diálogo* Estilo de capa *y hacer clic sobre la casilla de verificación que se encuentra a la izquierda del nombre del estilo. También puede utilizar el comando* Deshabilitar efectos de capa *para que desparezcan temporalmente los cambios provocados por el efecto sobre el contenido de la capa.*

## Configuración de estilos

Ni mucho menos queremos aburrirle con descripciones técnicas sobre el significado de cada parámetro que determinan el resultado final de un efecto, aunque creemos conveniente comentar aquellos que resultan menos evidentes:

- Ángulo: Permite establecer el valor de inclinación con el que incidirá la luz aplicada sobre la capa o sobre toda la imagen. Si activamos Usar luz global, el resultado simula el uso de una fuente de luz constante sobre la imagen.
- Retraer: Modifica el valor de opacidad sobre los bordes del efecto en el caso de las sombras o del resplandor interior.
- Contorno: Dentro de esta opción se incluyen varios modelos de contornos por defecto que permiten modificar el resultado del efecto sobre los bordes o sobre toda la zona opaca de la capa.
- Ruido: El efecto generado por esta opción simula el aspecto de una televisión mal sintonizada. El ruido no es más que píxeles de distintos colores situados a discreción sobre la imagen.
- Origen: Esta opción sirve para elegir el punto de partida de un resplandor, desde el centro o desde los extremos de la capa.
- Extender: Amplía los límites del efecto, añadiendo píxeles opacos sobre los bordes.

Existen otras opciones con un significado obvio como suavizar, modos de fusión, degradado o motivos que tienen el mismo propósito que ya hemos tratado para algunas herramientas y comandos.

**Truco:**

*Algunos estilos como las sombras, el satinado o la superposición de degradados permiten modificar el aspecto del efecto al arrastrar el cursor directamente sobre la imagen.*

## Copiar y pegar estilos de capa

Si, después de aplicar uno o varios estilos, desea utilizarlos en otras capas, haga clic con el botón derecho sobre el símbolo de estilo y seleccione el comando **Copiar estilo de capa**. A continuación, haga de nuevo clic con el botón derecho pero esta vez sobre la capa en la que desea usar los estilos copiados y seleccione el comando **Pegar estilo de capa**.

**Truco:**

*Para aplicar el mismo estilo a más de una capa, puede seleccionarlas primero, y después utilizar el comando* **Pegar estilo de capa**. *De este modo ahorrará tener que hacerlo una a una.*

## Convertir estilos en capas

Por defecto, al aplicar un estilo éste queda asociado a la capa. En cualquier caso, si lo desea puede descomponer cada uno de los efectos en capas independientes. Haga clic con el botón derecho sobre el icono Efectos o sobre cualquier estilo y seleccione el comando **Crear capa**. En la figura 9.13 puede comprobar el aspecto del panel Capas antes y después de convertir los estilos en capas. No todos los estilos se pueden convertir en capas, y en esos casos Photoshop mostrará un mensaje indicándolo.

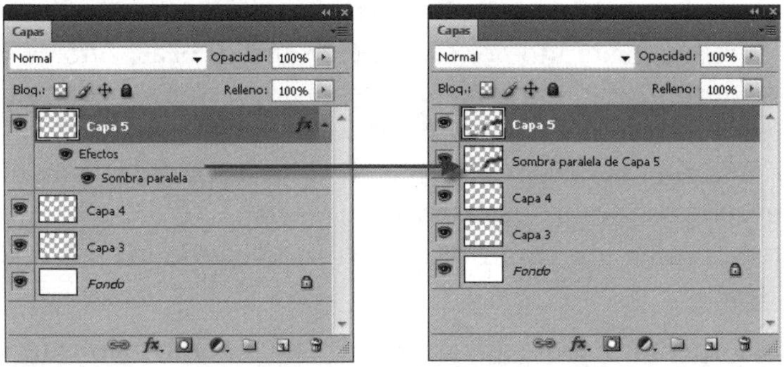


**Figura 9.13.** Panel Capas antes y después de descomponer estilos.

**Truco:**

*Puede aprovechar el hecho de tener los efectos en capas de modo independiente para ocultarlos temporalmente haciendo clic en el icono que hace la capa visible o invisible y de esta forma componer distintas versiones de la imagen.*

**Truco:**

*El comando* Ocultar todos los efectos *del menú* Capa>Estilo de capa *o del menú asociado al icono de estilos de capa, hará desaparecer temporalmente los efectos aplicados sobre la imagen. Utilice este mismo comando para hacerlos visibles de nuevo.*

## Opacidad de relleno

El regulador Opacidad del panel Capas comentado anteriormente permite modificar el grado de transparencia de todo el contenido de la capa, en cambio el regulador Relleno afecta sólo a los elementos pintados o dibujados sobre la capa sin modificar el porcentaje de visibilidad de los efectos o estilos aplicados sobre la capa. Es posible que esta opción genere algo de confusión y al principio resulte complicado distinguirla del regulador Opacidad, pero pruebe con un sencillo ejemplo; seleccione la herramienta Pincel y dibuje varios trazos aleatorios, y después, desde el panel Estilos aplique cualquiera de los efectos disponibles. Una vez hecho esto modifique a discreción los reguladores Opacidad y Relleno para comprobar el resultado.

**Truco:**

*Al situar el cursor sobre el nombre del regulador* Opacidad *o* Relleno *comprobaremos que el cursor del ratón cambia de forma. En ese momento, haga clic y arrastre hacia la derecha o hacia la izquierda para modificar el valor del control.*

## Bloquear propiedades de capa

Photoshop muestra en la parte superior del panel Capas una serie de iconos, como puede observar en la figura 9.14. Cada uno de ellos permite bloquear determinadas propiedades de la capa, resultando muy útiles como método para evitar la ejecución de ciertas acciones o comandos por error. De izquierda a derecha, el significado de cada uno de ellos sería el siguiente:

- Bloquear píxeles transparentes: Si lo activamos no podremos utilizar ninguna herramienta de pintura o comando de edición sobre las zonas transparentes de la capa.
- Bloquear píxeles de imagen: Después de seleccionar este botón comprobaremos que también se activa el icono anterior debido a que esta propiedad evita dibujar sobre cualquier zona de la imagen sea transparente o no.

- Bloquear posición: Evita que podamos desplazar el contenido de la capa por error.
- Bloquear todo: El sentido de esta última posibilidad es evidente, engloba todas las opciones anteriores.

**Figura 9.14.** Bloquear propiedades de capas.

## Rellenar una capa

La forma más rápida de rellenar una capa con el color de fondo es utilizar la combinación de teclas **Control-Retroceso**. Pero si prefiere más precisión, puede utilizar **Mayús-Retroceso** para mostrar un cuadro de diálogo en el que podrá elegir el color, el modo de fusión y la opacidad.

# Opciones de fusión

Después de hacer doble clic sobre una capa distinta de la de fondo, Photoshop muestra el cuadro de diálogo Estilo de capa pero, en esta ocasión, la opción preseleccionada del margen izquierdo será Opciones de fusión como aparece en la figura 9.15. Este nombre tan extraño corresponde en realidad a las propiedades que determinan el grado de opacidad de una capa, junto a su modo de fusión y la forma de interacción de estos elementos con las capas situadas debajo.

**Advertencia:**

*La opacidad y el modo de fusión de una capa también intervienen sobre el comportamiento de las herramientas de pintura.*

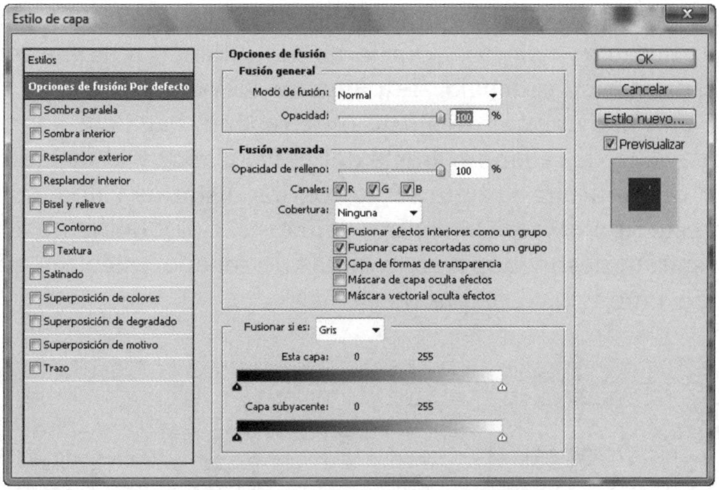


**Figura 9.15.** Opciones de fusión.

No creemos que aporte demasiado describir técnicamente cada uno de los elementos que componen las opciones de fusión, sobre todo si tenemos en cuenta que en el resultado intervienen multitud de factores como el modo de color, brillo, contraste, los motivos incluidos en la capa, etcétera.

Las opciones de fusión se encuentran divididas en dos secciones: Fusión general y Fusión avanzada. En la primera de ellas podemos cambiar el modo y regular el grado de opacidad. En segundo lugar, la ventaja de utilizar las opciones avanzadas se centra sobre todo en la posibilidad de tratar de modo independiente cada uno de los canales de la imagen, siendo posible modificar la opacidad de relleno que afecta a los píxeles pintados de la capa y no a los generados a partir de un estilo. De esta forma podremos resaltar mucho mejor el resultado del efecto.

# Capas de ajuste o de relleno

Imaginemos una capa de ajuste como una película transparente sobre la que podemos aplicar distintos valores de brillo, tono, contraste, etcétera, con el fin de comprobar cómo afectan estas variaciones a nuestra imagen, pero con la ventaja de poder volver al estado inicial con tan sólo eliminar esta capa de ajuste.

Las capas de ajuste afectan a todas las capas inferiores. Por lo tanto, podremos cambiar su posición dentro del panel Capas para comprobar el resultado de sus ajustes en diferentes posiciones.

En el caso de las capas de relleno, el sentido no es otro que cubrir la capa con determinado motivo o efecto y por lo tanto no tienen ninguna repercusión sobre las capas situadas debajo, simplemente las oculta.
Para crear una nueva capa de ajuste o de relleno, haga clic sobre el botón Crear nueva capa de relleno o ajuste del panel Capas y al instante aparecerá el menú que muestra la figura 9.16 con los distintos valores disponibles para crear este tipo de capas. Los tres primeros: Color uniforme, Degradado y Motivo estarían destinados a crear capas de relleno, mientras que el resto corresponde a modelos de capas de ajuste.

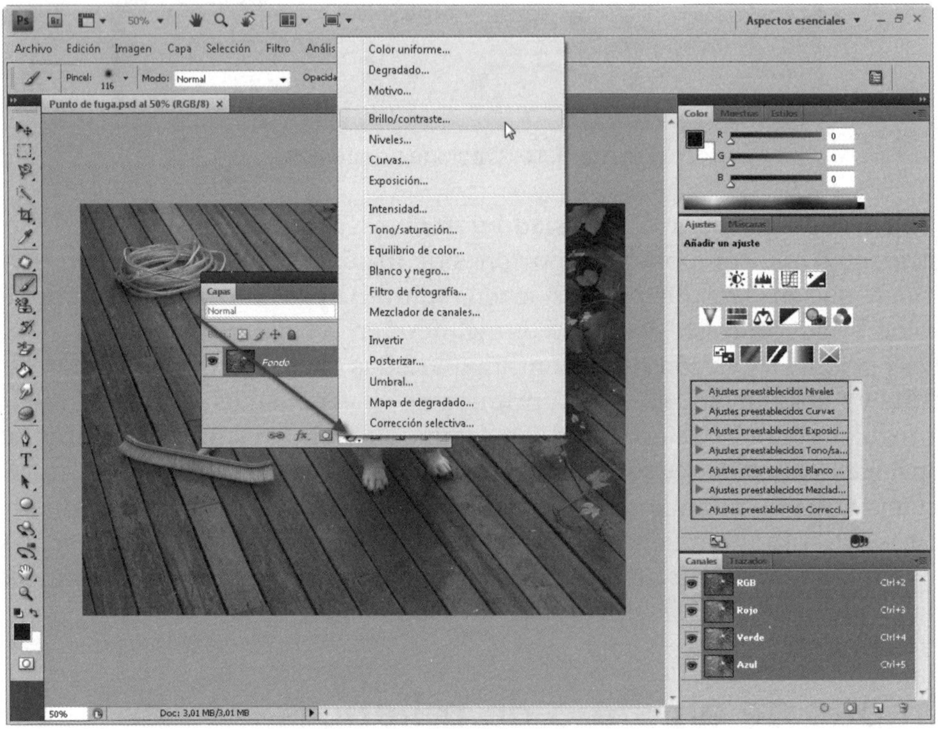


**Figura 9.16.** Crear nueva capa de ajuste o relleno.

**Nota:**

*Para modificar los parámetros de configuración de una capa de ajuste, sólo es necesario hacer doble clic sobre ella.*

Entre los comandos del menú Capa se encuentra Nueva capa de ajuste y Nueva capa de relleno. Estos comandos tienen el mismo propósito que el botón del panel Capas que hemos comentado en los párrafos anteriores, aunque en este caso divididos según el tipo de capa de ajuste.

## Grupos de capas

Cuando trabajamos con diseños complejos, lo normal es que el número de capas utilizadas sea elevado. En este tipo de situaciones, los grupos de capas nos pueden ayudar a organizar las capas creadas. En realidad los grupos de capas se comportan del mismo modo que las carpetas de Windows que todos conocemos, alojando en ellos todas las capas que tienen algún aspecto en común.

Para crear un grupo de capas, haga clic en el icono Crear un grupo nuevo situado en la parte inferior del panel Capas. En ese momento aparecerá un nuevo elemento en el panel compuesto por un nombre de grupo y el icono de una pequeña carpeta como se aprecia en la figura 9.17. El siguiente paso será arrastrar hasta él todas aquellas capas que deseemos incluir en el conjunto. Otra forma de crear un grupo es seleccionar en primer lugar todas aquellas capas que desee incluir en él y ejecutar después el comando Capa>Nueva>Grupo o también Grupo a partir de capas.

**Nota:**

*Para sacar una capa de un grupo, haga clic sobre ella y arrástrela hasta situarla fuera.*

**Figura 9.17.** Nuevo grupo de capas.

Además de mejorar nuestra organización, los grupos de capas permiten aplicar determinadas propiedades a todas las capas que lo componen. Por ejemplo, puede asociar una máscara al grupo de modo que tenga efecto sobre todas las capas integradas en él. En general, el grupo se comporta como una capa más, pudiendo utilizar la mayoría de las propiedades que ya conocemos: ocultar, duplicar, mover, etcétera, pero en este caso afectando a todas las capas que contiene.

## Eliminar grupos de capas

Al arrastrar un grupo de capas sobre el icono Eliminar capa del panel, no sólo hacemos desaparecer al grupo, también eliminamos todas las capas contenidas en él.
Si lo que pretende es eliminar el grupo pero mantener las capas que lo componen, haga clic con el botón derecho sobre el nombre del grupo y seleccione el comando Eliminar grupo y en el cuadro de diálogo que aparece, elija **Sólo grupo**.

**Advertencia:**

*A la hora de hacer clic con el botón derecho sobre un grupo o capa para mostrar su menú contextual, debe hacerlo justo encima del nombre.*

## Deshacer grupo y agrupar capas

Podemos considerar oportuno eliminar el grupo y combinar en una sola todas las capas incluidas en él. Para llevar a cabo esta operación tendremos que seleccionar el grupo en el panel Capas para después ejecutar el comando Capa>Combinar grupo.

# Composiciones de capas

Las composiciones de capas están orientadas principalmente a tareas de diseño. Con ellas podremos tener más de una versión del mismo trabajo dentro de un único archivo de Photoshop. De esta forma resolvemos un problema muy habitual cuando debemos presentar un trabajo ante un cliente: mostrar distintas variaciones de un diseño.
Desde un punto de vista más teórico las composiciones de capas recogen el estado del panel Capas en un momento determinado, de modo que podamos recuperar esta situación en cualquier otro instante.
La importancia de las composiciones de capas dentro del entorno de la aplicación queda patente con la presencia de un nuevo panel denominado Composiciones de capa y nos permite trabajar con este tipo de elementos. En la figura 9.18 podemos comprobar su aspecto.

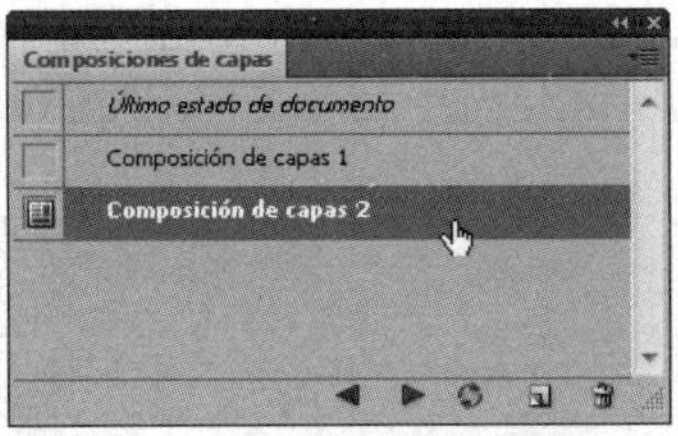


**Figura 9.18.** Panel Composiciones de capas.

## Crear composiciones de capas

Después de lo que hemos comentado seguro que estará impaciente por conocer la forma de trabajar con las composiciones de capas. Pues bien, lo primero será mostrar el panel Composiciones de capas y por supuesto el panel Capas; recuerde que puede hacerlo desde el menú Ventana.

Hemos pensado que quizás sea una buena idea mostrar el funcionamiento de las composiciones de capas con un ejemplo. Más concretamente utilizaremos una de las imágenes de muestra, le añadiremos un título y crearemos dos modificaciones sobre él, asociando a cada variante una composición de capa. No se puede decir que sea un ejemplo demasiado complejo pero permitirá ilustrar todo lo que necesitamos saber sobre las composiciones de capas.

**Nota:**

*No se preocupe si todavía no sabe cómo añadir texto a imágenes en Photoshop, ya que en los capítulos siguientes trataremos a fondo este tema.*

Después de trabajar normalmente sobre la imagen, añadir el texto y aplicarle distintos estilos, tendríamos lista la primera versión de nuestro diseño que podemos ver en la figura 9.19. A partir de aquí:

1. Seleccionamos el botón Crear nueva composición de capas situado en la parte inferior del panel Composiciones de capas, para mostrar el cuadro de diálogo de la figura 9.20.
2. Escribimos un nombre que identifique la composición y, si lo creemos oportuno, podemos incluir algo en el campo Comentario.
3. Como hemos comentado, las composiciones de capas reflejan el aspecto del panel Capas en un instante determinado, aunque existen algunos matices. Concretamente, podemos elegir qué información sobre las capas que

conforman la imagen queremos que almacene, y es en este punto donde intervienen las posibilidades de la opción Aplicar a capas:

**Figura 9.19.** Primera versión de nuestro ejemplo.

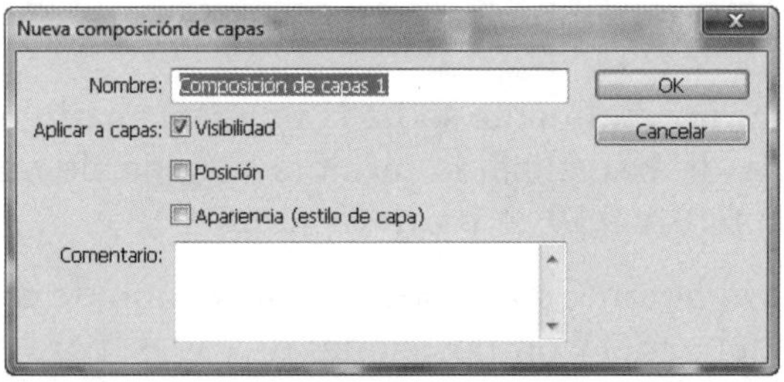


**Figura 9.20.** Cuadro de diálogo Nueva composición de capas.

- Visibilidad: Al activar esta casilla, la composición de capas guarda una instantánea de todas las capas visibles en ese momento en el panel Capas. Por lo general será la opción que más utilizaremos en combinación con la siguiente.

- Posición: En este caso, el resultado que almacena la composición es la situación exacta de las capas, es decir, el orden de apilado dentro del panel.
- Apariencia (estilo de capa): Por último, al activar esta casilla conseguiremos que la composición recoja los efectos o estilos de capa aplicados sobre la imagen en ese momento.

**Nota:**

*Las tres casillas anteriores son independientes y se pueden activar o desactivar según necesitemos en cada caso. Por ejemplo, si tenemos una imagen con distintos fondos y queremos crear una composición con cada versión, nos interesará guardar las capas visibles en cada momento. Pero si además cambiamos el orden de las capas para modificar el diseño, necesitaremos activar la casilla* Posición *para que también quede recogida esta información al crear las composiciones.*

4. Para seguir con nuestro ejemplo, marcaremos las casillas Visibilidad y Posición. Después, sólo queda hacer clic en **OK** y en el panel Composiciones de capas tendremos un nuevo elemento.
5. Ahora duplicaremos la capa de texto, la colocaremos en primer lugar, modificaremos sus propiedades y quizás también alguna de las capas de fondo. Para crear la segunda composición seguiremos los mismos pasos anteriores y después de todo este proceso, el aspecto del panel Composiciones de capas será similar al que muestra la figura 9.21.

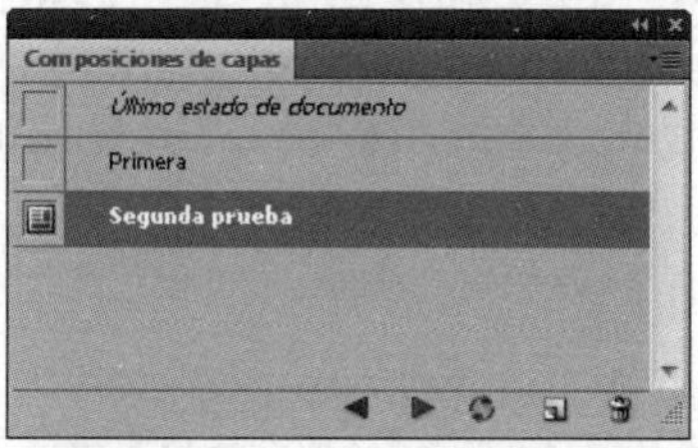


**Figura 9.21.** Aspecto del panel Composiciones de capas, después de crear la segunda versión de nuestro ejemplo.

## Tareas habituales

Ya sabemos cómo crear composiciones de capas, pero nos falta saber cómo mostrar cada una de ellas y en definitiva cómo aprovechar el resto de las posibilidades del panel. A continuación describimos las tareas más importantes:

- Para ver cualquiera de las composiciones creadas es suficiente con hacer clic en el recuadro situado a la izquierda del nombre. En ese momento un pequeño símbolo indica que esa es la composición activa, además de ver la imagen según la perspectiva guardada por ella.
- El primer elemento del panel Composiciones de capas siempre es el mismo y se denomina Último estado de documento. Al activarlo la imagen aparecerá con el aspecto que tenía antes de seleccionar alguna de las composiciones incluidas en el panel.
- Para eliminar cualquier composición simplemente tendremos que seleccionarla y después hacer clic en el botón del panel representado por un pequeño cubo de basura.
- Si fuera necesario podemos crear una copia de cualquiera de nuestras composiciones mediante el comando Duplicar composición de capas situado en el menú asociado del panel.

**Truco:**

*Aplicar siguiente composición y Aplicar composición anterior del panel Composiciones de capas permiten ir mostrando de forma secuencial las instantáneas almacenadas de la imagen. Las ventajas de esta característica son muchas, resultará de gran ayuda en presentaciones de proyectos, o incluso para ver las distintas secuencias de una animación.*

## Actualizar las composiciones

Una situación típica puede ser añadir una composición y modificar después alguna de las capas que utilizamos originalmente para crearla. Antes de realizar esta operación, la forma de actuar sería la siguiente:

1. Active la composición que hace referencia a las capas sobre las que ha realizado algún cambio.
2. Haga clic sobre el botón Actualizar composición de capas situado en la parte inferior del panel y que hemos resaltado en la figura 9.22. También puede utilizar el comando del mismo nombre situado en el menú asociado al panel.

# Transformaciones

En capítulos anteriores, tratamos la forma de ejecutar transformaciones de carácter general sobre la imagen. En esta ocasión, mostraremos cómo aplicar estos cambios y algunos más, de forma que sólo afecten a los elementos situados en una capa determinada. El comando Transformar situado dentro del menú Edición recoge todos los comandos disponibles pero también podremos usar la barra de opciones de herramientas con la que llevaremos a cabo transformaciones de forma mucho más precisa.

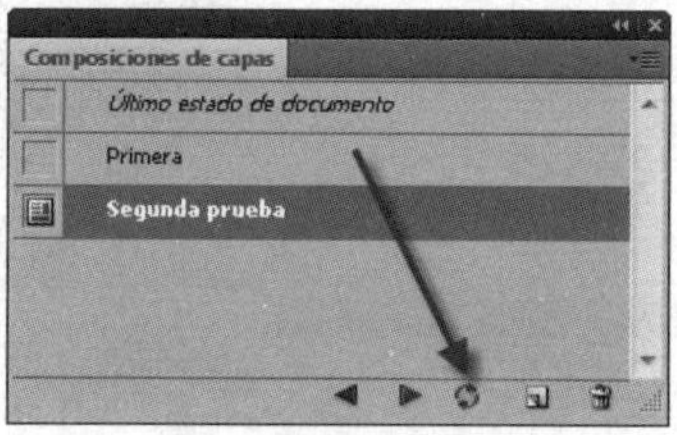


**Figura 9.22.** Botón Actualizar composición de capas.

**Truco:**

*La forma más rápida de realizar transformaciones sobre los elementos de una capa es utilizar el comando* Transformación libre *del menú* Edición *o, mucho mejor, usar la combinación de teclas* **Control-T**. *A partir de este momento, utilizaremos los selectores que aparecen alrededor de la imagen para modificar su aspecto. Si mantenemos pulsada la tecla* **Control** *mientras arrastramos cualquier selector, éste se desplazará de forma independiente.*

# Transformaciones básicas

Entre las opciones del comando Transformar se encuentran modelos básicos de transformación como puede comprobar en la figura 9.23. Su descripción sería la siguiente:

- Escala: Sirve para modificar el tamaño del objeto situado sobre la capa activa. Haga clic y arrastre los manejadores para adaptar el tamaño de la imagen a sus necesidades. Mantenga pulsada la tecla **Mayús** si desea conservar las proporciones.
- Rotar: Permite girar el contenido de la capa. Sitúe el ratón sobre alguno de los manejadores, haga clic y arrastre hasta conseguir el valor de giro adecuado. En este caso, el punto central actúa como eje de giro, elemento que puede desplazar para modificar este parámetro.
- Sesgar: Consiste en desplazar los extremos del objeto para conseguir un efecto de distorsión simétrica.

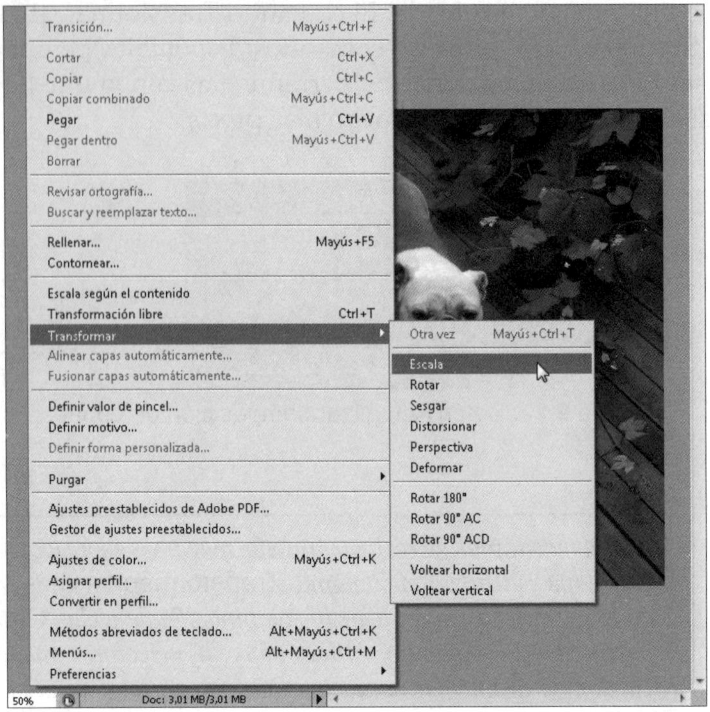


**Figura 9.23.** Opciones del comando Transformar.

- Distorsionar: El movimiento de cualquiera de los manejadores es libre, por lo tanto, podemos deformar la imagen arrastrando cualquiera de ellos de forma independiente.
- Perspectiva: Esta transformación se aplica normalmente para conseguir un efecto de profundidad.
- Deformar: Después de seleccionar esta opción, el programa mostrará una malla sobre el contenido de la capa como aparece en la figura 9.24. A partir de aquí, y del mismo modo que ya vimos en el capítulo dedicado a las funciones de selección, podremos hacer clic y arrastrar cada uno de los puntos de control (pequeños círculos de color gris) para dar la forma que deseemos a los elementos que componen la capa.

**Truco:**

*Si mantiene pulsada la tecla* **Alt** *mientras modifica la escala o sesga la imagen, la transformación tomará como eje de referencia el punto central de la misma.*

**Figura 9.24.** Malla de deformación sobre el contenido de una capa.

Los comandos de rotación del menú Transformar permiten aplicar un determinado valor de giro sobre la capa. Como veremos en el siguiente apartado, utilizando el modo de transformación exacta es posible usar cualquier valor de giro.

Por último, las opciones Voltear horizontal y Voltear vertical toman como referencia el eje que divide la imagen en dos mitades e intercambia su contenido. En la figura 9.25 podemos ver un ejemplo antes y después de utilizar el comando Voltear horizontal.

## Transformación exacta

Lo que acabamos de ver hasta ahora resulta útil si no necesitamos ir más allá de la transformación a mano alzada, pero siempre que necesitemos aplicar unos valores exactos de rotación, escala, etc., es conveniente trabajar con el modelo de transformación numérica. Para hacerlo, deberemos recurrir a la barra de opciones de herramientas que tomará el aspecto que podemos ver en la figura 9.26 después de seleccionar cualquiera de los comandos de transformación.

**Figura 9.25.** Voltear horizontal.

**Figura 9.26.** Barra de opciones con todas las variables de transformación exactas.

El significado de cada una de las variables que aparecen en la barra de opciones de herramientas sería el siguiente:

- X e Y: Determina la posición de la imagen con respecto al punto de referencia, representado por el pequeño punto de mira situado en el centro del área de transformación. Si lo desea, puede mover este punto para modificar el origen de referencia, en cuyo caso, comprobará cómo los valores X e Y muestran la nueva posición. Si pulsa el pequeño botón situado entre las dos casillas, conseguirá desplazamientos relativos al punto de origen, es decir, sumará o restará el número de píxeles que introduzca en las casillas X e Y.
- An y Al: Modifica tanto el ancho como el alto del área de transformación. Utilice el botón situado entre los dos valores para realizar la modificación proporcionalmente o de forma libre.
- Ángulo: Permite aplicar un valor exacto de giro sobre el área de transformación.

**Nota:**

*Para colocar de nuevo el punto de origen en el centro de la imagen, simplemente tenemos que acercarlo hasta la zona central y él solo se situará en el lugar correcto. Otra forma es utilizar el pequeño gráfico situado a la izquierda de la casilla* X*; en este caso, es suficiente con hacer clic en el cuadro que representa el centro de la figura.*

- Sesgado horizontal (H): Crea un estiramiento horizontal de los extremos tomando como referencia el punto de origen del área de transformación. Los valores positivos generan un desplazamiento hacia la izquierda y los negativos, hacia la derecha.
- Sesgado vertical (V) : Igual que la opción anterior pero, en este caso, el desplazamiento se realiza verticalmente.

Una de las grandes ventajas de utilizar valores exactos de transformación es que éstos se reflejan de forma inmediata sobre la imagen. Para hacerlos definitivos, utilice el botón Aprobar transformación situado en el margen derecho de la barra de opciones o pulse la tecla **Intro**. Del mismo modo, para eliminar las modificaciones utilice la tecla **Esc** o el botón Cancelar transformación.
Si quiere una manera realmente sencilla de modificar cualquier valor asociado a los parámetros que acabamos de describir, pruebe a situar el cursor del ratón sobre alguna de sus etiquetas: Al, An, X, Y... y después haga clic, mantenga pulsado el botón izquierdo del ratón y arrastre hacia la derecha o hacia la izquierda.

## Transformar selecciones

Todas las transformaciones descritas se pueden efectuar sobre una selección. Para hacerlo, basta con definir el área de selección mediante alguno de los métodos descritos en los primeros capítulos y hacer clic con el botón derecho dentro de la selección. En el menú emergente que aparece, seleccione el comando Transformar libre o Transformar selección. En este caso, los principios de uso son equivalentes a los tratados en apartados anteriores.

**Advertencia:**

*Las transformaciones realizadas sobre una selección no tienen efecto sobre las zonas vacías del área seleccionada.*

# Resumen

Photoshop no sería Photoshop sin las capas. Éste es sin duda uno de los elementos más importantes que debemos conocer si pretendemos aprovechar a fondo sus posibilidades. En el presente capítulo hemos tratado con detalle los aspectos tan importantes como su creación, los estilos de capas, las posibilidades de fusión, los conjuntos de capas...

Hemos trabajado con los grupos de capas como forma para mejorar la organización de nuestros trabajos. También descubrimos cómo las composiciones de capas ofrecen la posibilidad de incluir en un mismo archivo distintas versiones de una imagen.

Por otra parte, las transformaciones son un paso más en el conocimiento de las posibilidades que ofrecen las capas. En este capítulo hemos descrito tanto las herramientas de transformación libre como aquellos métodos para realizar este tipo de procedimiento de forma mucho más precisa. En este último caso, la barra de opciones se convierte en un elemento de inestimable ayuda.

# Capítulo 10

# Máscaras

**En este capítulo aprenderá a:**

- Conocer más sobre las máscaras.
- Crear máscaras de capas.
- Trabajar sobre las máscaras.
- Crear máscaras a partir de selecciones.
- Seleccionar elementos a partir de capas.

# Máscaras de capa

Las máscaras y las capas son conceptos que van irremediablemente juntos dentro del proceso de trabajo con Photoshop. El uso de máscaras amplía enormemente las posibilidades en el tratamiento de zonas opacas y transparentes dentro de una capa. En general, se utilizan mucho en trabajos de diseño para crear seductores efectos de transición y resultan esenciales en la composición de imágenes. También son importantes para corregir áreas concretas de la imagen sin afectar al resto.

**Nota:**

*Las personas con poca experiencia en Photoshop suelen dejar un poco de lado las máscaras porque piensan que resulta muy complicado utilizarlas. Esta afirmación no es cierta y nuestro consejo es que las tenga siempre presentes.*

Otra de las ventajas de las máscaras es que no se altera en ningún caso el contenido de la capa. Además, toda la información relacionada con las máscaras también se almacena en al archivo PSD con el resto de características de la imagen, con lo que podemos recuperarlas y modificarlas tantas veces como sea necesario. En este mismo apartado veremos paso a paso cómo crear una composición de varias imágenes utilizando máscaras de capa.

## Cómo crear una máscara

La forma de crear una máscara es bastante simple: seleccione la capa a la que quiere asociarle la máscara o añada una nueva capa. Después haga clic en el botón Añadir máscara, situado en la parte inferior del panel Capas. A la derecha de la miniatura que simula el contenido de la capa, aparece otra pequeña muestra que representa el aspecto de la máscara. Si observa la figura 10.1, podrá entenderlo mejor.

## Trabajar sobre una máscara

Lo primero que debemos hacer antes de trabajar con una máscara de capa es seleccionarla y, para ello, necesitamos hacer clic sobre su miniatura en el panel Capas. En ese momento, observe cómo en el selector de color del panel

Herramientas aparece el color gris como color de primer plano, y el blanco como color de fondo. La razón de este cambio viene dada porque al pintar sobre una máscara de capa sólo usaremos tonalidades de grises, teniendo en cuenta que el color negro permite generar transparencia y el blanco, crear opacidad. Además, del panel Capas, las máscaras tienen su propio panel como podemos ver en la figura 10.2, de sus posibilidades también hablaremos en este mismo capítulo.

**Figura 10.1.** Máscara de capa.

**Figura 10.2.** Panel Máscaras.

Las herramientas de edición más utilizadas en el tratamiento de máscaras de capa son el Pincel y el Lápiz, sin olvidar los degradados, con los que podremos conseguir resultados espectaculares.

Para ver un ejemplo más claro de cómo trabajar con máscaras de capa, observe las dos imágenes de la figura 10.3. El objetivo es crear una transición entre ellas de manera que una se funda suavemente sobre la otra.

Los pasos necesarios para preparar el ejemplo serían los siguientes:

1. Abra dos imágenes para utilizarlas como ejemplo. En la Web de Anaya dispone de los ejemplos de este mismo capítulo.

**Figura 10.3.** Imágenes iniciales para el ejemplo.

2. Haga clic sobre una de las dos imágenes, y seleccione el comando Selección>Todo. Después utilice la combinación de teclas típicas para copiar, **Control-C**.
3. A continuación crearemos una nueva imagen, tomando como referencia las proporciones de la imagen que acabamos de seleccionar. Haga clic en Archivo>Nuevo, y después en el botón **OK**.
4. Al instante, Photoshop abrirá una nueva ventana de archivo. Utilice la combinación **Control-V** para colocar la imagen que cortamos en el paso 2 y que se encontraba en el portapapeles del sistema desde este punto.
5. En estos momentos tendremos una capa de fondo en blanco y otra capa con una de las imágenes de ejemplo. Para continuar, haga clic sobre la imagen que aún no hemos utilizado y seleccione el comando Selección>Todo. Después utilice la combinación de teclas típicas para copiar, **Control-C**.
6. Vuelva a la imagen nueva, creada para este ejemplo, y utilice la combinación de teclas **Control-V**. Con esto ya tenemos todos los elementos preparados para llevar a cabo la transición.

7. En el panel Capas, compruebe que se encuentra seleccionada la capa superior, si no es así, haga clic sobre ella. A continuación, añada una máscara a la imagen situada en esta capa superior mediante el icono Añadir máscara del panel Capas.

Para conseguir el fundido, utilizaremos la herramienta Degradado; selecciónela y compruebe que por defecto se encuentra activado el primer modelo, degradado lineal. Después, haga clic en la miniatura de la máscara y, con la herramienta Degradado, describa una diagonal entre las dos esquinas de la imagen. El aspecto del panel Capas después de realizar todas estas acciones debe ser similar al que muestra la imagen de la figura 10.4.

**Truco:**

*Si no queda conforme con el resultado de la herramienta Degradado, vuelva a describir la trayectoria tantas veces como sea necesario hasta conseguir el efecto que más le guste.*

**Figura 10.4.** El panel Capas después de crear la máscara y aplicar el degradado sobre ella.

Para finalizar, reduciremos la opacidad de la capa sobre la que hemos aplicado la máscara hasta el 80 por ciento. En la figura 10.5 se aprecia el resultado final.

**Nota:**

*Entre las miniaturas de la capa y de la máscara aparece por defecto un pequeño símbolo de enlace, indicando que cualquier cambio afectará tanto a la capa como a la máscara. Si no desea que ocurra así, haga clic sobre este símbolo para desactivar la propiedad.*

**Figura 10.5.** Resultado final de nuestro ejemplo.

## Eliminar una máscara

El primer paso para eliminar una máscara de capa es seleccionarla; después utilizaremos el icono Eliminar capa del panel Capas. En ese instante, aparece un cuadro de diálogo donde debemos decidir si queremos aplicar los efectos de la máscara antes de eliminarla. Si elegimos el botón **Aplicar**, la máscara desaparece, pero sus efectos quedan plasmados sobre la capa, sustituyendo a la imagen original. Si lo que deseamos es simplemente eliminar la máscara, seleccionaremos el botón **Eliminar**.

**Truco:**

*Otra forma de eliminar una máscara es hacer clic con el botón derecho sobre ella y seleccionar el comando* Eliminar máscara de capa. *En este caso, no aparecerá ningún cuadro de diálogo de confirmación.*

También es posible eliminar cualquier máscara desde el panel Máscaras, seleccionando el pequeño icono situado en la esquina inferior derecha.

## Ocultar temporalmente una máscara

Si no desea eliminar una máscara pero quiere comprobar el aspecto de la capa sin ella, puede ocultarla temporalmente. Para hacerlo, pulse con el botón derecho del ratón sobre la miniatura de la máscara que quiere ocultar y seleccione

el comando Deshabilitar máscara de capa; en ese momento, la miniatura que representa la máscara aparecerá tachada. Para volver a activar la máscara, realice la misma operación pero, en este caso, seleccione el comando Habilitar máscara de capa.
Desde el panel Máscaras, utilice el icono situado en la parte inferior, representado por un pequeño "ojo", para llevar a cabo esta tarea.

## Máscaras a partir de selecciones

Otro de los métodos disponibles para crear una máscara de capa pasa por definir en primer lugar un área de selección y, después, hacer clic en el botón Añadir máscara del panel Capas. La zona seleccionada será la parte transparente de la capa y el resto será la zona opaca.
Si hace clic con el botón derecho sobre la máscara también dispone de diferentes comandos para relacionar máscaras y selecciones como puede ver en la figura 10.6.

- Añadir máscara a la selección: Añade las zonas transparentes de la máscara a la selección actual.
- Restar máscara de la selección: Elimina de la selección, las zonas que no utiliza la máscara o son transparentes.
- Interseccionar máscara con la selección: Crea una nueva selección con el área común entre la selección original y las zonas transparentes de la máscara.

## Otros métodos de selección

Si necesita seleccionar las zonas no transparentes de la capa o sin máscara, haga clic sobre la miniatura de la capa o de la máscara el panel Capas mientras mantiene pulsada la tecla **Control**. Para entender mejor este comportamiento, añada una nueva capa o seleccione algunas de las existentes, asóciele una máscara y utilice la herramienta Pincel sobre ella para que existan elementos dentro de la máscara. Después utilice este método y compruebe los resultados.
Si ya ha definido una selección sobre la imagen y lo que necesita es añadir los píxeles transparentes de la capa o máscara, mantenga pulsadas las teclas **Control-Mayús** mientras hace clic sobre la miniatura de la máscara o capa. En lugar de sumar, para restar los píxeles transparentes debe utilizar las teclas **Control-Alt**. Por último, la combinación de teclas para llevar a cabo una

intersección entre la selección original y los píxeles transparentes de la capa o máscara sería **Control-Mayús-Alt**.

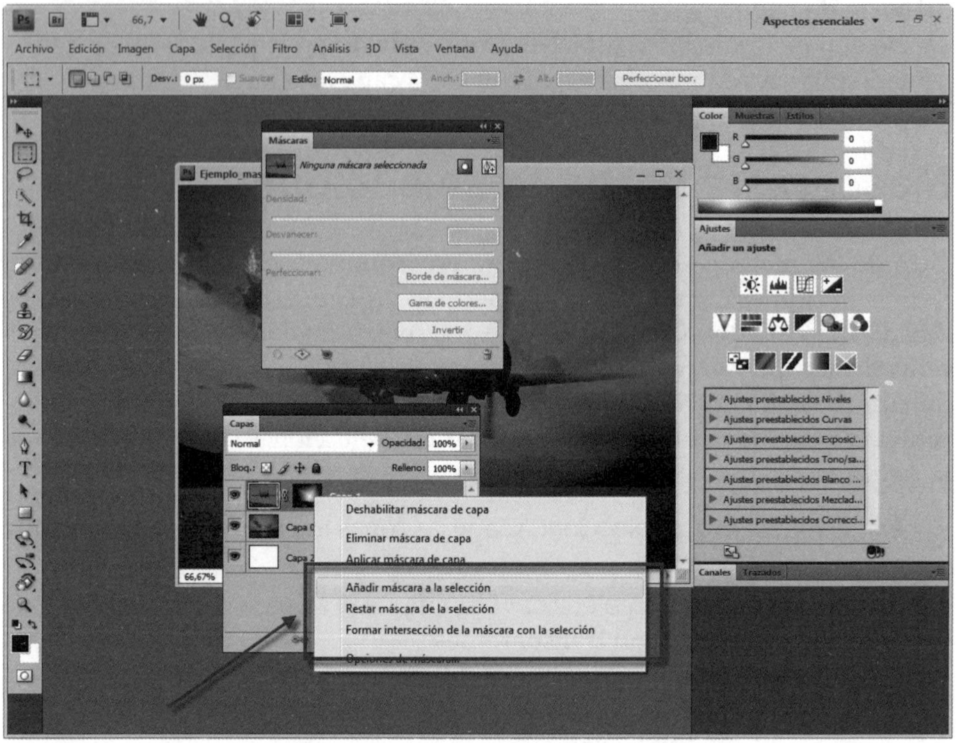


**Figura 10.6.** Comandos para la interacción con selecciones asociado al menú emergente de máscaras.

**Truco:**

*Si lo que necesita es activar de nuevo el área seleccionada como origen para crear una máscara, utilice el icono situado en la parte inferior del panel Máscaras denominado Cargar selección de máscara, el primero empezando por la izquierda.*

# Panel Máscaras

Intencionadamente hemos dejado para el final la descripción del panel Máscaras incorporado como novedad importante en Photoshop CS4. El propósito es dar a conocer en primer lugar los conceptos fundamentales sobre máscaras y de esta forma aprovechar mejor las ventajas que ofrece este nuevo panel. Como podemos comprobar en la figura 10.7 el panel Máscaras incluye una serie de reguladores, botones y pequeños iconos. Alguno de ellos ya han sido comentados en los apartados anteriores pero veamos el significado del resto.

- Densidad: Este primer regulador permite controlar la opacidad de la máscara, es decir, el grado de transparencia con respecto a los elementos de la capa.
- Desvanecer: Con esta opción podremos mejorar el suavizado de los bordes de la máscara aunque también veremos cómo aplicar esta posibilidad desde el cuadro de diálogo que muestra el botón Borde de máscara.

Además de estos dos reguladores, en la sección Perfeccionar del panel Máscara se encuentran disponibles tres botones:

- Borde de máscara: Haga clic sobre este botón y aparecerá un cuadro de diálogo como el que muestra la figura 10.8. A simple vista podrá comprobar que es idéntico al cuadro de diálogo Perfeccionar bordes que tratamos en el capítulo dedicado a las herramientas de edición. En realidad, la función de cada una de las opciones es la misma pero esta vez aplicada a la máscara activa, es decir, podemos suavizar sus bordes, aumentar o disminuir el radio de sus esquinas, variar el contraste, contraerla o expandirla, etcétera. Y además de todas estas posibilidades, en la parte inferior del cuadro de diálogo dispone de diferentes modelos de previsualización.
- Gama de colores: Utilice el cuadro de diálogo que aparece tras seleccionar este botón para crear máscaras a partir de cualquier tonalidad predominante de la imagen. Tanto el cuadro de diálogo como su funcionalidad son prácticamente las mismas que tratamos para el comando Reemplazar color del menú Imagen>Ajustes.
- Invertir: Pasa las zonas opacas a transparentes y las transparentes a opaca.

**Figura 10.7.** Panel Máscaras.

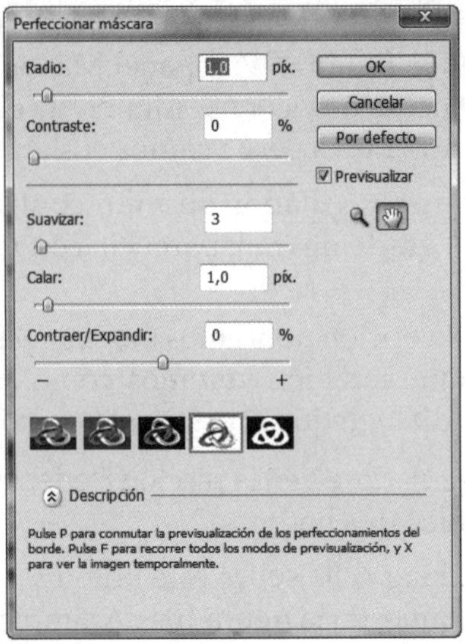


**Figura 10.8.** Cuadro de diálogo Perfeccionar máscara.

En la parte inferior del panel Máscaras, encontramos cuatro pequeños iconos cuyo significado, de izquierda a derecha, sería: Carga la selección actual, hacer efectivos todos los ajustes del panel, mostrar u ocultar la máscara activa y eliminar la máscara.

**Nota:**

*Aunque podemos trabajar con máscaras sin recurrir al panel, no desaproveche las funcionalidades y herramientas que proporciona.*

# Máscaras vectoriales vs máscaras de píxel

Hasta ahora hemos visto que podemos crear máscaras a partir de selecciones, con herramientas de pintura como Degradado o Pincel e incluso tomando como referencia determinados tonos de la imagen.

Pero si lo que necesita es crear una forma concreta o un objeto puede utilizar las herramientas de forma o Pluma y el icono Máscara vectorial resaltados en la figura 10.9. Los pasos para crear este tipo de máscaras son los siguientes:

1. A continuación, pase a Seleccionar la capa sobre la que desea aplicar la máscara.

2. En el panel Máscara haga clic sobre el icono Máscara vectorial o utilice el comando Capa>Máscara Vectorial>Descubrir todas.
3. A continuación utilice la herramienta Pluma o alguna de las herramientas de forma para definir el aspecto de la máscara.
4. Utilice el resto de elementos de configuración de máscaras del mismo modo que hemos descrito para las máscaras de píxel al principio del capítulo.

La figura 10.10 muestra una sencilla máscara creada con una de las herramientas de forma.

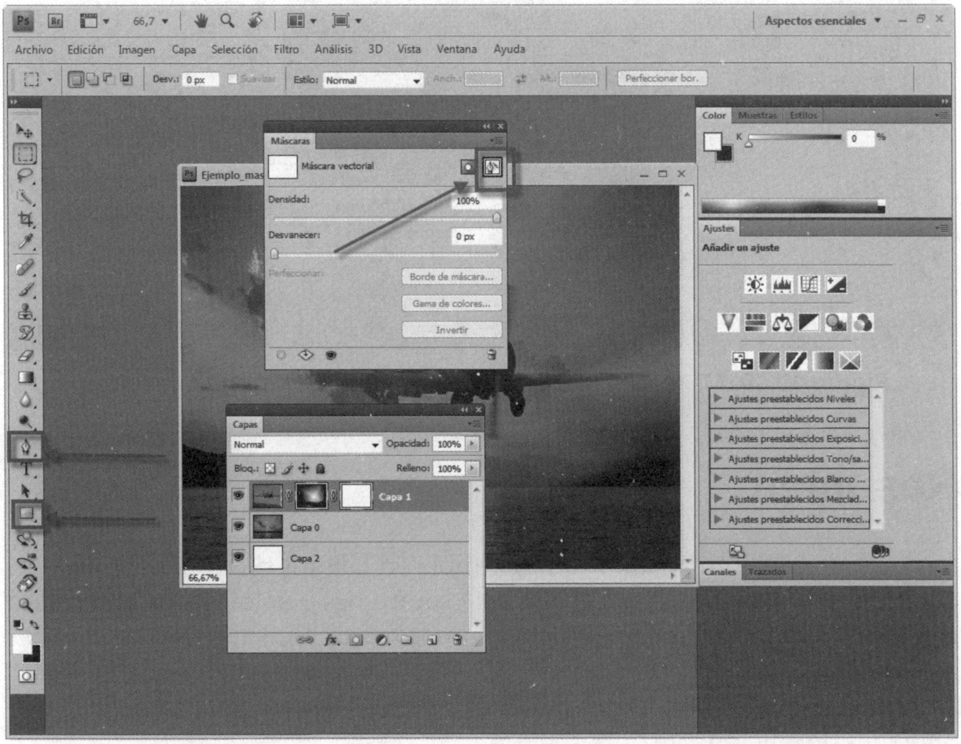


**Figura 10.9.** Herramientas para crear máscaras vectoriales y situación del icono Máscara vectorial dentro del panel Máscaras.

### Truco:

*Para convertir cualquier máscara vectorial en una máscara de píxel y así aumentar sus posibilidades de edición, utilice el comando* Capa>Rasterizar>Máscara vectorial.

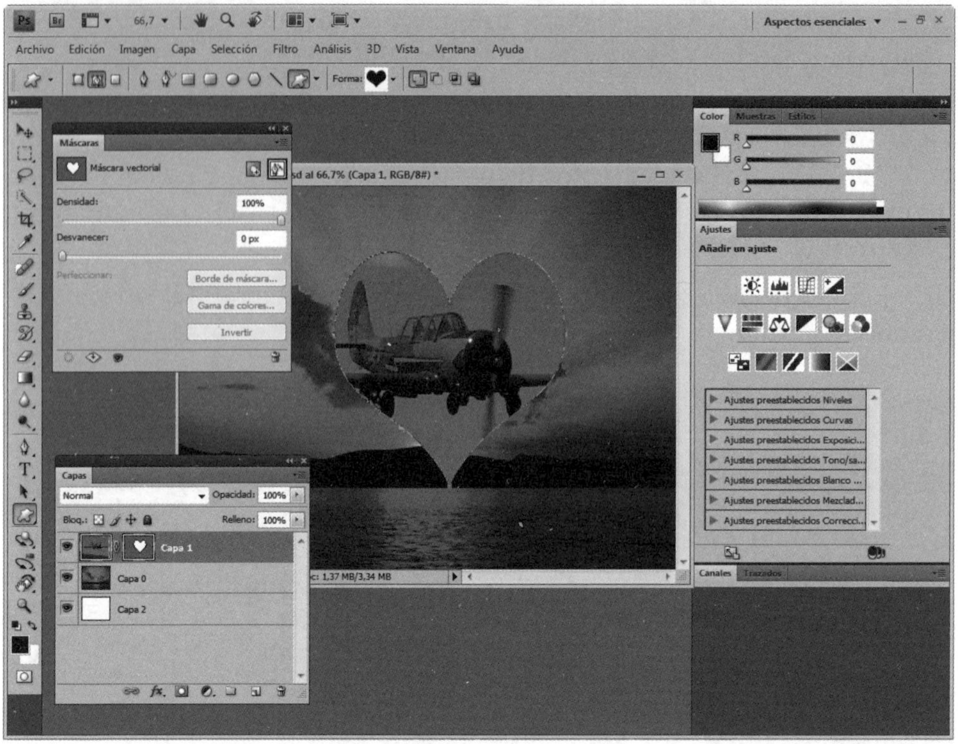


**Figura 10.10.** Máscara vectorial creada con una herramienta de forma.

# Resumen

Las máscaras son un aliado imprescindible en labores de diseño y fotocomposición que debemos conocer. En este capítulo, no sólo hemos aprendido cómo se crean, también hemos visto algunos trucos para aprovechar al máximo sus propiedades.

Tampoco podemos olvidarnos del nuevo panel Máscara y de todas las posibilidades de edición que ofrece.

# Capítulo 11

# Deshacer y rehacer

**En este capítulo aprenderá a:**

- Conocer el funcionamiento del panel Historia.
- Deshacer y rehacer operaciones en Photoshop.
- Crear instantáneas.
- Configurar las opciones de historia.
- Utilizar el Pincel de historia y el Pincel histórico.
- Deshacer con la herramienta Borrador.
- Usar los comandos Purgar y Volver.

# Introducción

En las primeras versiones de Photoshop no existía ningún modo de deshacer múltiples operaciones, y este hecho provocaba una limitación importante en el proceso de edición y creación pero, por suerte para todos nosotros fue resuelta de modo impecable. La solución es el panel Historia que podemos ver en la figura 11.1. En ella se irán registrando todas las operaciones que realicemos y que después podemos deshacer por grupos o de forma independiente, como veremos a lo largo del capítulo.

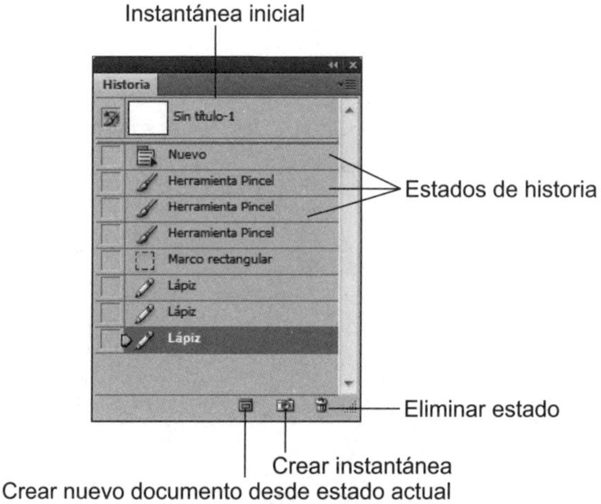


**Figura 11.1.** Panel Historia.

**Nota:**

*Al margen de lo que expliquemos en este capítulo sobre el panel Historia, no olvide que el comando* **Control-Z** *deshace la última acción llevada a cabo sobre la imagen.*

Desde el momento en que abrimos una imagen, cualquier operación que ejecutamos queda almacenada en el panel Historia, incluso el propio comando Abrir o Nuevo se registra.

Para entender mejor el funcionamiento del panel Historia, pasemos directamente a la acción y comprobemos cómo deshacer una o más operaciones. Recuerde que para mostrarla debemos recurrir al comando Historia del menú Ventana.

1. En el panel Historia, sitúe el cursor sobre el pequeño regulador colocado a la izquierda de la última acción registrada como muestra la figura 11.2.

Cuando nos situamos en el panel Historia, el cursor se transforma en una mano con el dedo índice extendido.

2. Haga clic y mueva el regulador hacia arriba para seleccionar todos aquellos estados o acciones que quiera eliminar. Como puede comprobar en la figura 11.3, el nombre de los estados seleccionados se vuelve de color gris y la descripción de cada uno de ellos aparece en cursiva.
3. Para completar la operación, haga clic sobre el icono Eliminar o pulse con el botón derecho y seleccione el comando Eliminar. Antes de completar la operación, aparecerá un cuadro de diálogo solicitándonos confirmación. Después, todas las acciones seleccionadas se eliminan del panel y sus efectos desaparecen de la imagen.

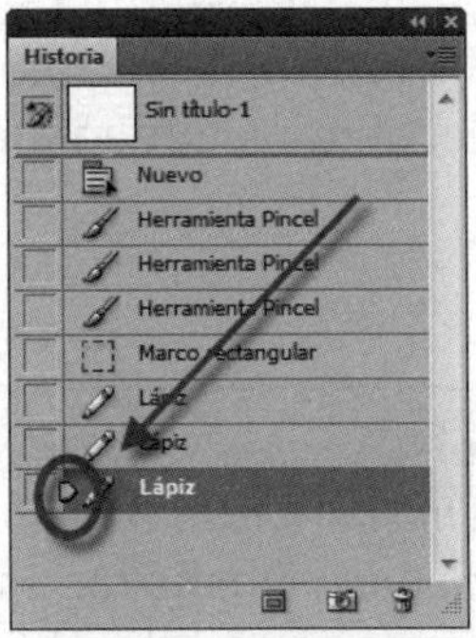


**Figura 11.2.** Regulador de posición de deshacer.

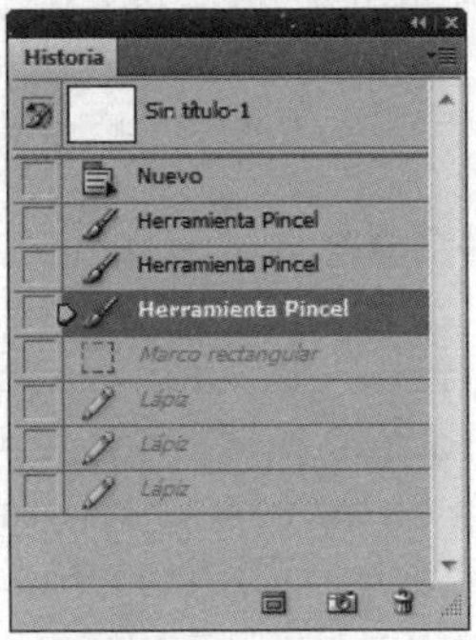


**Figura 11.3.** Estados listos para deshacer.

**Advertencia:**

*Por defecto, el panel Historia está configurado para almacenar las últimas veinte acciones, aunque veremos un poco más adelante cómo podemos modificar este valor.*

Otra forma mucho más sencilla de utilizar el panel Historia es seleccionar el estado a partir del cual queremos eliminar y seguir trabajando normalmente con Photoshop; los estados seleccionados quedarán eliminados automáticamente en el momento de realizar cualquier nueva acción.

## Rehacer lo deshecho

Si ha experimentado con lo que acabamos de explicar en el apartado anterior y después se ha fijado en el panel Historia, habrá comprobado que curiosamente esta operación no queda registrada. Entonces, ¿qué ocurre si nos hemos confundido y no queríamos eliminar esos estados del panel Historia? Pues bien, que no cunda el pánico, existe una solución que consiste en pulsar la combinación de teclas **Control-Z**. El único inconveniente es que este método sólo funciona si lo ejecutamos inmediatamente después de eliminar los estados del panel.

**Nota:**

*El comando* **Control-Z** *permite retroceder uno a uno en los estados del panel Historia. Del mismo modo, la combinación* **Control-Mayús-Z** *rehace el último comando* Deshacer. *Por otra parte, los comandos* Paso adelante *y* Paso atrás *del menú* Edición *de Photoshop o del menú asociado al panel que aparecen resaltados en la figura 11.4, permiten movernos estado a estado, deshaciendo o rehaciendo en el panel Historia.*

## Crear una instantánea

El panel Historia también permite guardar el aspecto de la imagen en un instante determinado, de manera que podamos recuperarlo con un solo clic de ratón. La principal diferencia entre una instantánea del panel Historia y las composiciones de capas es que éstas últimas tienen un comportamiento mucho más dinámico pudiendo modificar su aspecto si cambia las capas de origen o movernos de forma secuencial entre ellas. Las instantáneas, en cambio, sirven como chaleco salvavidas a la hora de hacer pruebas y modificaciones sobre la imagen, de modo que nos resulte sencillo volver al estado inicial si los resultados no son los esperados.
Para buscar un sentido práctico a las instantáneas, imaginemos que hemos terminado de dibujar una parte de la imagen pero nos gustaría probar algunas

transformaciones para comprobar sus resultados. En este caso, podemos crear una instantánea antes de empezar a aplicar filtros y recuperar el estado inicial de la imagen si los cambios no nos convencen:

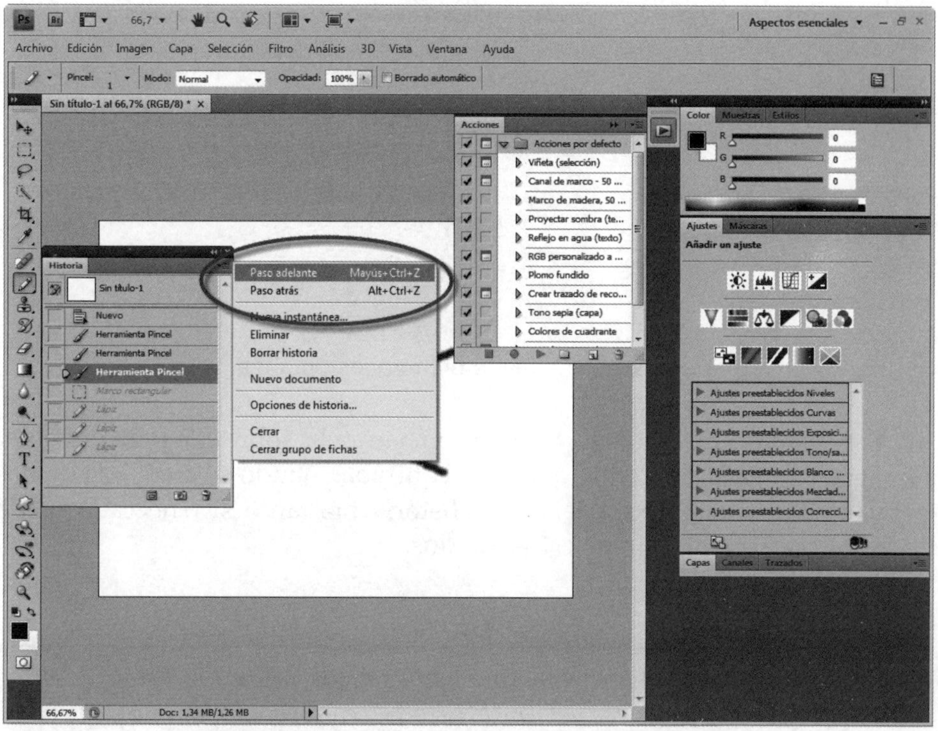


**Figura 11.4.** Comandos Paso adelante y Paso atrás del menú asociado al panel Historia.

## Advertencia:

*Aunque existan características tan potentes como las instantáneas no olvide guardar su trabajo con frecuencia.*

1. Seleccione en el panel Historia el estado que determinará el aspecto de la instantánea. Si se trata del último estado no es necesario hacer nada porque ya se encuentra seleccionado por defecto.
2. Despliegue el menú asociado al panel y seleccione el comando Nueva instantánea. Aparecerá un cuadro de diálogo donde deberá introducir el nombre y elegir las capas que quiere tener en cuenta: todas las que se encuentren combinadas o sólo la capa activa en ese momento.

3. Haga clic en **OK** y compruebe que en la parte superior del panel Historia aparece la instantánea que acaba de crear. La figura 11.5 muestra un ejemplo.

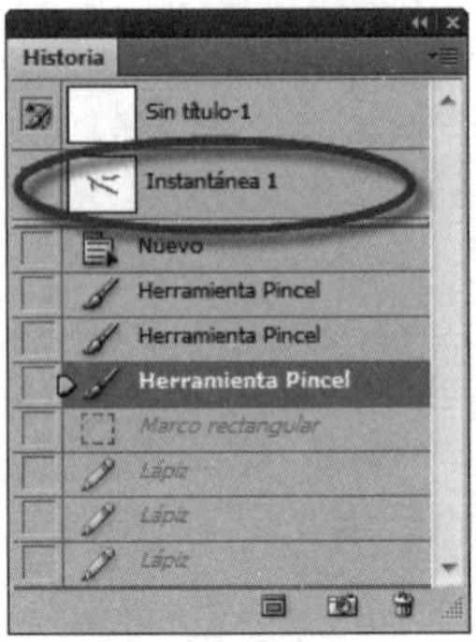


**Figura 11.5.** Nuestra primera instantánea.

Una vez creada la instantánea, bastará con hacer clic sobre ella para devolver la imagen a la situación en la que se encontraba cuando se creó. Las demás operaciones no desaparecen del panel Historia, por tanto, si lo necesita puede recuperar también alguno de estos estados.

**Truco:**

*Para crear una instantánea rápidamente, utilice el botón Crear instantánea nueva del panel Historia, representado por una pequeña cámara fotográfica.*

Es importante tener en cuenta que Photoshop no mantiene la información sobre las instantáneas al guardar y cerrar una imagen, por lo tanto esta información se perderá.

**Nota:**

*Como veremos en los capítulos siguientes, los nuevos filtros automáticos tienen un comportamiento denominado por los ingenieros de Adobe como "no destructivo". Esto significa que podemos eliminarlos y recuperar el aspecto original de la imagen sin mayor problema, cosa que no ocurría hasta ahora. En cualquier caso, las instantáneas siguen siendo un elemento muy útil para salvaguardar nuestro trabajo antes de realizar cualquier otro tipo de transformación.*

## Eliminar una instantánea

Para eliminar una instantánea, haga clic sobre ella con el botón derecho y seleccione el comando Eliminar o también puede elegir el comando del mismo nombre en el menú asociado al panel Historia.

# Crear un documento nuevo a partir de un instante determinado

Ya sabemos cómo crear una instantánea pero si lo prefiere, también puede crear una nueva imagen a partir de un estado determinado del panel Historia. Sólo tiene que seleccionar el instante que quiere que sirva como punto de referencia para crear la nueva imagen y, posteriormente, hacer clic en el icono Crear un documento nuevo desde el estado actual situado en la parte inferior del panel Historia como muestra la figura 11.6.

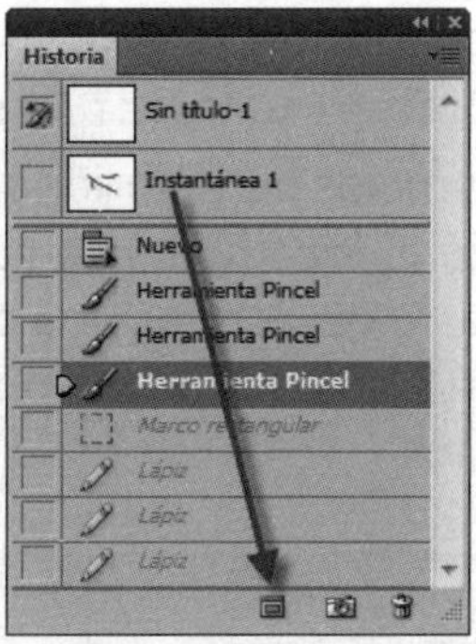


**Figura 11.6.** Botón Crear un documento nuevo desde el estado actual.

**Nota:**

*El comando Nuevo documento situado en el menú asociado al panel Historia, también permite abrir una imagen nueva a partir de la instantánea seleccionada.*

# Opciones de historia

Como la mayoría de los elementos de Photoshop, el panel Historia también se puede configurar, si bien es cierto que no contiene demasiadas opciones como podemos observar en la figura 11.7, algunas de ellas son realmente interesantes. Para acceder a ellas seleccionaremos el comando Opciones de historia del menú asociado al panel. A continuación describimos el significado de las más importantes:

- Crear automáticamente primera instantánea: Se encuentra activada por defecto y tiene como misión crear una instantánea en el momento de abrir la imagen. Conviene no desactivarla para tener siempre la posibilidad de recuperar el estado inicial de la imagen.
- Crear automáticamente nueva instantánea al guardar: Si activa esta casilla, cada vez que utilice el comando Guardar se creará una nueva instantánea basada en el estado actual de la imagen.
- Permitir historia no lineal: Hasta ahora hemos visto que al seleccionar un determinado estado en el panel Historia, todos los que se encontraban debajo de él quedaban automáticamente seleccionados y, al eliminarlo, desaparecían también todos los estados posteriores. Si prefiere tratar cada uno de los estados de forma independiente, active esta casilla. En la figura 11.8 puede ver el aspecto del panel Historia en los dos casos.
- Mostrar por defecto el cuadro de diálogo Nueva instantánea: Obliga a Photoshop a pedir un nombre cada vez que se crea una instantánea.
- Hacer permanentes los cambios de visibilidad de capa: El propósito de esta opción es registrar también los cambios de visibilidad de las capas. Hasta ahora, la acción de activar o desactivar una capa no quedaba grabada en el panel Historia, pero en Photoshop CS3 podemos hacerlo si activamos esta casilla de verificación.

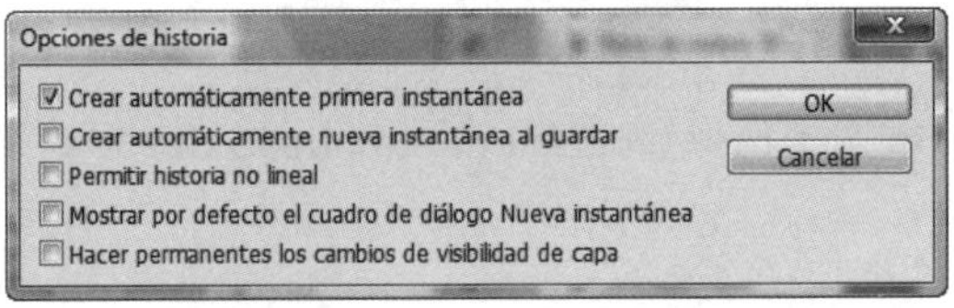


**Figura 11.7.** Opciones de historia.

## Definir el número máximo de estados

Para establecer el número máximo de estados que almacena el panel Historia debemos seleccionar el comando Preferencias del menú Edición y después hacer clic sobre Rendimiento para mostrar el cuadro de diálogo tal y como aparece en la figura 11.9. En el cuadro de diálogo que aparece, se encuentra la opción Estados de historia, donde podemos introducir el valor que deseemos.

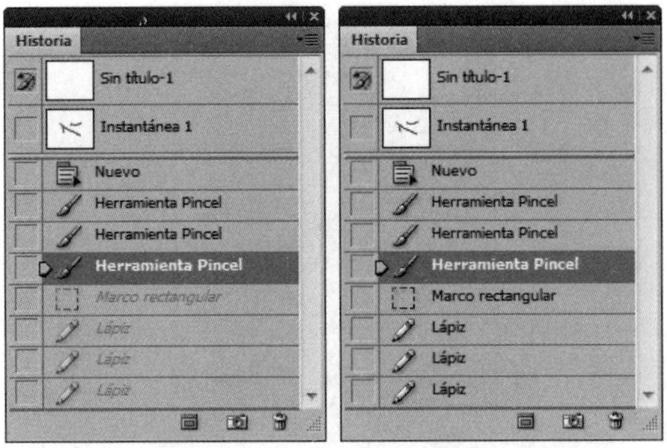


**Figura 11.8.** Panel Historia en modo lineal y no lineal.

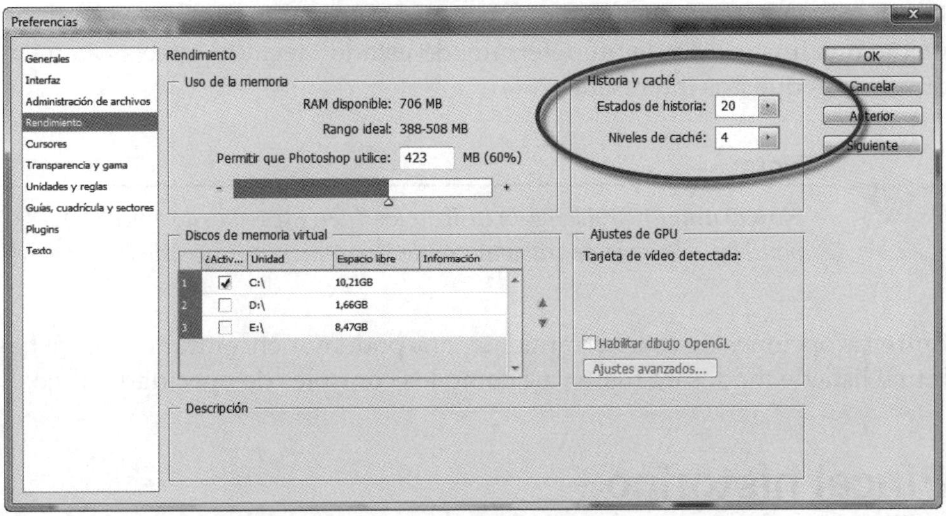


**Figura 11.9.** Configurar los estados de historia.

# Pincel de historia

La herramienta Pincel de historia permite deshacer de forma manual, total o parcialmente, determinadas acciones o estados de la imagen. Su funcionamiento es sencillo: en el panel Historia, haga clic en la casilla situada a la izquierda del estado a partir del cual quiere que tenga efecto el Pincel de historia.

Una vez hecho esto el aspecto del panel lo puede ver en la figura 11.10. Después, sólo necesita usar la herramienta como si de un elemento de edición se tratara para eliminar aquellas zonas que desee.

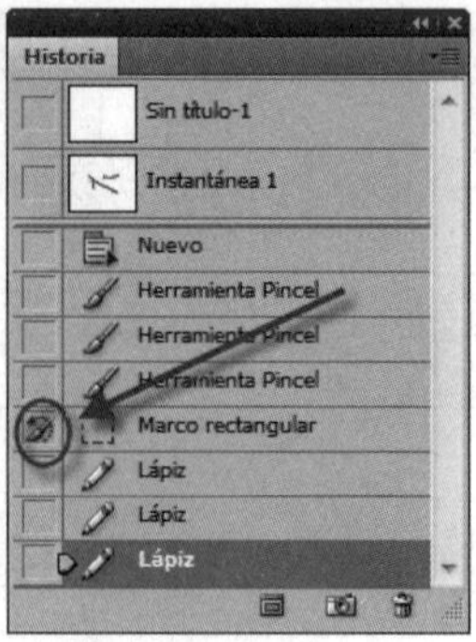


**Figura 11.10.** Estado a partir del cual tendrá efecto el Pincel de historia.

La principal ventaja que ofrece esta herramienta es la de restablecer parcialmente una imagen desde un determinado estado, dejando intactas aquellas otras zonas que nos interesen.

**Nota:**

*No hay ningún problema en utilizar los diferentes tipos de pinceles disponibles a la hora de trabajar con la herramienta Pincel de historia.*

Entre las opciones de esta herramienta, nos podemos encontrar con la ya habitual lista de modos de fusión así como los controles de opacidad y flujo.

# Pincel histórico

Lo cierto es que los resultados que se consiguen con la herramienta Pincel histórico son realmente sorprendentes. Con ella, al mismo tiempo que deshacemos las últimas operaciones realizadas sobre la imagen, tenemos la posibilidad de aplicarle espectaculares efectos de pintura. En la figura 11.11 podemos ver los tres estados de la imagen: el primero muestra la imagen original; en el segundo nos hemos divertido un poco; y el tercero muestra el resultado después de utilizar el Pincel histórico.

**Truco:**

*El método abreviado asociado tanto al Pincel de historia como al Pincel histórico es la tecla* **Y**.

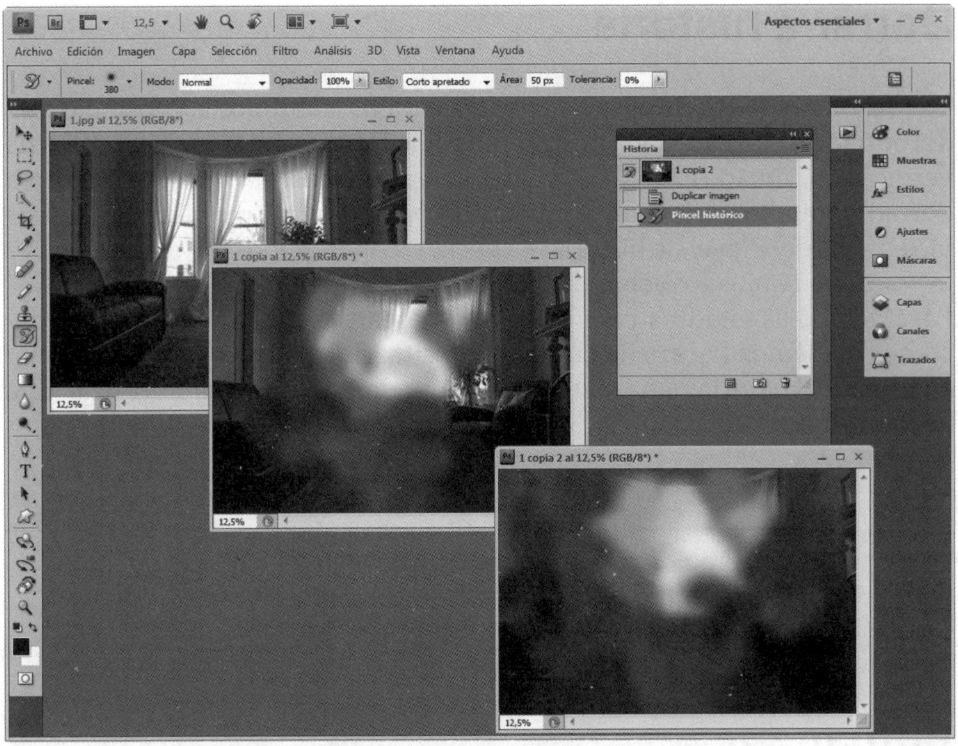


**Figura 11.11.** Resultado de utilizar el Pincel histórico.

# Opciones del Pincel histórico

Además de las opciones habituales de modo y opacidad, disponemos de las siguientes posibilidades para configurar esta herramienta:

- Estilo: La opción elegida en esta lista determina fundamentalmente la forma del trazo.
- Área: Permite establecer el radio de acción de la herramienta en cada momento.
- Tolerancia: Ofrece la posibilidad de limitar la zona en la que el uso del pincel surtirá efecto.

Para poder facilitar la tarea de elegir el pincel adecuado en cada caso, en el margen izquierdo de la barra de opciones correspondiente a estas dos herramientas se encuentra un pequeño icono que mostrará al instante el panel Pinceles.

# Borrar a historia

En el capítulo dedicado a las herramientas ya descubrimos las posibilidades del borrador, pero quedaba por ver la opción Borrar a historia. Esta casilla de verificación, situada al final de la barra de opciones asociada a la herramienta Borrador, modifica su comportamiento y hace que sus propiedades se asemejen a las del Pincel de historia. Es decir, recuperaremos de forma selectiva los cambios realizados sobre una imagen.
Para definir el estado a partir del cual deseamos que tenga efecto el borrador, debemos hacer clic en la casilla situada a la izquierda del mismo en el panel Historia. Una vez hecho, ya podemos empezar a utilizar esta herramienta.

**Truco:**

*Si quiere utilizar las propiedades de la opción* Borrar a historia *mientras trabaja con el Borrador en su configuración normal, pulse la tecla* **Alt**.

# Purgar

Cada vez que utilizamos la combinación de teclas **Control-C** (Copiar), definimos un motivo o usamos las propiedades de historia o de deshacer, estamos consumiendo memoria que, como todos sabemos, es un preciado tesoro cuando se trabaja con una aplicación tan exigente como Photoshop.
Para liberar selectivamente la memoria utilizada por estas operaciones, es conveniente utilizar el comando Purgar del menú Edición. Cuando seleccionamos este comando, aparece un nuevo submenú con cuatro opciones: Portapapeles, Deshacer, Historias y la última, Todo, que seguro puede imaginar para qué sirve.

**Advertencia:**

*Una vez ejecutadas algunas de las opciones del comando* Purgar *no es posible deshacer la operación; por este motivo, debe estar muy seguro antes de utilizarlas. Nuestro consejo es que no lo haga, a no ser que tenga muchos problemas de rendimiento o que Photoshop no pueda ejecutar una operación por falta de este recurso.*

# Volver

El comando Volver está presente en todas las aplicaciones de Adobe y al ejecutarlo recuperamos la última copia guardada del archivo actual. Es una especie de atajo rápido para la operación de salir sin guardar y volver a abrir de toda la vida.

**Truco:**

*La tecla de función* **F12** *permite acceder al comando* Volver *de forma mucho más rápida y eficaz.*

# Resumen

Conocer las posibilidades para deshacer y rehacer acciones es una tarea fundamental que necesitamos tener presente. Photoshop dispone del panel Historia donde quedan registradas cada una de las operaciones que ejecutamos y las almacena en forma de estados, de modo que podamos deshacer cualquiera de ellos siempre que sea necesario.

En este capítulo hemos dado a conocer todas las posibilidades del panel Historia disponibles en Photoshop. Pero no sólo hemos hablado de este panel, también acabamos de comprobar las posibilidades de herramientas como los pinceles de historia o los comandos relacionados Purgar y Volver. Y por supuesto, no olvide la combinación **Control-Z** para deshacer la última acción.

# Volver

# Capítulo 12

# Añadir y transformar textos

**En este capítulo aprenderá a:**

- Añadir textos y párrafos a nuestros proyectos de diseño.
- Editar las características del texto.
- Utilizar los paneles Carácter y Párrafo.
- Crear máscaras de texto.
- Rasterizar textos y párrafos.
- Dar forma al texto.
- Revisar la ortografía.
- Buscar y reemplazar textos.

# Introducción

Está claro que no vamos a utilizar Photoshop para escribir una carta, pero con frecuencia necesitaremos incluir fragmentos de texto en nuestras imágenes o proyectos de diseño como puede observar en la figura 12.1.

**Figura 12.1.** Ejemplo de texto añadido con Photoshop a una imagen.

Es habitual que las aplicaciones de pintura traten el texto en formato mapa de bits, teniendo como principal inconveniente la pérdida de nitidez al aumentar la resolución del archivo. Photoshop trabaja de forma mucho más inteligente con el texto, aplicándole propiedades vectoriales. Las ventajas son evidentes:

- Los bordes no pierden calidad al aumentar la resolución o el tamaño de la imagen.
- Se multiplican las posibilidades de adaptar el texto a formas no convencionales como curvas, desniveles, deformaciones... y todo, manteniendo la nitidez de los trazos.

- El texto en formato vectorial ocupa menos espacio, por lo que el tamaño del archivo también se ve beneficiado en este aspecto.

En general, todo lo referente al tratamiento de texto ha mejorado notablemente en las últimas versiones. Ahora es sencillo crearlo, modificarlo y, lo mejor de todo, aplicarle multitud de variaciones tanto en la forma como en el estilo.

**Nota:**

*Muchas de las transformaciones descritas hasta ahora para selecciones, capas o máscaras, también las admiten por los objetos de texto de Photoshop.*

# Añadir texto

Para incluir cualquier palabra, frase o párrafo dentro de una imagen, el único método posible dentro de Photoshop es utilizar la herramienta Texto. Trabajar con ella es muy sencillo: selecciónela y haga clic en la zona donde quiera colocar el objeto de texto. A continuación, una línea vertical actuará como cursor indicando el punto exacto donde comenzará el texto; en ese momento, puede comenzar a escribir. Para terminar, haga clic en el botón Aprobar modificaciones actuales situado en el extremo derecho de la barra de opciones como muestra la figura 12.2. No se preocupe demasiado por la posición en la que quede el texto, puede moverlo fácilmente con tan sólo hacer clic sobre él y arrastrar mientras mantiene pulsada la tecla **Control**. Incluso puede utilizar este método antes de comenzar a escribir o mientras está en ello.

**Nota:**

*Por defecto, el color del texto será el que se encuentre seleccionado en el panel Herramientas como color de primer plano o el último tono utilizado. De cualquier forma, también veremos cómo modificar este aspecto a través de las posibilidades de la barra de opciones.*

## Texto de párrafo

Otra forma de añadir texto a una imagen es utilizar lo que Photoshop denomina "texto de párrafo". En este caso, en lugar de hacer clic y escribir, definiremos previamente el área que ocupará el texto. La forma de hacerlo es sencilla:

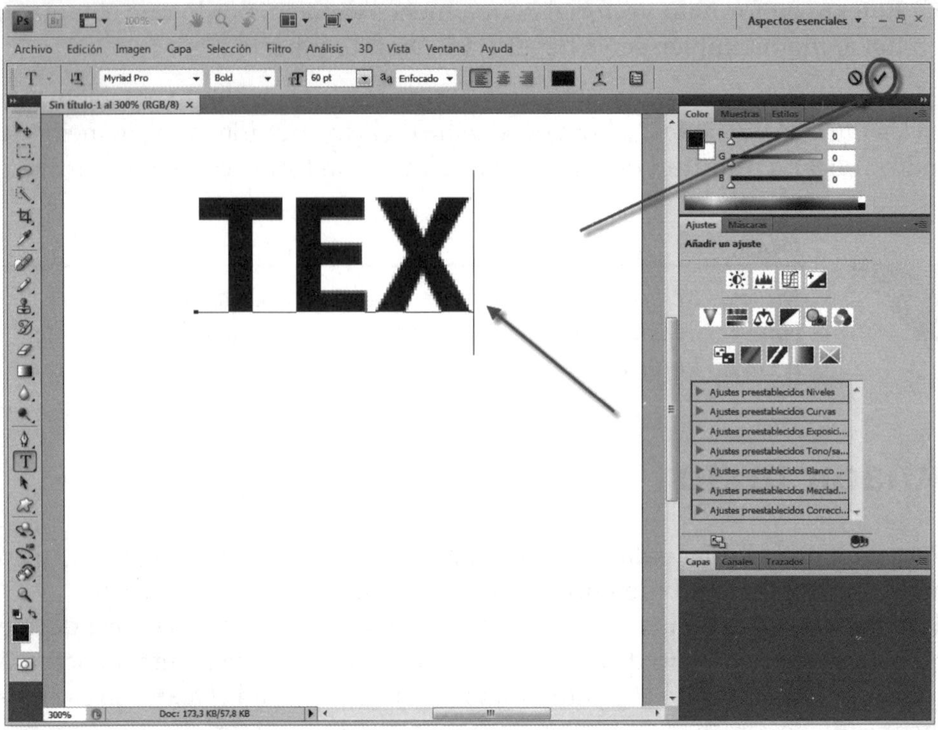


**Figura 12.2.** Cursor de texto y botón Aprobar modificaciones actuales de la barra de opciones.

1. Seleccione la herramienta Texto.
2. Haga clic y mantenga pulsado el botón izquierdo del ratón mientras arrastra para definir las dimensiones del rectángulo delimitador mostrado en la figura 12.3. Esta área será la que contenga el texto que desea incluir sobre la imagen.
3. A continuación, escriba el texto de la forma habitual. Para terminar, haga clic en el botón Aprobar modificaciones actuales situado en la barra de opciones.

**Truco:**

*El método abreviado asociado a la herramienta Texto es la tecla* **T**.

Después de dibujar el rectángulo delimitador, es muy posible que nos encontremos con la necesidad de modificar alguna de sus características:

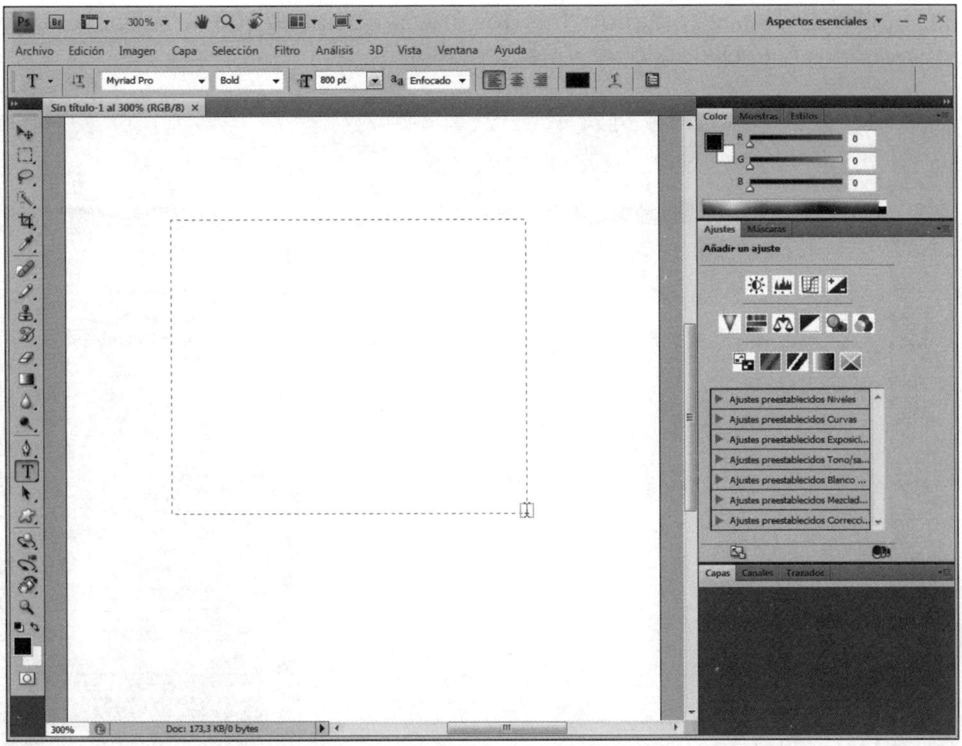


**Figura 12.3.** Texto de párrafo.

- Sitúe el ratón sobre cualquiera de los delimitadores del rectángulo y arrastre para cambiar su tamaño. Si quiere mantener las proporciones, mantenga pulsada la tecla **Control** mientras desplaza el delimitador.
- Para girar el rectángulo, coloque el cursor en la parte exterior de cualquier delimitador hasta que se transforme en una doble flecha curvada. En ese instante, arrastre para aplicar el valor de giro que desee. El eje de referencia para ejecutar el giro es el pequeño círculo que se encuentra en el centro del rectángulo; haga clic sobre él mientras mantiene pulsada la tecla **Control** si desea modificar su posición y, por lo tanto, el eje de giro del rectángulo. Observe la figura 12.4 para ver un ejemplo.
- Por último, para sesgar el rectángulo delimitador, mantenga pulsadas las teclas **Control** y **Mayús** mientras arrastra cualquiera de sus esquinas.

Todas estas posibilidades ofrecen una increíble libertad para dar forma a nuestros textos. Pero si aún necesita más, puede utilizar las posibilidades del comando Transformar del menú Edición. En este caso, deberemos terminar de escribir el texto y después hacer clic sobre la capa que lo contiene para utilizar las opciones de este comando. Las dos únicas opciones que no se encuentran disponibles son: Distorsionar y Perspectiva.

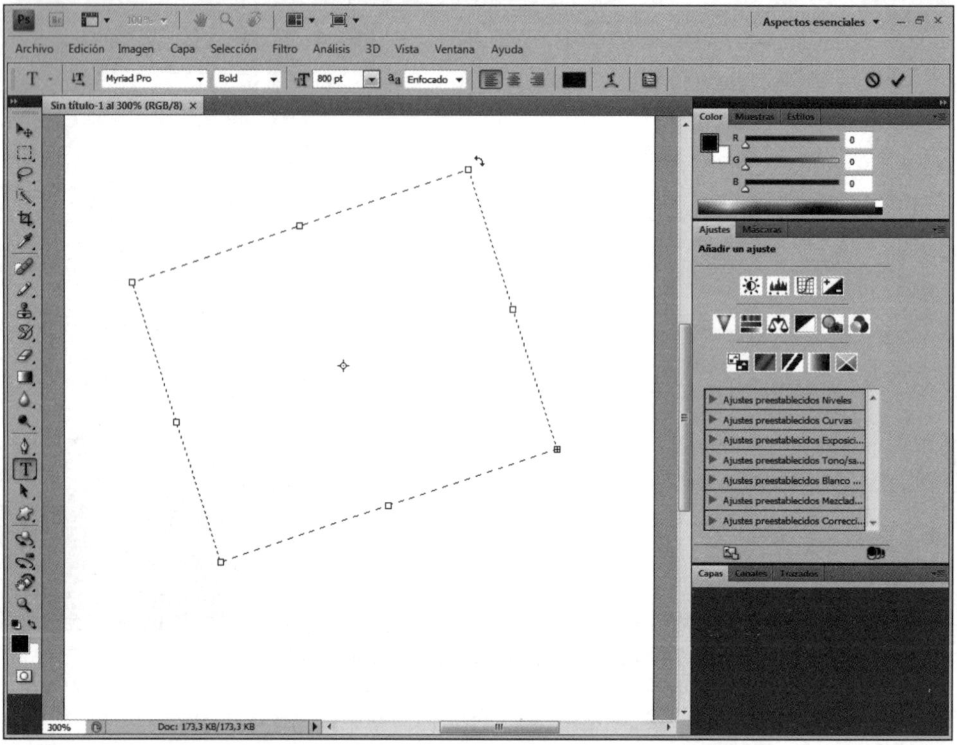

**Figura 12.4.** Girar el rectángulo delimitador para el texto.

Cuando el texto introducido en el rectángulo sobrepasa su capacidad, Photoshop modifica el aspecto del delimitador situado en la esquina inferior derecha del rectángulo para indicar que hay texto oculto. Puede comprobar en la figura 12.5 el aspecto de esta pequeña marca.

## Utilizar el portapapeles para añadir texto

Una propiedad bastante útil es la posibilidad de pegar textos de otras aplicaciones utilizando el portapapeles. Para hacerlo, copie, en primer lugar, el texto que desea utilizar en la aplicación de origen o en el propio Photoshop. A continuación, haga clic si quiere crear un objeto de texto simple o haga clic y arrastre para definir un texto de párrafo. En cualquiera de los dos casos, el siguiente paso será hacer clic con el botón derecho y seleccionar el comando Pegar o, mucho más rápido, utilizar la combinación de teclas **Control-V**.

**Figura 12.5.** Señal indicativa de que hemos sobrepasado la capacidad del rectángulo delimitador.

**Truco:**

*Para transformar un objeto de texto a texto de párrafo, dispone del comando* Convertir en texto de párrafo *en el menú* Capa>Texto.

## Máscaras de texto

De las cuatro herramientas de texto disponibles, dos corresponden a las versiones horizontal y vertical de las máscaras de texto. Con ellas podremos añadir sobre la capa activa un borde de selección de texto como el que muestra la figura 12.6.

Cuando utilizamos alguna de estas dos herramientas, la imagen se cubre de color y el texto aparece en el color blanco. Pero éste no será su aspecto definitivo, simplemente es el método que utiliza Photoshop para facilitar el trabajo mientras creamos la máscara de texto.

**Figura 12.6.** Máscara de texto.

## Advertencia:

*Al utilizar el modo Máscara, en realidad no estamos incluyendo texto sobre la imagen, simplemente creamos su borde de selección. Este modo resulta útil para crear efectos de recorte sobre fondos o aprovechar motivos para rellenar textos.*

Para finalizar la creación de la máscara de texto, utilizaremos el botón Aprobar modificaciones actuales de la barra de opciones y de este modo hacer efectiva la operación. De igual forma, si necesitamos cancelarla podemos usar la tecla **Esc** o el botón Cancelar modificaciones actuales.

## Truco:

*Una vez creado el borde de selección para el texto puede utilizar el botón Añadir máscara del panel Capas para crear un máscara con el texto escrito y aprovechar todas las propiedades de este elemento.*

## Texto vertical

No hace falta explicar que para escribir texto en formato vertical debemos seleccionar la herramienta correspondiente, ya sea Texto vertical o Máscara de texto vertical.

También podremos pasar un texto de vertical a horizontal o viceversa, con tan sólo hacer clic en el botón Cambiar la orientación del texto situado a la izquierda de la barra de opciones y que aparece resaltado en la figura 12.7. Ésta es la forma más sencilla, pero si lo prefiere puede utilizar los comandos que para este fin encontrará al hacer clic con el botón derecho sobre el texto.

**Figura 12.7.** Botón para cambiar la orientación del texto.

## El texto y las capas

Si es una persona observadora, habrá comprobado que en el mismo instante de hacer clic con la herramienta Texto sobre la imagen o terminar de dibujar un rectángulo de texto, aparece una nueva capa que se identifica por una letra "T" mayúscula situada dentro de la miniatura y que adopta como nombre las primeras palabras del texto escrito como podemos comprobar en la figura 12.8.

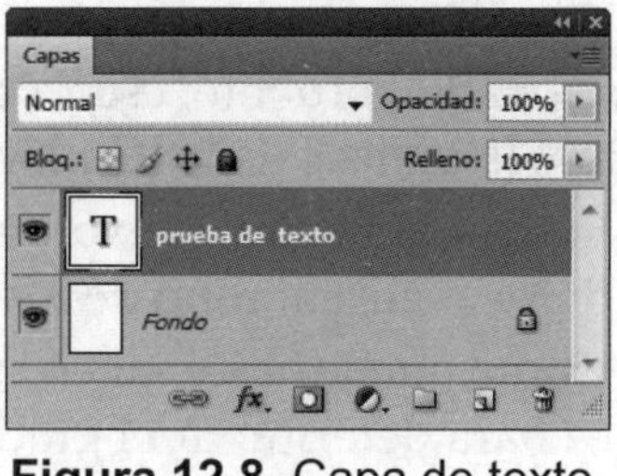


**Figura 12.8.** Capa de texto.

**Truco:**

*Para seleccionar todo el texto de una capa, haga clic sobre su miniatura, no sobre el nombre de la capa.*

Por defecto, las capas de texto tienen bloqueados los píxeles lo que provoca que no sea posible utilizar las herramientas de pintura sobre ellas. El motivo es que Photoshop los trata como elementos vectoriales. En este mismo capítulo, mostraremos la forma de cambiar esta característica de las capas de texto, que en realidad no será otra que convertirlas en mapas de bits, aunque esto suponga algún que otro inconveniente.

# Opciones de texto

Después de elegir algunas de las herramientas disponibles para la creación de texto, la barra de opciones de la figura 12.9, mostrará todas sus posibilidades de configuración.

**Figura 12.9.** Barra de opciones.

Si trabaja habitualmente con procesadores de textos, es muy probable que la mayoría de opciones que mostramos a continuación le resulten familiares:

- Cambiar la orientación del texto: Desde este botón podremos alternar entre texto vertical y horizontal.
- Fuente: En esta lista aparecerán todas las fuentes instaladas en nuestro equipo. Para que nos resulte mucho más sencillo elegir la fuente que mejor se adapte a nuestras necesidades, a la derecha de cada tipo aparece un ejemplo con su aspecto.
- Estilo de fuente: Seleccionada la fuente, escoja en esta opción el atributo que desee aplicarle: Bold (Negrita), Italic (Cursiva) o Regular (Normal).
- Tamaño: Esta casilla no tiene demasiada explicación, simplemente introduzca el tamaño que desee o elija alguno de los que muestra la lista.
- Método de suavizado: Como puede observar en la figura 12.10, disponemos de cuatro posibilidades para determinar el grado de nitidez de la fuente, desde los más suaves como Enfocado o Ninguno hasta los más pronunciados como Fuerte o Redondeado.
- Alineación: Permite justificar el texto a la derecha, a la izquierda o tomando como referencia el centro del texto.
- Color: Pulse en este cuadro para mostrar el Selector de color de Photoshop y de este modo, elegir el color que desee utilizar para el texto.
- Crear texto deformado: Sin duda, una de las opciones más interesantes, ya que permite aplicar todo tipo de deformaciones sobre el texto. En este mismo capítulo hablaremos más a fondo sobre esta propiedad.

- **Paneles**: Utilice este botón como acceso directo a los paneles Carácter y Párrafo, las cuales ofrecerán diferentes propiedades de configuración avanzada que trataremos en los dos apartados siguientes.

**Figura 12.10.** Métodos de suavizado.

# Panel Carácter

Algunas de las opciones incluidas en el panel Carácter mostrada en la figura 12.11, también se encuentran en la barra de opciones, como el tipo de fuente o el tamaño. En cualquier caso, desde este panel tenemos a mano todas las posibilidades de formateo de caracteres incluidas en el programa. La descripción de las más importantes sería la siguiente:

- **Interlineado**: Indica la cantidad de espacio, en sentido vertical, aplicado entre las líneas del párrafo.
- **Kerning**: Esta extraña palabreja corresponde con la opción que permitirá controlar el espacio entre pares de caracteres concretos.

- **Tracking:** Define el espacio entre caracteres. Puede utilizar tanto valores positivos como negativos para aumentar o disminuir esta distancia.
- **Configurar distancia a línea de base:** Define la distancia entre los caracteres y la línea imaginaria sobre la que se sitúan, denominada *línea de base*. Los valores positivos elevan el texto con respecto a esta referencia y los negativos lo bajan. En la figura 12.12, podemos ver un ejemplo en el que hemos elevado una parte de los caracteres.
- **Escalar horizontal:** Modifica el espacio original que ocupan horizontalmente los caracteres, comprimiéndolos para valores menores de 100 y expandiéndolos para porcentajes mayores. En cualquiera de las dos situaciones, existe una deformación sobre el aspecto original de cada carácter.
- **Escalar vertical:** El mismo efecto descrito para la función anterior pero aplicado verticalmente.
- **Negrita falsa** y **Cursiva falsa:** No todos los modelos de fuentes incluyen en su mapa de caracteres versiones negrita y cursiva de los mismos. Estas dos opciones, y en general cualquier opción *faux o falsa*, permiten simular estilos de fuente no definidos en el tipo de letra elegido.
- **Todo en mayúsculas:** Sustituye todos los caracteres en minúsculas por su correspondiente en mayúsculas.
- **Versalitas:** Este estilo de fuente también transforma los caracteres en minúsculas en mayúsculas pero asignándoles una altura menor. Tanto en esta opción como en la anterior, si la familia de fuentes no dispone de estos estilos se utilizarían modelos *faux*.
- **Índice** y **Superíndice:** Estos dos estilos reducen el tamaño de la fuente y modifican su posición con respecto a la línea de base.
- **Subrayado** y **Tachado:** Estas dos opciones no necesitan explicación.
- **Configurar idioma:** Es importante seleccionar en esta lista el idioma en el que se encuentre el texto para que el programa pueda realizar correctamente los procesos de corrección y separación silábica.
- **Método de suavizado:** Las posibilidades de esta lista son idénticas a las que acabamos de describir para la barra Opciones.

# Panel Párrafo

Si el panel Carácter contenía funciones de formateo de caracteres, las opciones del panel Párrafo mostrada en la figura 12.13, afectan al tratamiento de párrafos.

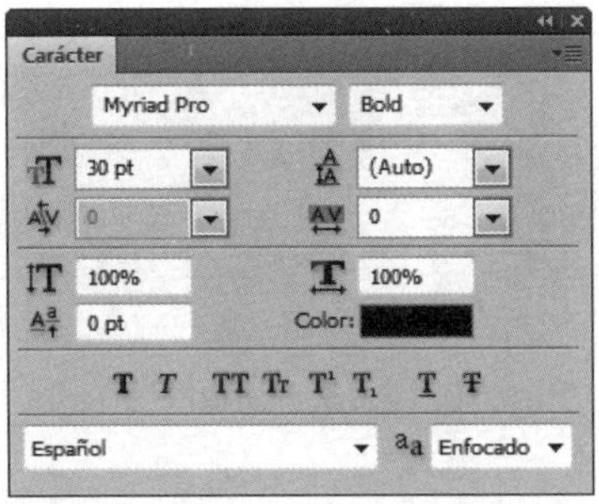


**Figura 12.11.** Panel Carácter.

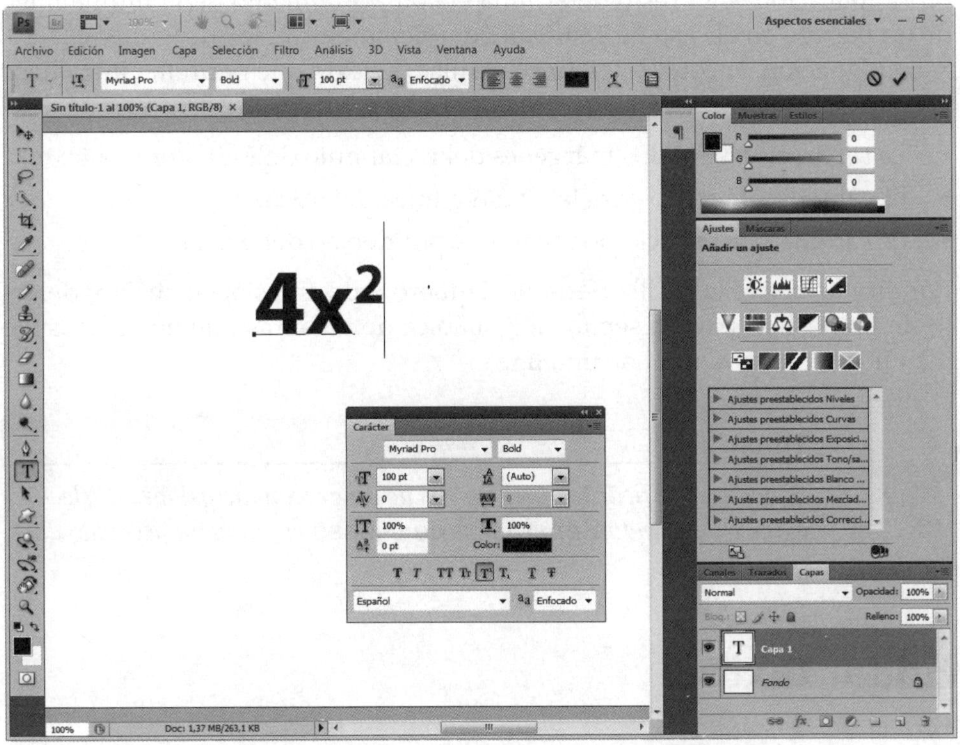


**Figura 12.12.** Texto al que se le ha modificado la altura con respecto a la línea de base.

## Advertencia:

*En el caso de objetos de texto, debemos tener en cuenta que cada línea es un párrafo independiente. No ocurre lo mismo con el texto de párrafo, donde existirán párrafos con más de una línea.*

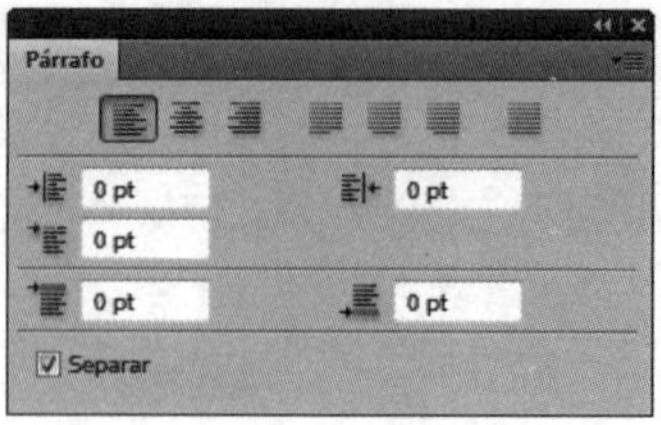


**Figura 12.13.** Panel Párrafo.

En la parte superior del panel, encontramos todas las posibilidades de alineación. Las tres primeras son las típicas que hemos utilizado más de una vez en otras aplicaciones. El resto determina el comportamiento de la última línea de un párrafo en el caso de justificar completamente el texto.
A continuación, encontramos cinco casillas de texto que permiten introducir valores que determinarán:

- La separación entre los márgenes del rectángulo delimitador y el texto.
- El valor de sangrado para la primera línea del texto.
- La cantidad de espacio por encima y por debajo del párrafo.

Por último, active la casilla Separar si quiere utilizar las opciones por defecto de Photoshop para la separación silábica de palabras que no sea posible incluir completas al final de una línea.

**Truco:**

*Si desea modificar los parámetros de separación de palabras, seleccione el comando* Separación de sílabas *en el menú asociado al panel Párrafo.*

# Editar texto

Una vez creado el objeto de texto o el texto de párrafo es posible que necesitemos realizar cambios sobre él. En este caso, lo primero es seleccionarlo. La forma más sencilla es hacer doble clic sobre la miniatura de la capa que contiene el texto que necesitamos editar. Otra forma igual de simple es seleccionar la herramienta Texto y hacer clic sobre el objeto de texto o el texto de párrafo.
Una vez activo el texto, utilice los métodos habituales para desplazarse por él, seleccionar palabras y, cómo no, cambiar cualquier parámetro de su

configuración a partir de las posibilidades de la barra de opciones o de los paneles Carácter y Párrafo.

**Truco:**

*Para crear un borde de selección sobre un texto ya existente, mantenga pulsada la tecla* **Control** *mientras hace clic sobre la miniatura de la capa que lo representa.*

## Rasterizar texto

Como ya hemos comentado, las capas de texto tienen limitadas sus posibilidades de edición por tratarse de elementos vectoriales. Pero si decide que ha terminado de trabajar un texto y quiere utilizar alguna función de pintura sobre la capa que lo contiene, deberá *rasterizarla*. En realidad lo que conseguimos con esta opción no es más que transformar el formato vectorial de los elementos de texto en mapa de bits, proceso imprescindible si queremos editar el texto como una parte más de la imagen.
Para llevar a cabo esta tarea, haga clic con el botón derecho sobre la capa que contiene el texto que quiere transformar y seleccione el comando Rasterizar texto. Si lo desea, puede convertir todas las capas del documento utilizando el comando Capa>Rasterizar>Todas las capas.

**Nota:**

*Recuerde que al rasterizar pierde una de las grandes ventajas de los gráficos vectoriales, que es la posibilidad de ampliarlos sin que pierdan nitidez, así que antes de llevar a cabo este paso asegúrese de que tienen la forma y las proporciones definitivas.*

## Deformar texto

Hasta ahora, en Photoshop, "jugar" con el texto aplicándole formas y adaptarlo a curvas era un trabajo complicado y muchas veces imposible. Desde hace varias versiones contamos con un buen número de opciones para deformar el texto sin demasiado esfuerzo.
Antes de aplicar cualquier deformación, deberá seleccionar la capa que contiene el texto. Una vez hecho, pulse el botón Crear texto deformado, situado en la barra de opciones, para mostrar el cuadro de diálogo que aparece en la figura 12.14.

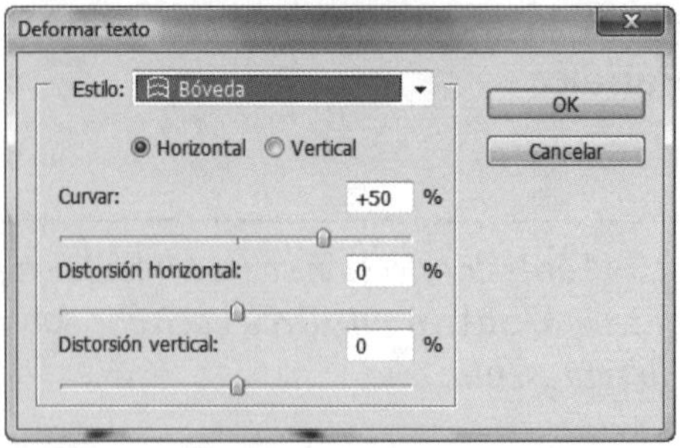


**Figura 12.14.** Cuadro de diálogo Deformar texto.

La lista desplegable Estilo contiene todas las posibilidades para deformar el texto. Como ayuda para facilitarnos la elección del modelo que más nos interese muestra una pequeña miniatura a la izquierda del nombre de cada uno de ellos.

Una vez seleccionado el estilo, utilice los controles situados debajo para modificar los valores por defecto de la deformación. Los botones de opción Horizontal y Vertical determinan el eje sobre el que se aplicarán las modificaciones.

Los controles Curvar, Distorsión horizontal y Distorsión vertical se encargan de intensificar o atenuar los efectos de la deformación seleccionada. Le recomendamos que "juegue" un poco con estos valores para conseguir resultados tan sorprendentes como los que se muestra a continuación en la figura 12.15.

**Truco:**

*Mientras se encuentre visible el cuadro de diálogo* Deformar texto, *podremos desplazar el texto en la imagen con tan sólo hacer clic sobre él y arrastrar.*

# Estilos de capa sobre el texto

Los estilos de capa en el texto se aplican del mismo modo que ya conocemos para las capas habituales. Pero quizás sea sobre el texto donde ganen más fuerza, por lo que recomendamos no perder la oportunidad de probar cada una de las alternativas disponibles. En la figura 12.16 podemos ver un ejemplo en el que hemos aprovechado algunas de las posibilidades de los estilos de capa aplicados sobre el texto.

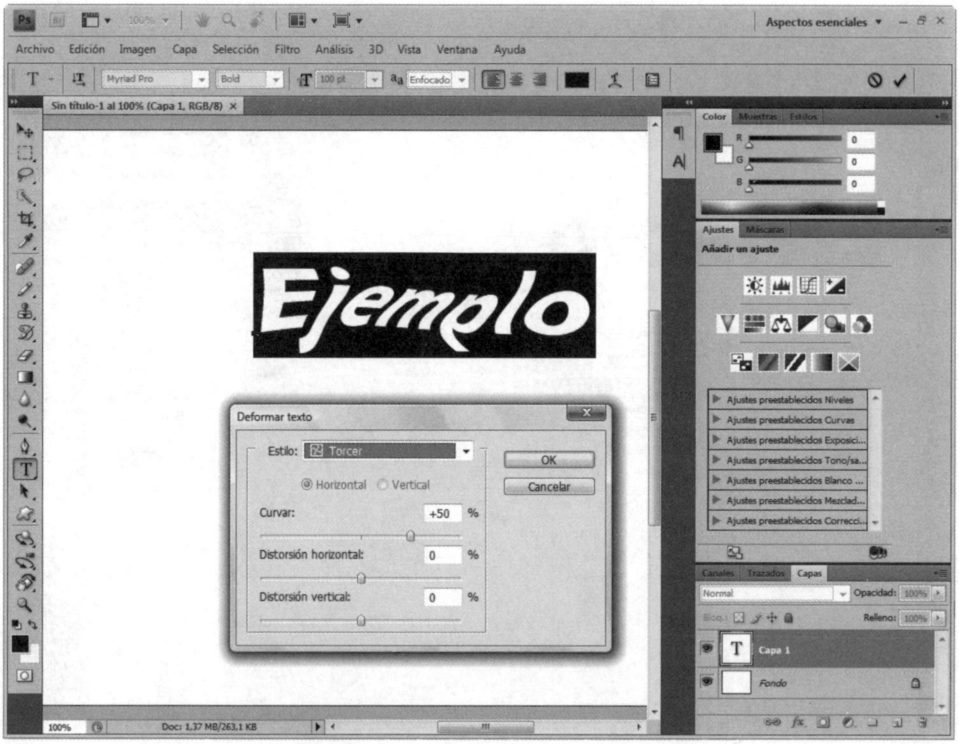


**Figura 12.15.** Texto distorsionado.

# Corrector ortográfico

Entre las posibilidades relacionadas con el tratamiento de textos se incluye el corrector ortográfico, porque... ¿quién puede decir que nunca comete errores de ortografía? No nos extenderemos demasiado en la explicación de esta herramienta ya que funciona del mismo modo que ya conocemos en cualquier aplicación de tratamiento de textos. Para ejecutar el corrector, seleccione el comando **Revisar ortografía** situado en el menú **Edición** y aparecerá el cuadro de diálogo del mismo nombre que muestra la figura 12.17; en él se mostrarán los posibles errores cometidos y algunas sugerencias para solucionarlos.

**Advertencia:**

*Antes de ejecutar el corrector ortográfico, compruebe que, en el panel Carácter, se encuentra seleccionado el idioma adecuado.*

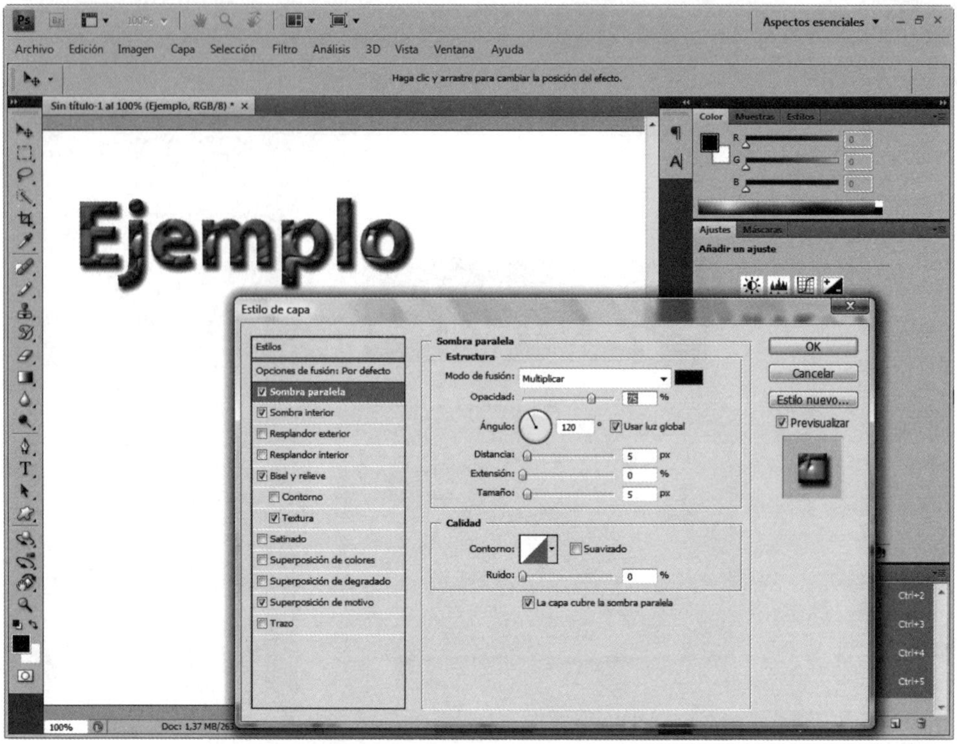


**Figura 12.16.** Estilo de capa aplicado sobre texto.

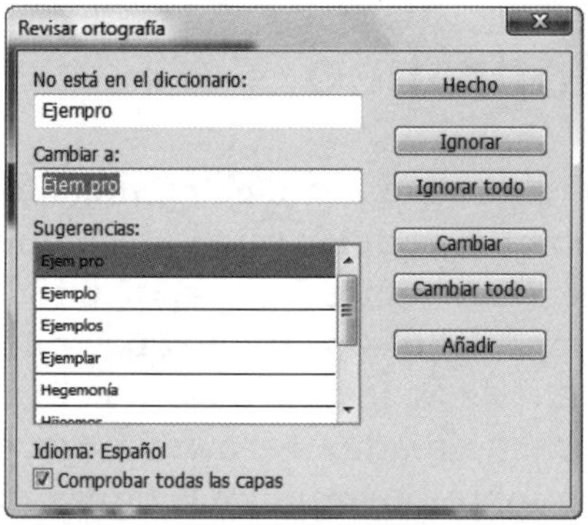


**Figura 12.17.** Cuadro de diálogo Revisar ortografía.

Por último, mencionar la posibilidad de verificar la ortografía de todas las capas de texto de la imagen con tan sólo activar la casilla de verificación Comprobar todas las capas, que se encuentra dentro del cuadro de diálogo Revisar ortografía.

# Buscar y reemplazar texto

Después de leer el título de este apartado podríamos pensar que nos hemos confundido de aplicación. Pues no es así, Photoshop también dispone de esta característica con la que podremos realizar búsquedas y sustituciones entre los textos incluidos en una imagen.
En el menú Edición seleccione el comando Buscar y reemplazar texto para mostrar el cuadro de diálogo que puede ver en la figura 12.18. En él podrá incluir el texto que desea localizar y el término por el que será sustituido.

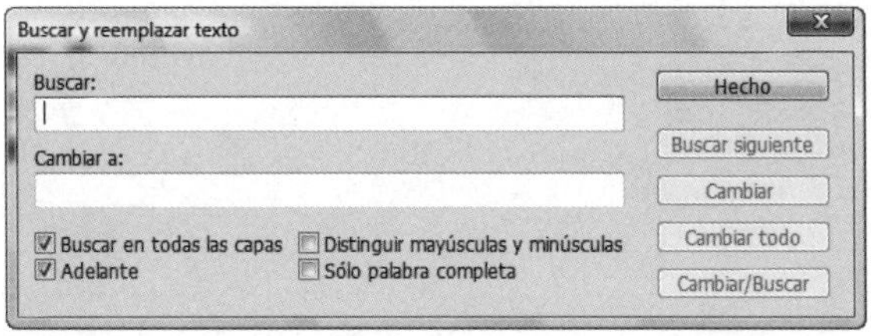


**Figura 12.18.** Cuadro de diálogo Buscar y reemplazar texto.

**Truco:**

*Tanto el comando* Revisar ortografía *como* Buscar y reemplazar texto *se encuentran disponibles en el menú emergente que muestra Photoshop cuando hacemos clic con el botón derecho del ratón sobre cualquier texto.*

# Resumen

Los objetivos para el tratamiento de caracteres y párrafos dentro de una aplicación de pintura son, principalmente, disponer de herramientas lo suficientemente potentes como para dotar de toda la carga creativa posible a los textos que incluyamos en nuestros trabajos. Y, sin duda alguna, así lo hemos podido comprobar en cada uno de los apartados del presente capítulo.
Nunca había sido tan sencillo trabajar con texto en Photoshop y jamás hemos contado con tantas posibilidades a la hora de aplicar efectos o llevar a cabo transformaciones.

# Capítulo 13

# Acerca del color

**En este capítulo aprenderá a:**

- Utilizar el selector de color.
- Trabajar con los paneles Muestras y Color.
- Aprovechar las posibilidades del panel Ajustes.
- Convertir imágenes en color a blanco y negro.
- Controlar los procesos básicos de retoque.
- Utilizar el comando Curvas.
- Usar los comandos de edición y creatividad.
- Aprovechar las posibilidades del comando Variaciones.
- Trabajar con la herramienta Sustitución de color.

# Introducción

En los primeros capítulos del libro, hablamos sobre la composición del color en las imágenes. Como recordará, existen varios modos de color y cada uno de ellos utiliza un método diferente para la representación de la infinidad de tonalidades que puede llegar a contener una imagen.

Independientemente del modo utilizado, el tratamiento del color es fundamental en un programa como Photoshop, al que se hace referencia en muchas ocasiones como una de las mejores herramientas de retoque fotográfico del mercado.

En cualquier caso, el tema del color en Photoshop está planteado para dar salida a dos necesidades diferentes: una está enfocada a la mejora y tratamiento de imágenes que tienen alguna carencia o defecto y que, por lo tanto, necesitan una determinada corrección o ajuste de color. La segunda está pensada para mejorar el proceso creativo, ofreciendo innumerables comandos y opciones para realizar transformaciones sobre los colores originales de la imagen. A partir de estos cambios, se podrán obtener sorprendentes resultados que harán temblar la retina de muchos.

La mayoría de los comandos de Photoshop relacionados con transformaciones y con correcciones de color están recogidos en el comando Ajustes del menú Imagen. Pero también, y como novedad importante en esta versión, se encuentra el panel Ajustes que podemos ver en la figura 13.1 y sin duda será de gran ayuda para realizar las tareas que trataremos a lo largo de este capítulo.

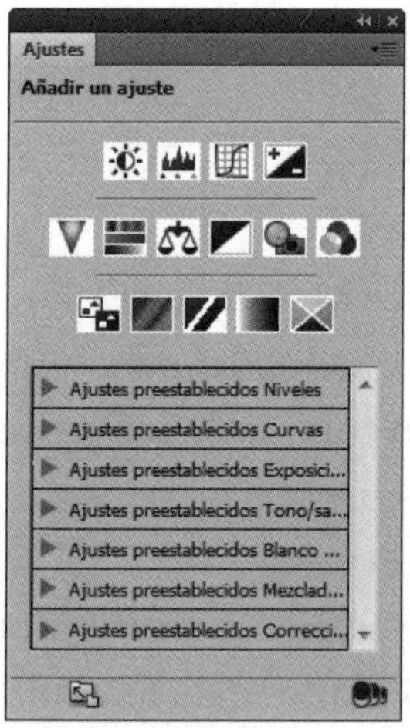


**Figura 13.1.** Nuevo panel Ajustes de Photoshop CS4.

**Nota:**

*El color es un tema realmente importante si quiere convertirse en un usuario de Photoshop y aprovechar todas las posibilidades de esta herramienta. Por ese motivo, le rogamos preste atención a los próximos apartados.*

# Selector de color

Para abrir el selector de color que muestra la figura 13.2, haga clic sobre el color de fondo o el color de primer plano del panel Herramientas. Lo primero que llama nuestra atención de este cuadro de diálogo es el vistoso campo central y, cómo no, todos los controles situados a la derecha.

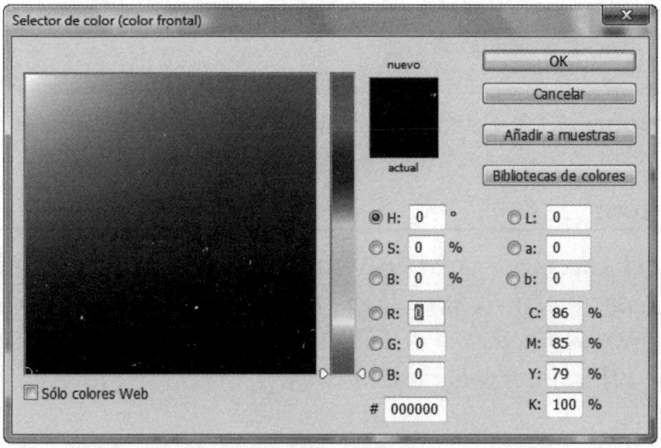


**Figura 13.2.** Selector de color.

El regulador de color situado a la derecha del campo de colores muestra la gama de tonalidades disponibles para el modo seleccionado; por ejemplo, si activamos el botón de opción correspondiente al color rojo del modelo RVA (RGB), el regulador mostrará toda la gama de rojos disponibles; después, puede utilizar el área de colores para elegir el tono deseado.

**Truco:**

*Para facilitar la tarea de elegir un color, nuestra recomendación es utilizar alguno de los componentes del modelo HSB (tono, saturación y brillo).*

Existen empresas que se dedican a crear colores y catalogarlos siguiendo determinados criterios. Quizás, los más conocidos son los colores PANTONE y se utilizan para evitar las variaciones de color entre el diseño original y el resultado impreso. El selector de color de Photoshop dispone de un amplio abanico de posibilidades; para comprobarlo, seleccione **Bibliotecas de colores** y aparecerá el cuadro de diálogo del mismo nombre que muestra la figura 13.3.

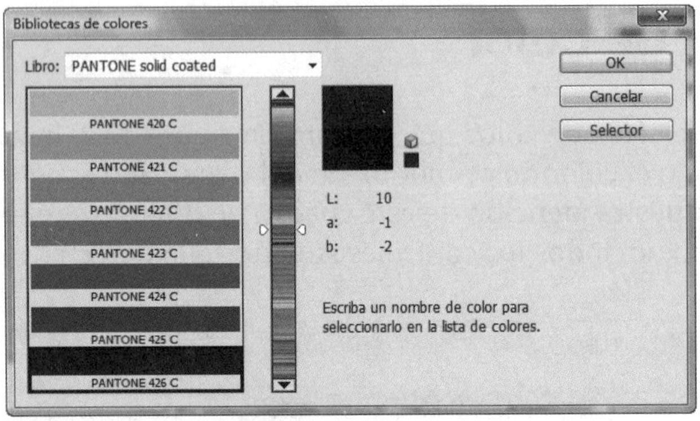


**Figura 13.3.** Cuadro de diálogo Biblioteca de colores.

**Truco:**

*En el selector de color encontraremos dentro de la casilla # el valor hexadecimal de color seleccionado. Esta información puede resultar de gran utilidad en el diseño de imágenes para Internet o para medios que utilicen tecnología Web.*

# Paneles Muestras y Color

El panel Muestras, (figura 13.4), contiene una serie de colores por defecto que podemos usar para seleccionar el color de primer plano y el color de fondo que mostrará el selector del panel Herramientas. Para elegir un color de primer plano de este panel, sólo tiene que hacer clic sobre él, y para elegir un color de fondo, haga la misma operación pero manteniendo pulsada la tecla **Alt**.

Los colores de este panel no son ni mucho menos invariables; puede crear sus propias muestras añadiendo o suprimiendo colores. Para eliminar un color, mantenga pulsada la tecla **Alt** mientras hace clic sobre el color que desea quitar de la muestra. Comprobará cómo el cursor se transforma en unas pequeñas tijeras. Para añadir un color, haga que éste sea el color de primer plano y después mantenga pulsada la tecla **Control** al mismo tiempo que hace clic sobre alguna zona vacía del panel. En este caso, el cursor se convierte en un cubo de pintura. Antes de incluir la muestra, aparecerá un cuadro de diálogo donde debemos indicar un nombre para la misma.

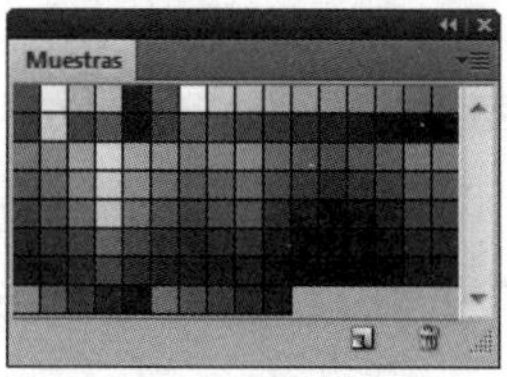


**Figura 13.4.** Panel Muestras.

**Nota:**

*Para recuperar los colores predeterminados, seleccione el comando* Restaurar muestras *del menú asociado al panel* Muestras.

Si después de crear una muestra de color personalizada desea guardarla, use el comando Guardar muestra del menú asociado al panel. Para recuperarla, seleccione el comando Cargar muestra del mismo menú.
Todas estas opciones le resultarán muy útiles cuando realice trabajos en los que necesite trabajar con varios documentos con colores similares.

## Panel Color

El panel Color tiene el aspecto que muestra la figura 13.5 y permite conocer los valores exactos de los colores de primer plano y de fondo, sin necesidad de abrir el selector de color. En la parte izquierda del panel, haga clic sobre el cuadro Configurar color de fondo o Configurar color de primer plano.
Los reguladores del panel Color permiten modificar estos colores para adaptarlos a nuestras necesidades. En el menú asociado podremos elegir el modo de color que deseamos utilizar para la selección de color. Si lo prefiere, recurra a la barra de color situada en la parte inferior del panel, aunque este método resulta menos preciso que los reguladores.

**Truco:**

*Observe como en el extremo derecho del regulador que aparece en la parte inferior del panel Color, dispone de dos pequeños cuadrados uno de color blanco y otro de color negro. Utilícelos para seleccionar rápidamente cualquiera de estos dos colores básicos.*

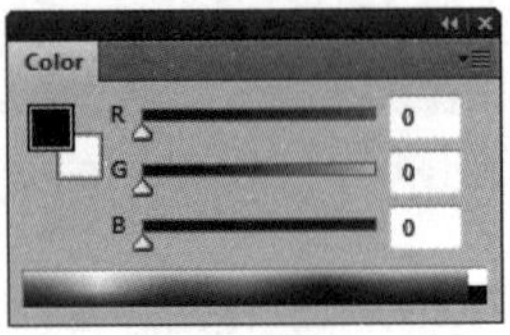


**Figura 13.5.** Panel Color.

## Conversión entre modos de color

Para transformar el modelo de color actual de nuestra imagen en alguno de los modos disponibles en Photoshop, deberemos recurrir a las opciones del comando Modo, dentro del menú Imagen, seleccionando en cada caso el modo de destino al que deseemos convertir la imagen.

**Advertencia:**

*No olvide que al seleccionar el modo Escala de grises perdemos toda la información relacionada con el color de la imagen.*

Sólo las imágenes en escala de grises se pueden transformar en el modo Mapa de bits. Tampoco es posible transformar en modo Indexado un archivo que se encuentre en CMAN; en este caso, será necesario utilizar como modo intermedio RGB o LAB.

## El panel Ajustes, la herramienta definitiva

Como ya hemos comentado, una de las grandes novedades de Photoshop CS4 es el nuevo panel Ajustes que muestra la figura 13.6. Este panel no está ni mucho menos diseñado al azar, los ingenieros de Adobe conocen las necesidades de los usuarios e intentan con cada nueva versión proporcionar herramientas que faciliten las tareas más comunes y cotidianas. Concretamente, el panel Ajustes permite modificar el brillo, el contraste, el color, añadir filtros de color, convertir a blanco y negro, etcétera, de cualquier imagen de forma rápida y sencilla. Hasta aquí podríamos pensar que simplemente se trata de un nuevo elemento con accesos directos a todas las funcionalidades que ya se encuentran recogidas en el menú Imagen>Ajuste, que puede ver en la figura 13.7. La realidad es algo distinta, sí es cierto que podemos cambiar los aspectos más importantes de la imagen mucho más rápido pero existe una diferencia destacable entre el comportamiento del panel Ajustes y los comandos del menú **Ajuste**; todos los cambios que se realizan sobre la imagen desde las opciones del panel Ajustes, se llevan a cabo de forma "no destructiva".

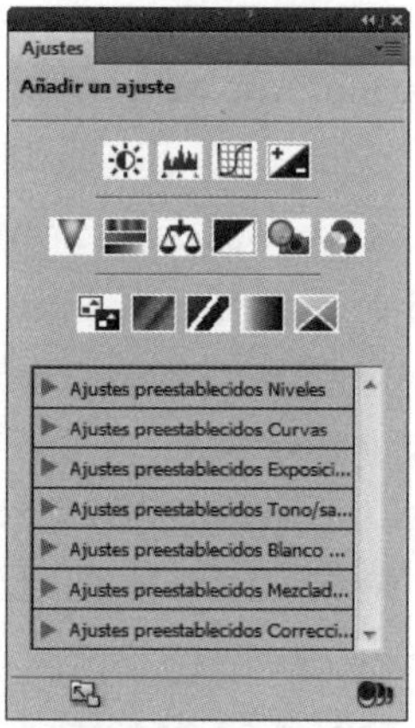


**Figura 13.6.** Panel Ajustes.

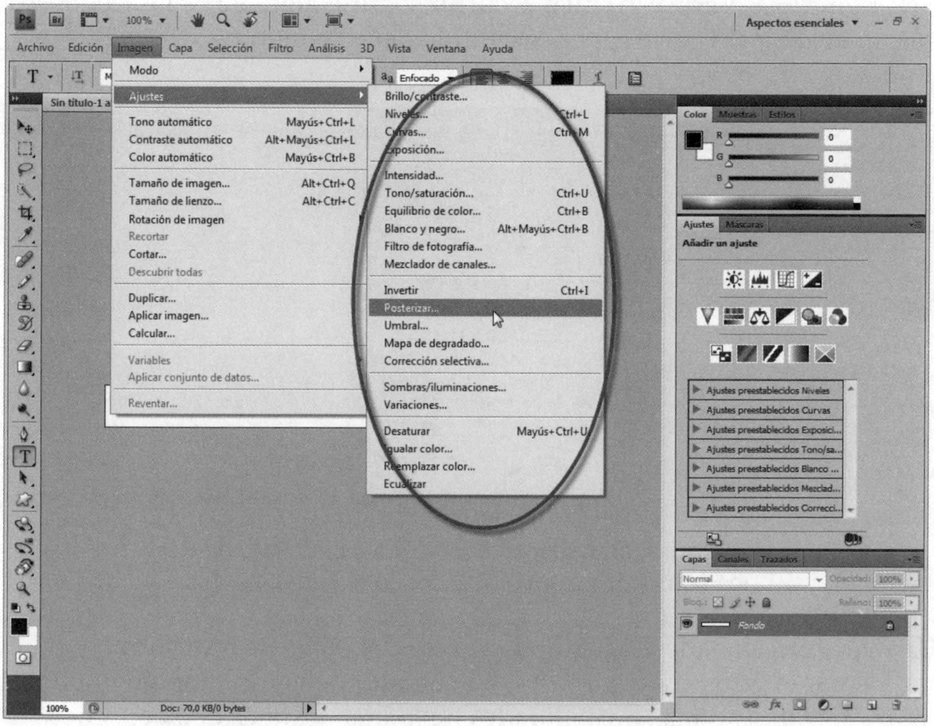


**Figura 13.7.** Comandos de Ajuste en el menú Imagen.

Ya conocemos de capítulos anteriores el comportamiento de las capas de ajuste, pues bien, ni más ni menos éste es el recurso que utiliza el panel Ajustes a la hora de aplicar cualquier transformación sobre la imagen. Es decir, la transformación no se lleva a cabo directamente, no corrige ni modifica ningún píxel original, sino que se crea una capa intermedia (de ajuste) para aplicar el efecto. Las ventajas de este sistema son muchas pero las más importantes podrían ser:

- Resulta mucho más cómoda y rápida la configuración de correcciones.
- La eliminación de cualquier transformación es inmediata.
- Se puede ocultar temporalmente la capa de ajuste y, por consecuencia, el cambio realizado sobre la imagen.
- Es posible volver a configurar los ajustes tantas veces como sea necesario.
- Podemos comprobar la interacción de varios ajustes sobre una misma imagen.

Para aplicar cualquier ajuste, tenemos dos opciones. La primera sería utilizar los iconos que representan las diferentes correcciones y que hemos resaltado en la figura 13.8. Basta con situar el cursor sobre cualquiera de los iconos para que aparezca en la parte superior el título del comando.

**Figura 13.8.** Iconos asociados a cada uno de los comandos disponibles desde el panel Ajustes.

Una vez seleccionado el ajuste, el aspecto del panel se transforma y muestra los parámetros configurables del comando elegido. Por ejemplo en la figura 13.9 muestra las posibilidades del panel después de hacer clic sobre el icono Curvas.

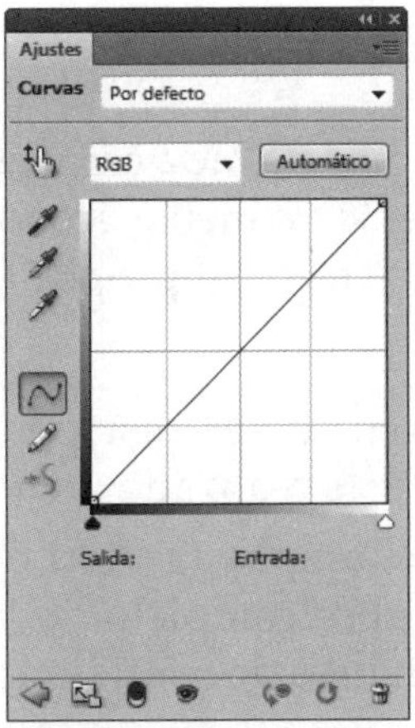


**Figura 13.9.** Aspecto del panel Ajustes después de hacer clic sobre el icono Curvas.

La segunda forma de poder utilizar el panel Ajustes sería recurrir a la lista de ajustes preestablecidos con los que podremos aplicar numerosas correcciones sobre la imagen con el mínimo esfuerzo. Tal y como puede comprobar en la figura 13.10 se encuentran agrupados por el nombre del comando (Niveles, Curvas, Exposición, etcétera) y dentro de cada una de ellas, por el tipo de acción que realizan. Usarlos es tan sencillo como hacer clic sobre su nombre.

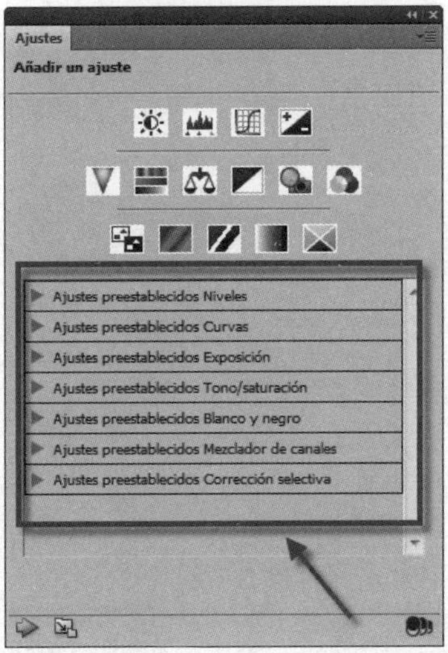


**Figura 13.10.** Ajustes preestablecidos.

# Opciones del panel Ajustes

Además de los controles propios de cada comando, el panel Ajustes muestra en su parte inferior una serie de pequeños iconos que hemos resaltado en la figura 13.11. De izquierda a derecha el propósito de cada uno de ellos sería el siguiente:

- La pequeña flecha situada en primer lugar permite volver al menú principal del panel o ir al último ajuste realizado (avanzar o retroceder).
- El segundo de los iconos, amplía la vista del panel. Esta opción es interesante para ver el nombre completo de los ajustes preestablecidos o acceder a todos los parámetros de configuración de alguno de los ajustes disponibles.
- Utilice el tercer icono denominado Recortar en capa para aplicar el ajuste seleccionado sobre todas las capas situadas por debajo de la capa actual.
- El pequeño "ojo" muestra u oculta la capa de ajuste.
- Mientras mantenemos pulsado el siguiente icono, Photoshop mostrará el aspecto de la imagen antes de realizar los ajustes. Sin duda, es una importante ayuda para no perdernos entre tanto cambio.
- El botón Restaurar recupera los valores por defecto del ajuste actual.
- Por último, el pequeño "cubo de basura" elimina la capa de ajuste de la imagen.

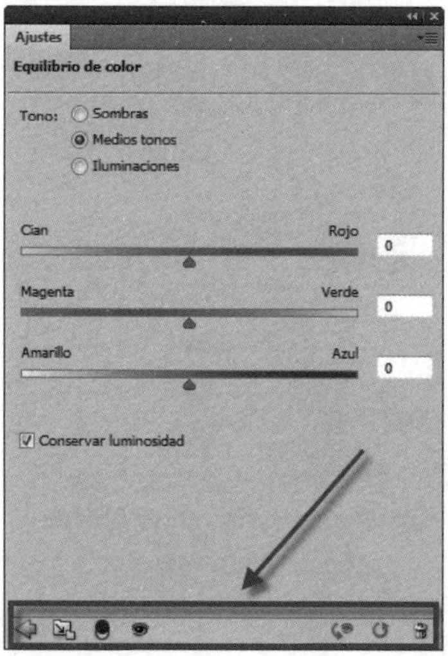


**Figura 13.11.** Iconos de control del panel Ajuste.

En la ventana principal del panel Ajustes, en el extremo derecho, se encuentra el icono que hemos resaltado en la figura 13.12. Utilícelo para hacer que todas las correcciones sean efectivas únicamente sobre la capa actual, o sobre la capa actual y todas las capas inferiores. A diferencia del mismo botón que se encuentra dentro de las opciones de cada ajuste, éste se aplicaría a todos los cambios que llevemos a cabo desde el panel y no a cada uno de ellos en concreto.

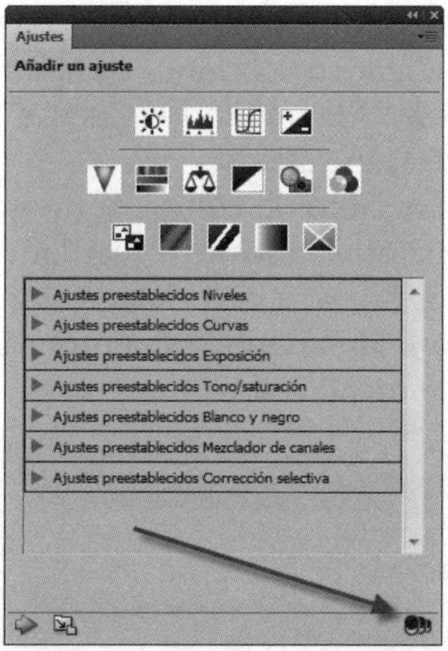


**Figura 13.12.** Aplicar todos los ajustes sobre la capa actual o sobre todas las capas inferiores.

En resumen, el panel Ajustes puede ayudar mucho en todo lo que trataremos en los siguientes apartados y en el próximo capítulo, siempre, teniendo en cuenta que Photoshop ofrece dos formas de realizar correcciones, de forma definitiva y menos flexible utilizando los comandos del menú Imagen>Ajustes o de manera no destructiva utilizando el panel Ajustes.

# Comandos de corrección

Una vez tratados los conceptos básicos y las posibilidades del panel Ajustes, el objetivo a partir de este momento es perderle el miedo al tratamiento del color en Photoshop. Aunque debemos reconocer que se trata de un tema complicado, nos armaremos de valor y aprenderemos para qué sirven y cómo funcionan los comandos más importantes relacionados con el color.

**Nota:**

*De nuevo, en este capítulo, recomendamos que pruebe cada uno de los conceptos tratados al tiempo que los explicamos. Así podrá comprenderlos mucho mejor y seguro que se divertirá bastante más.*

# Equilibrio de color

El comando Imagen>Ajustes>Equilibrio de color o la opción equivalente en el panel Ajustes, permite realizar correcciones de color de forma generalizada. Tendremos que esperar a ver los comandos Curvas y Niveles para acceder a métodos de corrección más específicos.

En el cuadro de diálogo Equilibro de color que aparece en la figura 13.13, lo primero que llama la atención son los tres reguladores situados en la parte central. Si los desplazamos hacia la derecha, estaremos aumentando la proporción de cada color sobre la imagen; y mientras más a la izquierda estén, menor será la presencia de dicho color.

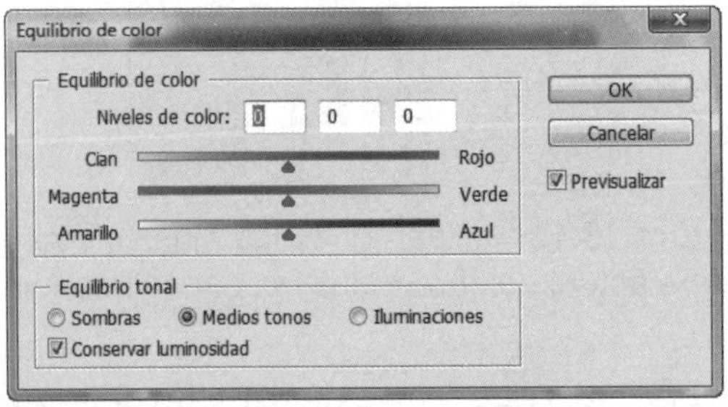


**Figura 13.13.** Cuadro de diálogo Equilibrio de color.

Utilice los botones de opción Sombras, Medios tonos e Iluminaciones para elegir sobre qué gama de tonos desea hacer efectivos los cambios. Por otra parte, en imágenes RGB es conveniente mantener activada la casilla Conservar luminosidad con el objeto de salvaguardar la relación de igualdad entre los tonos de la imagen original.

# Tono/saturación

Después de seleccionar este comando en el menú Ajustes o en el panel, tendremos acceso a las opciones que muestra la figura 13.14. A primera vista podría parecer otro cuadro de diálogo más pero, no es así.

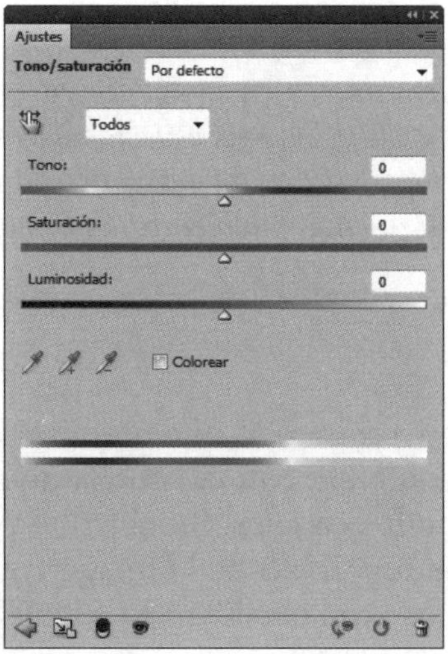


**Figura 13.14.** Opciones del comando Tono/saturación.

El comando Tono/saturación permite determinar el tono, la saturación y la luminosidad de cada uno de los componentes de color de una imagen de forma totalmente independiente. El primer elemento que encontramos en el cuadro de diálogo Tono/saturación es una lista donde podemos elegir entre aplicar los cambios sobre todos los colores de la imagen, o hacerlo de forma independiente para cada color.

Una vez seleccionado el color o colores que vamos a utilizar, emplearemos los reguladores Tono, Saturación y Luminosidad para ajustar el aspecto de la imagen. Si lo prefiere, puede introducir el valor exacto junto a la casilla de texto que se encuentra a la derecha de cada regulador.

En la parte inferior aparecen dos barras de colores la superior representa los colores de la imagen antes de realizar cualquier ajuste, y la barra inferior muestra cómo queda el espectro de colores después de aplicar alguna corrección.

## Colorear una imagen en escala de grises

Otra de las posibilidades del comando Tono/saturación es colorear una imagen que se encuentre en modo escala de grises o blanco y negro. Para hacerlo, en primer lugar transformaremos la imagen a modo RVA (RGB) y después seleccionaremos Tono/saturación. A partir de aquí, activaremos la casilla de verificación Colorear y utilizaremos los reguladores hasta conseguir la tonalidad deseada.

**Truco:**

*Si bien es cierto que es en imágenes en escala de grises donde se consiguen los resultados más espectaculares de la opción* Colorear, *también podemos usarlo con imágenes en color para modificar su tonalidad consiguiendo también transformaciones muy vistosas.*

## Curvas

Nos encontramos ante otro comando que permite llevar a cabo ajustes sobre el color de nuestra imagen, pero con la ventaja de poder tratar de forma independiente cada uno de los canales. Su objetivo principal se centra en posibilitar cambios sobre la tonalidad de la imagen, aunque sus aptitudes son más amplias que las vistas para el comando Tono/saturación, al tomar como referencia muchos más parámetros.

**Nota:**

*Insistimos en la complejidad de los comandos de este apartado, pero no queremos que baje la guardia o pierda interés, si no comprende algunos conceptos. El color es un tema muy complejo que irá dominando a medida que avance en el conocimiento y dominio de Photoshop.*

Después de seleccionar el comando Curvas en el menú Imagen>Ajustes o en el panel Ajustes, aparecerán todas sus posibilidades. Como puede comprobar no se parece a nada de lo que hemos visto hasta ahora. En la lista desplegable situada en la parte superior, elija entre aplicar los cambios a todos los canales de la imagen o a alguno en concreto. Por lo general la opción completa será la más conveniente. Después de elegir el ámbito de acción del ajuste, nos encontramos ante una extraña cuadrícula y una línea que la atraviesa diagonalmente. Haga clic sobre esta línea y arrástrela para modificar el tono de la imagen. Para definir un nuevo punto de ajuste, haga clic sobre la línea para crearlo y arrástrelo hacia la dirección que desee. En la figura 13.15 podemos ver el aspecto del panel Ajustes después de seleccionar el comando Curvas y el resultado sobre nuestra imagen de ejemplo.

El cuadro de diálogo Curvas ofrece la posibilidad de visualizar el histograma de la imagen sobre la cuadrícula. Como sabe, el histograma proporciona información sobre la distribución de las sombras, medios tonos e iluminaciones de la imagen. En el siguiente capítulo trataremos con más detalle este elemento y el panel que lleva su nombre.

**Figura 13.15.** Resultado de modificar la curva de tonos sobre todos los canales de nuestra imagen de ejemplo desde el panel Ajustes.

**Truco:**

*Si desea obtener resultados sorprendentes sobre sus imágenes jugando con las posibilidades del cuadro de diálogo* Curvas, *haga clic sobre el botón Mapa arbitrario, representado por un icono con pequeño lápiz, y trace líneas aleatorias sobre la cuadrícula de ajuste.*

Antes de terminar, observe en el cuadro de diálogo Curvas, la lista Ajuste preestablecido. Una vez desplegada su contenido es el que muestra la figura 13.16. Cada una de las entradas se corresponde con diferentes modelos de curvas típicos que van a permitir mejorar los aspectos más comunes de la imagen. Si con las posibilidades que ofrece no es suficiente o queremos tener nuestros propios ajustes preestablecidos, utilice el pequeño icono situado a la derecha de la lista y seleccione el comando Guardar valor. Estos ajustes guardados por nosotros mismos también estarán disponibles en la lista de ajustes preestablecidos del panel. Este mismo método se puede aplicar para guardar nuestras propias configuraciones y será válido para la mayoría de los comandos que tratamos en este capítulo.

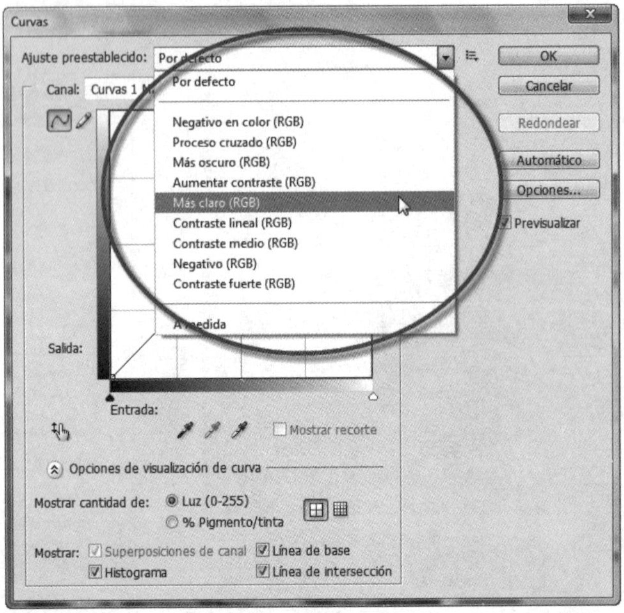


**Figura 13.16.** Ajustes preestablecidos del cuadro de diálogo Curvas.

# Niveles

El comando Niveles muestra otro espectacular cuadro de diálogo donde podemos delimitar el grado de luces y sombras de nuestra imagen. Los extremos del histograma representan los píxeles más oscuros (izquierdo) y más claros (derecho).

Desplazando cada uno de los manejadores hacia la zona central del histograma conseguiremos transformar los colores más oscuros en negro y los más claros en blanco. Con estos ajustes ampliaremos o reduciremos el espectro tonal de la imagen mejorando la nitidez de la misma en la mayoría de los casos. En la figura 13.17 puede ver un ejemplo; observe también el aspecto del panel.

El comando Niveles permite modificar los niveles de cada uno de los canales de forma independiente. Tan sólo es necesario elegir el canal que desee en la lista desplegable Canal. Así mismo, si utilizamos el menú, en lugar del panel dispondremos de las opciones **Guardar valor** y **Cargar valor** en el botón situado a la derecha de la lista Ajuste preestablecido para almacenar los ajustes realizados.

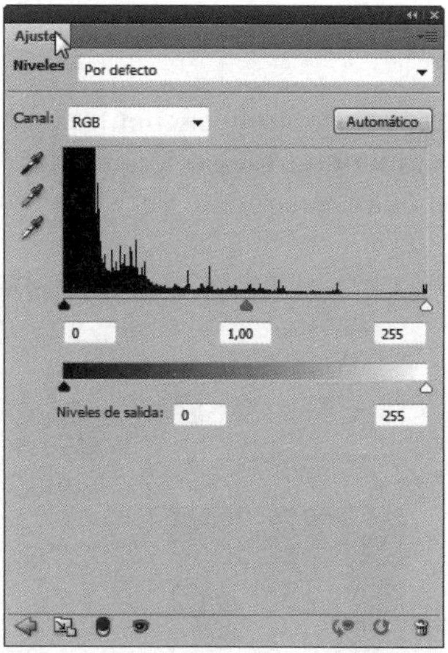


**Figura 13.17.** Panel Ajustes con la opción Niveles seleccionada.

**Nota:**

*Recuerde que cualquier ajuste, corrección o transformación descrita en este capítulo se puede aplicar localmente sobre cualquier parte de la imagen con tan sólo describir previamente el área de selección sobre la que desee trabajar.*

# Corrección selectiva

Permite modificar la cantidad de magenta, amarillo, cian y negro utilizada para la composición de los colores básicos. Es una opción bastante específica y se usa principalmente en correcciones sobre trabajos de impresión profesionales. En la lista Colores seleccionaremos el color que deseamos tratar.Después, emplearemos cada uno de los reguladores para cambiar el porcentaje utilizado para su composición.

**Advertencia:**

*Para utilizar este comando deben estar activos todos los canales de la imagen sobre la que estamos ejecutando la corrección del color.*

# Reemplzar color

El comando **Reemplazar color** sólo se encuentra en el menú **Ajustes** y da acceso a otra potente herramienta. Al seleccionarlo, tendremos acceso al cuadro de diálogo **Reemplazar color** que puede ver en la figura 13.18.

**Figura 13.18.** Cuadro de diálogo Reemplazar color.

¿Y para qué sirve? Pues bien, el comando **Reemplazar color** permite seleccionar uno o varios tonos de la imagen y modificarlos utilizando los reguladores **Tono**, **Saturación** y **Luminosidad**. Imagine que quiere cambiar un maravilloso cielo azul por un atardecer rojizo, pues bien este tipo de correcciones las puede llevar a cabo desde las posibilidades que ofrece el comando **Reemplazar color**.

Para seleccionar un color, utilizaremos el cuentagotas y haremos clic en la imagen sobre el color que deseemos modificar. Si activamos el botón de opción **Selección** del cuadro de diálogo **Reemplazar color** aparecerá una vista preliminar de la imagen en la que las zonas más claras representan los píxeles seleccionados. A continuación utilizaremos los reguladores de la sección **Sustitución** para modificar el tono de los píxeles seleccionados.

El cuentagotas con el signo más permite añadir nuevos colores a la selección; del mismo modo, el cuentagotas con el signo menos elimina píxeles de la selección, restableciendo su aspecto original.

**Truco:**

*No olvide que la mayoría de los cuadros de diálogo disponibles en Photoshop recuperan los valores originales si mantiene pulsada la tecla* **Alt** *y hace clic en el botón* **Restaurar**.

# Blanco y negro

Para muchos de nosotros la fotografía en blanco y negro tiene un encanto especial, esas sombras, medios tonos y la complejidad que implica conseguir una buena instantánea de estas características. Con las antiguas cámaras analógicas era necesario utilizar películas específicas y una buena dosis de paciencia hasta conseguir la toma perfecta. En la actualidad, la mayoría de las cámaras digitales incluyen entre sus efectos la posibilidad de capturar imágenes en blanco y negro pero como dice la canción "no es lo mismo". Aunque hasta ahora Photoshop no incluía entre sus herramientas ninguna específica para obtener este tipo de efecto, sí existía la posibilidad de transformar cualquier imagen en escala de grises o jugar con alguno de los comandos vistos hasta ahora para conseguir resultados más o menos aceptables. Selecciona el comando Imagen>Ajustes>Blanco y negro o el icono del panel Ajustes del mismo nombre para mostrar las opciones que muestra la figura 13.19.

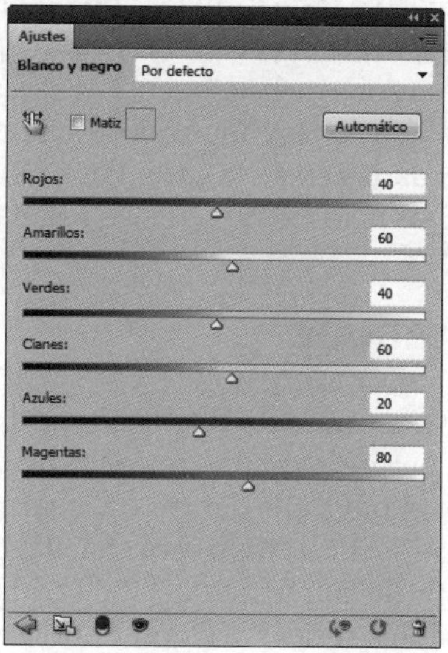


**Figura 13.19.** Opciones del comando Blanco y negro.

Las opciones del comando Blanco y negro permiten transformar cualquier imagen completa o capa de color a blanco y negro pero con la posibilidad de manejar individualmente el porcentaje de cada tono. Los resultados conseguidos con este método son realmente increíbles. Pruebe con alguna imagen y varíe la proporción de cada color para comprobar el resultado que provoca en la imagen.

**Truco:**

*El botón* **Automático** *que encontrará en el cuadro de diálogo* Blanco y negro *o en el panel Ajustes realiza un estudio sobre las características de la imagen y propone la mejor distribución de colores para conseguir una transformación óptima en blanco y negro. Haga clic en este botón para comprobar la propuesta del programa y después ajuste el resultado con los reguladores de color.*

Otra característica interesante son los ajustes preestablecidos que ofrece Photoshop para el comando Blanco y negro, y que se encuentran disponibles tanto en el cuadro de diálogo como en el panel Ajustes. Las opciones de esta lista incluyen diferentes modelos de conversión adaptados a las tareas más habituales o al uso de determinados filtros de color muy conocidos en el mundo de la fotografía.

Mientras el cuadro de diálogo Blanco y negro se encuentra activo, compruebe como el cursor del ratón se transforma en un cuentagotas al situarlo sobre cualquier zona de la imagen. Haga clic y en el cuadro de diálogo, se resaltará el color predominante de esa zona de la imagen. Utilice esta opción para retocar y manejar de forma controlada zonas concretas de la imagen aplicando las variaciones de color más adecuadas en cada caso. Para utilizar este mismo método desde el panel debe activar el icono que hemos resaltado en la figura 13.20.

## Imágenes coloreadas

Aunque parezca mentira, el comando Blanco y negro aún guarda algunas sorpresas. Concretamente, active la casilla de verificación Matiz para activar los controles de esta sección y haga clic dentro del cuadro de color para el elegir la tonalidad que desee. A partir de aquí será sencillo colorear uniformemente cualquier imagen a partir de la transformación en blanco y negro. Una de las propuestas más interesantes sería conseguir el típico efecto sepia, aunque se puede aplicar cualquier otra variación.

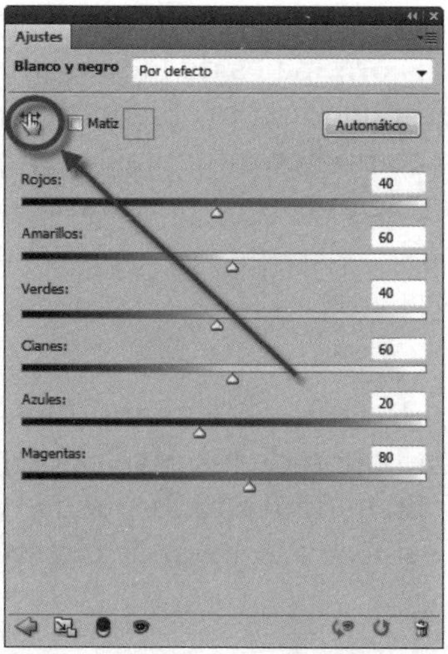


**Figura 13.20.** Conocer la tonalidad predominante desde el panel Ajustes.

**Nota:**

*Si utiliza el cuadro de diálogo* Blanco y negro *en lugar del panel Ajustes, después de activar la casilla de verificación, puede utilizar los reguladores para modificar los valores de* Tono *y* Saturación *hasta conseguir el efecto deseado sobre la imagen. El pequeño rectángulo situado a la derecha de estos reguladores mostrará el tono conseguido en cada momento.*

Veamos otra posibilidad, haga clic sobre el icono Blanco y negro del panel Ajustes para acceder a las opciones de configuración de este comando. A continuación, pruebe a seleccionar una herramienta de pintura, como por ejemplo, Pincel e intente dibujar sobre la imagen. Compruebe como se vuelven a colorear las zonas por las que aplica la herramienta. Esta técnica permite convertir a blanco y negro una imagen completa y después colorear zonas concretas para conseguir efectos realmente espectaculares.

# Comandos de edición y creatividad

En los apartados anteriores hemos descrito las herramientas de corrección de color más importantes. Con ellas cubriremos las necesidades más comunes. A continuación describiremos otra serie de comandos que tienen como propósito conseguir extraordinarios resultados a partir de transformaciones realizadas sobre los colores originales de la imagen. En este caso, no se trata de opciones que permitan solucionar problemas de tono, brillo, contraste, etcétera, más bien servirán como herramientas creativas para obtener nuevas y sorprendentes versiones de nuestras imágenes.

## Invertir

El comando Invertir incluido tanto en el menú Ajustes como en el panel del mismo nombre, analiza cada uno de los píxeles de la imagen y los sustituye por sus valores opuestos. En la figura 13.21 puede ver el resultado de aplicar esta transformación sobre nuestra imagen de ejemplo.

**Figura 13.21.** Resultado de utilizar el comando Invertir.

Es importante destacar que este comando actúa de manera independiente sobre cada canal, por lo tanto, el resultado será diferente en función del modo de color en el que se encuentre la imagen.

**Nota:**

*A diferencia de la mayoría de los ajustes y correcciones, después de aplicar el comando* Invertir *no se produce ninguna pérdida de color. Para comprobarlo puede aplicar de nuevo el comando* Invertir *y observará que la imagen recupera el aspecto original.*

## Desaturar

Nos encontramos ante otro comando que tampoco ofrece ningún tipo de posibilidad de configuración y tiene como misión eliminar totalmente la saturación de la imagen, aplicando una suave capa de color gris sobre la misma. Esta opción no se encuentra disponible en el panel Ajustes.
Después de aplicar este comando, perderemos toda la información del color y la imagen quedará representada en escala de grises, aunque mantendrá el modo original.

## Umbral

Después de ejecutar el comando Umbral, el resultado obtenido será una imagen completamente en blanco y negro, sin valores intermedios. En este caso, Photoshop identifica el porcentaje de brillo de cada píxel y en función de este valor, le asigna el color blanco o negro.
Al acceder a las opciones del comando Umbral nos encontraremos con un histograma, cuya función no es otra que representar la distribución de los niveles de brillo de la imagen. Bajo este esquema dispone de un regulador que podemos desplazar hacia la izquierda o la derecha para definir el valor del umbral a partir del cual los píxeles tomarán el color blanco o negro.
El efecto de la figura 13.22 se ha conseguido duplicando la capa que contiene la imagen original y aplicando a la imagen inferior el comando Umbral con los valores por defecto. Después, para la capa superior se ha seleccionado el modo de fusión Multiplicar y..., ¡listo!

# Posterizar

El último comando de esta serie dedicada a las transformaciones basadas en el color de la imagen va todavía un poco más allá que el comando Umbral y utiliza muchos más colores para realizar el mismo efecto. Es decir, si en el comando Umbral todos los colores eran sustituidos por el blanco o el negro, con el comando Posterizar el número de colores por el que se puede sustituir cada píxel de la imagen es mayor, y como consecuencia, el resultado del efecto mucho más espectacular.

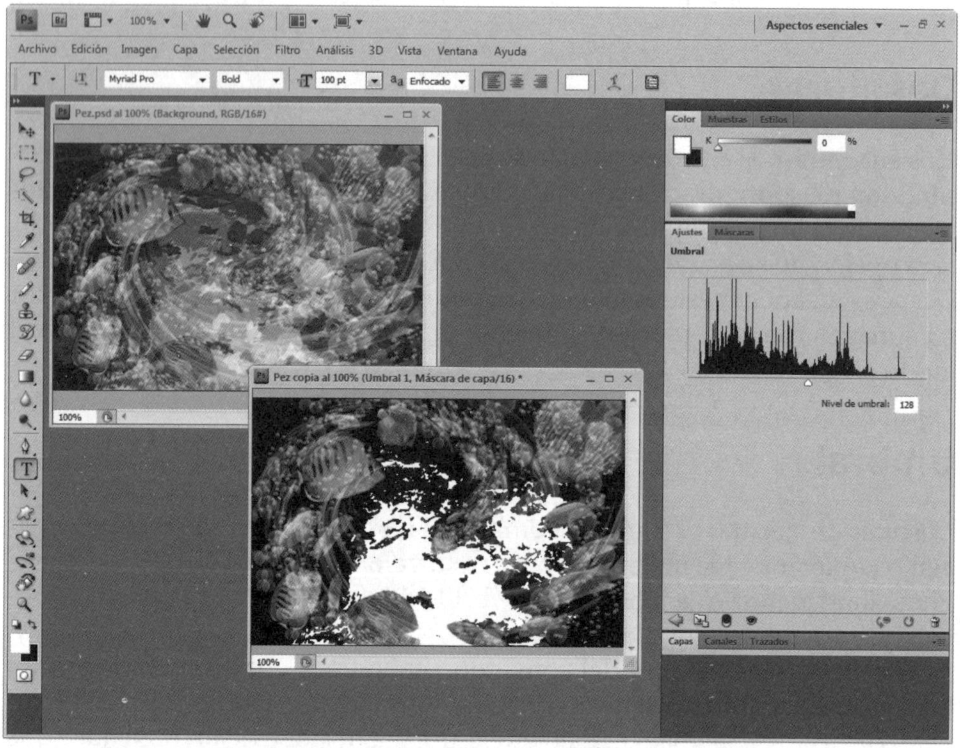


**Figura 13.22.** Jugando con el comando Umbral.

En las opciones del comando Posterizar, deberemos indicar el número de niveles que queremos utilizar. Por defecto el valor es cuatro, lo cual significa que en una imagen RVA (RGB) tendríamos doce colores: cuatro son para el rojo, cuatro para el verde y otros cuatro para el azul. Photoshop elegirá el color que más se aproxime para cada píxel de la imagen, según el número de niveles elegidos. En la figura 13.23 podemos ver un ejemplo.

**Truco:**

*Podrá conseguir interesantes resultados si después de aplicar el comando* Posterizar *utiliza alguno de los filtros incluidos dentro del bloque* Artístico.

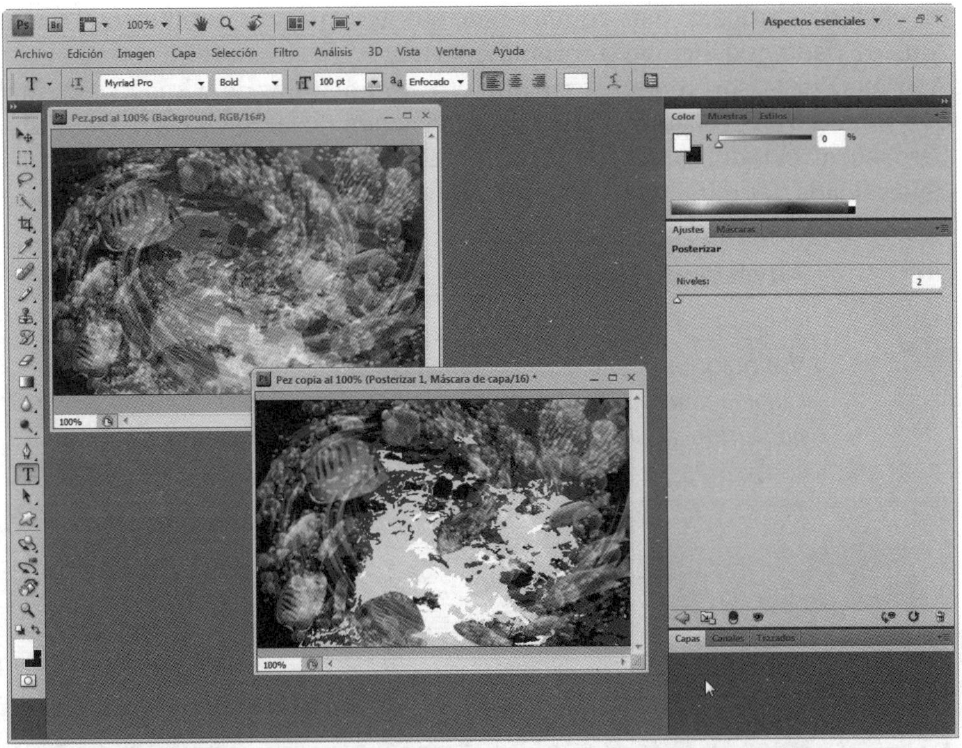


**Figura 13.23.** Resultado de utilizar el comando Posterizar.

# Mapa de degradado

Si le gusta obtener resultados sorprendentes en sus imágenes, pruebe a utilizar el comando Mapa de degradado. En las opciones que presenta, haga clic sobre la muestra que aparece para acceder al editor de degradados o simplemente seleccione el pequeño botón situado a la derecha para utilizar alguno de los modelos preestablecidos.
Está claro que el sentido de esta herramienta está enfocado a la transformación de la imagen para generar diseños espectaculares, fondos, etc.

# Variaciones

Desde nuestro punto de vista, ésta es una de las opciones más útiles a la hora de modificar el color de una imagen sin complicarnos demasiado la vida. Sobre todo si tenemos en cuenta que el comando Variaciones resulta bastante sencillo de utilizar. Este comando no se encuentra disponible en el panel Ajustes, dado que incluye su propia interfaz.

A primera vista, sorprende el gran número de miniaturas de la imagen original que aparecen en el cuadro de diálogo Variaciones mostrado en la figura 13.24. Pero esto no es todo, ya que si sólo queremos aplicar los cambios sobre una zona determinada, las miniaturas representarán únicamente el área seleccionada.

**Advertencia:**

*Si accede al menú* Ajustes *y se encuentra desactivado o el comando* Variaciones *se encuentra atenuado es muy probable que tenga seleccionada una capa de texto o una capa de ajuste sobre la que Photoshop no permite aplicar las funcionalidades de este comando.*

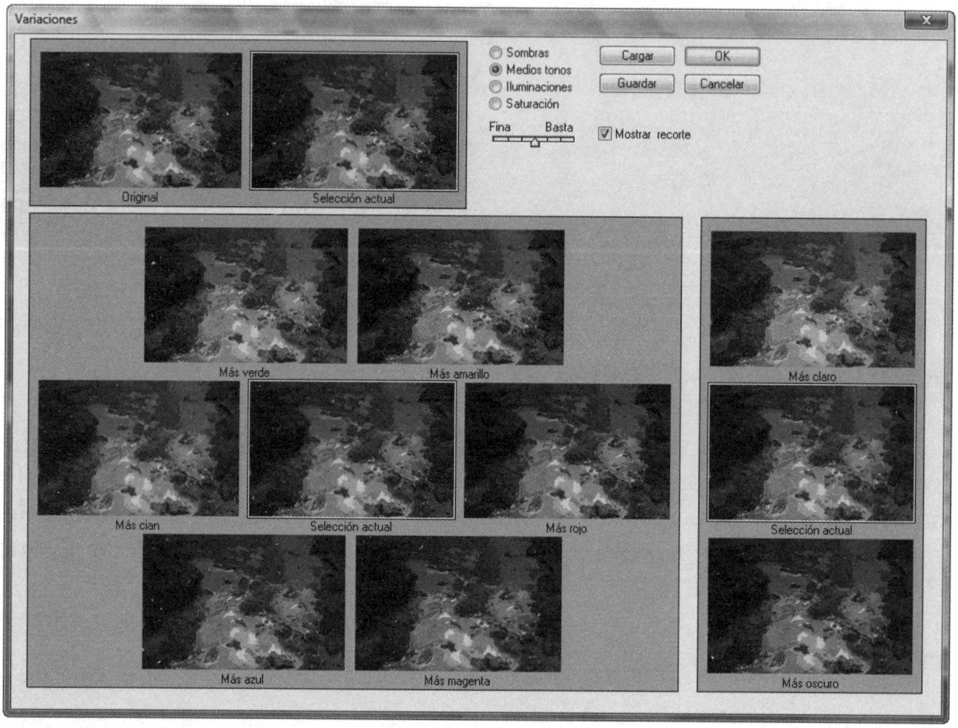


**Figura 13.24.** Cuadro de diálogo Variaciones.

El trabajo que realiza el comando Variaciones está basado en la utilización de los valores de brillo de la propia imagen y a partir de éstos ajusta la tonalidad y la saturación de cada variación. Como referencia tenemos las tres posibilidades (Más claro, Selección actual y Más oscuro) que aparecen en la parte derecha del cuadro de diálogo.

En la parte central aparece una miniatura denominada Selección actual, rodeada por otras seis. Cada una de ellas representa a un color básico y basta con hacer clic sobre cualquiera para aplicar más cantidad de ese color sobre la imagen. Después, compruebe que el resto de miniaturas cambia su aspecto para adaptarse al nuevo ajuste. Repita esta operación hasta que consiga el efecto deseado sobre la imagen. En la parte superior derecha del cuadro de diálogo, tenemos cuatro botones de opción:

- Sombras: Los efectos se aplican principalmente sobre los píxeles más oscuros, modificando su intensidad.
- Medios tonos: Opción salomónica, ni los píxeles más claros ni los más oscuros, sino todo lo contrario, es decir, afecta a los píxeles intermedios.
- Iluminaciones: Igual que la opción Sombras, pero en esta ocasión se tienen en cuenta los píxeles más claros.
- Saturación: Concentra la transformación sobre los valores de saturación de los píxeles de la imagen.

El regulador que se encuentra justo debajo de estos cuatro botones de opción determina la intensidad del efecto. Y al igual que ocurría en los cuadros de diálogo anteriores, dispone de los botones **Guardar** y **Cargar** para almacenar los ajustes en un archivo y recuperarlos cuando lo desee.

**Truco:**

*Puede usar el comando* Variaciones *para colorear imágenes en escala de grises, pero recuerde que primero debe transformarlas al modo RGB.*

# Herramienta Sustitución de color

Hasta hace no demasiado tiempo, Photoshop no incluía ninguna herramienta específica para solucionar el problema de ojos rojos, típico en muchas fotografías. Como veremos en el próximo capítulo, la herramienta Pincel de ojos rojos permite corregir este problema de forma rápida y sencilla. En cualquier caso, existe una potente herramienta denominada Sustitución de color que también permite arreglar este problema y otros muchos que tengan como origen un cambio de color localizado dentro de la imagen. En la figura 13.25 puede ver la ubicación exacta de esta herramienta.

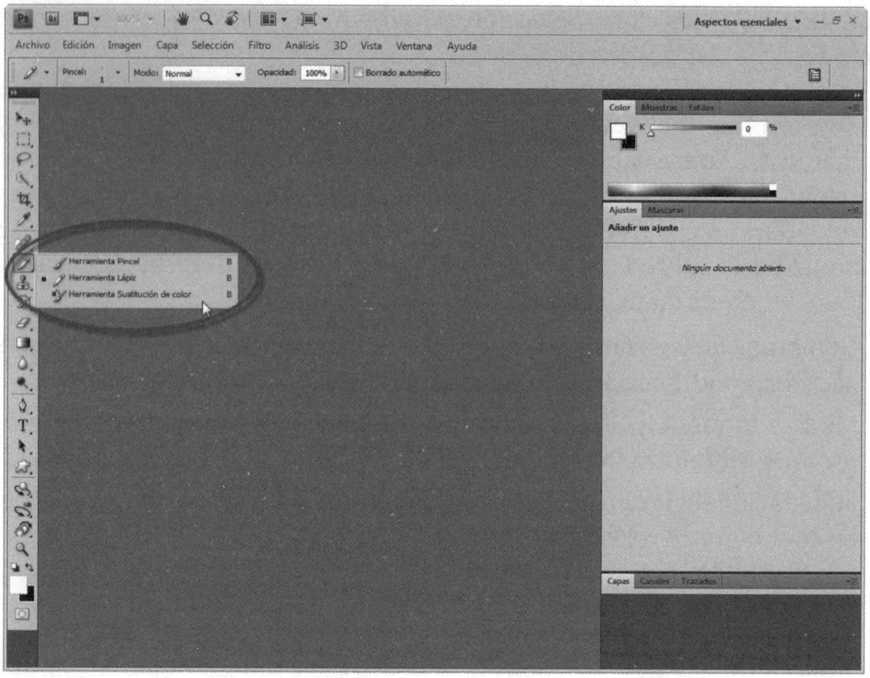


**Figura 13.25.** Herramienta Sustitución de color.

Para ilustrar el modo de funcionamiento de la herramienta Sustitución de color, cambiaremos la tonalidad predominante de los ojos de nuestro fiero amigo:

1. Abra la imagen que desea corregir y seleccione la herramienta Sustitución de color. Utilice la combinación de teclas **Control**-+ (signo más) para ampliar la imagen y trabajar más cómodamente con la zona que necesitamos corregir.
2. La herramienta Sustitución de color cambiará el tono de los píxeles sobre los que hagamos clic por el color que se encuentre en el selector del panel Herramientas como color de primer plano. En nuestro caso, un rojo "lucifer" para sustituirlo por el negro del interior de los ojos.
3. Elija un tamaño de pincel adecuado según las dimensiones de la imagen, pero evite que sea mayor que la zona a tratar. Entre las opciones de la herramienta, en la lista Modo seleccione Color.
4. Observe en la figura 13.26 como a la derecha de la opción anterior encontraremos tres pequeños botones que permitirán elegir los colores de la muestra que sustituirá la herramienta:
   - Continuo: En este caso el color que sustituiremos (la muestra) cambia a medida que arrastramos el pincel.

- **Una vez**: Toma como referencia el primer color sobre el que hagamos clic y sustituirá todos aquellos que coincidan con él. Este valor no es exacto y depende de los valores de tolerancia indicados. Para nuestro ejemplo, podemos hacer clic sobre el rojo del interior de los ojos, con un porcentaje de tolerancia de 40.
- **Muestra de fondos**: Sustituirá todos los píxeles cuyo color coincida con el tono seleccionado como color de fondo en el selector del panel Herramientas.

5. A continuación en la lista **Límites** tendremos que determinar el comportamiento de la herramienta con respecto a los píxeles adyacentes:
   - **No contiguo**: Cambia el color de los píxeles por donde pasa el pincel de la herramienta sin importar si son o no adyacentes a la muestra.
   - **Contiguo**: Sólo cambiará el color de aquellos píxeles colindantes a la muestra, es decir, conectados por alguna zona.
   - **Hallar bordes**: Sustituye sólo píxeles contiguos pero respeta los bordes de las formas sobre las que pasamos el pincel de la herramienta. Para la corrección de ojos rojos ésta será la opción que debamos seleccionar.
6. Como hemos comentado, elija un valor de tolerancia próximo a 40 pero aumente o disminuya esta cifra según los resultados que obtenga. Mantenga activa la casilla **Suavizar** para mejorar el resultado de la corrección.
7. Finalmente arrastre con cuidado sobre el área a corregir. Si no consigue el efecto deseado, pulse **Control-Z**, modifique el valor de tolerancia e inténtelo de nuevo. La figura 13.27 muestra el resultado de nuestro trabajo.

**Figura 13.26.** Opciones de muestreo de la herramienta Sustitución de color.

Las aplicaciones de la herramienta Sustitución de color no se limitan a corregir errores, puede utilizarla para sustituir de forma local y controlada cualquier color dentro de la imagen.

# Resumen

Imaginemos por un momento lo triste que sería el mundo sin color. Es evidente que una aplicación como Photoshop no podía dejar a un lado este tema tan importante. Es más, debemos ser exigentes y esperar de una herramienta de retoque fotográfico como ésta que el tratamiento del color sea uno de sus puntos fuertes.

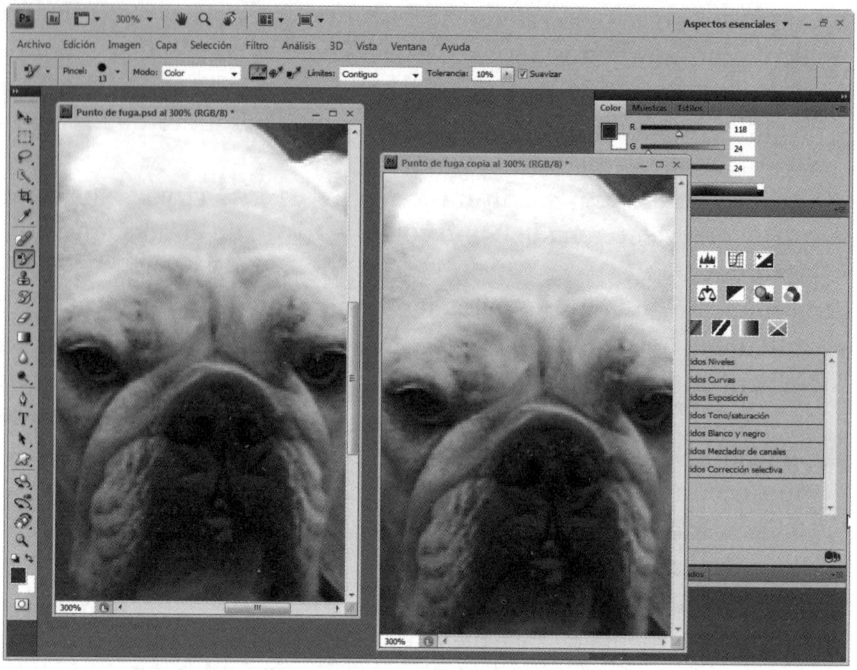


**Figura 13.27.** Corrección de color, antes y después.

En este capítulo hemos mostrado en primer lugar las nociones básicas como la forma de utilizar el selector de color del panel Herramientas, o los paneles Muestras y Color. Pero sobre todo, hemos querido resaltar las cualidades del panel Ajustes como elemento fundamental a la hora de corregir, modificar y realizar transformaciones sobre la imagen. Tenga siempre presente esta herramienta y su comportamiento "no destructivo" sobre la imagen.

Después, hemos dividido los comandos dedicados al tratamiento del color en dos grupos; el primero lo forman aquellos que tienen como fin corregir o modificar aspectos de la imagen relacionados con el color, el brillo, el contraste o la saturación. En este grupo encontramos comandos como Curvas, Niveles o Reemplazar color. Para el segundo grupo hemos dejado aquellas herramientas y comandos que permiten modificar la imagen pero con un propósito creativo, como por ejemplo, el comando Invertir, Variaciones o Mapa de degradado.

Hemos querido terminar el capítulo con una herramienta muy interesante y que además será de gran ayuda, se trata de Sustitución de color. Con ella podremos corregir cualquier tono dentro de nuestra imagen de forma rápida y sencilla.

En el siguiente capítulo veremos las posibilidades que ofrece Photoshop a la hora de solucionar problemas más comunes relacionados con la fotografía digital como: ojos rojos, los excesos y carencias lumínicas, saturación, etcétera.

# Capítulo 14

# Recursos para fotógrafos digitales

**En este capítulo aprenderá a:**

- Utilizar el comando Brillo/contraste.
- Mejorar imágenes con los niveles automáticos.
- Usar la herramienta de corrección de ojos rojos.
- Igualar el color de imagen.
- Utilizar el comando Ecualizar.
- Aplicar filtros fotográficos.
- Aprovechar las posibilidades del comando Sombra/iluminación.
- Mejorar la exposición.

# Introducción

Desde hace algún tiempo está surgiendo un nuevo usuario de Photoshop, se trata de las personas que adquieren una cámara digital y descubren las increíbles ventajas que ofrece este tipo de dispositivos. Antes para retocar nuestras instantáneas necesitábamos un escáner, una impresora de calidad y en resumen, muchos elementos que complicaban el proceso. Ahora, simplemente conectamos la cámara al ordenador y en unos segundos, tenemos acceso a todas las fotografías. A partir de aquí podremos retocarlas, solucionar pequeños problemas, etcétera. Además, para obtener una copia perfecta, iremos con nuestro CD, memoria USB, tarjeta o cualquier otro medio de almacenamiento al laboratorio de revelado para que por el mismo precio o incluso más barato tengamos tantas copias como necesitemos. Teniendo en cuenta que muchas de las personas que adquieran Photoshop lo harán con el objetivo de utilizarlo para trabajar las imágenes obtenidas con su cámara digital, hemos querido agrupar en este capítulo las soluciones para los problemas más comunes que surgen del uso de este tipo de dispositivos: ojos rojos, falta de luz, colores apagados, problemas de exposición, etcétera.

**Nota:**

*Como ya hemos comentado, una de las novedades de Photoshop CS4 es el nuevo panel Ajustes, en este capítulo será una herramienta imprescindible para tratar las correcciones que se describen a continuación*

# Brillo/contraste

Empezaremos con el comando Brillo/contraste situado tanto en el menú Imagen>Ajustes como en el panel Ajustes, dado que será uno de los que utilizaremos con más frecuencia para mejorar imágenes escaneadas o procedentes de cámaras digitales. Las opciones de configuración que ofrece este comando las puede ver en la figura 14.1. Utilice los reguladores Brillo y Contraste para modificar la gama de tonos de la imagen, teniendo en cuenta que este comando ajusta al mismo tiempo los valores de luces, sombras y medios tonos.

**Nota:**

*Si utiliza el comando del menú* Imagen>Ajustes*, no olvide mantener activada la casilla de verificación* Previsualizar *para comprobar al instante los cambios sobre la imagen.*

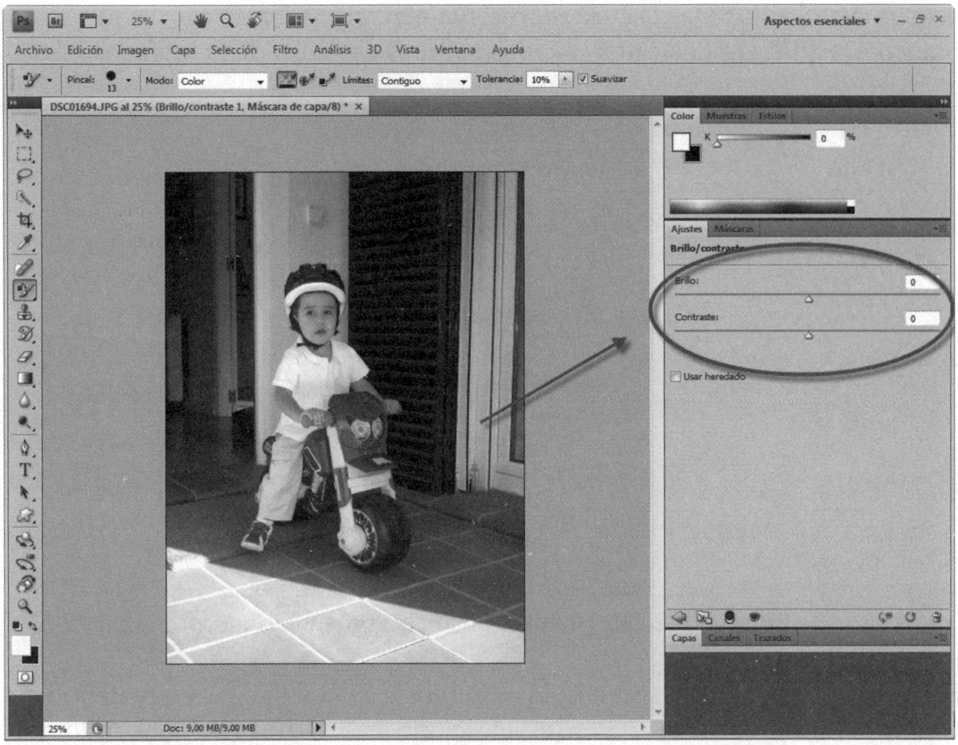


**Figura 14.1.** Opciones del comando Brillo/contraste.

# Niveles automáticos

Ya comentamos en el capítulo anterior las posibilidades del comando Niveles, en esta simplemente queremos hacer hincapié sobre una opción que seguro utilizará con frecuencia para mejorar el aspecto de cualquier imagen. Se trata del botón Automático que hemos resaltado en la figura 14.2 y que se encuentra tanto en el cuadro de diálogo asociado al comando como en el panel.

Cuando hacemos clic sobre este botón, Photoshop realiza diferentes comprobaciones sobre la imagen y le aplica los valores más adecuados de brillo, contraste y luminosidad. En la mayoría de los casos apreciará una mejora importante.

# Ecualizar

Este comando resulta muy útil para aclarar imágenes que hayan quedado oscuras por una mala exposición. Para conseguirlo, Photoshop busca los valores más oscuros y más claros para calcular los valores de brillo intermedio. De este modo, el valor más oscuro representa el negro y el más claro equivale al blanco. Después, aplica estos cálculos sobre el espectro de la imagen.

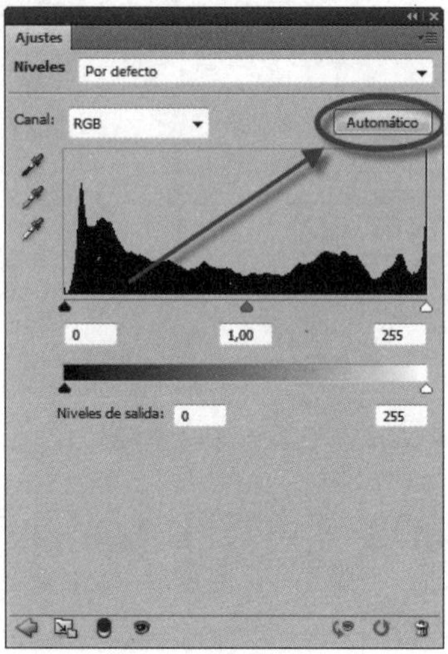


**Figura 14.2.** Botón Automático del comando Niveles.

Si ejecuta este comando sin más, los cambios y cálculos se hacen teniendo en cuenta la imagen completa. Pero si selecciona un área de la imagen, todos los ajustes se harán tendiendo en cuenta los píxeles de la zona elegida. En este último caso, aparece el cuadro de diálogo que muestra la figura 14.3, donde el significado de sus opciones sería el siguiente:

- Ecualizar sólo el área seleccionada: El efecto del comando Ecualizar tendrá repercusión sólo sobre la zona seleccionada.
- Ecualizar toda la imagen a partir del área seleccionada: Esta segunda opción es la verdaderamente interesante, ya que utiliza los píxeles de la zona seleccionada para calcular el promedio de valores que aplicará al resto de la imagen.

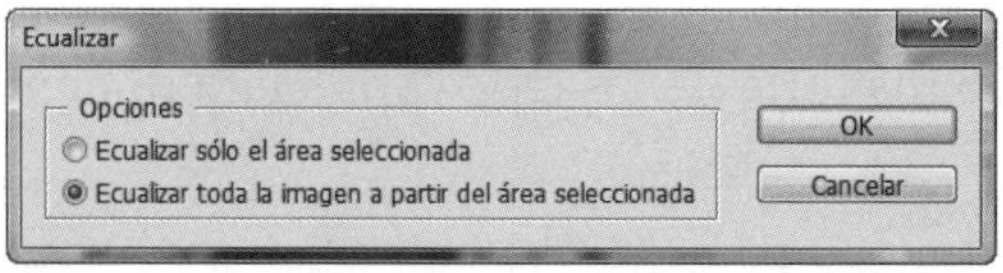


**Figura 14.3.** Cuadro de diálogo Ecualizar.

En la figura 14.4 puede comprobar los distintos resultados que puede generar este comando en función del área seleccionada.

**Figura 14.4.** Ejemplos de imagen ecualizada tomando como referencia dos zonas diferentes de la misma.

Alejándonos de conceptos técnicos, podríamos decir que el comando Ecualizar permite arreglar fotografías con problemas de luz. Siendo especialmente interesante, si lo utilizamos seleccionando un área concreta de la imagen.

# Pincel de ojos rojos

Photoshop incluye una herramienta para corregir el típico problema de ojos rojos. Con ella podremos corregir este problema en un instante. Se trata de la herramienta Pincel de ojos rojos que vemos en la figura 14.5 y que comparte posición con otras herramientas de retoque como el Pincel corrector o el Parche.

**Nota:**

*Para los más curiosos diremos que este problema viene provocado por el reflejo de la retina al recibir el destello del flash de nuestra cámara cuando la persona se encuentra en una zona poco iluminada y, por lo tanto, sus pupilas están dilatadas.*

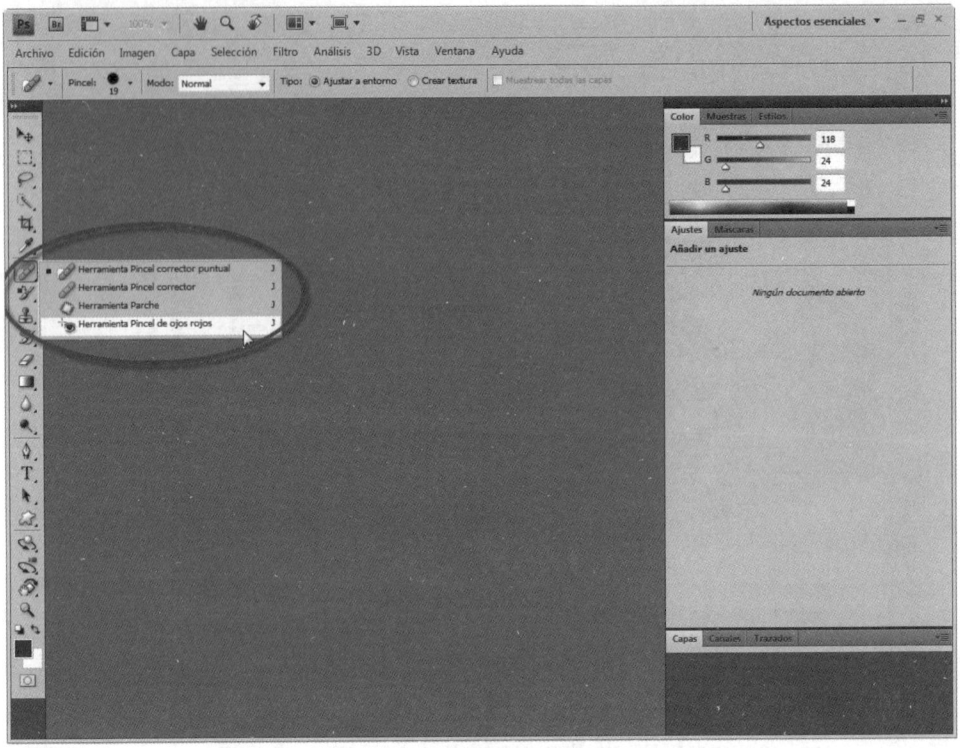


**Figura 14.5.** Herramienta Pincel de ojos rojos.

La forma de trabajar con esta herramienta es muy sencilla. Veamos los pasos necesarios para corregir una foto con problema de ojos rojos:

1. Para trabajar de forma más cómoda sobre la zona de la imagen que deseamos corregir, usaremos la herramienta Zoom para ampliarla hasta que prácticamente ocupe toda el área de visualización (figura 14.6).
2. A continuación, seleccionaremos la herramienta Pincel de ojos rojos y observaremos que el cursor se transforma en una pequeña cruz.
3. Entre las opciones de configuración que aparecen en la parte superior del área de trabajo para esta herramienta, vea la figura 14.7, nos encontramos con Tamaño de la pupila, donde podemos elegir un valor mayor o menor según la intensidad del problema. Es decir, si la coloración de la pupila es pequeña elegiremos porcentajes bajos para esta opción y viceversa.
4. Cantidad de oscurecimiento actúa sobre el color de relleno, siendo más negro o más gris según el porcentaje establecido en esta opción. Por lo general, un valor medio será la mejor combinación en la mayoría de las situaciones.

5. Una vez establecidos los ajustes adecuados, el último paso es el más sencillo ya que será suficiente con hacer clic sobre la zona de la pupila que tiene el problema para que en un instante quede solucionado. El resultado lo puede comprobar en la figura 14.8.

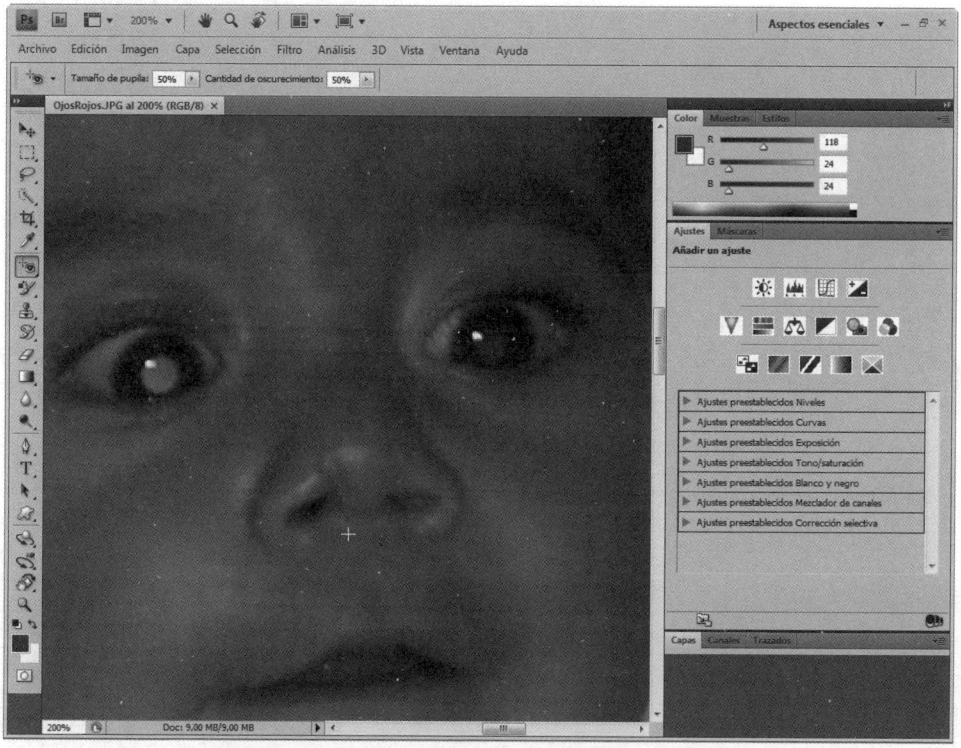


**Figura 14.6.** Ampliación de la zona a corregir.

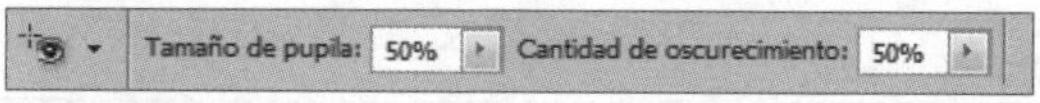


**Figura 14.7.** Opciones de configuración para el Pincel de ojos rojos.

**Nota:**

*Si el resultado no es satisfactorio, use la combinación* **Control-Z** *para deshacer las modificaciones, varíe los ajustes de las opciones* Tamaño de la pupila *y* Cantidad de oscurecimiento *e inténtelo de nuevo.*

Otra forma de usar el Pincel de ojos rojos es describir el área que engloba la zona que tiene el problema. Para ello, haga clic y arrastre como muestra la figura 14.9, hasta que el rectángulo punteado que describe la herramienta incluya por completo la zona afectada. Quizás este método sea más rápido en algunas ocasiones, teniendo en cuenta que es la misma herramienta la que se encarga de localizar la zona que tiene la distorsión del color.

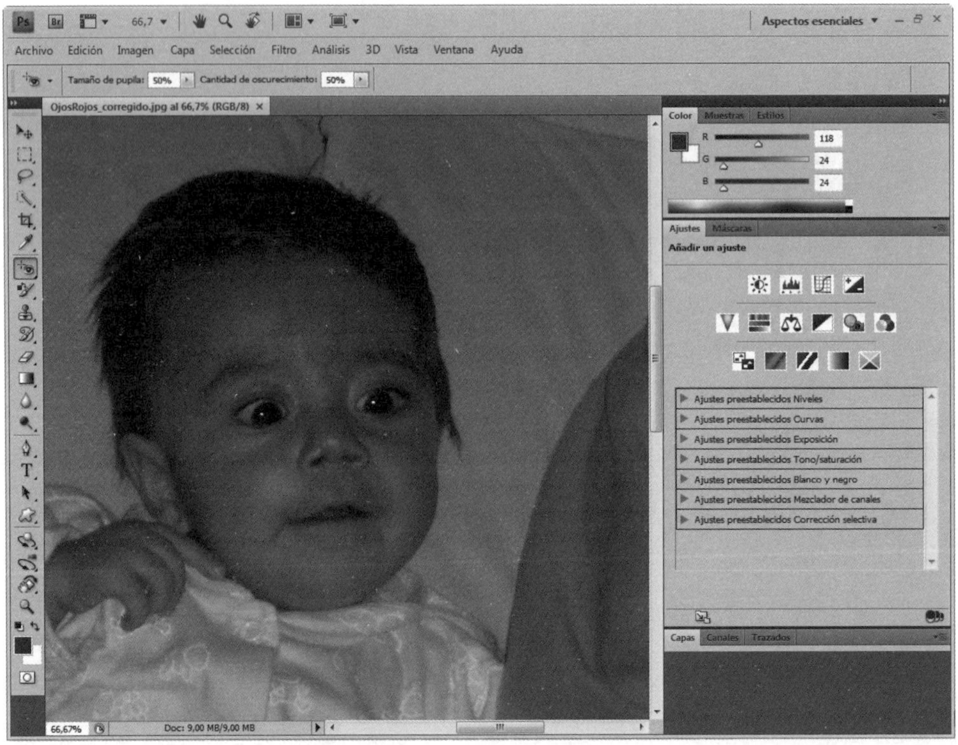


**Figura 14.8.** Resultado de utilizar el Pincel de ojos rojos.

**Truco:**

*Seleccione la herramienta Zoom, haga clic en un punto y arrastre para ampliar en un instante la zona definida por el rectángulo que describe el cursor.*

Por último, le recomendamos que si su cámara dispone de un sistema de reducción de ojos rojos lo utilice siempre que sea posible. Por que si bien es cierto que la herramienta Pincel de ojos rojos puede solucionar perfectamente el problema, obtendrá mejores resultados con el sistema de reducción del efecto de la propia cámara.

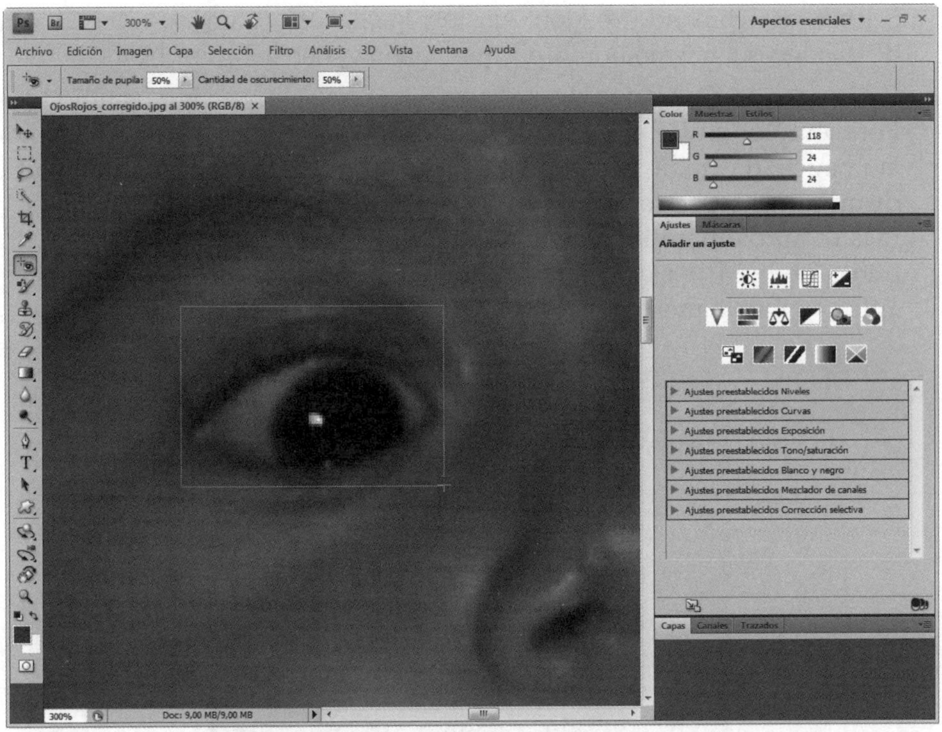


**Figura 14.9.** Describiendo el área de la pupila con la herramienta Pincel de ojos rojos.

# Igualar color

Quién no se ha encontrado con dos imágenes tomadas en características similares de luz y situación pero cuyo aspecto es completamente distinto. Con el comando Igualar color, podemos tomar como referencia los tonos de una imagen y aplicarlos sobre cualquier otra. Del mismo modo, es posible trabajar los valores de brillo, saturación y equilibrio de color sobre la misma imagen.

**Advertencia:**

*Las características del comando* Igualar color *sólo están disponibles si el modo de la imagen se encuentra en RGB o se encuentra seleccionada alguna capa de ajuste.*

En primer lugar veamos cómo solucionar un exceso de tonalidad sobre una imagen sin utilizar ningún otro archivo como referencia:

1. Seleccione el comando Imagen>Ajustes>Igualar color para mostrar el cuadro de diálogo del mismo nombre y que puede ver en la figura 14.10.
2. En la sección Opciones de imagen encontramos varias posibilidades. Por ejemplo, utilice el regulador Luminancia para modificar el brillo de la imagen, o cambie los valores de Intensidad de color para aumentar o disminuir el espectro cromático de la imagen, mientras más a la izquierda más se aproximará la imagen al modo escala de grises. También podrá trabajar sobre Transición para determinar el porcentaje de ajuste que quiere aplicar sobre la imagen.

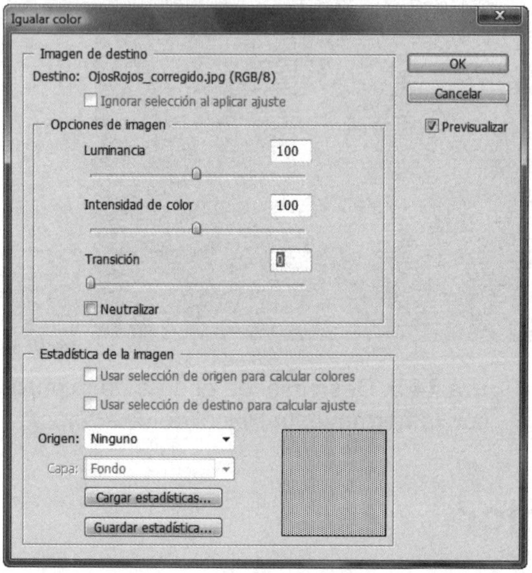


**Figura 14.10.** Cuadro de diálogo Igualar color.

Hasta aquí, si lo único que queremos hacer es modificar los valores indicados sobre la imagen actual, tarea que puede ayudar a mejorar el aspecto de muchas fotografías. Pero como hemos comentado, el comando Igualar color permite ir un poco más lejos:

1. Fijémonos ahora en la sección Estadísticas de la imagen y más concretamente en la lista Origen. Si la desplegamos, aparecerán todas las imágenes que tengamos abiertas en ese momento como muestra la figura 14.11, incluso la imagen actual. A partir de aquí podemos elegir cualquiera de ellas para que el comando Igualar color tome como referencia los valores de la imagen seleccionada, cuya vista previa aparecerá representada a la derecha.

2. Aún hay más, bajo la lista **Origen** se encuentra otra denominada **Capa** donde aparecerán todas las capas de la imagen seleccionada como origen. En este caso podemos:
   - Elegir cualquier capa de las imágenes abiertas en ese momento.
   - Utilizar alguna de las capas de la imagen actual.

   Combinar ciertas capas y utilizar esta combinación como referencia para aplicar los mismos ajustes sobre la imagen actual.

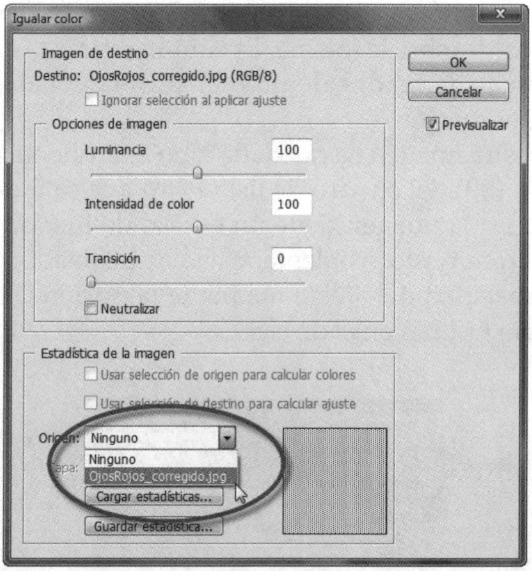


**Figura 14.11.** Lista Origen del cuadro de diálogo Igualar color.

Después de todo lo contado hasta ahora sobre el comando **Igualar color**, todavía queda un aspecto que debemos comentar. Sabemos que para tomar los ajustes de referencia podemos elegir otras imágenes, capas, combinaciones de capas pero también es posible seleccionar una parte de la imagen actual o de otra distinta y utilizar sólo esa parte como muestra. En este caso, active o desactive las dos casillas de verificación que para este propósito se incluyen en la sección **Estadística de la imagen**.

**Nota:**

*Los botones* **Guardar estadística** *y* **Cargar estadística** *permiten almacenar y recuperar los ajustes establecidos en el cuadro de diálogo* Igualar color.

# Filtro de fotografía

Todos los aficionados a la fotografía tradicional conocen la existencia de los filtros de color y muchos habrán comprobado sus resultados. Si no es su caso, le diremos que la idea de usar filtros no es otra que aplicar una lente con una determinada tonalidad para generar distintos efectos sobre la fotografía o corregir determinados problemas.

El propósito del comando Filtro de fotografía es el mismo que acabamos de describir, es decir, modificar el aspecto de la imagen o corregirla aplicando ciertos efectos de color sobre la misma. Es común usar esta característica para solucionar problemas derivados de un mal ajuste del balance de blancos o desajustes en la iluminación.

Por ejemplo, si nuestra imagen ha quedado algo amarillenta podemos utilizar la opción Filtro frío (80) del cuadro de lista Filtro que se muestra en la figura 14.12. Al contrario, si la imagen tiene un exceso de luz, puede aplicar Filtro cálido (81) para corregir este problema. Una vez realizado, es posible ajustar el porcentaje de opacidad del ajuste mediante la opción Densidad hasta encontrar el equilibrio óptimo en cada caso.

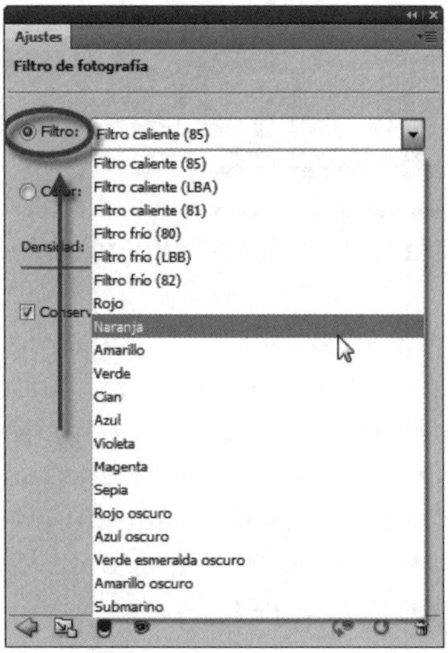


**Figura 14.12.** Opción Filtro del cuadro de diálogo Filtro de fotografía.

La lista Filtro también contiene colores específicos para corregir excesos de tonalidades concretas sobre la imagen o simplemente para dar rienda suelta a nuestra imaginación y crear espectaculares diseños.

**Nota:**

*Active la casilla de verificación* Conservar luminosidad *si desea preservar este valor cuando aplique un filtro sobre la imagen.*

Si en lugar de utilizar alguna de las propuestas disponibles en la lista Filtro desea aplicar una tonalidad concreta, seleccione la opción Color. Después, haga clic sobre el cuadro de color para mostrar el tono seleccionado y elegir otro nuevo.

# Sombra/iluminaciones

Observe la figura 14.13. En un primer momento, el aspecto del cuadro de diálogo Sombra/iluminaciones puede parecer sencillo pero comprobaremos que esconde alguna que otra sorpresa. Además, estamos seguros de que esta herramienta dará más de una alegría a todos los que utilizamos cámaras digitales.

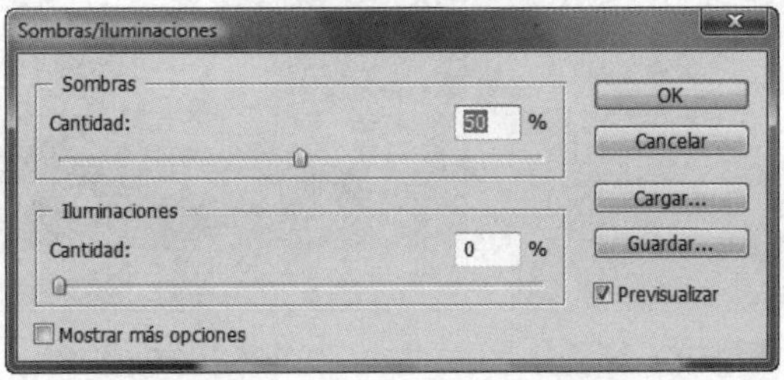


**Figura 14.13.** Cuadro de diálogo Sombra/iluminaciones.

Los dos reguladores que podemos ver Sombras e Iluminaciones permiten solucionar un problema muy común cuando tomamos instantáneas con una cámara digital y no utilizamos los valores correctos de exposición. Concretamente, se trata del oscurecimiento de objetos que aparecen en primer plano cuando existe un fondo demasiado iluminado. Pero mejor, observe la figura 14.14 antes y después de aplicar las posibilidades del comando Sombra/iluminaciones. Seguro que se le ha venido a la memoria más de una fotografía que podría arreglar con esta herramienta.

Si con los dos primeros controles (Sombras e Iluminaciones) no obtiene los resultados deseados, active la casilla de verificación Mostrar más opciones para que el cuadro de diálogo Sombras/iluminaciones tome el aspecto que puede ver en la figura 14.15. Utilice el resto de posibilidades y modifique la configuración de los diferentes reguladores para conseguir el aspecto adecuado para la imagen.

**Figura 14.14.** Resultado antes y después de utilizar el comando Sombra/iluminaciones.

**Advertencia:**

*Existen algunos casos en los que la falta de luz es tan pronunciada que sólo podremos mejorar un poco el problema, pero no solucionarlo completamente. Y es que esta herramienta verdaderamente hace milagros aunque existen ocasiones en las que no es posible.*

# Filtro Corrección de lente

Photoshop incluye un filtro dentro de la categoría Distorsionar denominado Corrección de lente. Después de ejecutarlo nos encontraremos con el impresionante cuadro de diálogo como el que muestra la figura 14.16. El propósito de este filtro es corregir defectos provocados por la lente de la cámara y que distorsionan la perspectiva de la imagen. Principalmente son tres los problemas que podemos corregir:

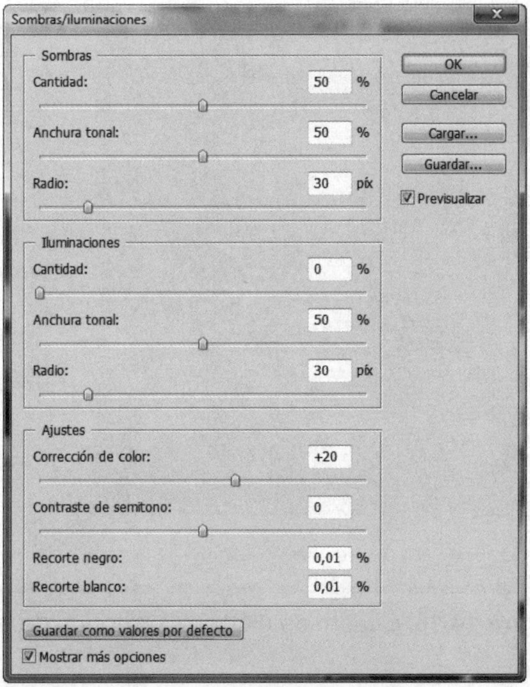


**Figura 14.15.** Opciones ampliadas del cuadro de diálogo Sombras/iluminaciones.

- El regulador Eliminar distorsión permite corregir el efecto de abombamiento o hundimiento generado por algunas lentes.
- La aberración cromática hace referencia a una serie de píxeles brillantes que aparecen en los bordes de algunos objetos de la imagen. Para corregir este problema podemos usar los dos reguladores de la sección Aberración cromática.
- En algunos casos encontraremos cierto oscurecimiento en las esquinas de una imagen con respecto al centro de la misma. También podemos corregir este problema con las opciones de la sección Viñeta.
- La deformación vertical también puede ser un problema que necesitemos corregir en algunas fotografías. Con las opciones de la sección Transformar podemos solucionar este defecto.

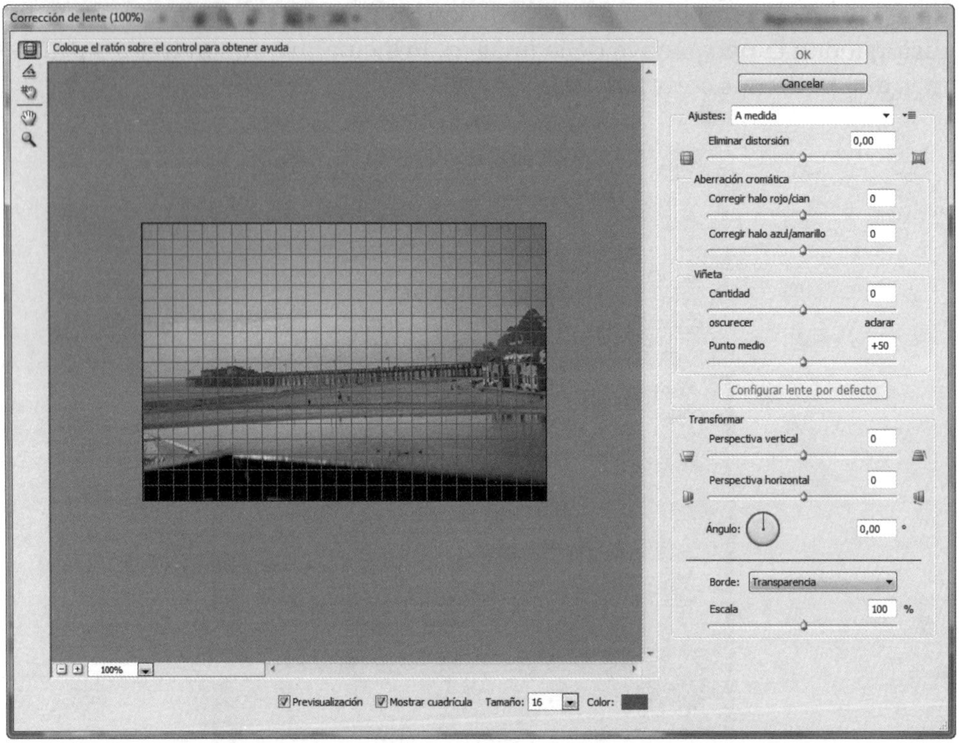


**Figura 14.16.** Cuadro de diálogo Corrección de lente.

**Nota:**

*Son evidentes las posibilidades del filtro* Corrección de lente *a la hora de solucionar ciertos problemas fotográficos, pero quizás no sería mala idea aprovechar sus propiedades con fines creativos para deformar o distorsionar imágenes.*

# Exposición

Cuando hablamos del término exposición en fotografía, nos referimos al tiempo que permanece abierto el obturador de la cámara dejando entrar la luz hasta el sensor. Esta sería simplificando mucho la definición de este concepto fotográfico ya que existen otros factores que influyen en su configuración.

El comando Exposición permite realizar correcciones de este valor sobre la imagen. Si ejecutamos el comando Imagen>Ajustes>Exposición o utilizamos el panel

Ajustes, nos encontraremos con diferentes elementos de configuración. Entre ellos nos interesa destacar los tres reguladores que muestra la figura 14.17.

- Exposición: Este primer control determina la cantidad de luz que deseamos aplicar sobre la imagen.
- Desplazamiento: En este caso, trabajaremos con las sombras y medios tonos generando finalmente una variación sobre el contraste de la imagen.
- Gamma: El valor de gamma determina la claridad u oscuridad con la que vemos una imagen. Por ejemplo, los sistemas Windows utilizan un valor de 2,2 mientras que los equipos con Mac OS utilizan valores cercanos al 1,8. La consecuencia es que una misma imagen se aprecia más oscura en Windows que en un sistema Mac OS. Este regulador permite modificar la luminosidad de la imagen a través de la variación de su valor gamma.

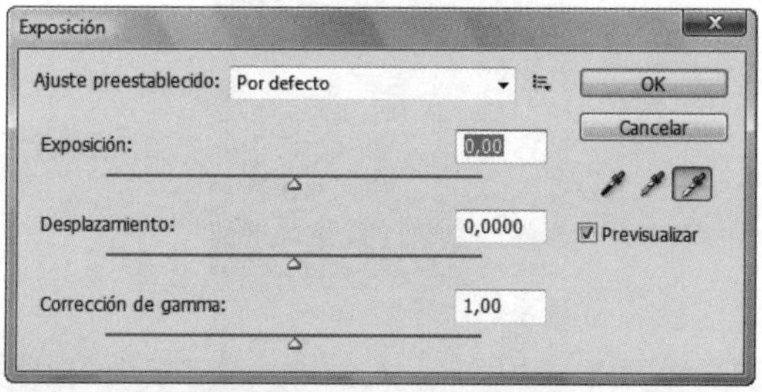


**Figura 14.17.** Cuadro de diálogo Exposición.

Además de los tres reguladores que acabamos de describir, podemos ver tres pequeños iconos. El primero de ellos tomará el píxel sobre el que hagamos clic y todos los que tengan el mismo color y les aplicará un desplazamiento cercano a cero. El resultado será una transformación a negro de todos los píxeles seleccionados. El segundo, Cuentagotas, y el tercero, establecen el valor de exposición según el valor del píxel seleccionado, cambiando a gris y blanco respectivamente.
También es interesante la lista de Ajustes preestablecidos que permite aplicar directamente los valores de corrección más habituales.

# ¿Qué es un histograma de imagen?

Antes de terminar con este capítulo queremos aclarar un término que hemos usado con frecuencia. El histograma de una imagen representa la distribución de los píxeles iluminados, las sombras y los medios tonos. Con algo de experiencia, este esquema puede ayudar a conocer si una imagen está demasiado iluminada, muy oscura o con pocos matices. Aún mejor, podríamos mejorar su aspecto modificando su histograma.

En el capítulo anterior comprobamos cómo el comando Curvas mostraba de fondo el histograma de la imagen y nos servía como referencia para trabajar con sus posibilidades. Para entender mejor la relación entre el histograma y el aspecto de una imagen, observe en la figura 14.18 el histograma de una misma imagen subexpuesta, sobreexpuesta y correctamente ajustada.

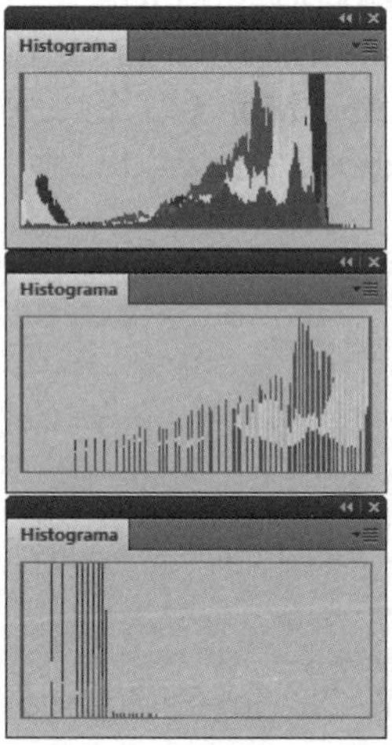


**Figura 14.18.** Histograma de una misma imagen en situación de subexposición, sobreexposición y normal.

Photoshop incluye el panel Histograma, cuyo aspecto podemos comprobar en la figura 14.19. Este panel no tiene capacidades de edición y sólo proporciona información actualizada sobre el histograma de la imagen seleccionada. Esto no lo hace menos interesante y para comprobarlo despliegue el menú asociado al panel y seleccione el comando Vista expandida. Ahora no sólo podemos ver el histograma de la imagen sino que también es posible conocer los valores de cada punto del gráfico con tan sólo situar el cursor sobre él y observar la información que muestra debajo.

**Nota:**

*Si no aparece información bajo el gráfico del panel Histograma compruebe en el menú asociado que se encuentra activa la opción* Mostrar estadística.

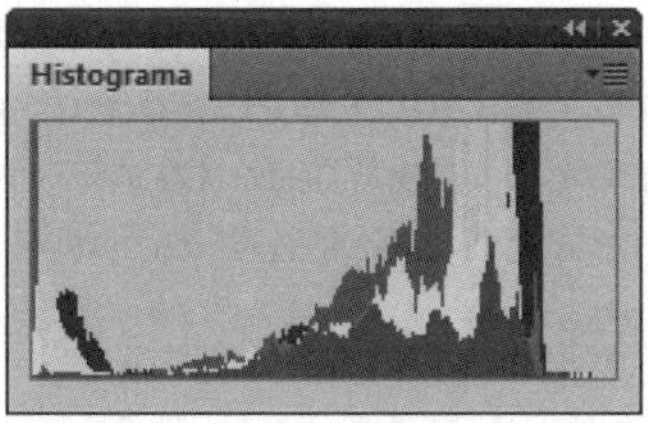


**Figura 14.19.** Panel Histograma.

Otro aspecto importante del panel Histograma es que dispone de capacidad para mostrar el efecto de cualquier ajuste o transformación sobre el histograma de la imagen, siempre y cuando se encuentre activada la casilla Previsualizar del cuadro de diálogo en cuestión o utilicemos el panel Ajustes. El aspecto del panel durante este tipo de acciones será similar al que muestra la figura 14.20, superponiendo los niveles originales a los que conseguiremos si llevamos a cabo el ajuste.

**Figura 14.20.** Aspecto del panel Histograma mientras aplicamos un ajuste o modificación sobre la imagen.

Si quiere trabajar directamente sobre el histograma de una imagen deberá recurrir al comando Niveles, tratado en el capítulo anterior. En el cuadro de diálogo asociado a este comando podrá utilizar los reguladores situados bajo el gráfico para modificar el rango y la distribución de sombras, iluminaciones y medios tonos de la imagen.

# Resumen

Quizás con un poco de suerte habremos conseguido nuestro propósito para este capítulo, que no era otro que mostrar la aplicación práctica de algunas de las herramientas más completas de Photoshop relacionadas con el retoque fotográfico.

Ahora ya sabemos cómo arreglar los dichosos ojos rojos de una imagen, cómo cambiar los valores de brillo o contraste, cómo modificar la luminosidad de fotografías demasiado oscuras, etcétera. Comandos como Igualar color, Filtro de fotografía o Brillo/contraste tienen que ser a partir de ahora sus mejores compañeros de viaje si dispone de una cámara digital y quiere obtener el mejor resultado en sus fotografías.

También conocemos las increíbles posibilidades del filtro Corrección de lente y por supuesto del comando Exposición. Con ambos podremos mejorar muchas fotografías.

Por último, hemos aprendido un poco más sobre los histogramas, un interesante elemento que nos ayudará a conocer más sobre la distribución de píxeles iluminados, sombras y medios tonos de la imagen.

# Capítulo 15

# Galería de filtros

**En este capítulo aprenderá a:**

- Conocer el significado de los filtros.
- Aprovechar las posibilidades de la Galería de filtros.
- Utilizar las capas de efecto incluidas en la Galería.
- Trabajar con los filtros inteligentes.
- Conocer las diferentes categorías de filtros disponibles.
- Crear y leer marcas de agua.

# Galería de filtros

Antes de existir la Galería de filtros si queríamos conocer el resultado de cualquier filtro sobre la imagen debíamos seleccionarlo en cualquiera de las categorías existentes y aplicarlo. Si no nos convencía el resultado, elegíamos otro y así hasta encontrar el más adecuado para nuestros propósitos. Pero todo ha cambiado, la Galería de filtros, cuyo aspecto podemos ver en la figura 15.1, recoge en un solo cuadro de diálogo gran parte de los filtros disponibles en Photoshop y ofrece las siguientes ventajas:

- Permite comprobar al instante el resultado de cualquier filtro, con tan sólo hacer clic sobre su nombre y sin salir del mismo cuadro de diálogo.
- Podemos ajustar todos los parámetros al mismo tiempo que comprobamos el resultado de los ajustes en tiempo real sobre la imagen.
- Ofrece la posibilidad de aplicar varios filtros sobre la imagen sin abandonar el entorno de la Galería. En este sentido, también podemos utilizar más de una vez el mismo filtro y comprobar sus resultados en la vista preliminar.
- Podemos organizar los filtros, cambiándolos de categoría si lo creemos oportuno.

Después de enumerar las bondades de la Galería de filtros, sólo tenemos que comentar un pequeño defecto y es que no todos los filtros se encuentran recogidos dentro de este cuadro de diálogo. Algunos, como los incluidos en las categorías Vídeo, Ruido o Interpretar, quedan fuera de esta herramienta y tendremos que utilizarlos de la forma tradicional.

**Truco:**

*En todos aquellos filtros que tengan asociado un cuadro de diálogo, pulse la tecla* **Alt** *y el botón* **Cancelar** *se convertirá en* **Restaurar**. *Utilice este método para poder restablecer los valores originales del filtro.*

# Cómo usar la Galería de filtros

Podemos llegar hasta la Galería de filtros de dos formas, seleccionando el comando del mismo nombre situado dentro del menú Filtro, o ejecutando alguno de los filtros que forman parte del conjunto gestionado por ella: Artístico, Bosquejar, Distorsionar, Estilizar, Textura y Trazos de pincel. A partir de aquí, usar la Galería de filtros es de lo más sencillo, ya que simplemente tendremos que ir buscando entre las categorías y hacer clic sobre la pequeña miniatura que representa cada filtro. Tras unos instantes, según la complejidad de cada filtro, podremos ver una versión preliminar de la imagen en el marco de la izquierda del cuadro de diálogo.

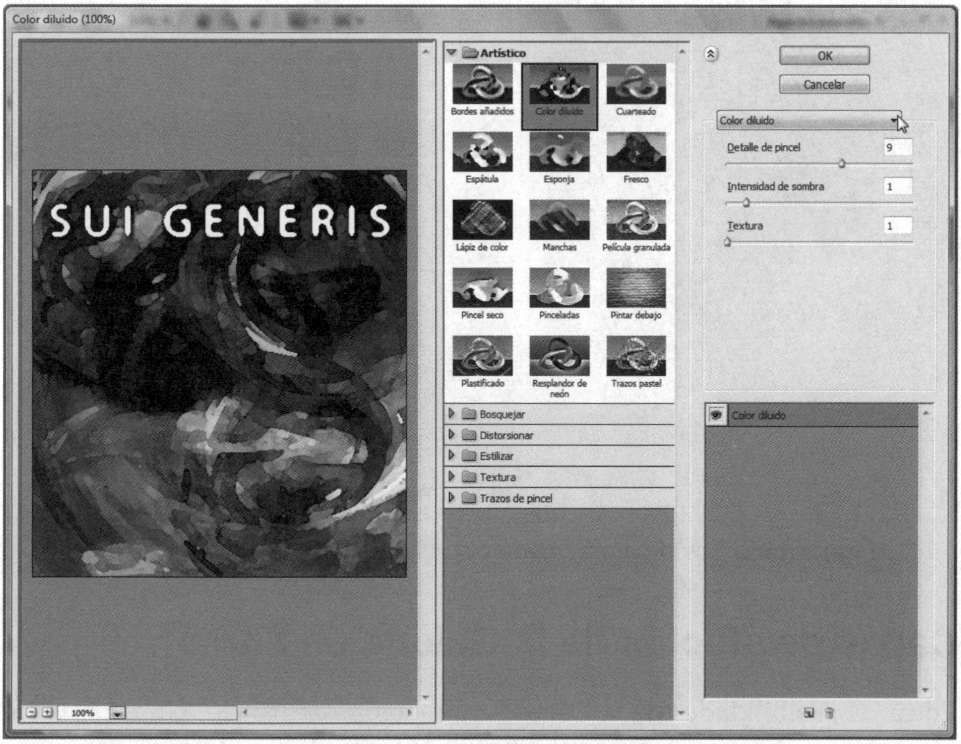


**Figura 15.1.** Galería de filtros.

El área derecha del cuadro de diálogo muestra las opciones de configuración de cada filtro. Todas las variaciones que hagamos sobre los controles de cada filtro también se mostrarán al instante en la vista preliminar.

**Truco:**

*Utilice el pequeño botón circular resaltado en la figura 15.2, para aumentar el espacio disponible para la vista preliminar. En este caso, puede utilizar la lista de filtros de la sección de configuración para elegir cualquier otro efecto.*

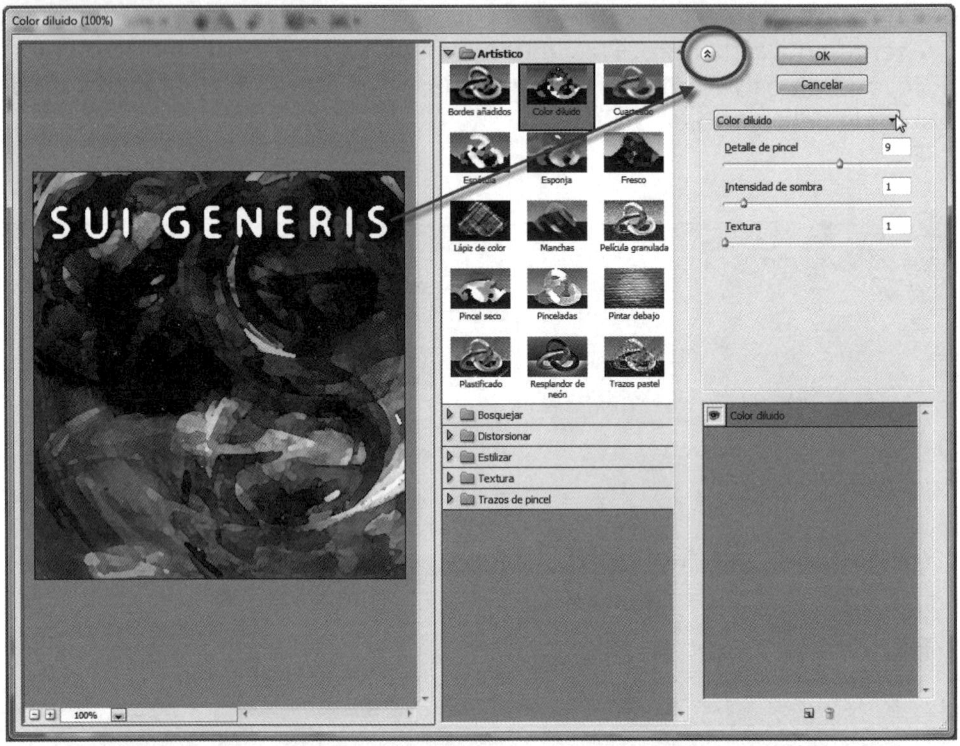


**Figura 15.2.** Botón para aumentar la vista preliminar y lista de filtros.

## Capas de efectos de la Galería de filtros

Entre las posibilidades de la Galería enumeradas al principio del apartado, comentamos la capacidad de aplicar más de un filtro al mismo tiempo sobre la imagen. La forma de conseguirlo es mediante las capas de efecto:

1. Abra la Galería de filtros, seleccione una categoría y después haga clic sobre alguno de los efectos disponibles.
2. En la esquina inferior derecha de la galería, se encuentran las capas de efecto. Haga clic en el icono Nueva capa de efecto resaltado en la figura 15.3 y compruebe como al instante se crea una nueva capa con el nombre del filtro seleccionado en ese momento.
3. Repita estos pasos tanto como efectos quiera aplicar sobre la imagen.
4. Cada una de las capas de efecto dispone de un pequeño icono que permite ocultarla o mostrarla respectivamente. De este modo puede configurar el resultado con todos o parte de los efectos aplicados.

5. Cuando termine, haga clic en **OK** y se aplicarán los filtros asociados a capas de efecto visibles. Más sencillo, el aspecto de la imagen será el que muestre la vista preliminar de la Galería.

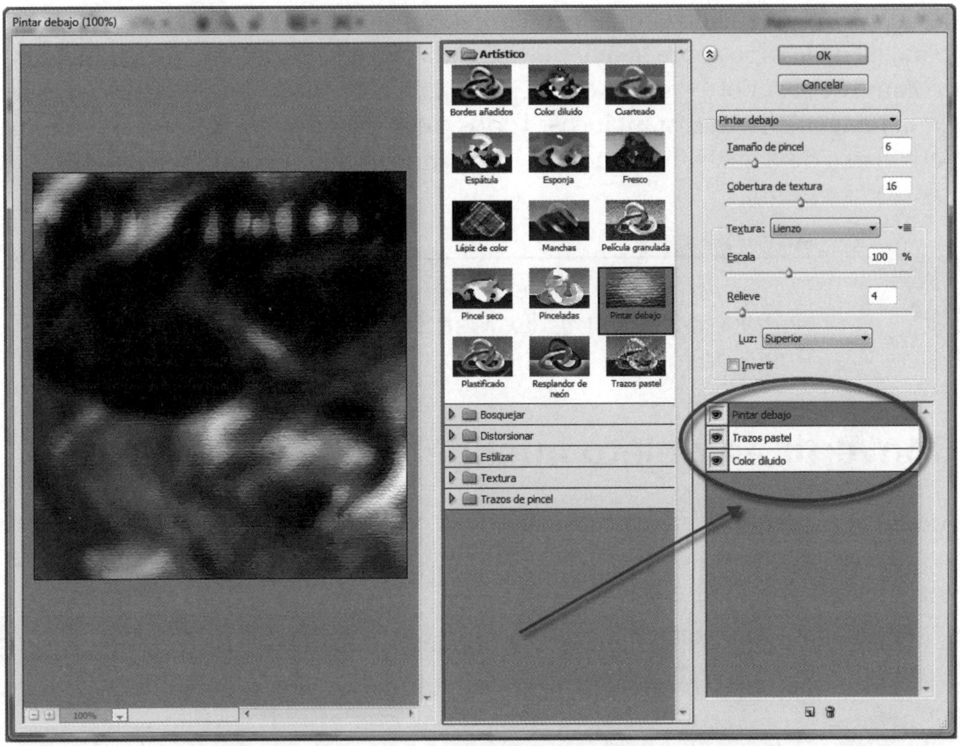


**Figura 15.3.** Capas de efecto en la Galería de filtros.

**Nota:**

*Para eliminar cualquier capa de efecto, arrástrela sobre el icono representado por un pequeño cubo de basura.*

# Filtros inteligentes

Utilizar el adjetivo "inteligente" quizás sea un poco pretencioso pero los ingenieros de Adobe han debido pensar que se trata de una buena forma de reclamar la atención sobre esta nueva característica del programa. Los filtros inteligentes fueron incorporados en la versión CS2 de Photoshop y suponen un importante avance.

Pero... ¿Qué es un filtro inteligente? Bien, la propiedad más importante que define este tipo de elemento sería que los cambios generados sobre la imagen no destruyen la información original de la misma. Por compararlo con algo que conocemos, podríamos decir que se comportan del mismo modo que los efectos de capa, siendo sencillo eliminar cualquier transformación y recuperar el aspecto inicial de la capa sobre la que fue aplicada. Hasta ahora esto no era posible y debíamos utilizar otros recursos del programa como guardar una copia, duplicar la imagen o crear instantáneas. Todos estos métodos siguen siendo válidos pero el uso de objetos inteligentes resulta mucho más cómodo y sencillo.

**Advertencia:**

*Debe saber que no es posibles utilizar las características "inteligentes" con los filtros* Extraer, Licuar, Creador de motivos *y* Punto de fuga.

## Convertir en objeto inteligente

Antes de poder aplicar las características comentadas sobre los filtros inteligentes, es necesario convertir en "inteligentes" los elementos de capa. Para ello, siga estos sencillos pasos:

1. Haga clic sobre la capa que desea utilizar para aplicar los efectos o filtros.
2. Seleccione en el menú Filtro el comando Convertir para filtros inteligentes.

Después de estos dos pasos, el aspecto de la miniatura que representa la capa tomará el aspecto que puede ver en la figura 15.4. A partir de aquí ya puede utilizar filtros de forma "no destructiva" sobre la imagen.

**Nota:**

*Puede utilizar el comando* Convertir para filtros inteligentes *sobre cualquier capa de la imagen, incluso la capa de fondo.*

## Aplicar filtros inteligentes

Ahora que ya tenemos preparada la capa, el siguiente paso será abrir el menú Filtro y elegir alguna de las innumerables transformaciones que ofrece. Por ejemplo, seleccione cualquier filtro de la categoría Artístico y aplíquelo sobre la capa. Compruebe en la figura 15.5 como bajo el nombre de la capa aparece una nueva categoría denominada Filtros inteligentes y a continuación el nombre del efecto que acabamos de emplear.

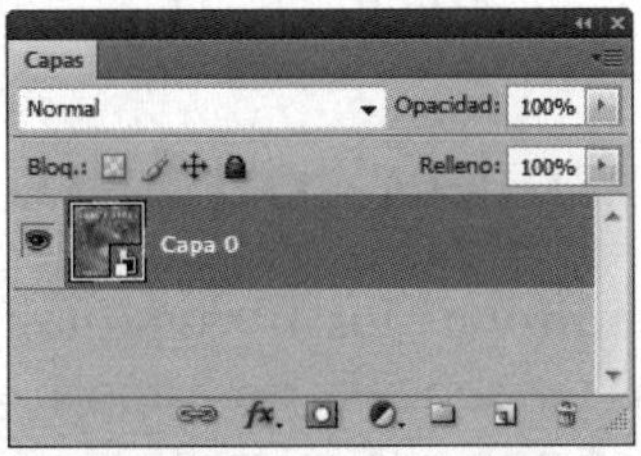


**Figura 15.4.** Capa preparada para utilizar filtros inteligentes sobre los elementos que la forman.

**Figura 15.5.** Nuevo filtro inteligente creado sobre una capa.

Ésta es la forma que tiene Photoshop de representar los filtros inteligentes asociados a una capa. Como ya hemos comentado, es el mismo sistema utilizado para los efectos de capa, de hecho, si decidimos añadir también un efecto de capa sobre la imagen, aparecerá una nueva categoría denominada Efectos donde se englobarán estos elementos como puede ver en la figura 15.6.

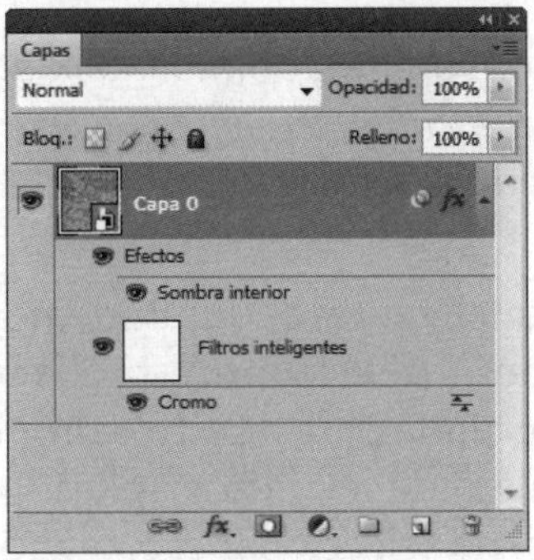


**Figura 15.6.** Filtros inteligentes y Efectos sobre una misma capa.

**Nota:**

*Dos pequeños círculos a la derecha del nombre de la capa indican que tiene aplicados filtros inteligentes. Además el pequeño botón situado en extremo derecho permite mostrar u ocultar todos los efectos.*

# Tareas más habituales con filtros inteligentes

Como hemos podido comprobar los filtros inteligentes proporcionan una forma mucho más cómoda y sencilla de trabajar con efectos y transformaciones. Esta situación hace que necesitemos conocer nuevos métodos para aprovechar todas sus posibilidades.

Entre las grandes ventajas de los filtros inteligentes insistimos en su capacidad para no alterar la información original de la capa. Si desea poner esto en práctica y quiere eliminar cualquier filtro aplicado sobre una capa para recuperar el aspecto original de la imagen, sólo es necesario hacer clic con el botón derecho sobre el nombre del filtro y seleccionar el comando Eliminar filtro inteligente. La figura 15.7 muestra este menú emergente. En este mismo menú se encuentra el comando Deshabilitar filtro inteligente que no lo elimina sino que simplemente desactiva sus efectos. Esto mismo lo podemos conseguir con el pequeño icono representado por un "ojo" situado a la izquierda del nombre de cada filtro. Esta funcionalidad es la misma que controla la visibilidad de las capas.

Igual que ocurre con las capas, el orden de apilado y por lo tanto de aplicación de los filtros inteligentes determinan el resultado final. Si lo desea puede cambiar la posición de cualquier filtro con tan sólo hacer clic sobre él y arrastrarlo hasta su nueva posición. Una línea de color oscuro le servirá como referencia para conocer la situación del elemento que está moviendo.

**Truco:**

*El comando* Convertir en objeto inteligente *también se encuentra disponible en el menú emergente que aparece después de hacer clic con el botón derecho sobre la capa.*

Otra ventaja de los filtros inteligentes es que podemos cambiar su configuración tantas veces como deseemos y de esta forma probar diferentes configuraciones hasta encontrar la más adecuada para nuestros propósitos. Para acceder al cuadro de diálogo de cualquiera de los filtros aplicados sobre una capa tenemos dos opciones: la primera sería seleccionar el comando Editar filtro inteligente en el menú contextual que muestra el programa cuando hacemos clic con el botón derecho sobre el nombre del filtro. O también, podemos conseguir el mismo resultado haciendo doble clic directamente sobre el nombre.

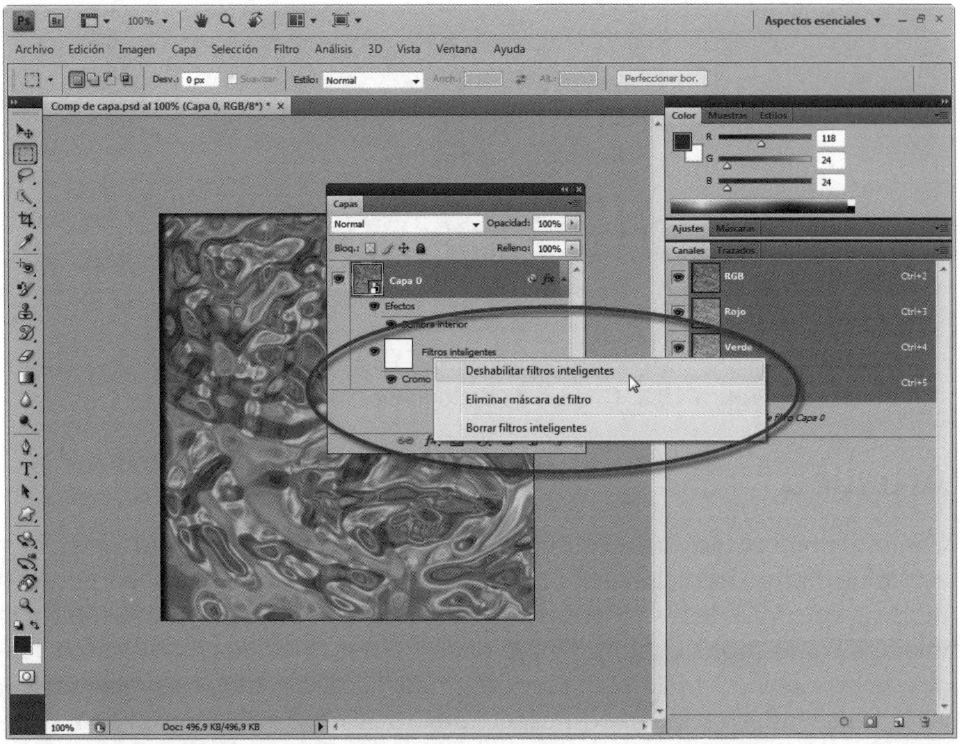


**Figura 15.7.** Menú emergente asociado a un filtro inteligente.

De igual modo que ocurre con las capas, Photoshop permite añadir toda la potencia de los modos de fusión a las ya comentadas ventajas de los filtros inteligentes. A la derecha del nombre del filtro, observará que se encuentra un pequeño icono, haga doble clic sobre él para mostrar el cuadro de diálogo que aparece en la figura 15.8. En el podremos elegir el modo de fusión que deseemos y modificar el grado de opacidad. Todo esto, visualizando el resultado al instante en el área de vista previa o en la propia imagen.

# Categorías de filtros disponibles

Photoshop incluye más de cien filtros y para que le resulte más sencillo trabajar con ellos, a continuación describimos brevemente cada una de las categorías en las que se encuentran agrupados. Además, comentaremos con más detalle aquellos filtros cuyos resultados consideramos más interesantes o que se utilicen con más frecuencia.

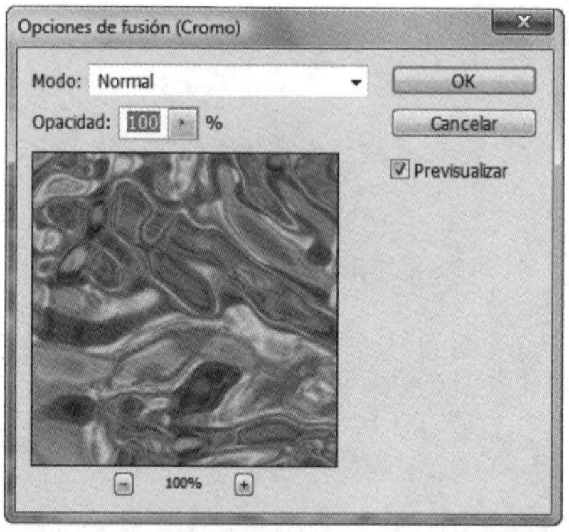


**Figura 15.8.** Cuadro de diálogo Opciones de fusión.

# Artístico

Como su nombre indica el objetivo de este grupo de filtros es simular efectos y estilos de pintura tradicionales. Los filtros con motivos artísticos, incorporados desde la versión 4 de Photoshop, ofrecen un toque romántico y tradicional a la imagen. Por ejemplo, el filtro denominado Bordes añadidos modifica los bordes de los elementos seleccionados dentro de la capa actual, oscureciéndolos. Aplica una posterización (modificar el número de niveles de tono o variar la luminosidad) en aquellas zonas cercanas a un cambio brusco de color. Los mejores resultados se obtienen cuando aplicamos algunos de los filtros incluidos dentro de esta categoría sobre elementos cuyo color contrasta con el color de fondo. La figura 15.9 describe un ejemplo de los efectos del filtro Bordes añadidos.

# Bosquejar

Los filtros incluidos dentro de esta categoría mantienen algunas características del bloque anterior, ya que de nuevo simulan técnicas de dibujo tradicional. También ofrecen la posibilidad de imitar trazos realizados a mano así como vistosos efectos de relieve y tridimensionales. Por ejemplo, Bajorrelieve esculpe la imagen en piedra, creando un efecto tridimensional muy atractivo como podemos ver en la figura 15.10. Entre sus opciones se encuentra Detalle que permite controlar la nitidez del resultado, mientras menos detalles más difícil será reconocer la imagen original. La opción Suavizado reduce los cambios bruscos del efecto, y la dirección de la luz permite controlar las sombras y luces.

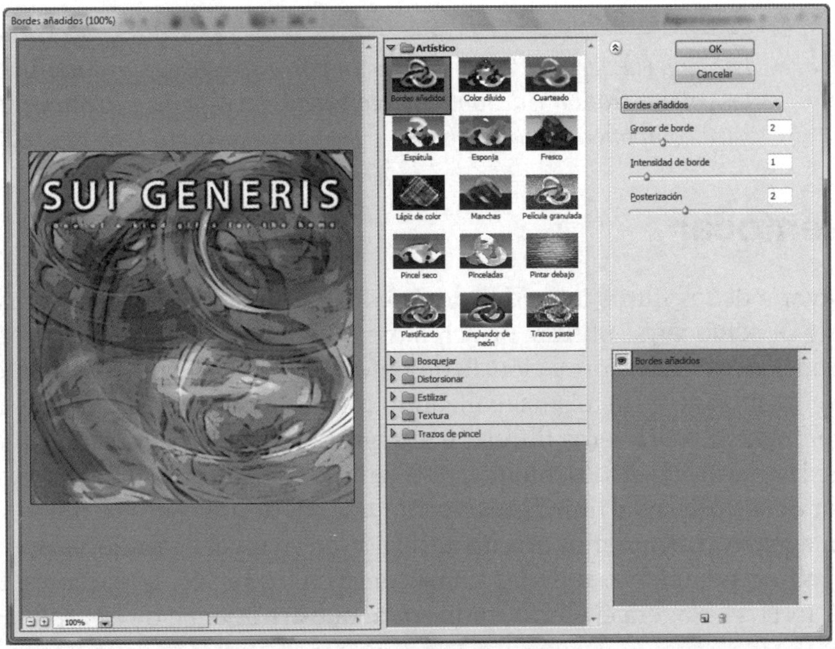


**Figura 15.9.** Bordes añadidos.

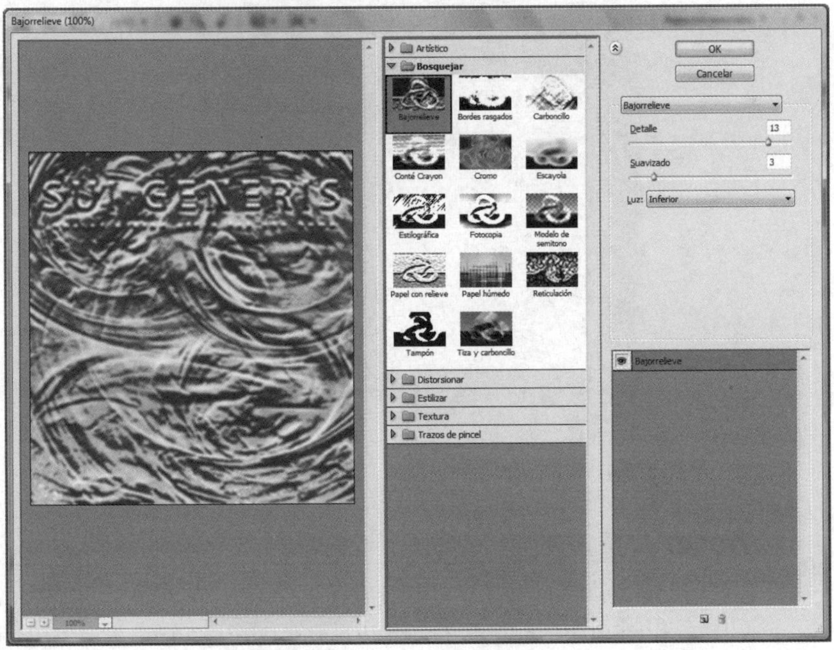


**Figura 15.10.** Bajo relieve.

**Advertencia:**

*La mayoría de los filtros que forman parte de este conjunto utilizan los colores frontal y de fondo seleccionados en el panel Herramientas para componer la imagen final.*

# Desenfocar

La mayoría de los filtros incluidos dentro de este conjunto, agrupados bajo el nombre Desenfocar, se utilizan principalmente para retocar imágenes, más que como opciones de transformación. El desenfoque de una imagen tiene como objetivo el suavizado de la misma realizando correlaciones entre el brillo, el color y el contraste.Los primeros filtros de este grupo se diferencian tan sólo en la intensidad del efecto de desenfoque, por ejemplo Desenfocar más es aproximadamente cuatro veces el filtro Desenfocar.Después de aplicar estos filtros sobre una imagen, conseguiremos una disminución en su nivel de ruido, es decir, un suavizado general atenuando las transiciones en los píxeles adyacentes. En la figura 15.11 se exagera el efecto ruido sobre nuestra imagen de ejemplo.

**Figura 15.11.** Imagen con "demasiado" ruido.

**Truco:**

*La combinación de teclas* **Control-F** *permite ejecutar de nuevo el último filtro utilizado, lo que es útil a la hora de usar los filtros de este grupo, dado que el grado de desenfoque se va acumulando.*

## Distorsionar

Todos los filtros de este grupo tienen como denominador común la deformación de la imagen original siguiendo una serie de modificadores geométricos. Podemos encontrar desde transformaciones tridimensionales hasta sorprendentes efectos de distorsión. La mayoría de ellos deja entrever sus resultados con tan sólo leer su nombre, pero también debemos saber que la cantidad de recursos que consumen es considerable.

## Enfocar

Como podrá imaginar, los efectos que genera este conjunto de filtros sobre una imagen son justo los contrarios a los que hemos visto con los filtros de desenfoque tratados anteriormente. De hecho, en la mayoría de las ocasiones se utiliza para reducir un exceso de desenfoque.
En el capítulo dedicado a las herramientas de Photoshop, tratamos con detalle la herramienta Enfoque. El principio básico de estos filtros es el mismo, salvo que se aplican de forma global a la capa activa.

**Nota:**

*En realidad lo que hacen estos filtros no es más que aumentar el contraste teniendo en cuenta las características de cada píxel y los píxeles que le rodean.*

Recuerde que puede aplicar cualquier filtro a una zona restringida de la imagen con tan sólo definir previamente un área de selección. En la figura 15.12 puede ver el uso del filtro Estilográfica sobre una selección realizada en el centro de la imagen.

**Advertencia:**

*El valor de las variables* Radio *y* Umbral *del filtro* Máscara de enfoque *debe ser proporcional a la resolución de la imagen. Es decir, a mayor resolución más amplios deben ser los valores de* Radio *y de* Umbral.

Por último, Photoshop incorpora un filtro dentro de este grupo denominado Enfoque suavizado con el que tendremos un control total sobre el proceso de enfoque, sobre todo si activamos el botón de opción Avanzado. En ese momento el aspecto del cuadro de diálogo se transforma y aparecen tres pestañas donde podremos configurar hasta el más mínimo detalle. La figura 15.13 muestra el aspecto de este cuadro de diálogo.

**Figura 15.12.** Filtro Estilográfica aplicado sobre una selección.

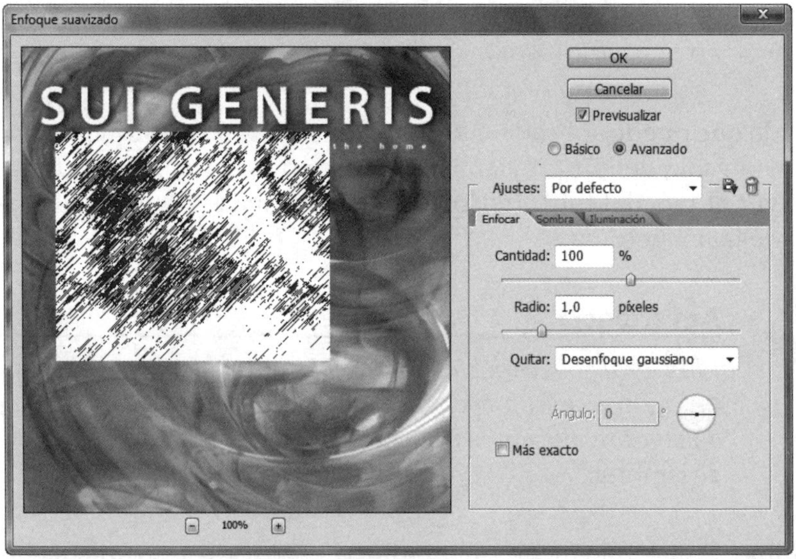


**Figura 15.13.** Cuadro de diálogo Enfoque suavizado en modo avanzado.

**Nota:**

*No tenga ningún miedo a la hora cambiar valores para conocer los límites de cada parámetro. Ésta es una buena práctica para conocer mejor las posibilidades de los filtros.*

# Estilizar

No sabemos muy bien cómo definir este conjunto de filtros, ya que creemos que no existe un claro denominador común entre ellos. Algunos permiten aplicar sorprendentes transformaciones a nuestras imágenes y otros no son tan espectaculares pero sí bastante útiles.

Como ejemplo de los primeros tenemos el filtro Azulejos que divide la imagen en cuadrados a los cuales se les aplica un determinado desplazamiento aleatorio, creando un efecto de rompecabezas desordenado.

La opción Número de azulejos define el número de divisiones horizontales y, por lo tanto, el tamaño de los recortes. Además, con la opción Desplazamiento máximo podemos ajustar la separación máxima entre los recortes. Este porcentaje se calcula tomando como referencia el tamaño del azulejo.

Otro de los aspectos que podemos controlar es el relleno de los espacios resultantes entre los azulejos. Dispone de cuatro posibilidades:

- Utilizar el color de fondo activo en el selector del panel Herramientas.
- Utilizar el color frontal o de primer plano activo en el selector.
- La opción Imagen invertida muestra el negativo de la imagen original. En la figura 15.14 puede ver un ejemplo en el que se ha utilizado esta propiedad.
- La opción Imagen sin alterar en contra de lo que parece significar, genera un resultado algo extraño.

# Interpretar

Bajo este nombre se engloban cinco filtros que en su mayoría utilizan los colores y los motivos de la imagen original para crear texturas, formas aleatorias y efectos 3D. En general, intenta imitar situaciones reales como luces y grabados. Por ejemplo, el filtro Destello imita el resultado generado por una fuente de luz intensa como, por ejemplo, un foco o un flash sobre una imagen. En la figura 15.15 podemos ver un ejemplo donde hemos aplicado este filtro sobre nuestra imagen de muestra.

**Figura 15.14.** Azulejos con la opción Imagen invertida seleccionada.

**Figura 15.15.** Destello.

Otro filtro interesante de este grupo es el denominado Fibras, que diseña texturas imitando tejidos, hebras o filamentos.

**Nota:**

*No olvide utilizar la tecla* **Alt** *si desea restaurar los parámetros por defecto de cualquier filtro.*

Pero no podemos dejar pasar la oportunidad de ver con más detalle el filtro Efectos de iluminación, aunque para describir el funcionamiento de este filtro y todas sus posibilidades, necesitaríamos un capítulo entero. Para hacernos una idea, podemos observar el aspecto del cuadro de diálogo Efectos de iluminación en la figura 15.16.

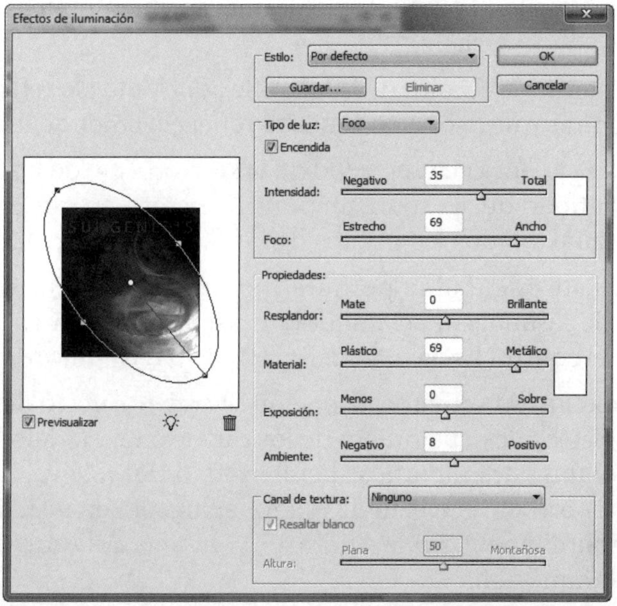


**Figura 15.16.** Cuadro de diálogo Efectos de iluminación.

Las posibilidades de este filtro permiten elegir entre numerosas fuentes luminosas, intensidad, brillo, etcétera. Para que pueda aprovechar al máximo estas opciones, vamos a describir cada una de ellas, aunque por motivos de espacio, no tan a fondo como nos gustaría:

- Estilo: Dentro de esta lista desplegable encontrará un buen número de efectos predefinidos, que puede modificar a su gusto. Además, si lo necesita puede guardar sus propios efectos personalizados utilizando el botón **Guardar**.
- Tipo de luz: Aquí podemos elegir el modelo de iluminación que vamos a utilizar. Si el estilo elegido contempla varios focos de luz, desde esta sección podremos activar o desactivar cada uno de ellos, así como modificar su intensidad y su amplitud.
- Intensidad: Determina la cantidad de luz aplicada sobre el punto seleccionado en la vista preliminar de la izquierda. Después de la descripción

de cada uno de los elementos situados en la parte derecha del cuadro de diálogo, veremos cómo trabajar en esta vista preliminar.

- Foco: Controla el ancho de la fuente de luz.
- Propiedades: Las cuatro opciones incluidas en esta sección no afectan a los puntos de luz, sino a la totalidad de la imagen con respecto a éstos.
- Resplandor: Modifica la opacidad de la imagen, mientras más a la izquierda más oscura y viceversa.
- Material: Determina el color de la luz reflejada: Metálico refleja el color del objeto, mientras que la opción Plástico refleja el color de luz aplicada.
- Exposición: Si la opción Intensidad de la sección Tipo de luz permitía modificar la cantidad de luz sobre un punto concreto, en este caso, el cambio afecta por igual a todos los puntos de luz situados sobre la imagen.
- Ambiente: Este regulador permite modificar la intensidad de la luz ambiental de la imagen, aclarándola u oscureciéndola en función de si acercamos el control hacia el extremo Positivo o Negativo.
- Canal de textura: Al activar esta opción se crea un efecto de relieve sobre la imagen. Seleccione cualquiera de los canales del modelo RVA y utilice el control Altura para modificar la intensidad del relieve. Si activa la casilla Resaltar blanco, el efecto de relieve aparecerá en negativo, imitando el tallado sobre piedra. En la figura 15.17 hemos aplicado una textura al efecto de iluminación.

**Figura 15.17.** Efecto de iluminación con textura.

Además de todas las opciones que acabamos de ver, la vista preliminar situada a la izquierda también permite realizar numerosas modificaciones sobre el resultado final del efecto. Por ejemplo, los puntos de luz están representados por pequeños círculos blancos. Para desplazarlos tan sólo tiene que hacer clic sobre ellos con el ratón y arrastrarlos hasta el lugar de la imagen que desee. Si lo desea, también puede añadir nuevos puntos de luz. Los pasos para hacerlo serían los siguientes:

- Haga clic sobre la pequeña bombilla situada en la parte inferior de la vista preliminar y mantenga pulsado el botón del ratón. El cursor toma la forma de una pequeña bombilla.
- Sitúese en la zona de la imagen sobre la que quiera colocar el nuevo punto de luz y suelte el botón del ratón. El nuevo punto de luz se añade al efecto de iluminación.

**Nota:**

*Si quiere eliminar un punto de luz, selecciónelo y arrástrelo hasta el pequeño cubo de basura situado en la parte inferior de la vista preliminar.*

Observe en la figura 15.18 como al pulsar en un punto de luz, alrededor de él aparece una elipse o círculo, según el tipo de foco seleccionado. Esta forma representa el ámbito lumínico del punto de luz y puede transformarla arrastrando los pequeños tiradores (cuadrados blancos) situados sobre ella.

# Pixelizar

El modelo de trabajo seguido por los filtros de este conjunto se basa en la agrupación de píxeles con características similares. Así, es posible crear diferentes efectos tomando estos grupos de píxeles como referencia.

# Ruido

Aplicar ruido a una imagen consiste básicamente en añadir de forma aleatoria píxeles de un color determinado, generalmente blanco. Esta serie de filtros utiliza el ruido para realizar curiosas transformaciones sobre la imagen original.

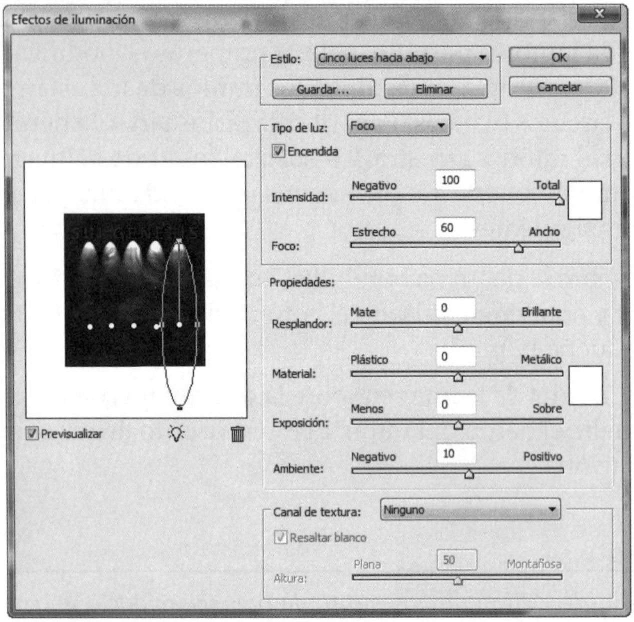


**Figura 15.18.** Ámbito del foco seleccionado.

El filtro Añadir ruido aplica una cierta cantidad de ruido sobre la imagen en función de los parámetros seleccionados en su cuadro de diálogo. La primera de las opciones, Cantidad, permite determinar la intensidad de ruido aplicado. A continuación podemos elegir entre dos modelos de distribución:

- Uniforme: El ruido se reparte de igual modo por toda la imagen.
- Gaussiano: En este caso, la distribución se realiza sólo a partir de ciertos puntos localizados de la imagen. La figura 15.19 muestra un ejemplo donde se ha usado una cantidad de 34 y una distribución gaussiana. Al activar la casilla Monocromático los píxeles que se añaden a la imagen son sólo blancos y negros.

## Destramar

En cambio el filtro Destramar realiza justo el proceso contrario a los dos que hemos visto anteriormente, es decir, elimina el ruido. Para conseguirlo identifica aquellas zonas de la imagen en las que existe un mayor contraste de color y les aplica un cierto grado de suavizado.
Este filtro no admite configuración. Para intensificar sus resultados puede aplicarlo repetidas veces con la combinación de teclas **Control-F**.

**Figura 15.19.** Añadir ruido utilizando la distribución gaussiana.

**Advertencia:**

*El filtro* Destramar *está pensado para eliminar pequeñas cantidades de ruido en imágenes deterioradas. Si la distorsión fuera demasiado intensa convendría utilizar en primer lugar alguna opción de desenfoque.*

## Reducir ruido

Este filtro permite eliminar ruido pero a diferencia de Destramar, Reducir ruido ofrece muchas posibilidades de configuración para conseguir el mejor resultado en cualquier situación. Después de seleccionar Reducir ruido aparece el cuadro de diálogo, (15.20). Por defecto se encuentra activado opción Básico, lo que provoca que las opciones que muestra el cuadro de diálogo sean las indispensables para trabajar en la eliminación del ruido de una imagen. Pero si necesitamos mucho más control sobre el resultado, podemos hacer clic en Avanzado. Al activar este modo tendremos acceso también a la posibilidad de reducir el ruido de forma separada para cada uno de los canales que componen la imagen.

## Textura

Los filtros que incluye esta serie no aportan nada nuevo a todo lo que hemos visto, por lo que no vamos a detenernos demasiado. Además, puede comprobar que los efectos que producen la mayoría de ellos son muy parecidos a los que hemos visto en algunos de los filtros ya descritos.

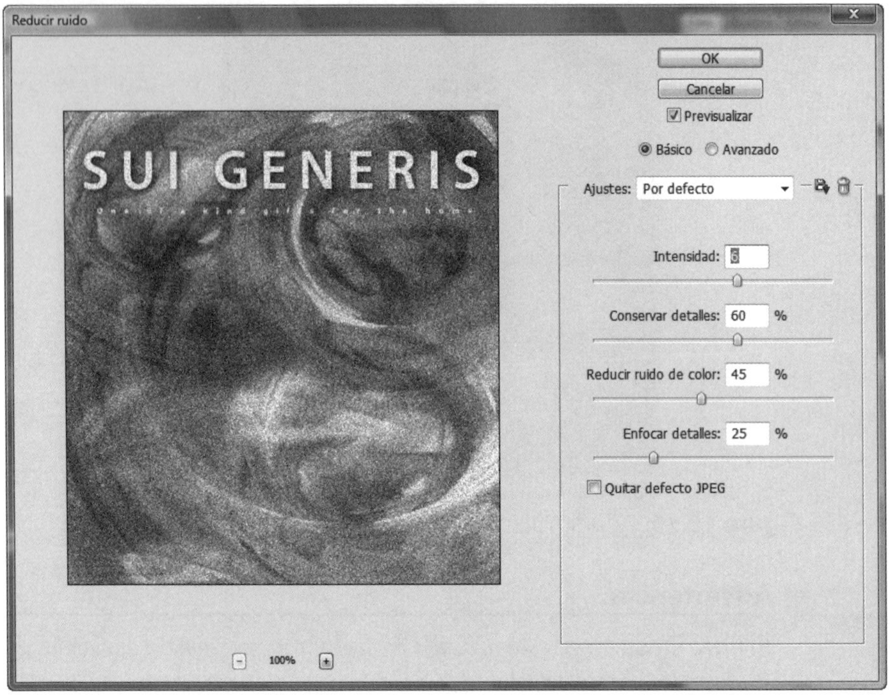


**Figura 15.20.** Cuadro de diálogo Reducir ruido.

**Truco:**

*Es habitual encontrar cierto porcentaje de ruido en los gráficos en formato JPEG. Este tipo de ruido es característico y al activar la casilla de verificación* Quitar defecto JPEG *conseguiremos mejorar el resultado de aplicar este filtro sobre imágenes con este formato.*

# Trazos de pincel

Dentro de esta categoría encontramos una serie de filtros que utilizan los distintos modelos de pinceles incluidos en Photoshop, junto con efectos de tintas para recrear sobre nuestras imágenes técnicas de pintura utilizadas habitualmente.

Los resultados obtenidos a partir de la aplicación de los filtros de este conjunto son realmente atractivos y vistosos. En la figura 15.21 puede ver un ejemplo donde hemos utilizado el filtro Sumi-e.

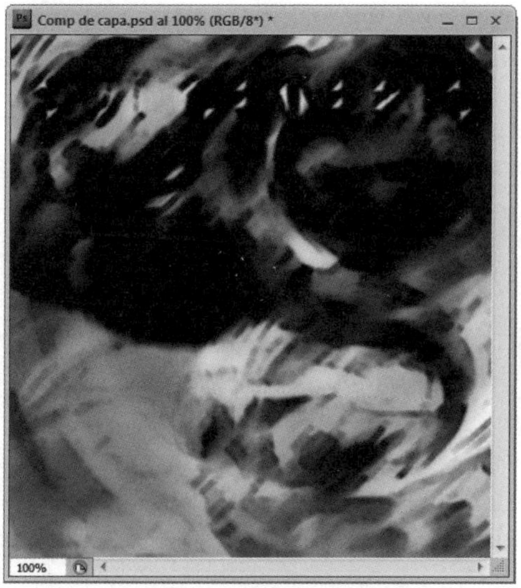


**Figura 15.21.** Sumi-e.

**Nota:**

*Si la imagen sobre la que aplicamos el filtro tiene un fondo negro o muy oscuro, conseguiremos buenos resultados si usamos valores de brillo próximos a cero.*

# Vídeo

Esta categoría contempla tan sólo dos opciones enfocadas principalmente a corregir defectos de imágenes obtenidas a partir de capturas en movimiento. Las opciones son las siguientes:

- La primera de ellas, Colores NTSC, reduce la gama de colores, adaptando la imagen a las necesidades de reproducción de la televisión.
- Desentrelazar suaviza las imágenes con el objetivo principal de reducir el efecto de movimiento.

# Otros

De todos los filtros incluidos dentro de esta última categoría, quizás el más interesante sea A medida. Con él podremos crear nuestro propio filtro introduciendo valores en el cuadro de diálogo que aparece al seleccionarlo y que puede ver en la figura 15.22. Este proceso tiene una base matemática que se aplica mediante el cálculo del brillo de cada píxel, tomando como referencia el valor de los píxeles que le rodean.

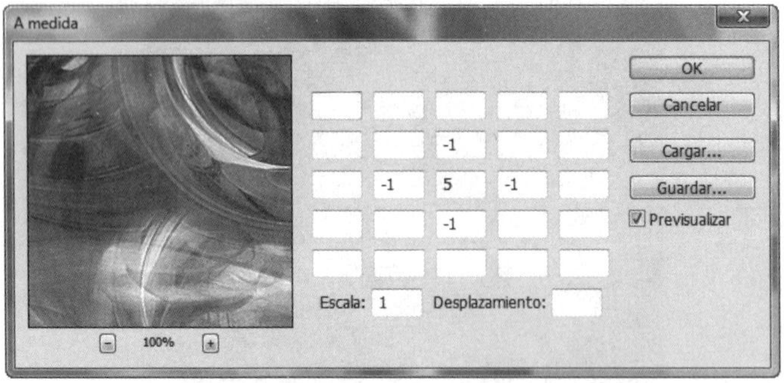


**Figura 15.22.** Cuadro de diálogo A medida.

El resto de los filtros incluidos en esta sección no aportan nada demasiado novedoso, y como imagino que estará un poco cansado de tanto filtro, lo dejaremos aquí. De todos modos, con todo lo visto dispone de una buena base de conocimiento para aplicarla en todas sus creaciones.

**Nota:**

*Una última anotación, los filtros* Mínimo *y* Máximo *resultan muy útiles para realizar modificaciones sobre máscaras.* Mínimo *expande las zonas en negro y* Máximo *hace justo lo contrario, extiende las áreas en blanco.*

# Marcas de agua, una firma muy especial

Generalmente las marcas de agua en una imagen contienen información sobre el autor de dicha imagen, algo así como el copyright. Photoshop incluye una versión de prueba de la utilidad Digimarc, la cual permite tanto leer como incluir marcas de agua en una imagen. No olvidemos que las imágenes también tienen derechos de autor y por lo tanto, utilizarlas sin el permiso de su creador está contemplado como delito.
Conviene comprobar antes de usar una imagen que no tenga derechos de autor, ya que si no lo hace y la usa estará infringiendo la ley. La segunda de las opciones del plugin Digimarc es Leer marca de agua. Una vez seleccionada

esta opción aparecerá un cuadro de diálogo con información sobre si la imagen tiene o no asociada una marca de agua.

**Nota:**

*Si está interesado en utilizar este plugin para incluir marcas de agua en sus creaciones, seleccione la opción* Incrustar marca de agua *y en el cuadro de diálogo que aparece, haga clic sobre el botón* **Personalizar**. *Aparece un nuevo cuadro de diálogo en el que podrá encontrar un botón denominado* **Información**; *haga clic sobre él y accederá a la página Web del creador de este plugin. El resto seguro que lo conoce...*

# Resumen

Los filtros en Photoshop son algo así como los efectos especiales en las películas de acción y aventuras. Un diseño mediocre se puede convertir en todo un derroche de creatividad si se aplican varios filtros con cierto criterio y buen gusto.

Con la Galería de filtros la forma de trabajar con los efectos más importantes incluidos dentro del programa ha mejorado notablemente. Ahora, no tenemos que probar todos los filtros para saber cuál es el que realmente queremos utilizar. Con la Galería de filtros podemos aplicarlos sobre la imagen a partir de una pequeña representación de sus efectos. También podemos aplicar varios filtros a la vez y previsualizar todos los cambios en tiempo real.

Los filtros inteligentes han supuesto un cambio fundamental en Photoshop, no olvide sus ventajas y aproveche sus posibilidades siempre que sea posible.

# Capítulo 16

# Comandos de transformación

**En este capítulo aprenderá a:**

- Utilizar las posibilidades de la herramienta Transición.
- Utilizar las posibilidades del comando Licuar.
- Trabajar con la herramienta Punto de fuga.

# Introducción

Además de los filtros, Photoshop incluye una serie de comandos de transformación que ofrecen resultados realmente espectaculares. La mayoría de estos comandos se encuentran englobados en la parte superior del menú Filtro como podemos ver en la figura 16.1.

**Figura 16.1.** Comandos de transformación.

# Transición

Este comando situado en el menú Edición crea un curioso efecto en el que el resultado de la imagen después de aplicar un filtro, se coloca de forma imaginaria sobre la imagen original. De este modo, podemos utilizar el control de opacidad del cuadro de diálogo Transición, (figura 16.2) para dejar ver totalmente la imagen original, con lo que perderíamos el efecto del filtro, o jugar con este valor para crear curiosas mezclas entre la imagen original y el resultado.

La forma de utilizar este comando es sencilla, en primer lugar debe aplicar cualquiera de los efectos disponibles sobre la capa activa para después utilizar el comando Edición>Transición. No olvide activar la casilla Previsualizar para conocer al instante los efectos de la transformación sobre la imagen.

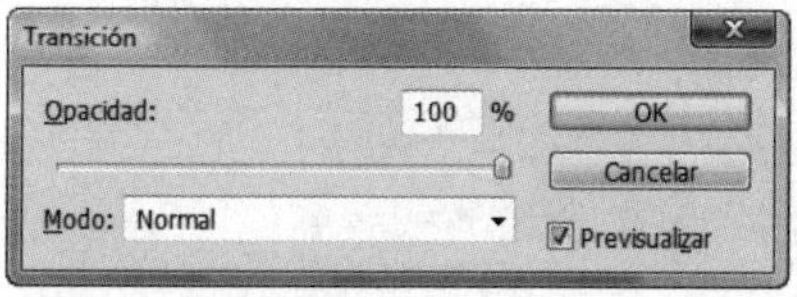


**Figura 16.2.** Cuadro de diálogo Transición.

**Truco:**

*No pierda la oportunidad de utilizar los modos de fusión del comando* Transición *si quiere obtener increíbles resultados.*

# Licuar

Al igual que ocurre con el comando anterior, Licuar también dispone de su propia interfaz como muestra la figura 16.3. En ella encontramos herramientas y otros elementos de configuración que permitirán obtener un resultado realmente espectacular.

**Nota:**

*La imagen que aparece en el área de trabajo del comando* Licuar *corresponde al contenido de la capa activa. Del mismo modo, podemos seleccionar previamente una zona de la imagen para mostrar sólo esa parte.*

Los medios que pone a nuestro alcance el comando Licuar permiten realizar innumerables transformaciones sobre la imagen de forma localizada. La manera de hacerlo no es otra que utilizar las herramientas que aparecen en su margen superior izquierdo (recuerde que para conocer el nombre de cualquiera de ellas es suficiente con mantener el cursor unos segundos sobre la herramienta) y que puede ver en la figura 16.4:

- Deformar: Arrastra los píxeles en la misma dirección que movamos el pincel.

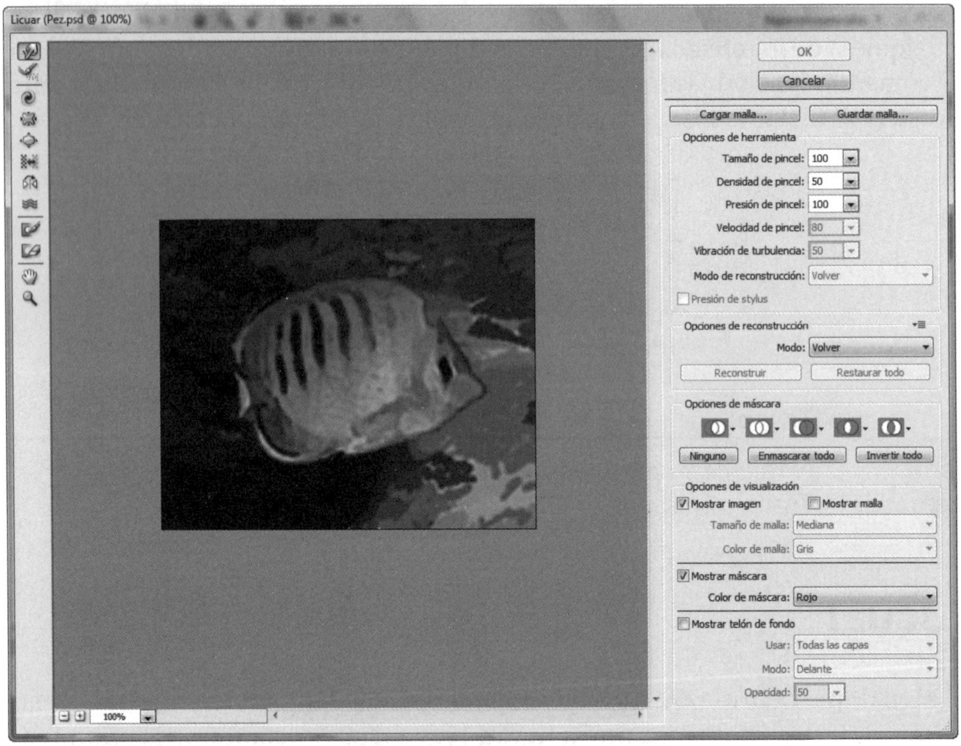


**Figura 16.3.** Interfaz del comando Licuar.

- Reconstruir: Devuelve el estado original de la zona sobre la que apliquemos la herramienta.
- Molinete: Cuando utilice esta herramienta, mantenga pulsado el botón izquierdo sobre la imagen. En ese momento, se aplica un efecto de giro a la izquierda sobre los píxeles situados dentro del área del pincel. El resultado se hace más acusado mientras más tiempo mantenga pulsado el botón izquierdo del ratón. Puede utilizar la tecla **Alt** para cambiar el sentido del giro.
- Desinflar: Genera una sensación de hundimiento a partir de un desplazamiento de los píxeles hacia el centro del área descrita por el pincel.
- Inflar: Provoca el efecto contrario al conseguido con la herramienta Desinflar.
- Empujar: Aplica un desplazamiento perpendicular al movimiento del pincel. Por defecto, cuando movemos el pincel hacia la izquierda, el desplazamiento se produce de arriba abajo y al revés cuando el despla-

zamiento es hacia la derecha. Del mismo modo, es posible modificar el sentido pulsando la tecla **Alt** mientras arrastramos.

- Reflejar: Copia dentro del área del pincel la zona perpendicular a ésta. Si el desplazamiento es hacia la izquierda, copiará los píxeles situados encima y al contrario si movemos el pincel hacia la derecha. También puede modificar este comportamiento utilizando la tecla **Alt**.
- Turbulencia: Además de arrastrar los píxeles, les aplica cierto grado de distorsión, simulando un efecto de ondas marinas.
- Congelar máscara: Establece áreas sobre las que no tendrá efecto ninguna de las herramientas lo cual evitará que las modifiquemos de manera accidental. El grado de protección está directamente relacionado con el porcentaje de presión; por ejemplo, si aplicamos una herramienta de transformación sobre un área congelada con un valor de presión 50, la distorsión será justo la mitad que la conseguida sobre un área no congelada.
- Descongelar máscara: Restaura las zonas congeladas.

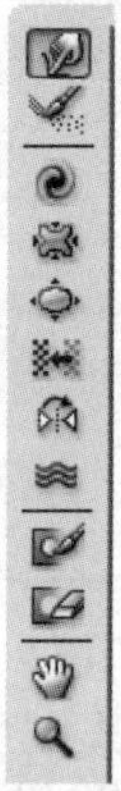

**Figura 16.4.** Herramientas del comando Licuar.

Estas son las herramientas disponibles para transformar el aspecto de cualquier zona de una imagen; en la figura 16.5 podemos ver un ejemplo. Pero antes de entrar en la descripción de sus posibilidades es necesario definir el concepto de "Malla". Para activarla, seleccione la casilla de verificación Mostrar Malla de la sección Opciones visualización y al instante aparecerá sobre la imagen una cuadrícula como muestra la figura 16.6. Si después de hacer esto aplica alguna transformación sobre la imagen, comprobará que esta cuadrícula refleja en sus celdas el sentido del efecto. Por lo tanto, podemos decir que una malla nos permitirá ver de forma mucho más precisa el resultado de las distorsiones.

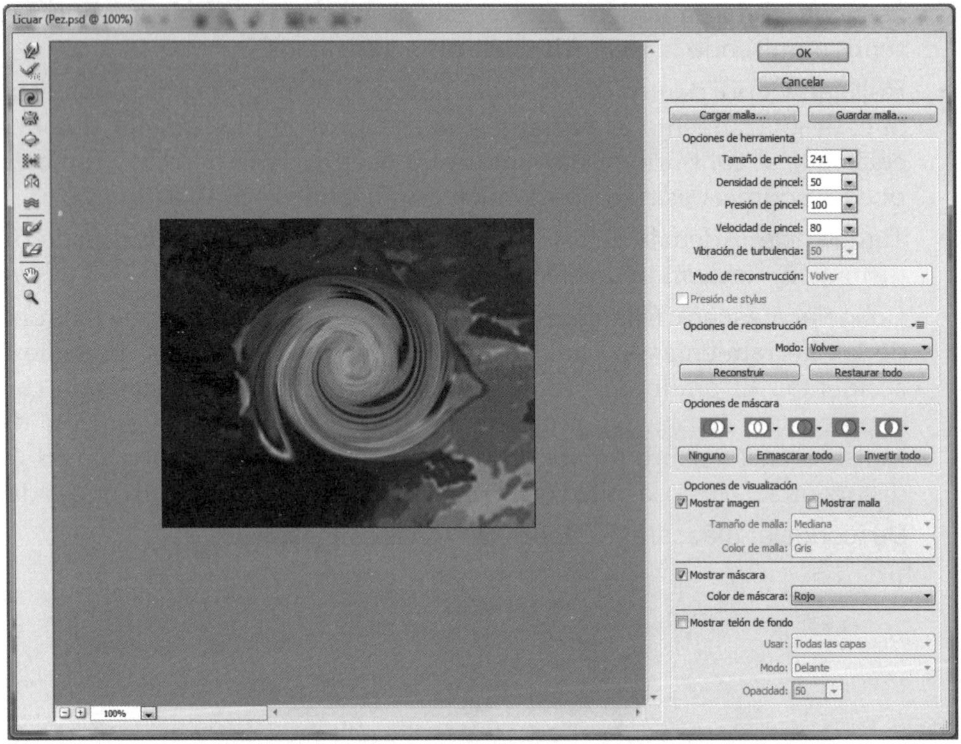


**Figura 16.5.** Resultado de una distorsión sencilla.

## Nota:

*Con el botón* **Guardar malla** *podremos almacenar nuestras mallas en un archivo independiente y, de este modo, utilizarla en cualquier otra ocasión. Para recuperar una malla creada previamente, utilizaremos el botón* **Cargar malla**.

Para que no tenga ningún problema a la hora de utilizar las opciones de configuración del cuadro de diálogo Licuar, a continuación describimos el significado de las más importantes:

- Tamaño del pincel: Define el diámetro del pincel en píxeles y, por lo tanto, el área de acción a la hora de utilizar cualquiera de las herramientas.
- Densidad del pincel: El efecto del pincel se distribuye desde el centro hacia los extremos. Este valor permite configurar el radio de acción de la transformación en relación al tamaño del pincel.

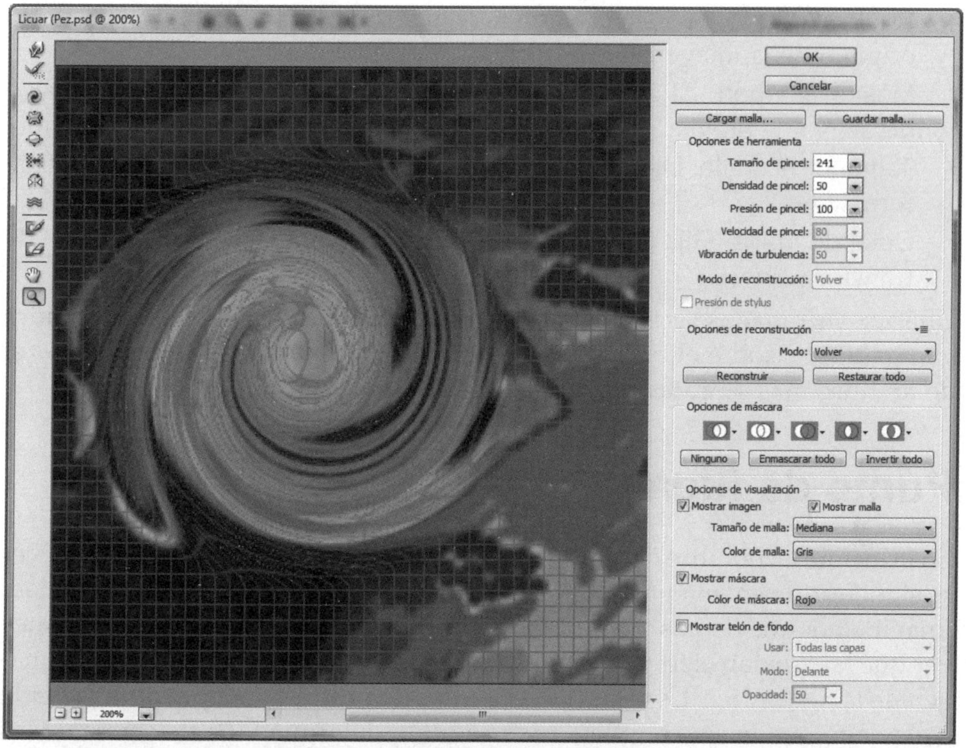


**Figura 16.6.** Malla de transformación.

- Presión de pincel: Controla la velocidad a la que se genera el efecto cuando arrastramos sobre la imagen. Puede parecer poco importante este valor pero es fundamental para detener la transformación justo en el momento que deseemos.
- Velocidad del pincel: Este valor también hace referencia a la velocidad que se aplica el efecto sobre la imagen, pero en este caso, cuando mantenemos la herramienta estática en un punto.
- Vibración de turbulencia: Aumenta o disminuye la cantidad de esta transformación.
- Presión de stylus: Esta casilla de verificación sólo estará disponible si utilizamos una tableta digitalizadora y, en este caso, permite ajustar el comportamiento del lápiz.
- Modo: Determina el comportamiento y la transición entre zonas congeladas y no congeladas.
- Reconstruir: Devuelve la imagen a un estado similar al original. Sólo está disponible para los modos Rígido, Inflexible, Redondeado y Suelto.

- Restaurar todo: En esta ocasión sí recuperamos por completo el aspecto original de la imagen.
- Mostrar imagen: Al activar la malla de transformación, puede activar o desactivar la previsualización de la imagen con esta casilla de verificación.
- Tamaño de malla: Define la amplitud en la división de la malla de transformación.
- Color de malla: Elija aquí el color de las líneas que representa la malla de transformación.

Una vez terminadas las modificaciones sobre la imagen, simplemente tendrá que hacer clic sobre el botón **OK** y Photoshop aplicará los cambios como si de un filtro más se tratase.

# Punto de fuga

En principio, el nombre del comando no resulta de mucha ayuda para conocer su significado pero intentaremos arrojar un poco de luz sobre su funcionalidad. Imaginemos que hemos comprado una bonita casa en la montaña y queremos ver qué tal quedan ciertos cambios o retoques, mucho mejor, observe la imagen de la figura 16.7. Usar las herramientas de pintura para pintar la fachada o el tejado puede ser complicado si no están determinados exactamente los límites de la zona con la que deseamos trabajar. En este tipo de situaciones, la herramienta Punto de fuga proporciona una forma rápida y sencilla para describir perspectivas o planos dentro de una imagen, y mucho más.

**Figura 16.7.** Imagen de ejemplo sobre la que usaremos las propiedades del comando Punto de fuga.

Lo primero que tenemos que hacer después de seleccionar el comando Filtro>Punto de fuga es establecer los distintos planos sobre los que después usaremos las herramientas de edición. Para ello:

1. Seleccione la herramienta Crear plano. Para que no tenga problemas a la hora de localizarla la hemos resaltado en la figura 16.8.
2. Haga clic en una de las esquinas del plano.
3. Ahora arrastre y continúe hasta la segunda esquina para hacer clic de nuevo.
4. Repita el paso anterior para determinar la tercera esquina. Después, se cierra el rectángulo de plano para que sea mucho más sencillo establecer la última esquina.
5. Una vez terminados los pasos anteriores el resultado será similar al que muestra la figura 16.9.

**Figura 16.8.** Herramienta Crear plano.

Antes de continuar, haga una prueba para comprobar la potencia de este comando. Haga clic sobre el plano que acaba de establecer y arrastre. Compruebe como automáticamente se modifica la perspectiva del plano según lo desplacemos hacia uno u otro lado.

**Figura 16.9.** Plano terminado y malla que aparece una vez cerrado.

**Nota:**

*La opción* Tamaño de la cuadrícula *determina el aspecto de la malla que representa cada plano.*

Puede definir tantos planos como necesite para trabajar con la imagen y la forma de hacerlo es la misma que hemos descrito en los pasos anteriores. Una vez creados, puede modificarlos con la herramienta Editar plano, la primera de las que aparecen en el margen izquierdo del cuadro de diálogo. Con ella, haga clic en cualquiera de los puntos de control que rodean cada plano para adaptarlo exactamente a la zona de la imagen con la que desea trabajar. La ventaja de usar estos puntos de control es que el programa se encarga automáticamente de adaptar correctamente la perspectiva del plano para que siga siendo coherente.

**Advertencia:**

*El rectángulo delimitador puede mostrarse en varios colores, si aparece en azul significa que la perspectiva es correcta y que el programa puede determinar el punto de fuga correcto. Por el contrario, si su color es amarillo o rojo significa que existe algún problema y que no se pueden calcular las proporciones más adecuadas para el plano.*

Hecho lo más difícil, sólo nos queda la parte sencilla del trabajo, usar las herramientas Pincel, Tampón de clonar y Marco para editar la imagen a partir de los planos creados.

**Nota:**

*A la derecha de la herramienta Editar plano está disponible un pequeño botón que muestra un menú con interesantes opciones, entre ellas las relacionas con la exportación a formatos tan conocidos y utilizados como DXF (AutoCad) o 3DS (3DStudio).*

# Resumen

Hemos querido dedicar este capítulo a tres comandos muy interesantes: Transición, Licuar, y Punto de fuga. Con el comando Transición podrá aplicar total o parcialmente cualquier filtro y además combinarlos con cualquiera de los modos de color posible. Licuar permite aplicar increíbles transformaciones sobre la imagen y, finalmente, el comando Punto de fuga nos ofrece la posibilidad de trabajar con distintas perspectivas y planos de una imagen para utilizar después sobre ella herramientas de edición de una forma rápida y sencilla.

# Capítulo 17

# Optimización para Web

**En este capítulo aprenderá a:**

- Conocer las características básicas de los formatos más utilizados en Internet.
- Utilizar las distintas vistas disponibles.
- Previsualizar imágenes en nuestro navegador.
- Modificar y ajustar el tramado en imágenes para Internet.
- Aprovechar las posibilidades de optimización de Photoshop.
- Guardar ajustes.
- Optimizar a partir de un tamaño dado.
- Guardar archivos optimizados.

# Introducción

La mayoría de los diseñadores de páginas Web tiene muy claro que el éxito de cualquier espacio en Internet no solamente está en dotarlo de una imagen atractiva y de contenidos interesantes, además, debe ser liviano o, lo que es lo mismo, el tamaño de los archivos que componen cada una de las páginas debe estar optimizado para hacer mucho más ágil su acceso. Ahora con la generalización del uso de sistemas de conexión por banda ancha este aspecto no parece tan importante, pero desde nuestro punto de vista es una cuestión que deberíamos cuidar independientemente de la cantidad de megas de acceso que tengan los usuarios. Sino, piénselo de este modo, mientras más ligeras sean nuestras páginas más personas podrán verla al mismo tiempo independientemente del ancho de banda disponible en el servidor.

El santo grial de la optimización es lograr un buen compromiso entre la calidad y el tamaño del archivo. En este sentido no existen reglas fijas, ya que cada imagen tiene sus propias características que obligan a tratarla de un modo diferente. Por este motivo y para ayudarnos en esta tarea necesitamos el comando Guardar para Web y dispositivos situado en el menú Archivo de Photoshop.

Para que se haga una idea, veamos algunas de las características principales incluidas en este comando:

- Potentes herramientas de optimización de gráficos para la Web, proyectos multimedia y dispositivos móviles como teléfonos o PDA.
- Vistas previas de las imágenes en distintos niveles de calidad, con posibilidad de conocer el tiempo aproximado de descarga, según la velocidad del dispositivo.
- Capacidad para generar tanto el gráfico optimizado como el código HTML necesario para insertarlo fácilmente en la página Web.
- Posibilidad de personalizar y guardar nuestras propias configuraciones.
- Manejo eficaz de tablas de colores, pudiendo añadir, quitar o modificar cualquier tono.
- Control sobre el tramado y las transparencias del archivo optimizado.

Podríamos seguir enumerando ventajas y posibilidades pero esperaremos mejor a los apartados siguientes donde se describen con detalle.

Si es usuario de versiones anteriores de Photoshop seguro que echará en falta la aplicación ImageReady. Pues bien esta herramienta ya no está disponible ni en Photoshop ni en la propia Suite, provocado entre otros motivos por la absorción por parte de Adobe de la compañía Macromedia. En esta versión han decido no duplicar esfuerzos y centrar sus recursos en tecnologías mucho más implantadas y potentes como Flash.

**Nota:**

*Incluidas dentro del paquete Adobe Suite 4 existen potentes herramientas para el desarrollo de contenidos para Internet o dispositivos móviles, referencias a Dreamweaver, Flash o Fireworks. Para todas ellas, Photoshop se convierte en el complemento ideal para crear y transformar todo tipo de gráficos.*

# Repaso de conceptos

Antes de entrar de lleno en la descripción de las distintas posibilidades de optimización incluidas en Photoshop, vamos a recordar algunos conceptos fundamentales.

## Tamaño de la imagen en píxeles

Cuando trabajamos con resoluciones de pantalla, las dimensiones de una imagen vienen determinadas por el número de píxeles horizontales y verticales que la forman. Actualmente, si nuestro objetivo es crear una composición gráfica para transformarla posteriormente en página Web, debemos pensar en que la resolución que más se utiliza actualmente es 1024 x 768.

## Visualización en pantalla

Dependiendo de la configuración del monitor, una imagen con un cierto tamaño puede tomar un aspecto u otro en la pantalla de nuestro ordenador. Por ejemplo, una imagen de 200x200 píxeles se verá más pequeña mientras mayor sea la resolución del monitor.

## Resolución

Aunque ya tratamos ampliamente este concepto al principio de este libro, sólo recordar que representa el número de píxeles por pulgada que contiene una imagen. Este valor determina el nivel de calidad de la imagen, por lo tanto, a mayor resolución, mejor será el nivel de detalle.

En el tratamiento y la creación de gráficos para la Web la resolución que se utiliza habitualmente es de 72 ppp, y viene determinada por las limitaciones del medio utilizado para su visualización: el monitor.

**Advertencia:**

*Cuando obtenga imágenes mediante un escáner, ajuste la resolución de digitalización a 72 ppp. Además, no olvide que Photoshop dispone de la interfaz TWAIN, a través de la cual podrá digitalizar imágenes directamente desde la aplicación, sin necesidad de usar programas adicionales.*

## Profundidad de color

La profundidad de color es el parámetro que determina la cantidad de información que se usa para representar la tonalidad de cada uno de los píxeles que compone la imagen. Como veremos en el siguiente apartado, la profundidad de color es uno de los aspectos clave en la elección de uno u otro formato gráfico para Internet.
Técnicamente, la profundidad de color se mide por los bits que se utilizan para representar esta información. Por ejemplo, con un bit podremos representar dos colores; con dos bits, cuatro colores; con cuatro bits, 128 colores; y así sucesivamente. Con estos datos deduciremos fácilmente que a mayor profundidad, mayor exactitud a la hora de representar los motivos y detalles de la imagen.

# Formatos de archivo

Los formatos gráficos usados en Internet se caracterizan por utilizar potentes algoritmos de compresión, de modo que puedan mantener un nivel alto de calidad al tiempo que consiguen reducir su tamaño de manera significativa. Algunos de los formatos más comunes en Internet, como GIF, ni siquiera fueron diseñados en un primer momento para este medio, aunque lo cierto es que cumplía muchos de los requisitos necesarios para aprovechar sus propiedades en la Red.
Actualmente los formatos más utilizados en Internet son GIF y JPEG. También el formato PNG se intenta hacer un hueco entre ellos, pero todavía no ha alcanzado ni mucho menos la popularidad de éstos, a pesar de contar con propiedades que lo hacen ideal para la Web.

**Nota:**

*Photoshop permite guardar nuestros gráficos en formato WBMP, adecuado para los nuevos dispositivos móviles como PDA o teléfonos de última generación.*

# GIF

El formato GIF, acrónimo de *Graphics Interchange Format*, inicialmente fue creado y utilizado para la transmisión de archivos gráficos entre los usuarios de la red Compuserve aunque, desde luego, ha llovido mucho desde esto. Como por aquel entonces el dispositivo utilizado era el módem, se hizo necesario idear un formato que contara con un alto grado de compresión para, de esta forma, mejorar la transferencia de archivos. Lo cierto es que Internet está provocando que este formato viva una segunda juventud.

**Nota:**

*Actualmente existen dos modelos diferentes del formato GIF, el 87a y el 89a, pero sólo éste último se utiliza masivamente en Internet y, por lo tanto, será el que trataremos en este libro.*

Las características principales que definen este formato son las siguientes:

- El número máximo de colores que puede representar es de 256, es decir, usa 8 bits para almacenar la información relativa al color de cada píxel de la imagen.
- Permite definir determinados píxeles como transparentes, siendo una de las propiedades que más favorece el uso de este formato.
- El modelo de compresión utilizado es el LZW. Si la imagen original se encuentra en 256 colores en el proceso de compresión no se producirán pérdidas. Para imágenes con mayor número de colores, se producirá una reducción de la calidad por la necesidad de adaptarlas a 256 colores.
- Ofrece la posibilidad de incluir varias imágenes dentro de un mismo archivo permitiendo así la creación de animaciones. A este tipo de archivos se les conoce normalmente en Internet como "Gif animados".

**Truco:**

*Como veremos en este mismo capítulo, otra de las formas de disminuir el tamaño de los archivos GIF consiste en reducir su número de colores.*

En resumen, el formato GIF ofrece innumerables posibilidades y su utilización se recomienda en aquellas ocasiones en las que la imagen contenga texto, colores sólidos o necesitemos definir zonas transparentes. También es el formato ideal para realizar los famosos banners publicitarios.

## JPEG

En el reinado de los formatos gráficos en Internet, el modelo JPEG tiene sin duda un lugar muy importante. Las siglas corresponden a *Join Photographic Expert Group* o "Grupo de Expertos Fotográficos", y sus principales propiedades son las siguientes:

- Admite color de 24 bits, lo que hace de este formato el modelo ideal para representar fotografías e imágenes de gran calidad.
- Utiliza un algoritmo de compresión con pérdidas, pero con la ventaja de ser nosotros mismos quienes podamos definir el grado de compresión que deseemos aplicar. Como es lógico, a mayor nivel de compresión, menor calidad, pero también, menor tamaño.
- No admite transparencias, aunque en este mismo capítulo veremos algunos trucos para solucionar parcialmente este problema.

**Nota:**

*Entre los complementos que acompaña a Photoshop en esta nueva versión encontramos Adobe Device Central. Esta herramienta permitirá comprobar el aspecto de nuestros diseños en simuladores que recrean las condiciones de muchos teléfonos y dispositivos móviles.*

## Vistas

En Photoshop, la ventana asociada al comando Guardar para Web y dispositivos contiene varias pestañas, y cada una de ellas permite acceder a una vista diferente para comprobar el aspecto del gráfico teniendo en cuenta distintos ajustes de optimización. Además, entre las propiedades de esta ventana encontramos una útil barra de estado, resaltada en la figura 17.1.

Concretamente disponemos de dos espacios en esta barra de estado, el primero de ellos indica el porcentaje de zoom actual. Haga clic sobre este valor para mostrar una lista con distintas posibilidades de ampliación y reducción. A continuación se muestra información relacionada con el color sobre el que se encuentre situado el cursor. Sobre todo debemos fijarnos en los siguientes:

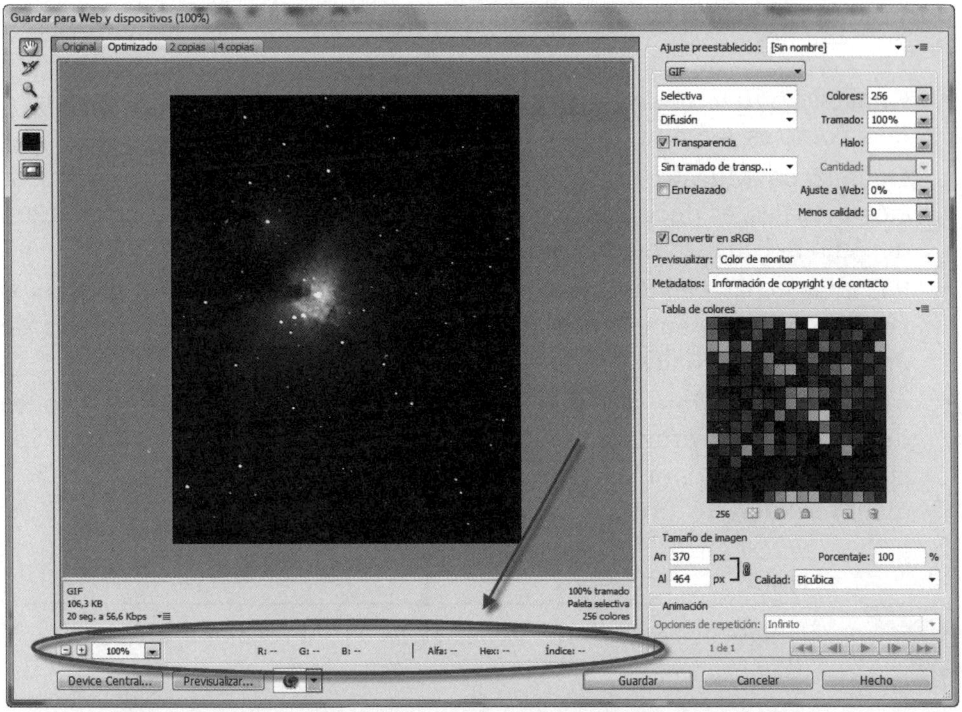


**Figura 17.1.** Barra de estado de la ventana de documento.

- Valor de cada uno de los componentes del modo RGB. De esta forma podemos conocer exactamente el color aplicado a cada píxel de la imagen.
- La etiqueta Hex hace referencia al número hexadecimal asociado al color sobre el que se encuentra el cursor. Es un dato muy útil si el proyecto tiene como destino Internet ya que este valor lo utiliza el lenguaje HTML para identificar los colores de páginas Web.
- El valor Índice corresponde al lugar que ocupa el color del píxel en la paleta.

**Nota:**

*Entre las opciones asociadas a la lista zoom, seleccione* Encajar en pantalla *para ajustar el porcentaje de visualización de modo que muestre la imagen completa en la ventana.*

## Vistas de la ventana de documento

Ya hemos comentado que disponemos de cuatro vistas en la ventana de documento, pero aún no sabemos realmente cuál es la utilidad de cada una de ellas:

- Original: Podríamos decir que ésta es la vista de trabajo y muestra la imagen tal y como es, sin ningún tipo de transformación.
- Optimizada: Muestra una copia de la imagen con los ajustes de optimización actuales, es decir, los que se encuentren seleccionados en el margen derecho del cuadro de diálogo.
- 2 Copias: Aparecen dos versiones de la imagen; en la primera podremos ver el gráfico en su estado original y en la segunda con los ajustes de optimización actuales.
- 4 Copias: Este último caso permite tener al mismo tiempo cuatro versiones de la imagen: la primera es el gráfico original y la segunda muestra los ajustes actuales; para la tercera y cuarta copia Photoshop genera copias a menor calidad de forma automática.

**Nota:**

*Utilice las herramientas Zoom y Mano para mejorar el área visible de la imagen.*

Observe en la figura 17.2 como en las vistas Optimizada, 2 Copias y 4 Copias puede ver bajo cada una de las imágenes los ajustes que se han utilizado para generar la copia. Estos datos son fundamentales para utilizarlos como referencia en el proceso de optimización.

## Previsualización en el navegador

Desde el cuadro de diálogo Guardar para Web y dispositivos es posible previsualizar la imagen actual en el navegador por defecto o en cualquier otro instalado en nuestro sistema. Para previsualizar una imagen en el navegador por defecto haga clic sobre el botón situado en la parte inferior del cuadro de diálogo. Si quiere elegir cualquier otro navegador utilice el cuadro de lista situado a la derecha del botón **Previsualizar**. Utilice la opción Otro si el navegador que quiere usar no se encuentra en la lista. Tras unos segundos, se ejecutará el navegador seleccionado y mostrará la imagen junto a la información sobre sus parámetros de optimización y el código HTML utilizado. En la figura 17.3 podemos ver un ejemplo.

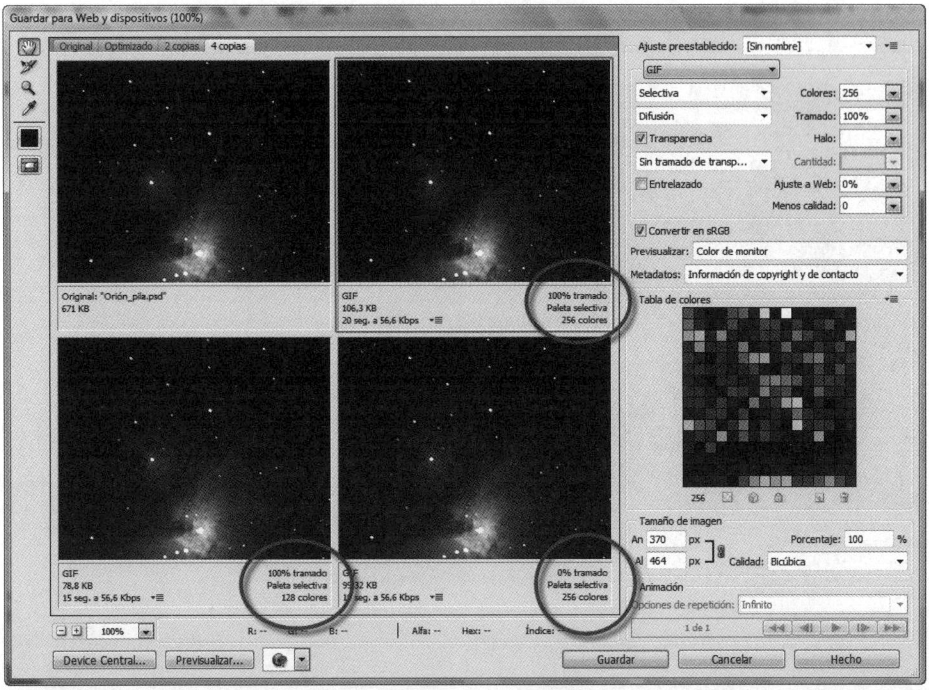


**Figura 17.2.** Valores de optimización asociados a cada una de las vistas.

**Advertencia:**

*Si nos encontramos en la vista* 2 Copias *o* 4 Copias, *el navegador mostrará la copia que esté seleccionada. En cualquier caso, puede usar este mismo método para previsualizar cualquiera de las versiones activas en las vistas de la ventana de documento.*

Para añadir un nuevo navegador a la lista utilice el comando Editar lista.

# Tramado

Cuando intentamos ver una imagen de 24 o 32 bits en un equipo o navegador configurado con un número menor de colores, se produce una degradación conocida como "efecto de tramado". En realidad, el tramado no es más que una técnica consistente en simular aquellos colores que el sistema no puede representar, tomando como referencia el tono de los píxeles adyacentes para atenuar esta carencia cromática.

**Figura 17.3.** Previsualización de la imagen en el navegador.

Por ejemplo, si la imagen contiene un determinado amarillo que no es posible representar con los 256 colores disponibles se rellenará esa zona de píxeles verdes y rojos para, de esta forma, conseguir atenuar la falta de ese amarillo. Como veremos en el siguiente apartado, Photoshop permite controlar el efecto de tramado durante el proceso de optimización de una imagen.

**Nota:**

*Existen dos modelos de tramado. Uno es el creado por el programa durante el proceso de optimización de una imagen y donde podemos determinar tanto el motivo como el porcentaje del efecto. También existe el tramado que aparece en los navegadores provocado por el uso de profundidades de color bajas (8 bits) en su configuración. Para remediar esta situación conviene aplicar una paleta de colores compatible con Web, como explicaremos en el siguiente apartado.*

# Opciones de optimización

Photoshop es de ese tipo de herramientas que nunca deja de sorprendernos. Y la verdad es que no es para menos, ya que después de varios años trabajando en la creación de gráficos para Internet, la ayuda que suponen las posibilidades incluidas en el cuadro de diálogo Guardar para Web destinadas a conseguir la optimización más adecuada resultan increíbles.
La figura 17.4 muestra el aspecto de estas opciones para los modelos de formato que utilizaremos con más frecuencia: GIF y JPEG.

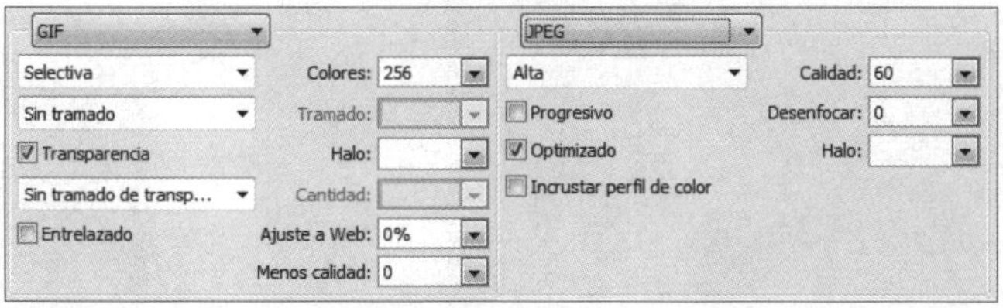


**Figura 17.4.** Ajustes de optimización para los formatos GIF y JPEG.

# Ajustes preestablecidos

La lista desplegable Ajuste preestablecido contiene diferentes combinaciones que permiten aplicar rápidamente a un gráfico alguno de los modelos de optimización más comunes. Nuestra recomendación es que pruebe con distintos ajustes y, una vez que encuentre el más adecuado, afine con el resto de controles.
Además de los ajustes preestablecidos, existe otra lista que siempre debemos tener en cuenta. Se trata de la opción que permite elegir el formato del archivo y que aparece desplegada en la figura 17.5. En función del tipo elegido Photoshop mostrará diferentes opciones de optimización. A continuación describimos cada una de ellas.

# Ajustes para archivos GIF

Son muchas las posibilidades que tenemos a nuestra disposición para tratar de optimizar el tamaño del archivo sin sacrificar en exceso su calidad. Tanto si hablamos del modelo GIF como del resto, la descripción de las opciones de configuración se agrupa en temas. La disponibilidad de cada tema depende del formato elegido y la forma de acceder a su contenido es muy simple, sólo necesitamos hacer clic sobre la pequeña flecha situada a la izquierda del nombre. Concretamente, para el modelo de archivo GIF los temas son los siguientes.

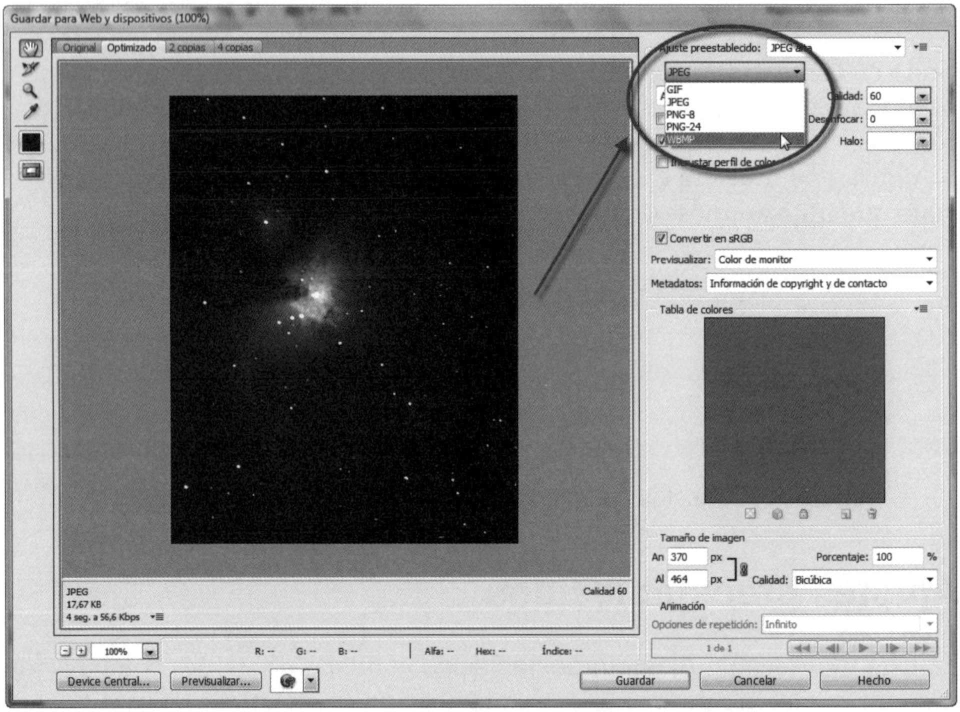


**Figura 17.5.** Opciones de formato disponibles.

## Tabla de colores

Por defecto, Photoshop utiliza la paleta personalizada o "a medida" compuesta a partir de los diferentes tonos usados en ese momento por la imagen. Pero, además de ésta, puede aplicar alguna de las paletas preestablecidas asociadas a la lista denominada **Algoritmo de reducción de color** situada justo bajo el formato elegido:

- **Perceptual**: Genera una nueva paleta donde aparecerán representados aquellos colores más sensibles al ojo humano.
- **Selectiva**: Mantiene unas características similares al modelo anterior, pero favoreciendo los colores Web, mejorando en la mayoría de los casos la representación de la imagen.
- **Adaptable**: Compone una paleta donde predominarán los tonos que más se utilizan en la imagen.

- **Restrictiva**: Incluye los 216 colores comunes tanto en Windows como Mac OS, liberando la imagen de efectos de tramados a costa de aumentar su tamaño final.
- **A medida**: Mantiene la tabla de colores actual sin aplicar los cambios que se realicen sobre la imagen.
- **Negro - Blanco**: Si decidimos seleccionar esta opción la imagen se representa únicamente con estos dos colores.
- **Escala de grises**: Utiliza toda la gama de tonos intermedios entre el negro y el blanco para representar la imagen.
- **Mac OS y Windows**: Paleta por defecto de los sistemas Mac OS y Windows de Microsoft.

Con la lista desplegable **Colores** situada a la derecha como muestra la figura 17.6, podrá limitar el número máximo de colores de la imagen. En muchas ocasiones, el espectro cromático de una imagen no alcanza los 256 colores. En esos casos, podemos conseguir una reducción considerable del tamaño modificando este valor. Coordine el ajuste de esta opción con la información que proporciona la tabla de colores.

**Figura 17.6.** Contenido de la lista desplegable Colores asociada al formato GIF.

**Nota:**

*Utilice la opción* Ajuste a Web *para evitar el tramado convirtiendo los colores que no se encuentran en la gama que admite el navegador en su equivalente Web más próximo. A medida que aumentemos el valor de este ajuste, se incrementará del mismo modo el margen de tolerancia para la conversión de colores.*

## Tramado

Como ya hemos comentado, el tramado consiste en simular aquellos colores que forman parte del espectro cromático de la imagen pero que las características del medio de visualización no admite. La lista desplegable Algoritmo de tramado permite elegir el método más conveniente para este ajuste entre las siguientes opciones:

- Sin tramado...: No aplica ningún tipo de tramado a la imagen.
- Motivo: Utiliza pequeños cuadrados que toman su color en función del color ausente. La composición del tramado es mucho más simétrica que en el resto de opciones.
- Difusión: El motivo que se utiliza es aleatorio y se expande por los píxeles adyacentes para suavizar el efecto. Este modo puede provocar problemas a la hora de trabajar con sectores.
- Ruido: El sistema es el mismo que el método anterior, pero evita los problemas cuando trabajamos con sectores.

Desde la lista Cantidad podremos modificar el porcentaje de tramado que se aplica sobre la imagen. Si aumenta mucho este valor mejorará el aspecto de la imagen pero también se verá incrementado su tamaño. Pruebe distintas combinaciones hasta encontrar el equilibrio.

Además, los pequeños cuadrados situados a la derecha de esta y otras opciones permiten utilizar canales alfa para mejorar los valores de optimización de la imagen mediante máscaras. En realidad es un concepto algo complejo que no creemos conveniente mostrar aún.

**Nota:**

*Tanto en este como en los apartados siguientes es aconsejable que modifique sin miedo los distintos ajustes, al tiempo que comprueba los cambios que generan tanto en la calidad como en el tamaño del archivo. Recuerde que los cambios se pueden ver en las vistas* Optimizada, 2 Copias *y* 4 Copias.

## Transparencia

Active la casilla de verificación **Transparencia** si el archivo que se va a optimizar tiene píxeles transparentes. Del mismo modo, utilice la lista **Halo** para seleccionar el color de los píxeles que no son totalmente transparentes.
En la lista **Tramado de transparencia**, que muestra la figura 17.7, tendremos la posibilidad de elegir entre cuatro modelos distintos para aplicar el algoritmo de tramado de transparencia más adecuado. En cada caso, aparecerá difuminado con un determinado motivo o con cierto valor de distorsión (ruido). Después de seleccionar el método de tramado de transparencia de difusión, la opción **Cantidad** permite variar el porcentaje del mismo.

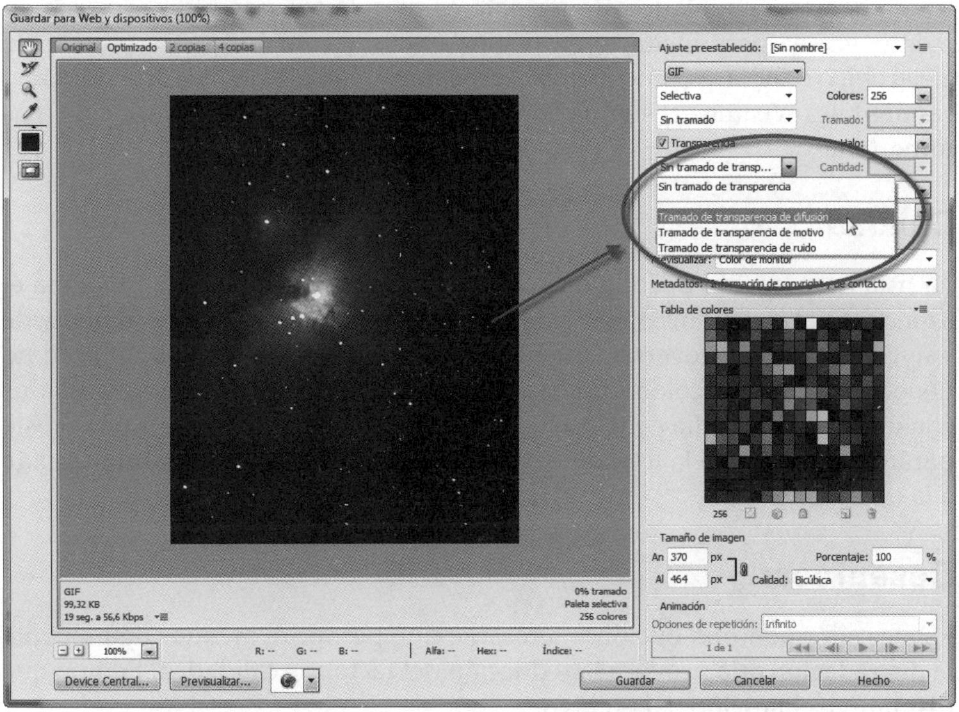


**Figura 17.7.** Opciones de tramado de transparencia.

### Advertencia:

*El concepto de tramado de transparencia es el mismo que ya conocemos pero en este caso hace referencia a la simulación de aquellos colores asociados a píxeles parcialmente transparentes de la imagen.*

### Otras opciones

Otra opción disponible sería Entrelazado que provocará una carga progresiva de la imagen, mostrándose en primer término una versión a baja calidad y aumentando ésta a medida que se completa la descarga del archivo. Debe tener cuidado porque esta opción hace que aumente ligeramente el tamaño del archivo. Ajustes a Web permite establecer un cierto grado de tolerancia entre la paleta de colores de la imagen y los tonos estándar Web. De este modo conseguiremos mejorar la representación del gráfico en Internet.

## Ajustes para archivos JPEG

Como hemos comentado este formato es uno de los más utilizados actualmente, ya sea para incluirlo en páginas Web, enviar imágenes por correo electrónico o incluso como formato predeterminado en la mayoría de cámaras digitales. Veamos el significado de sus parámetros de configuración más importantes.

### Calidad

La lista desplegable Calidad de compresión determinará en gran medida el aspecto final del archivo; los valores altos de calidad generan archivos de mayor tamaño y viceversa. Pruebe con varios ajustes, pero si la imagen no tiene un espectro de colores demasiado amplio conseguirá buenos resultados con una calidad media e incluso baja. Incluso puede afinar un poco más este parámetro mediante la lista denominada Calidad y que se encuentra situada a la derecha.

### Desenfocar

Ésta es sin duda una opción interesante que permitirá atenuar ligeramente la degradación que provoca la reducción del factor de calidad, al tiempo que disminuye el tamaño del archivo.

### Halo

La opción Halo funciona del siguiente modo, si la imagen contiene transparencias, y dado que el formato JPEG no soporta esta característica, podemos hacer que el color de esta opción coincida con el color de fondo de la página, simulando un efecto de transparencia.

## Otras opciones

Además de las opciones que acabamos de comentar se encuentran disponibles varias casillas de verificación que no debemos olvidar y cuyo significado es el siguiente:

- Progresivo: Consigue que la carga del archivo se haga de forma gradual, mostrando en primer lugar una versión de la imagen a baja calidad para ir aumentando ésta a medida que se completa la descarga del archivo.
- Incrustrar perfil de color: Se trata de uno de los métodos utilizados por Photoshop para la gestión del color, definiendo espectros de tonalidades concretos. Si activamos esta casilla, conservaremos el perfil ICC asociado a la imagen.
- Optimizado: Podemos activar esta opción para conseguir una pequeña mejoría adicional en el tamaño del archivo.

**Nota:**

*La opción de perfiles ICC sólo está disponible para imágenes creadas en Photoshop a las que se haya aplicado esta característica.*

## Ajustes para archivos PNG-8 y PNG-24

Aunque ya hemos comentado anteriormente que el formato PNG-8 no está demasiado difundido, Photoshop lo incluye entre sus posibilidades de optimización. El significado de sus opciones es el mismo que ya hemos visto en el apartado anterior dedicado al formato GIF.

Para el caso del PNG-24, este modelo de archivo sólo ofrece tres posibles opciones para el control del aspecto de la imagen que deseamos optimizar, y su significado lo conocemos por los formatos ya descritos.

# Guardar ajustes

Si después de realizar los ajustes necesarios sobre un archivo, cree que pueden servirle para usarlos en la optimización de otras imágenes, debe recurrir comando Guardar ajustes. Este comando se encuentra situado en el menú que aparece si hacemos clic en el pequeño botón que muestra la figura 17.8. Elija un nombre y haga clic en el botón **Guardar**. Desde este momento, el nuevo ajuste formará parte de la lista Ajuste preestablecido.

**Nota:**

*Las pruebas de optimización que hemos realizado utilizando este formato siempre han generado resultados desfavorables con respecto a JPEG o GIF, incluso PNG-8.*

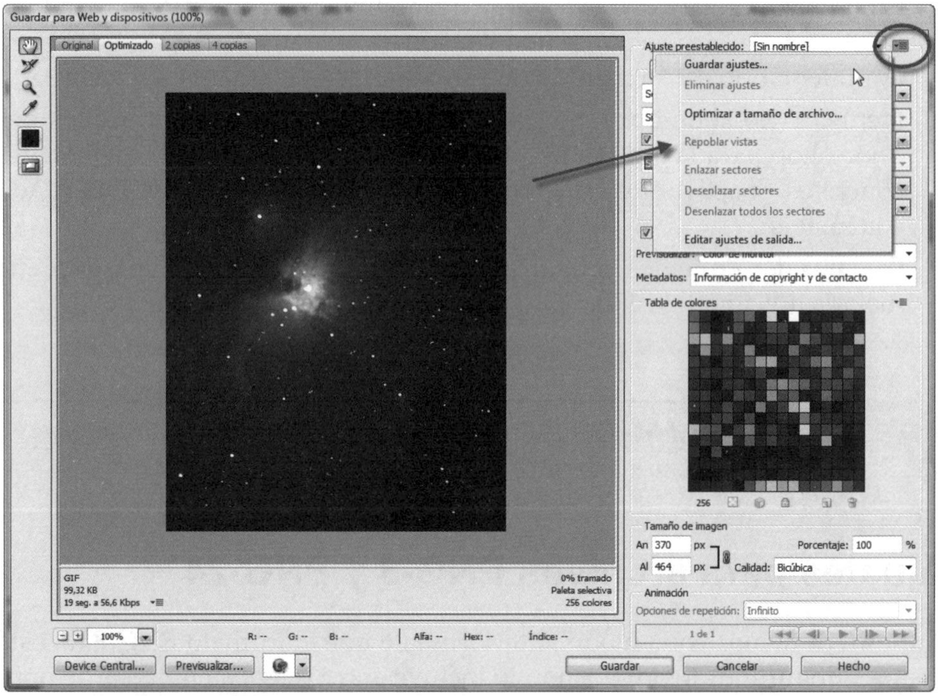


**Figura 17.8.** Menú asociado a las opciones de optimización.

**Nota:**

*Para quitar de la lista cualquiera de los ajustes preestablecidos seleccione el comando* Eliminar ajuste.

# Optimizar a partir de un tamaño dado

En determinadas ocasiones necesitaremos limitar el tamaño del archivo a un cierto valor. En estos casos, la solución está en el comando Optimizar a tamaño de archivo, situado en el menú asociado a los ajustes de optimización y como ya conoce del apartado anterior, podemos mostrar al hacer clic en el pequeño botón situado a la derecha de la lista Ajuste preestablecido.

Al seleccionar este comando, aparece el cuadro de diálogo del mismo nombre tal y como podemos ver en la figura 17.9. En él introduciremos el tamaño máximo que debe tener la imagen optimizada y después, en la sección Comenzar con, debemos elegir entre mantener los ajustes actuales o dejar que Photoshop decida qué formato utilizar en función de las características de la imagen.

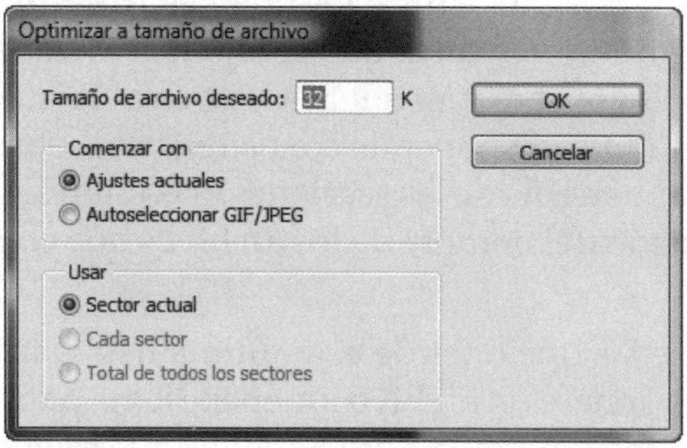


**Figura 17.9.** Cuadro de diálogo Optimizar a tamaño de archivo.

**Advertencia:**

*Los ajustes correspondientes al comando* Optimizar a tamaño de archivo *no se mantienen si realizamos algún cambio en la imagen después de haberlo empleado. En estos casos, la única solución es aplicarlo de nuevo.*

# Guardar el archivo optimizado

Una vez finalizado el proceso de optimización debemos utilizar el botón **Guardar** para obtener el archivo resultante. El cuadro de diálogo Guardar optimizada como dispone de algunas opciones interesantes que describimos a continuación:

- Tipo: Dentro de las opciones de esta lista encontraremos tres posibilidades para obtener la copia del archivo:
- HTML e Imágenes: Ésta es la opción más completa, siendo el programa el encargado de componer todo el código necesario para utilizar el diseño como página Web. Genera un archivo completo en formato HTML, así como las imágenes necesarias.

- Sólo imágenes: Guarda la imagen con los ajustes de optimización elegidos.
- Sólo HTML: Crea el código que necesitaríamos incluir en la página para utilizar la imagen pero no guarda el gráfico.
- Ajustes: Esta lista contiene varias posibilidades: A medida, Imagen de fondo, Ajustes por defecto, XHTML y Otros. Pero será al hacer clic sobre esta última cuando aparezca el cuadro de diálogo Ajustes de salida que se muestra en la figura 17.10. Utilice los botones **Anterior** y **Siguiente** para acceder a las distintas ventanas que componen el cuadro de diálogo. El mayor inconveniente será entender la mayoría de sus opciones ya que resulta imprescindible disponer de conocimientos sobre HTML y programación para Internet. Una de las secciones más interesantes es la dedicada a la personalización del nombre de los archivos que crea el programa con este comando.
- Sectores: Utilice las opciones de esta última lista para decidir si quiere que el programa genere un archivo independiente para todos los sectores definidos en su imagen o sólo para aquellos que se encuentren seleccionados.

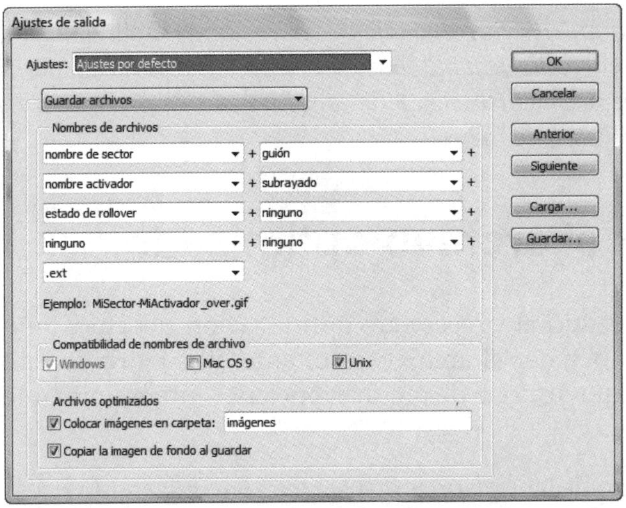


**Figura 17.10.** Cuadro de diálogo Ajustes de salida.

Si se encuentra en la vista 2 Copias o 4 Copias, haga clic sobre la versión optimizada que desee guardar; para el resto de las vistas se tomarán como válidos los ajustes actuales.

**Nota:**

*Los sectores permiten dividir la imagen en diferentes partes que podemos utilizar para mejorar la descarga si el tamaño es considerable o utilizar estas partes como enlaces, o incluso aplicarles ciertos efectos de diseño.*

# Adobe Device Central

Adobe Device Central es uno de los complementos incluidos en Creative Suite. El propósito de esta herramienta, cuyo aspecto podemos observar en la figura 17.11, es comprobar la compatibilidad de nuestros diseños en un buen número de dispositivos móviles. De esta forma, si por ejemplo nos encontramos diseñando fondos para un modelo determinado de móvil o una versión concreta de flash lite (la versión de flash para dispositivos móviles) con Adobe Device Central podremos conocer exactamente cómo será el resultado en este modelo.

**Figura 17.11.** Adobe Device Central.

Desde el cuadro de diálogo Guardar para Web y dispositivos puede enviar el gráfico optimizado directamente a esta herramienta con tan sólo hacer clic en el botón Device Central.

**Nota:**

*Adobe Device Central permite añadir nuevos modelos de dispositivos o actualizar la lista de los existentes.*

# Resumen

En ese capítulo hemos aprendido a optimizar nuestros gráficos y prepararlos para enviarlos tanto a Internet como a dispositivos móviles desde las posibilidades del cuadro de diálogo Guardar para Web y dispositivos.

También hemos descrito las características más importantes sobre los formatos predominantes en la Red como son: GIF y JPEG. Para cada uno de ellos, Photoshop muestra un buen número de opciones de optimización para conseguir en todo momento la mejor calidad con el tamaño más ajustado posible.

Para terminar, no hemos querido dejar pasar la oportunidad de comentar la existencia de la aplicación Device Central incluida en Creative Suite. Con ella será muy sencillo comprobar el aspecto de nuestros diseños en muchos de los dispositivos móviles que se utilizan actualmente.

# Capítulo 18

# Panorámicas y otros complementos

**En este capítulo aprenderá a:**

- Recortar y enderezar imágenes escaneadas.
- Crear panorámicas.
- Obtener archivos a partir de composiciones de capas.
- Crear a archivos a partir de capas.

# Introducción

Photoshop incluye una serie de complementos cuya descripción no encaja dentro de los contenidos descritos en ninguno de los capítulos anteriores. En cualquier caso resultan interesantes para resolver problemas como escanear varias fotografías al mismo tiempo, convertir a PDF o crear panorámicas. De todas ellas y algunas más hablaremos en los próximos apartados.

# Recortar y enderezar fotografías

Seguro que más de una vez habrá tenido que escanear fotografías y en ese caso, el proceso habrá sido colocarlas una a una en el escáner y digitalizarlas. Pues bien, ¿qué le parecería si pudiera escanear de una sola vez tantas fotografías como permita el tamaño de su escáner y que Photoshop se encargara de recortarlas, orientarlas y colocarlas en ventanas diferentes para que pueda guardarlas como archivos independientes? Ni más ni menos que todo este proceso es lo que hace el comando Recortar y enderezar fotografías situado en el menú Archivo>Automatizar que puede ver en la figura 18.1.

**Figura 18.1.** Comando Recortar y enderezar fotografías.

Para que el proceso se pueda llevar a cabo, Photoshop pone algunas condiciones muy sencillas de cumplir:

- El fondo, habitualmente la tapa del escáner, debe ser de un color uniforme y tiene que estar libre de suciedad, polvo, arañazos o cualquier otra cosa que pueda interferir en la imagen.
- Entre cada fotografía, la separación mínima debe ser de al menos 4 o 5 milímetros. Si no respeta este valor, Photoshop no podrá diferenciar de forma clara cada una de las imágenes.
- Coloque las fotografías con cierto orden como puede ver en la figura 18.2.

**Figura 18.2.** Imágenes escaneadas para tratarlas con el comando Recortar y enderezar fotografías.

Después de estos sencillos consejos, los pasos a seguir para utilizar la herramienta de recorte automático de fotografías son igualmente simples. Podemos partir de la imagen ya escaneada o hacer este trabajo directamente desde Photoshop a través del comando Archivo>Importar y elegir Soporte WIA o alguno de los escáner ya instalados en su sistema. En este caso, aparecerá un cuadro de diálogo donde podemos determinar aspectos como la carpeta en la que guardaremos la imagen o imágenes escaneadas o:

- Abrir imagen adquirida en Photoshop: Active esta casilla si piensa digitalizar una única imagen y quiere editarla en Photoshop inmediatamente después. Cuando planee escanear varias imágenes, desactívela.
- Crear una carpeta única con la fecha actual: Muchas veces nos ayudará a mantener organizadas nuestras imágenes si al escanearlas se guardan en una carpeta nombrada con la fecha del día. Active esta casilla si quiere hacerlo así.

**Nota:**

*Si no tiene instalado ningún dispositivo de escaneado de imágenes en su equipo, al seleccionar el comando* Soporte WIA *Photoshop mostrarán un mensaje de error.*

Ya tenemos la imagen escaneada, por lo tanto sólo nos queda ejecutar el comando Recortar y enderezar fotografías y en unos instantes, Photoshop separará cada imagen, las orientará correctamente y por último, las mostrará en ventanas independientes.

**Truco:**

*Puede hacer que el comando* Recortar y enderezar fotografías *trabaje sólo con algunas de las fotos escaneadas, estableciendo un área de selección que determine la zona que desea utilizar. También puede utilizar esta misma técnica si comprueba que Photoshop tiene dificultades para precisar los bordes de alguna de las fotografías digitalizadas.*

# Panorámicas

No es habitual entre usuarios domésticos disponer de dispositivos específicos para conseguir fotografías panorámicas y debemos recurrir al montaje de varias imágenes para obtener un resultado similar. Un trabajo no siempre sencillo, ni el de obtener las distintas fotografías que compondrán la panorámica, ni la composición posterior en Photoshop.
Con respecto a la primera de las tareas, obtener las distintas tomas de la imagen, lo mejor es colocar nuestra cámara sobre un trípode o sobre algún soporte estable y fijo, para ir girándola después de modo que cada fotografía repita una parte de la instantánea anterior, así obtendremos un área de referencia

que usaremos para solaparlas posteriormente. En la figura 18.3 podemos ver un ejemplo donde aparecen las tres imágenes tomadas para montarlas en formato panorámico.

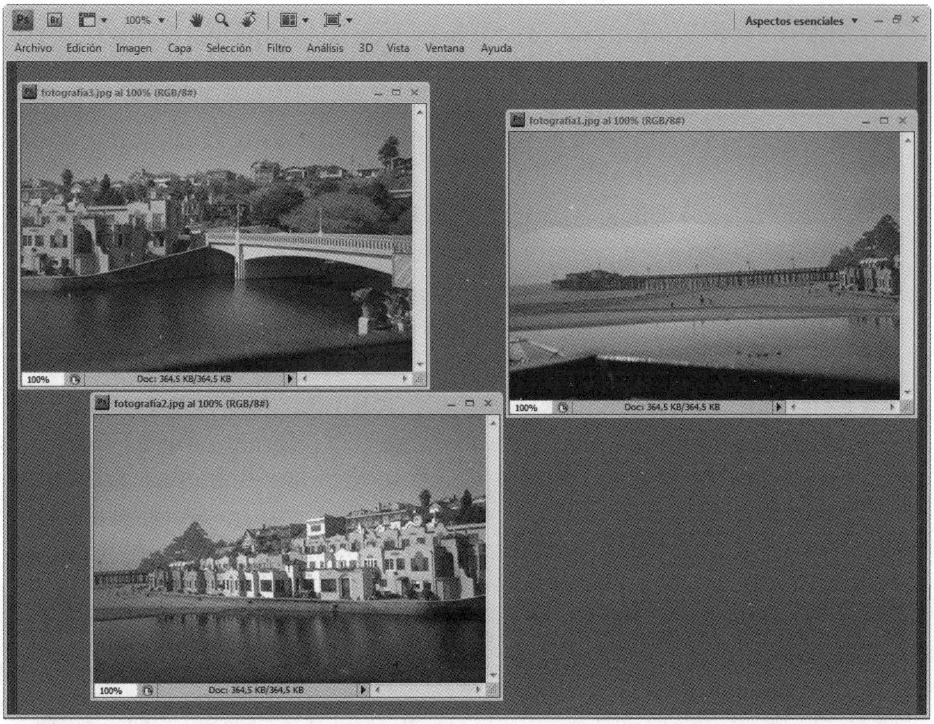


**Figura 18.3.** Fotografías realizadas para componer una imagen panorámica.

**Advertencia:**

*Aunque es obvio, mantenga los mismos ajustes de la cámara a la hora de tomar cada fotografía de la panorámica y evite, siempre que sea posible, utilizar el zoom.*

Ya en Photoshop, necesitamos de la nueva utilidad denominada Photomerge para completar el proceso de creación de una imagen panorámica. Los pasos serían los siguientes:

1. En el menú Automatizar seleccionamos Photomerge para que el programa muestre el cuadro de diálogo que aparece en la figura 18.4 donde una de nuestras primeras tareas será utilizar el botón **Explorar** para elegir aquellas imágenes que deseamos utilizar en la composición. Si éstas ya

se encuentran abiertas en el entorno de Photoshop, utilice el botón Añadir archivos abiertos para incluirlas automáticamente.

2. Una vez importadas las imágenes, en la sección Composición elija el modelo que mejor se adapte al resultado que desea obtener:
   - Automática: Por lo general será la opción más rápida y cómoda, ya que será Photoshop el que se encargue automáticamente de analizar las imágenes, buscar zonas de transición y crear la panorámica en formato perspectiva o cilíndrica. Si esta opción funciona correctamente nos podemos olvidar del resto.
   - Perspectiva: Utiliza una de las imágenes centrales como referencia y estira el resto para crear un efecto de profundidad muy atractivo.
   - Cilíndrica: Con esta opción las imágenes se componen siguiendo un formato tubular, aunque también toma como referencia una de las imágenes centrales para componer el resto.
   - Esférica: Aprovecha las nuevas posibilidades de Photoshop para adaptar imágenes planas a objetos tridimensionales, podríamos utilizar este modelo de composición para las imágenes que formen panoramas de 360 grados.
   - Collage: Modifica la posición o escala de las imágenes originales para que coincidan en el panorama resultante.
   - Cambiar posición: En este caso, no se aplica ningún tipo de distorsión y Photomerge se limita a componer linealmente las imágenes para crear la panorámica.
3. A continuación haga clic en el botón **OK** para crear la panorámica según las opciones establecidas y las imágenes seleccionadas.

**Nota:**

*Es posible que al procesar las imágenes Photomerge no tenga información suficiente para llevar a cabo la composición. En este caso, aparecerá un mensaje de error y será necesario hacer el trabajo manualmente desde la Caja de iluminación del cuadro de diálogo* Photomerge *como veremos a continuación*

Si existieran desajustes importantes entre los valores de exposición de las imágenes que forman la composición, active la casilla Fusionar imágenes para que el programa se encargue de equilibrar estos valores y generar un resultado homogéneo.

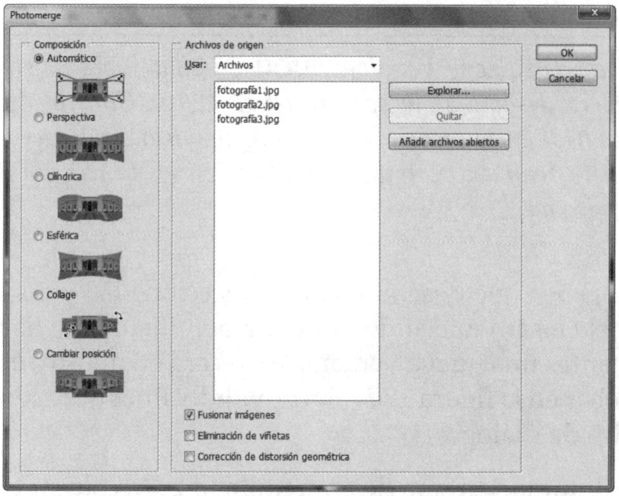


**Figura 18.4.** Cuadro de diálogo Photomerge.

**Truco:**

*En la lista desplegable* Usar *se encuentra la opción* Carpetas*; con ella podrá indicar el contenido de una carpeta como origen de las imágenes que utilizará Photomerge para crear la composición panorámica.*

# Composición interactiva

La versión de Photomerge incluida por defecto Photoshop CS4 no incluye una última posibilidad entre las opciones de la sección Composición. Se trata del elemento denominado Composición interactiva que nos permite llevar a cabo el proceso manualmente como si trabajásemos sobre una mesa de luz. Para que aparezca esta opción debe buscar en el CD de instalación del programa la siguiente carpeta:

```
\Español\Extras\Plugins opcionales\Automatizar\
```

...y dentro de ella el archivo denominado PhotomergeUI o Interfaz de Usuario de Photomerge. Una vez localizado, debe copiar este archivo en la siguiente ubicación de su disco duro:

```
\Archivos de programa\Adobe\Adobe Photoshop CS4\Plug-ins\Automatizar
```

Una vez actualizado el plugins, reinicie Photoshop y abra de nuevo la interfaz de Photomerge, compruebe que ya se encuentra disponible la opción Composición interactiva en el margen izquierdo del cuadro de diálogo.

**Nota:**

*Si está utilizado Windows Vista en cualquiera de sus versiones, deberá desactivar la característica UAC (Control de cuentas de usuario) en la sección Cuentas de usuario del Panel de control si quiere realizar cualquier modificación en la carpeta Archivos de programa.*

Añada las imágenes que desea utilizar y seleccione la opción Composición interactiva en el cuadro inicial de Photomerge, finalmente haga clic en **OK**. Tras unos instantes una nueva ventana aparecerá en nuestro escritorio como puede comprobar en la figura 18.5. ¡Sorprendido! Pues aprendamos algo más sobre su cuadro de diálogo:

- La caja de iluminación será de gran utilidad para colocar temporalmente imágenes o quitarlas de la composición. Puede arrastrar cualquiera de las fotografías sobre la caja de iluminación y viceversa. Para seleccionar cualquiera de las fotografías de la composición utilice la primera de las herramientas de la esquina superior izquierda.
- Puede mover, cambiar de sitio o ajustar cualquiera de las imágenes de la composición, sólo es necesario hacer clic sobre ella y arrastrarla. Puede ver de que manera al superponer dos fotos, el área común aparece semitransparente para que resulte más sencillo encontrar la posición idónea de ajuste entre las dos. Cuando lleve a cabo este tipo de tareas, no olvide mantener activada la casilla de verificación Ajustar a imagen para que Photomerge detecte automáticamente las zonas comunes de cada imagen.
- Con la herramienta Rotar podremos cambiar fácilmente la orientación de cualquiera de las imágenes.
- Utilice el botón **Guardar composición** para mostrar el cuadro de diálogo que muestra la figura 18.6 y almacenar tanto la estructura como el resto de información sobre la composición en un archivo específico de Photomerge que podremos recuperar en cualquier otro momento.
- A la hora de guardar definitivamente la imagen utilice el botón **OK**.
- La herramienta Establecer punto de fuga permite seleccionar la instantánea que Photomerge tomará como referencia para crear la perspectiva de la composición. Por defecto será la imagen situada en el centro de la composición. Antes de modificar el punto de fuga, active la casilla Perspectiva de la sección Ajustes.

**Figura 18.5.** Cuadro de diálogo Photomerge.

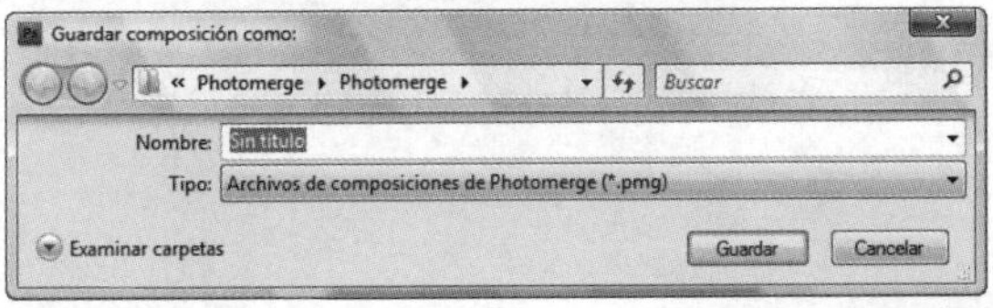


**Figura 18.6.** Cuadro de diálogo Guardar composición.

Con toda la información que hemos proporcionado, estamos seguros de que no tendrá ningún problema para crear espectaculares fotografías panorámicas. Practique un poco con todo lo aprendido en este apartado.

**Truco:**

*Si quiere recuperar el aspecto inicial del cuadro de diálogo y comenzar de nuevo la composición, mantenga pulsada la tecla* **Alt** *y haga clic en el botón* **Restaurar**.

# Secuencias de comandos

Las secuencias de comandos en Photoshop son como el Visual Basic para Aplicaciones o las macros en Office. Es decir, se trata de usar un lenguaje de scripts para llegar más lejos a la hora de automatizar cualquier proceso. Está claro que este tema queda lejos de las pretensiones del libro, pero no queremos dejar pasar la oportunidad de comentar el propósito de las secuencias de comandos predefinidas que se encuentran disponibles en el menú Archivo>Secuencias de comandos como muestra la figura 18.7. Con ellas podremos llevar a cabo tareas como copiar composiciones de capas en archivos o simplemente obtener un archivo independiente por cada una de las capas que forman una imagen.

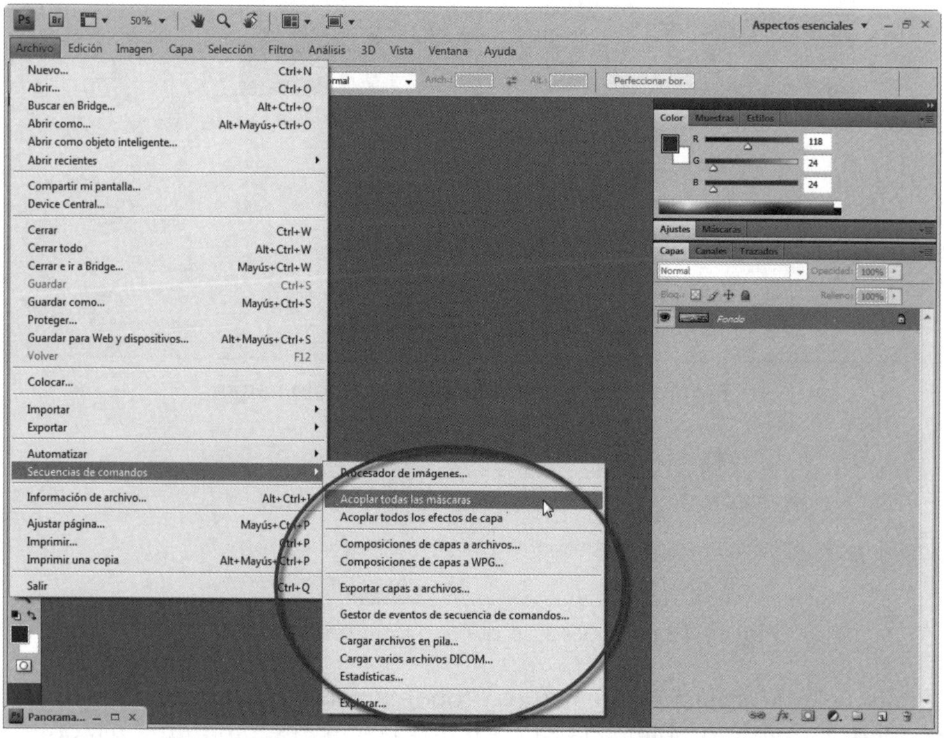


**Figura 18.7.** Secuencias de comandos.

Las secuencias de comandos que comentamos a continuación tienen como origen de datos las composiciones de capas que tratamos en capítulos anteriores. Haciendo un poco de memoria, recordamos que permitían guardar distintos estados o versiones de una imagen. Aquí vamos a utilizar las composiciones de capas para generar a partir de ellas archivos independientes

## Composiciones de capas a archivos

La secuencia de comandos denominada Composiciones de capas a archivos permite crear un documento distinto para cada una de las composiciones de capas asociadas a la imagen actual. Puede ver el cuadro de diálogo que aparece después de seleccionar esta opción en la figura 18.8. En él seleccionaremos la ubicación, el tipo de archivo y la parte fija del nombre del mismo, ya que a partir de ésta se añadirá un número y el nombre de la composición.

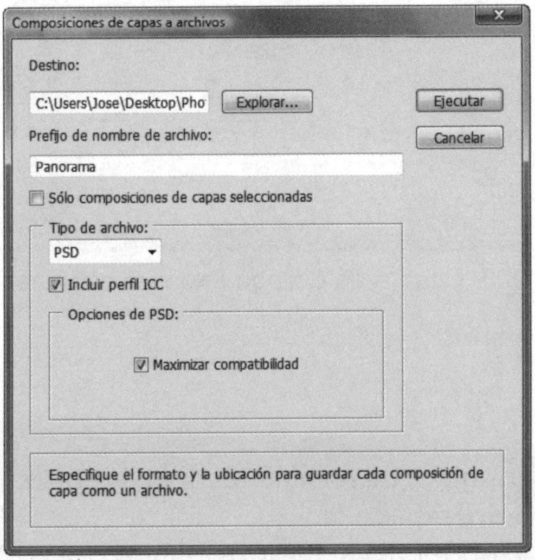


**Figura 18.8.** Cuadro de diálogo Composiciones de capas a archivos.

**Nota:**

*La secuencia de comando* Composiciones de capas a archivos, *genera tantos archivos independientes como composiciones tenga la imagen, además de llevar a cabo ciertos procesos sobre ellos. Esta tarea puede llevar algún tiempo si el tamaño de la imagen es considerable o si nuestro equipo no es demasiado potente.*

## Exportar capas a archivos

La última de las opciones Exportar capas a archivos hace justamente eso, crea un archivo distinto por cada una de las capas que forma la imagen. Si lo prefiere, active la casilla de verificación Sólo capas visibles en el cuadro de diálogo que muestra la figura 18.9 y oculte las capas que no necesita exportar.

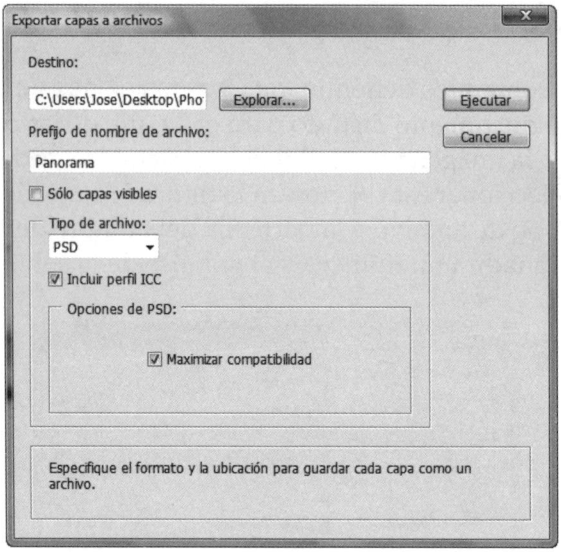


**Figura 18.9.** Cuadro de diálogo Exportar capas a archivos.

# Resumen

Ahora ya sabemos resolver de forma mucho más eficaz situaciones como el escaneando varias fotografías a la vez.

También podremos sorprender a nuestros amigos con la composición de imágenes panorámicas de una manera rápida y sencilla.

# Capítulo 19

# Utilidades

**En este capítulo aprenderá a:**

- Usar el Procesador de imágenes.
- Diseñar una hoja de contactos.
- Trabajar con la utilidad Conjunto de imágenes.
- Componer nuestra propia galería de imágenes Web.

# Introducción

No todo en Photoshop son herramientas, pinceles o capas... También existen una serie de herramientas que pueden hacernos la vida mucho más sencilla. En este capítulo trataremos las utilidades incluidas en esta versión del programa y que hemos creído más interesantes.
Antes de continuar debemos comentar que a excepción de la herramienta denominada *Procesador de imágenes*, el resto de utilidades que tratamos en este capítulo no se encuentran instaladas por defecto en Photoshop. Esto no supone ningún problema, ya que se encuentra entre los muchos extras que incluye el disco de instalación del programa. La forma de añadir estos complementos es muy sencilla y la trataremos de forma particular para cada uno de ellos.

# Procesador de imágenes

Sin lugar a dudas este comando es realmente interesante y seguro que resultará de gran ayuda en más de una ocasión. Su propósito es automatizar el proceso de modificación de formato o cualquier otra característica de varias imágenes al mismo tiempo. Suponga que dispone de una carpeta con varias fotografías digitalizadas en formato TIFF y quiere usarlas en un proyecto para Internet. Para ello necesitará transformar esas imágenes en formato JPEG, mucho más adecuado para este tipo de proyectos. Pues bien, puede abrir una a una e ir aplicando los ajustes necesarios o mucho mejor, abra el Procesador de imágenes y realice todo el trabajo de una sola vez.
El cuadro de diálogo que aparece después de seleccionarlo y que podemos ver en la figura 19.1 se encuentra dividido en cuatro secciones numeradas. Cada uno de estos números nos invita a seguir la secuencia lógica para trabajar con el comando y sería la siguiente:

1. En primer lugar podemos elegir entre usar las imágenes que tenemos abiertas en el programa o hacer clic en el botón **Seleccionar carpeta** para seleccionar un directorio y procesar todos los archivos incluidos en él.
2. El segundo de los puntos permite guardar las imágenes una vez procesadas en la misma ubicación original o seleccionar una distinta si utilizamos el botón **Seleccionar carpeta**.
3. La tercera de las secciones dispone de tres posibilidades para elegir el formato de destino. Además, para cada una de ellas podemos elegir el tamaño resultante, la calidad, la compatibilidad y la compresión, según la opción elegida en cada caso.

4. Por último, y casi lo más importante, tenemos la posibilidad de aplicar cualquier ajuste al archivo mediante las acciones de Photoshop. Las acciones equivalen a las macros de programas tan conocidos como Word o Excel y permiten agrupar varias tareas de optimización, ajuste o corrección de modo que podamos aplicarlas todas de una sola vez. En el caso del comando Procesador de imágenes podemos usar las ventajas que ofrecen las acciones y aplicarlas sobre las imágenes seleccionadas.

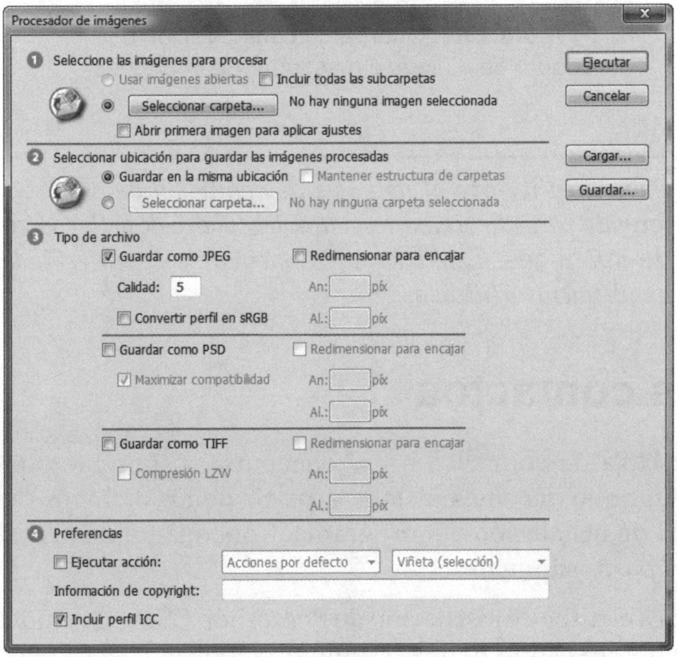


**Figura 19.1.** Comando Procesador de imágenes.

**Nota:**

*El cuadro de texto* Información de copyright *permite incluir información adicional a la imagen para identificar su autoría o propiedad intelectual.*

Si cree que puede necesitar en más ocasiones futuras los ajustes establecidos en el cuadro de diálogo Procesador de imágenes, nuestra recomendación es que los guarde en un archivo independiente. Para ello, seleccione el botón **Guardar** para acceder al cuadro de diálogo que puede ver en la figura 19.2. Elija un nombre, una ubicación para el archivo y haga clic en **Guardar**. A partir de aquí, cuando quiera recuperar la configuración almacenada, bastará con recurrir al botón **Cargar**.

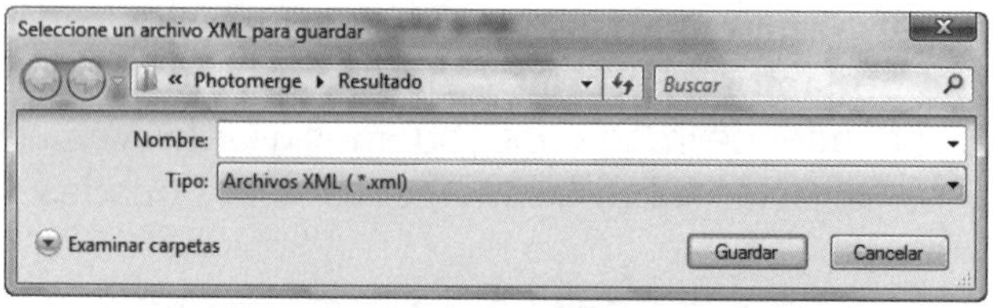


**Figura 19.2.** Guardar la configuración del cuadro de diálogo Procesador de imágenes.

**Nota:**

*Photoshop recurre al lenguaje de definición de datos XML como formato para almacenar los datos del cuadro de diálogo* Procesador de imágenes. *Este lenguaje es actualmente un estándar abierto ampliamente utilizado.*

# Hoja de contactos

La utilidad Hoja de contactos no se encuentra disponible por defecto en Photoshop por que debemos instalar a partir de los archivos de extras que incluye el cd de instalación del programa. Concretamente debemos llevar a cabo los dos pasos siguientes:

1. Introduzca el disco de instalación de Photoshop CS4 en la unidad y arrastre el archivo //Español/Extras/Plugins opcionales/Automatizar/Hoja de contactos II a la carpeta de su disco duro /Archivos de programa/Adobe/Adobe Photoshop CS4/Plug-ins/Automate.
2. Ahora, debemos copiar las configuraciones y plantillas para ello, arrastre la carpeta /Español/Extras/Ajustes preestablecidos/Diseños a la carpeta de su disco duro /Archivos de programa/Adobe/Adobe Photoshop CS4/Presets.
3. Para que todo esto tenga efecto es necesario reiniciar el programa.

Una vez hecho esto dentro las posibilidades del menú Archivo>Automatizar se encuentra la utilidad denominada Hoja de contactos. Con ella podremos crear páginas que nos sirvan de índices para nuestros catálogos de fotos. Estas páginas incluyen tantas miniaturas como deseemos de las fotos seleccionadas como puede comprobar en el ejemplo de la figura 19.3.

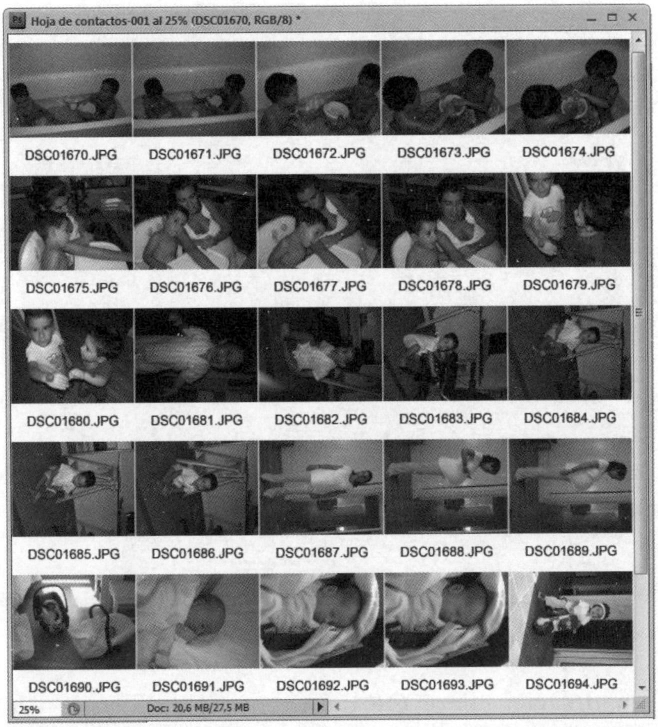


**Figura 19.3.** Hoja de contactos diseñada con Photoshop.

Después de seleccionar el comando **Hoja de contactos II**, encontramos el cuadro de diálogo que aparece en la figura 19.4. En su primera sección nos fijamos en la lista desplegable **Usar** donde la opción realmente interesante sería **Carpeta**. Al seleccionarla, podremos indicar la ubicación exacta donde se encuentran las imágenes que deseamos mostrar en la hoja de contactos. Pero aún más, si activamos la casilla de verificación **Incluir todas las subcarpetas**, también estaremos añadiendo a la hoja de contactos el contenido de los subdirectorios. La sección **Documento** del cuadro de diálogo **Hoja de contactos** contiene todas las opciones necesarias para ajustar las dimensiones de la página donde se incluirán las miniaturas de las imágenes seleccionadas. En este apartado es importante elegir la resolución adecuada para conseguir una buena calidad de impresión o visualización. El siguiente paso será determinar el número de miniaturas por página que deseamos incluir. Este aspecto vendrá determinado por el número de filas y columnas que establezcamos dentro de esta sección. En cuanto al espaciado entre imágenes, lo normal será utilizar el espaciado automático, pero si queremos ajustar nosotros mismos estos valores desactive esta casilla de verificación.

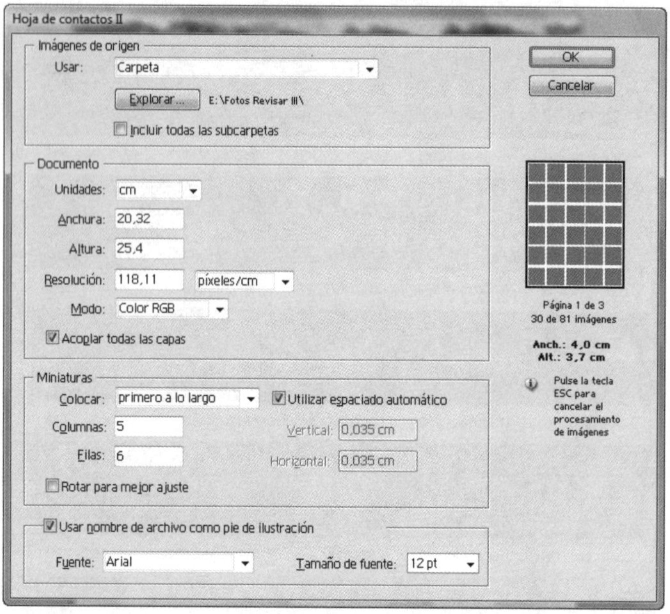


**Figura 19.4.** Cuadro de diálogo Hoja de contactos II.

Una vez terminado, haga clic en **OK** para generar los documentos que contendrán las miniaturas de las imágenes seleccionadas. El tiempo necesario para completar el proceso irá en función del número de imágenes seleccionadas.

**Nota:**

*Si desea detener el proceso de conversión de imágenes, será suficiente con pulsar la tecla* **Esc**.

# Conjunto de imágenes

La herramienta Conjunto de imágenes va permitir realizar composiciones de una o varias imágenes en una sola página, siguiendo diferentes formatos y distribuciones. En la figura 19.5 puede ver un ejemplo de lo que estamos contando.

**Nota:**

*El plugins Hoja de contactos II tratado en el apartado anterior también instala la utilidad Conjunto de imágenes.*

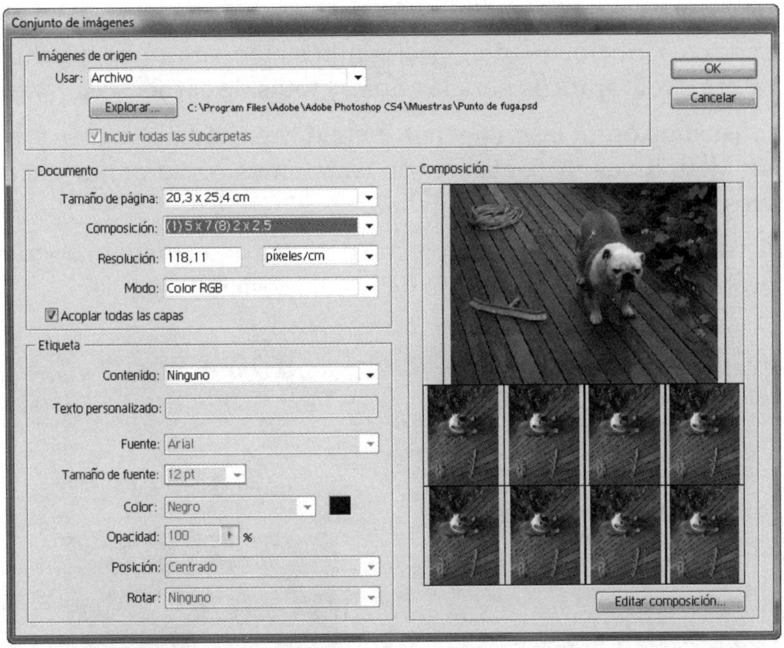


**Figura 19.5**. Ejemplo realizado con la herramienta Conjunto de imágenes.

Para trabajar con el complemento Conjunto de imágenes deberá seleccionarlo entre las opciones del menú Archivo>Automatizar. Por defecto, la opción predeterminada en la lista desplegable Usar será Primer documento, por lo que la imagen que tomará el programa para diseñar la página será la que se encuentre seleccionada en Photoshop en ese momento. Si no queremos que esto sea así, podemos utilizar la opción Carpeta o Archivo para que el botón **Explorar** se muestre activo y de este modo elegir el elemento concreto que deseamos utilizar para la composición.

Una vez elegida la imagen, nuestro siguiente objetivo deberá ser la lista Composición situada en la sección Documento del cuadro de diálogo Composición de imagen. Como puede observar en la figura 19.6 el contenido de esta lista muestra diferentes posibilidades para distribuir sobre la página las diferentes copias del archivo elegido. Para entender cada una de estas opciones debe saber lo siguiente:

- La composición de elementos sobre la página no tiene que ser homogénea. Es decir, puede incluir copias de la imagen en diferentes tamaños.
- El valor mostrado entre paréntesis corresponde con el número de copias de la medida que viene a continuación. Por ejemplo, la entrada (1)5x7 (8)2x2,5 significa que la composición dispondrá una de las copias con

unas proporciones de 5 por 7 centímetros y ocho copias más del 2 por 2,5 centímetros. Concretamente, esta composición se utiliza mucho en los laboratorios fotográficos para las típicas fotos de carné.

- Ni la distribución ni las imágenes incluidas en cada composición tienen que ser definitivas. A continuación trataremos cómo personalizar estos aspectos.
- No pierda de vista el margen derecho del cuadro de diálogo donde podrá comprobar al instante el aspecto de la composición elegida.

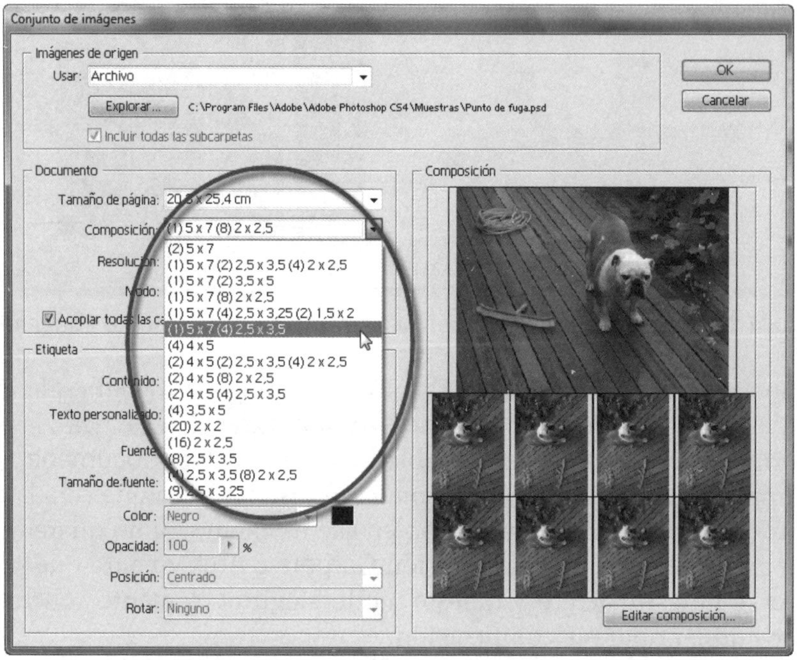


**Figura 19.6.** Contenido de la lista desplegable Composición.

Si desea añadir un título o etiqueta a las copias, la tercera de las secciones del cuadro de diálogo Composición de imagen muestra diferentes opciones para asignar y dar formato a este tipo de elementos. En la lista Contenido podrá utilizar términos conocidos de la imagen como el nombre del archivo, su descripción o el mismo copyright si lo tuviera, pero también es posible asignar un nombre elegido por nosotros si se decide por la opción Texto personalizado. El resto de configuraciones relacionadas con el formato son de sobra conocidas, "juegue" con ellas para conseguir un aspecto atractivo para las etiquetas de sus copias.

**Nota**

*Recuerde marcar la casilla de verificación* Acoplar todas las capas *si la imagen que está utilizando se compone de más de una capa y desea utilizar el resultado completo del documento.*

## Sustituir alguna de las copias

Si cree que después de elegir una determinada composición las imágenes que la integra no se pueden cambiar, está equivocado. Los ingenieros de Photoshop piensan en todo y por supuesto han dispuesto de mecanismos para sustituir cualquier copia por el archivo que deseemos. El método es muy sencillo, basta con hacer clic sobre la copia que hayamos pensado sustituir para mostrar el cuadro de diálogo que puede ver en la figura 19.7. En él, será suficiente con buscar el archivo que deseamos sustituir y hacer clic en el botón **Abrir**.

**Figura 19.7**. Cambiar la imagen de una de las copias.

**Nota:**

*Photoshop no impone ningún límite a la hora de sustituir imágenes de la composición.*

## Modificar la composición

Otra de las posibilidades que ofrece el cuadro de diálogo Conjunto de imágenes es la de cambiar la estructura predeterminada de la composición. Para ello haga clic sobre el botón **Editar composición** y tendrá acceso al cuadro de diálogo que muestra la figura 19.8. Una vez realizados estos pasos, las funciones disponibles se describen a continuación pero antes de seguir adelante, no olvide hacer clic sobre la copia que desea editar:

- Como puede comprobar, después de seleccionar cualquiera de las copias, a su alrededor aparecen los típicos cuadros de control que nos permitirán modificar su tamaño.
- Para cambiar de posición una copia, haga clic sobre ella y arrastre mientras mantiene pulsado el botón izquierdo del ratón.
- Si desea cambiar de forma precisa el tamaño o la posición de una copia determinada utilice las secciones Tamaño y Posición.
- Para incluir una nueva copia en la composición haga clic sobre el botón **Añadir zona**.
- Para eliminar la copia seleccionada será necesario recurrir al botón **Eliminar zona**.
- Active la casilla situada dentro de la sección Cuadrícula para mostrar este elemento y que nos resulte más sencillo ajustar las distintas copias de la composición.

Una vez editada la composición haga clic en el botón **Guardar** para terminar el proceso de edición y finalizar la creación del conjunto de imágenes.

# Galería de fotografías Web

Una galería de fotografías Web, en su formato más sencillo, estaría compuesta por una zona con pequeñas miniaturas de las imágenes que contiene y que al mismo tiempo sirven como enlace para mostrar cada una de ellas a tamaño completo en un espacio más amplio. En la figura 19.9 puede ver un ejemplo.

**Figura 19.8.** Cuadro de diálogo Conjunto de imágenes en modo Edición.

**Nota:**

*El botón* **Eliminar todo** *eliminará todas las copias de la composición y mostrará la página en blanco. A partir de aquí, podremos crear un diseño completamente personalizado.*

**Nota:**

*Según el sentido que decidamos darle a nuestra galería, podríamos pensar en convertirla en uno de esos photoblogs tan de moda actualmente.*

Como indicamos al principio del capítulo, este complemento tampoco se encuentra instalado por defecto en Photoshop CS4 por que debemos seguir los pasos siguientes si queremos aprovechar sus posibilidades:

1. Introduzca el disco de instalación de Photoshop CS4 en la unidad y arrastre el archivo //Español/Extras/Plugins opcionales/Automatizar/Hoja de contactos Web II a la carpeta de su disco duro /Archivos de programa/Adobe/Adobe Photoshop CS4/Plug-ins/Automate.
2. Ahora, debemos copiar las plantillas Web para ello, arrastre la carpeta completa /Español/Extras/Ajustes preestablecidos/Galería de fotografías

Web la ubicación de su disco duro /Archivos de programa/Adobe/Adobe Photoshop CS4/Presets.

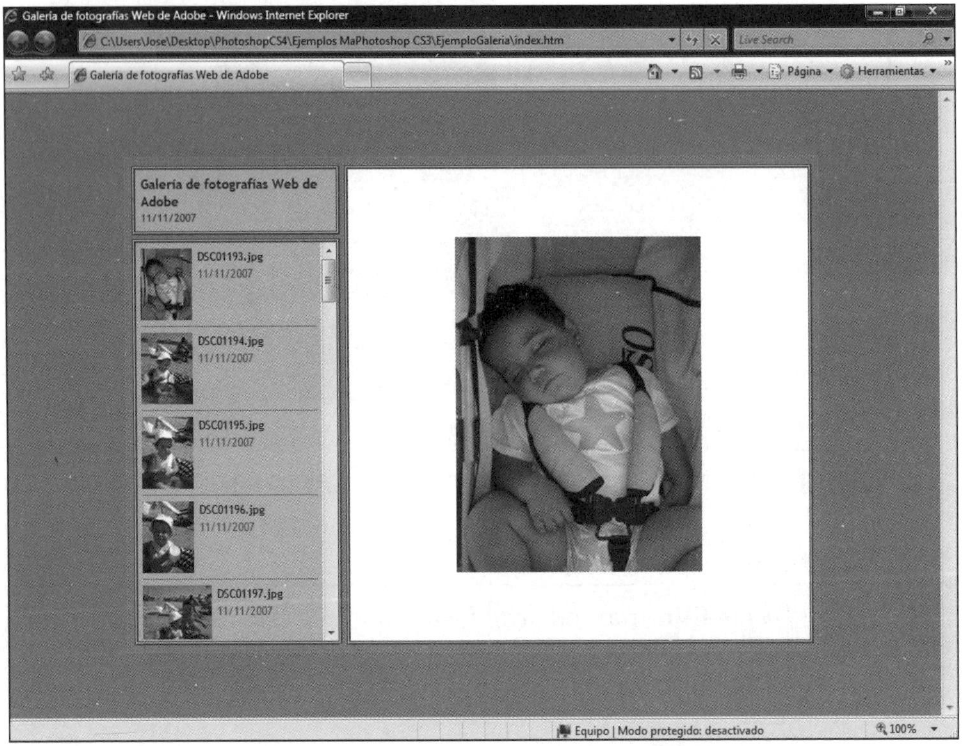

**Figura 19.9.** Galería de fotografías Web.

3. Para que todo esto tenga efecto es necesario reiniciar el programa.

Una vez hecho esto ya podemos recurrir al comando Galería de fotografías Web situado en el menú Archivo>Automatizar. Este comando permitirá seleccionar aquellas imágenes que deseamos utilizar y convertirlas en una estructura de archivos Web lista para colocarla en cualquier ubicación de Internet. Entre las opciones del cuadro de diálogo Galería de fotografías Web, observe la figura 19.10, lo primero que llamará nuestra atención será la lista desplegable Estilos. En ella se muestran diferentes propuestas de diseño y para que le resulte sencillo elegir la más adecuada, cada vez que seleccione una de ellas en la parte derecha del cuadro de diálogo se muestra una vista preliminar. Como podrá imaginar, el siguiente paso será elegir las imágenes que conformarán nuestra galería. Para ello, una de las opciones sería haberlas incluido previamente en una carpeta y elegir esta opción en la lista Usar. Otra posibilidad es utilizar toda la potencia de Bridge para elegir las fotografías e imágenes que desee utilizar.

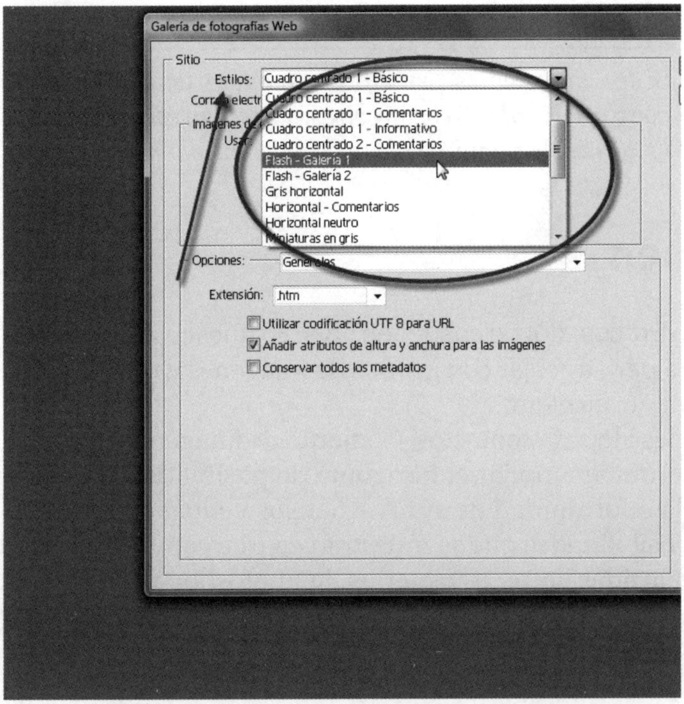


**Figura 19.10.** Lista desplegable Estilos del cuadro de diálogo Galería de fotografías Web.

**Nota:**

*La casilla de verificación* Incluir todas las subcarpetas *hará que se añadan a la galería todos los archivos incluidos en los subdirectorios de la ubicación elegida.*

## Destino para la Galería Web

Una vez configurados todos los aspectos necesarios de la galería, debemos indicar la ubicación donde el programa copiará todos los archivos necesarios para que se visualice correctamente. Estos archivos serán los que deberemos enviar a nuestro proveedor de servicios para que los copie en un servidor Web o los que copiaremos nosotros mismos si usamos uno de los muchos servidores de alojamiento gratuitos que existen en la red.

Haga clic en el botón **Destino** para elegir la ubicación de esta carpeta o cree una nueva para este propósito.

**Truco:**

*Si deseamos que los visitantes de nuestra galería de fotografías Web se pongan en contacto con nosotros, deberemos escribir nuestra dirección de correo electrónico en la opción del mismo nombre.*

# Resumen

El comando Procesador de imágenes pone en nuestras manos una inmejorable herramienta para trabajar con grupos de imágenes y transformar su formato, ajustes, tamaño, etcétera.

Las utilidades Hoja de contactos, Conjunto de imágenes y Galería de fotografías Web permiten ampliar el horizonte de posibilidades de Photoshop. No deje pasar la oportunidad de aprovechar sus ventajas.

Todas las posibilidades que se muestran en este capítulo, quizás no sean demasiado conocidas entre los usuarios de Photoshop pero no dudamos de su utilidad.

# Capítulo 20

# Ajustar preferencias de Photoshop

**En este capítulo aprenderá a:**

- Ajustar las preferencias de Photoshop.
- Cambiar el modelo de interpolación por defecto.
- Configurar los discos de memoria virtual.
- Establecer la configuración de los cursores.
- Ajustar las preferencias para guías y reglas.
- Trabajar con el cuadro de diálogo Ajustes de color.

# Ajustar las preferencias de la aplicación

Cuando instalamos Photoshop, éste toma por nosotros una serie de decisiones relacionadas con la configuración de los elementos principales de la aplicación.

Para modificar la configuración del programa, utilizaremos el comando Preferencias situado dentro del menú Edición. Una vez seleccionado, aparecerá un submenú con nuevas opciones como puede ver en la figura 20.1. El significado de las más importantes lo encontrará en los apartados que describimos a continuación.

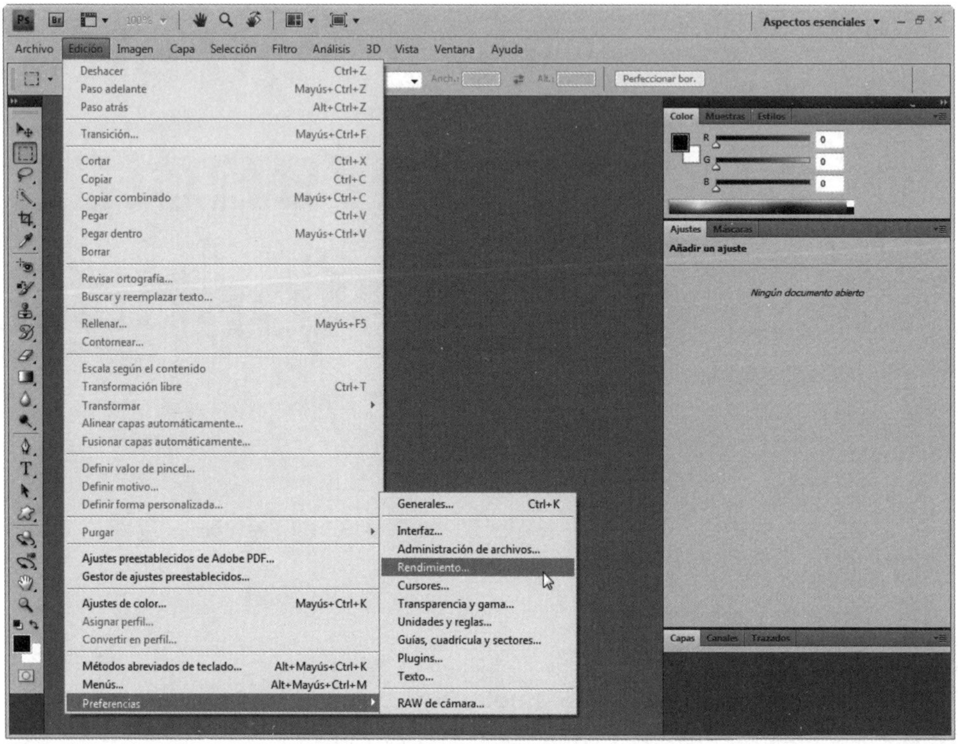


**Figura 20.1.** Contenido del menú Preferencias de Photoshop.

**Nota:**

*Puede acceder fácilmente a cualquiera de los apartados que componen el cuadro de diálogo* Preferencias *con tan sólo hacer clic sobre su nombre en el margen izquierdo.*

## General

La primera de las secciones permite controlar los aspectos más comunes, a los que se accede con cierta frecuencia; de hecho tiene asociado su propio atajo de teclado: **Control-K**. La descripción de sus opciones más importantes sería la siguiente:

- Selector de color: Permite elegir entre el selector de color propio de Photoshop o el de Windows. Le aconsejamos que no utilice éste último, ya que desaprovecharía las innumerables ventajas que ofrece el selector de Adobe.
- Interpolación de imagen: Con esta opción seleccionamos el método por defecto que utilizará Photoshop para completar las operaciones de ampliación, reducción y transformación (girar, distorsionar, etcétera). Esta característica se encarga de rellenar los huecos que se generan al ejecutar estas opciones. Los tipos de interpolación disponibles aparecen en la figura 20.2 y su descripción sería la siguiente:
- Por aproximación: Es el más rápido ya que los huecos se rellenan copiando los píxeles más cercanos. Sin embargo, los resultados que se obtienen con este método no son demasiado buenos.
- Bilineal: En este caso, Photoshop crea tonos intermedios para cubrir los espacios vacíos que se generan. Este método es más lento que el anterior, pero los resultados son notablemente mejores.
- Bicúbica: Este tercer método es sin duda el más lento de todos, pero también es cierto que es el que consigue mejores resultados en la mayoría de las situaciones. Para rellenar los huecos, la interpolación Bicúbica estimula el grado de contraste entre los píxeles para, de esta forma, conseguir disminuir en todo lo posible el efecto de desenfoque que aparece casi inevitablemente después de cualquier interpolación. Existen dos variedades de este modelo de interpolación: más suavizada y más enfocada, cada una de ellas prima el carácter de la imagen a la que hace referencia.
- Exportar Portapapeles: Photoshop tiene su propio Portapapeles. Al seleccionar esta opción conseguiremos que, al ejecutar el comando Cortar o Copiar dentro del programa, la operación se efectúe también sobre el Portapapeles del sistema. De este modo, podremos intercambiar imágenes entre Photoshop y cualquier otra aplicación sin ningún problema.
- Actualizar autom. doc. abiertos: Si esta casilla está activada, Photoshop reconocerá los cambios externos que se produzcan sobre imágenes abiertas en el programa y las actualizará.

- **Notificar al terminar**: Emite un sonido después de terminar alguna operación que precise de una ventana de estado.
- **Colores dinámicos**: Es recomendable tener activa siempre esta opción, ya que permite visualizar los efectos de color en los reguladores del panel **Color**.

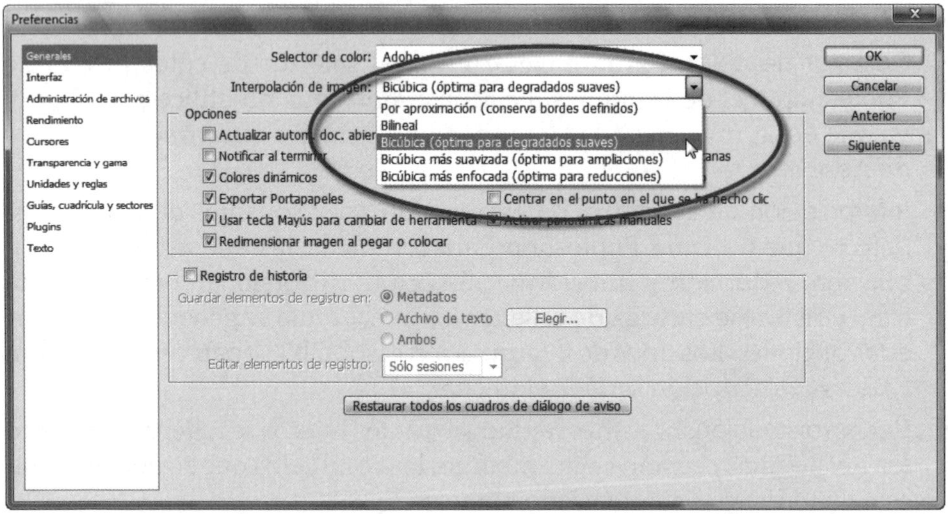


**Figura 20.2.** Modelos de interpolación disponibles.

**Nota:**

*El botón* **Restaurar todos los cuadros de diálogo de aviso** *permite reestablecer el estado inicial de todas las notificaciones que muestra el programa.*

## Registro de historia

El registro de historia tiene como fin guardar de forma detallada la descripción de cada uno de los pasos que llevamos a cabo en el proceso de edición de un archivo. Por ejemplo, la utilidad de este comando la podemos encontrar a la hora de facturar nuestro trabajo y el cliente solicita un desglose de las tareas realizadas.

Con las opciones de esta sección podremos elegir tanto el formato (metadatos o archivo de texto), como la cantidad de información que almacenará el registro (sólo sesiones, conciso o detallado).

Observe en la figura 20.3 el aspecto de esta interesante sección dentro de las preferencias del programa.

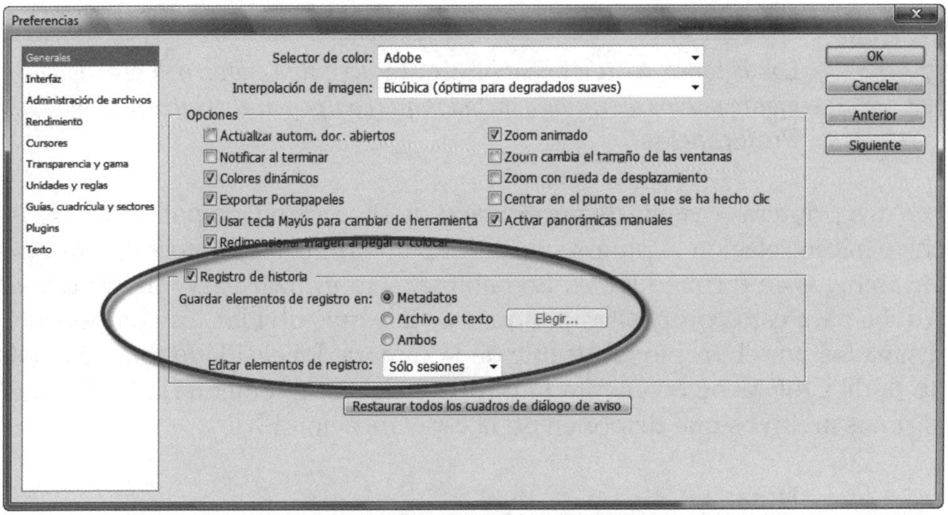


**Figura 20.3.** Registro de historia.

# Interfaz

El segundo apartado del cuadro de diálogo Preferencias se denomina Interfaz y por su nombre ya habrá adivinado el propósito de sus opciones. Entre ellas quizás destacaríamos las siguientes:

- Mostrar información de herramientas: Al activar esta casilla de verificación y mantener el cursor unos instantes sobre cualquier herramienta, Photoshop muestra una pequeña etiqueta con su nombre.
- Recordar ubicaciones de panel: Mantiene la situación del panel Herramientas y de los paneles la próxima vez que iniciemos la aplicación.
- Contraer paneles de iconos automáticamente: Hace que los paneles que se encuentran representados por un icono vuelvan a este estado después de utilizarlas y hacer clic en cualquier otro elemento de la interfaz.

# Administración de archivos

En este apartado del cuadro de diálogo Preferencias podemos, entre otros aspectos, guardar una miniatura del archivo, para que aparezca en la parte inferior del cuadro de diálogo Abrir. También podemos indicarle al programa que utilice mayúsculas o minúsculas en la extensión del archivo.

**Nota:**

*Los botones* **Anterior** *y* **Siguiente** *permiten movernos ordenadamente por los distintos apartados que componen el cuadro de diálogo* Preferencias.

Las dos primeras casillas de verificación de la sección Compatibilidad de archivo hacen relación al plugin por defecto que utilizará Photoshop para tratar archivos en formato RAW. Lo habitual será utilizar RAW de cámara de Adobe para estos propósitos aunque no debemos olvidar los componentes diseñados por el propio fabricante de la cámara. La casilla Ignorar etiqueta de perfil EXIF tiene en cuenta la información complementaria incluida en algunos archivos que disponen de la especificación EXIF.

**Nota:**

*Elija alguna de las opciones disponibles en la lista* Maximizar la compatibilidad de archivos PSD y PSB, *si quiere guardar junto con la imagen una copia compuesta de ésta, para que pueda abrirla en aplicaciones que no admitan capas.*

La sección Versión Cue permite configurar aspectos relacionados con las posibilidades que ofrece Photoshop para compartir proyectos en entornos compartidos a través de la aplicación Adobe Cue.
Por último, podemos indicar el número de archivos que aparecerá en el comando Abrir recientes del menú Archivo.

## Rendimiento

No existen dudas sobre las importantes exigencias que Photoshop requiere de nuestro hardware, tanto es así que deberíamos examinar con cuidado los requisitos mínimos de la aplicación si nuestro equipo tiene algunos años. Como podemos observar en la figura 20.4 dentro del apartado Rendimiento del cuadro de diálogo Preferencias encontramos cuatro secciones que describimos a continuación.

**Nota:**

*No pierda de vista el texto que aparece dentro de la sección* Descripción *al situar el cursor sobre cualquiera de las opciones incluidas en este apartado.*

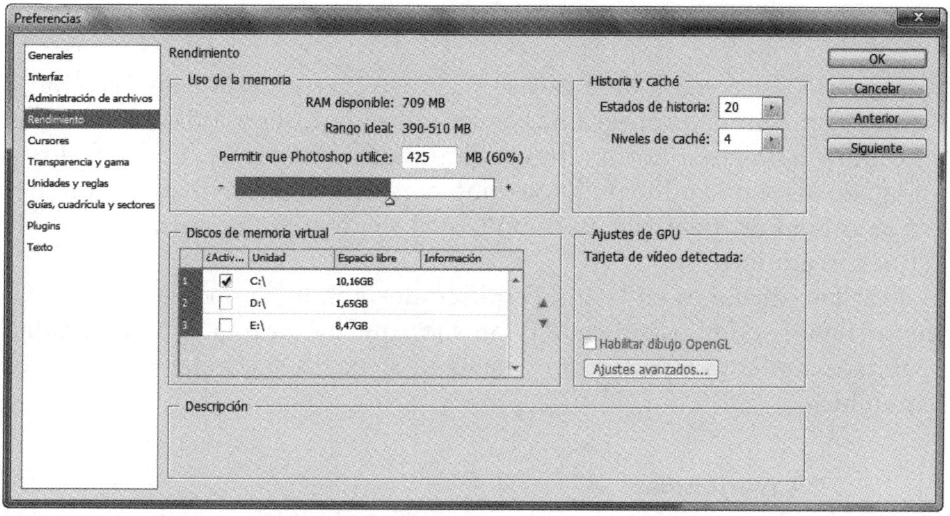


**Figura 20.4.** Apartado Rendimiento del cuadro de diálogo Preferencias.

## Uso de la memoria

Permite establecer la cantidad de memoria reservada para la aplicación. Generalmente, el valor establecido es correcto pero se puede modificar, teniendo en cuenta que al reducirlo verá disminuir el rendimiento del programa.

## Historia y caché

Permite decirle al programa el número máximo de acciones que almacenará en el panel **Historia**. Por otra parte con el fin de optimizar los procesos de redibujado, Photoshop utiliza la llamada "caché de imagen". Su modo de funcionamiento se basa en almacenar versiones a baja resolución de la imagen para acelerar su visualización cuando se utilizan operaciones como acoplar capas, alteraciones del color, etc. En la casilla **Niveles de caché**, introduciremos valores entre 1 y 8; mientras mayor sea este valor, más rápido será el proceso de redibujado.

**Advertencia:**

*Después de leer el párrafo anterior seguro que ha pensado en utilizar el valor máximo para ganar el mayor tiempo posible en este tipo de operaciones. Debe tener cuidado, ya que un número alto de niveles de caché consumirá muchos recursos de su equipo y le hará perder tiempo en otros procesos. El valor 4 o 5 puede ser una buena opción entre el consumo de recursos y la velocidad de redibujado.*

## Discos de memoria virtual

La memoria física es un bien escaso y generalmente caro. Para solucionar este problema muchos programas, entre ellos Photoshop, utilizan parte del disco duro para simular una mayor cantidad de memoria. Por defecto, la unidad de disco que utilizará Photoshop para alojar sus archivos temporales será la unidad de arranque, pero podemos elegir cualquier otra disponible en nuestro equipo.

En aquellas ocasiones en las que el disco designado como principal se encuentre lleno, podemos indicar a Photoshop que utilice una segunda unidad de almacenamiento, una tercera y hasta una cuarta, según los dispositivos disponibles.

**Advertencia:**

*Si estamos utilizando el disco de arranque como primer disco de memoria virtual, Photoshop mostrará un mensaje de advertencia la primera vez que iniciemos el programa. Su recomendación es que utilicemos un disco secundario como disco principal de memoria virtual. Siempre que sea posible debería hacer caso de este consejo del fabricante, como método para preservar nuestros datos y mejorar el rendimiento del programa.*

## Ajustes de GPU

Sólo contiene una opción que permite activar o no la aceleración 3D del sistema gráfico. Si su equipo lo permite mantenga siempre activa esta casilla de verificación.

**Advertencia:**

*Muchos de los ajustes que puede realizar en este apartado no tendrán efecto hasta la próxima vez que reinicie Photoshop.*

# Cursores

Lo más importante de esta sección es la posibilidad de modificar el aspecto de los cursores y pinceles para, de esta forma, conseguir una mayor o menor precisión según necesitemos en cada situación.

**Truco:**

*La tecla de bloqueo de mayúsculas permite alternar entre los cursores y pinceles estándar y el formato preciso de los mismos.*

## Transparencia y gama

Photoshop utiliza por defecto una cuadrícula gris y blanca para identificar las zonas transparentes de un gráfico. En este apartado podemos modificar su aspecto, así como los colores de la cuadrícula. Existen ciertos colores que no pueden representarse cuando pasamos una imagen de un modo de color a otro. Estas tonalidades se dice que están fuera de gama, y para reconocerlas Photoshop permite elegir un color en la sección Aviso de gama.

## Unidades y regla

Las reglas permiten determinar de forma exacta la posición de un elemento dentro de la imagen. Entre las opciones de esta sección que puede ver en la figura 20.5, destaca la posibilidad de modificar la unidad de medida que usa la regla y el resto de funciones que requieran el uso de unidades de medida.

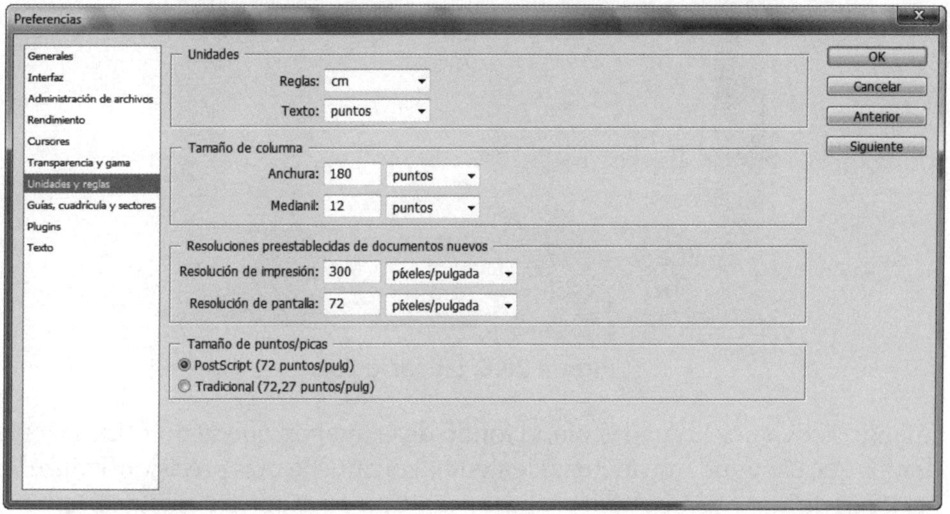


**Figura 20.5.** Apartado Unidades y regla del cuadro de diálogo Preferencias.

Además, si lo desea, puede indicar el ancho de la columna y el tamaño por defecto para el punto.

**Truco:**

*La forma más rápida de mostrar las reglas para la imagen actual es usar la combinación de teclas* **Control-R**.

## Guías, cuadrícula y sectores

Las líneas guía proporcionan una estupenda herramienta para alinear objetos dentro de una imagen. En este apartado, dentro de las posibilidades de configuración del programa, podemos definir el color de estas líneas guía y su aspecto (líneas continuas o discontinuas). En la figura 20.6 se observa un ejemplo en el que se han utilizado líneas guía.

**Figura 20.6.** Líneas guía.

Cuando activamos la cuadrícula, el fondo de la imagen queda dividido en cuadrados que nos ayudarán a situar elementos con mucha más precisión. Utilice las opciones de la sección Cuadrícula para modificar su aspecto y ajustar el tamaño de las divisiones. Por último, podemos indicar el color de la línea que se utiliza para dividir sectores, así como activar o desactivar su numeración automática. Los sectores se utilizan en desarrollos para Internet agilizan la visualización de grandes imágenes dividiéndolas en porciones más pequeñas.

**Nota:**

*Para usar las líneas guía active la regla en* Vista>Reglas, *después haga clic sobre la regla vertical u horizontal y sin soltar, arrastre para definir la posición de la guía.*

## Plugins

En esta ocasión nos encontramos con una sola sección que hace referencia a la localización que tendrán los *plugins* instalados en Photoshop. Utilice la casilla de verificación Carpeta de plugins adicionales para activar esta propiedad y el botón **Elegir** para elegir la carpeta en la que quiere almacenarlos.

**Nota:**

*Los plugins son herramientas que complementan determinados aspectos de la aplicación. En Photoshop, es habitual que terceras empresas desarrollen filtros o cualquier otra característica adicional que se incorporarán a Photoshop como plugins. Lo más habitual es que estos elementos se almacenen en el directorio por defecto de Photoshop, por lo que si no tiene una razón importante para hacerlo le recomendamos que no modifique este parámetro.*

Si dispone de *plugins* que se han instalado con una versión anterior de Photoshop quizás sea necesario introducir el número de serie antiguo del producto para que funcione correctamente en la versión actual de Photoshop. Utilice la casilla que para este fin se encuentra dentro de esta sección de las preferencias.

## Texto

Por último, nos encontramos con las preferencias relacionadas con el texto. Aquí podremos decidir si el programa sustituirá las comillas normales por tipográficas, si el nombre de fuentes no latinas que se muestran son similares o el tamaño por defecto para la previsualización de los tipos de letras en menús y herramientas relacionadas.

# Ajustes de color

El ajuste de color es un aspecto al que no solemos dar demasiada importancia pero que desde nuestro punto de vista es vital en aplicaciones como Photoshop. En el conjunto de aplicaciones de Adobe Creative Suite existe una característica que permite coordinar la gestión del color entre todos los programas que forman parte de este paquete de diseño, se trata del comando Ajustes de color situado en el menú Edición. Adentrarnos en los detalles de cada una de las opciones disponibles en este cuadro de diálogo quizás sea demasiado para el propósito de este manual, pero sí creemos importante que al menos conozca los valores predefinidos incluidos en la lista Ajustes y que muestra la figura 20.7. Observe que existen opciones definidas para tareas concretas como visionado en el propio monitor, trabajos de preimpresión o diseños Web.

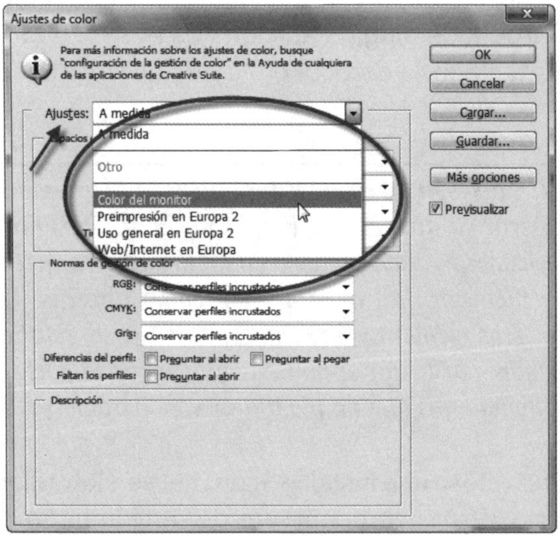


**Figura 20.7.** Contenido de la lista Ajustes del cuadro de diálogo Ajustes de color.

**Nota:**

*El botón* **Más opciones** *amplía las posibilidades del cuadro de diálogo* Ajustes de color *con nuevos ajustes.*

# Resumen

Configurar una aplicación tan compleja no es sencillo, aunque tampoco creemos que sea necesario conocer todos los detalles a este respecto para aprovechar de forma adecuada la mayoría de sus posibilidades. Con los conceptos tratados en los apartados anteriores estamos seguros de que habrán quedado cubiertos los aspectos fundamentales para configurar correctamente Photoshop según nuestras necesidades.

# Apéndice A

# Requisitos del sistema e instalación

# Requisitos del sistema

A medida que surgen nuevas versiones de una aplicación, también se modifican los requisitos mínimos necesarios para poder trabajar con ella. En el caso de Photoshop, la principal limitación la encontramos con los sistemas operativos en los que es posible ejecutarla, concretamente necesitamos Windows XP con Service Pack 2 como mínimo y si utilizamos Windows Vista es más que conveniente que se a partir del Service Pack 1. A partir de aquí cualquier actualización sería igualmente válida.

Con respecto a las necesidades de hardware que necesita Photoshop sucede más de lo mismo, es decir, cuanta mayor cantidad de memoria podamos tener instalada en nuestro equipo y mejor sea nuestra tarjeta gráfica, mejor y más rápida irá la aplicación. Como requisitos mínimos podríamos decir que con Pentium 4 y 512Mb de RAM iríamos un poco justos, tanto que si disponemos de una cantidad de memoria inferior a 512Mb no podremos ni siquiera instalar el programa.

# Proceso de instalación

La instalación de Photoshop no difiere demasiado de la de cualquier otro programa diseñado para trabajar en el entorno Windows.

La única diferencia que podemos encontrar está en si disponemos del conjunto de programas Adobe Creative Suite o hemos adquirido Photoshop de forma individual. En ambos casos, el proceso es muy similar, simplemente debemos saber que en el momento de instalar la Suite tendremos la posibilidad de elegir entre los programas que incluye: Illustrator, Photoshop, GoLive... Si tenemos en cuenta que el manual que tiene entre sus manos está dedicado a Photoshop, veremos cómo llevar a cabo el proceso individual de instalación de la aplicación.

1. Introduzca el disco del programa en la unidad lectora; transcurridos unos segundos, aparecerá una pantalla que comprueba si nuestro equipo cumple con los requisitos mínimos. Es conveniente cerrar cualquier otra aplicación que se encuentre abierta para no interferir en el proceso de instalación.
2. Si no existe ningún problema llegaremos la ventana de Bienvenida donde deberemos introducir el número de serie del producto. Para continuar, haga clic en el botón **Siguiente**.

**Advertencia:**

*Si después de introducir el disco de Photoshop no ocurre nada, deberá poner en marcha la instalación de modo manual. Para ello, elija Mi PC y haga doble clic sobre el icono que representa a la unidad lectora. A continuación aparecerá una ventana que muestra su contenido; por último, busque el archivo Setup.exe y haga doble clic sobre él.*

3. La siguiente pantalla muestra el acuerdo de licencia del producto. Si no tenemos ninguna objeción, haremos clic en **Aceptar** para continuar.
4. Si lo desea, en la siguiente pantalla puede cambiar la ubicación por defecto donde se instalarán los archivos necesarios para trabajar con la aplicación; utilice el botón **Cambiar** para este propósito. También puede elegir las aplicaciones que quiere instalar en su equipo simplemente activando el botón de opción Instalación Personalizada, para después activar o desactivar en el margen derecho los complementos y aplicaciones que desee. Haga clic en el botón **Instalar** para continuar.
5. Una vez terminada la copia de archivos, Photoshop informa de los componentes seleccionados que se instalarán en nuestro equipo. Si todo es correcto, haga clic en **Siguiente**.
6. Por último, aparecerá un cuadro de diálogo agradeciendo nuestra elección y donde nos recomienda el reinicio del sistema.

**Nota:**

*Los pasos para la instalación de Photoshop enumerados en este apéndice deben servir como referencia y no como una guía precisa de instalación ya que estos varían en función de la edición adquirida del producto.*

# Activación del producto

Una vez completada la instalación, al iniciar la aplicación, Photoshop solicitará en primer lugar que introduzca el número de serie que acompaña al producto. Pero si quiere disponer de su copia completamente operativa necesita activarla.

Este último paso puede llevarlo a cabo tanto desde Internet como por vía telefónica. Nuestra recomendación es utilizar Internet ya que de esta forma el proceso es mucho más rápido y sencillo.

# Apéndice B

# Acciones

# ¿Qué son las acciones?

Resumiendo mucho podríamos decir que las acciones son conjuntos de comandos de Photoshop agrupados bajo un mismo nombre. Al ejecutar una acción, todos los comandos que la componen también se ejecutan siguiendo el orden determinado por su posición dentro de la acción.
Imaginemos que tenemos más de cien imágenes sobre las que es necesario aplicar los mismos ajustes. Si no existieran las acciones tendríamos que abrir cada imagen y ejecutar cada uno de los comandos sobre las cien imágenes, una y otra vez. ¿Qué le parecería hacerlo todo con un solo clic y que Photoshop trabaje por nosotros? Pues ni más ni menos, ésta es la filosofía de las acciones. A continuación veremos cómo usar esta característica del programa.
Photoshop divide sus posibilidades relacionadas con las acciones entre el panel del mismo nombre y los comandos Automatizar y Secuencias de comandos del menú Archivo.

# Panel Acciones

La primera vez que abrimos el panel Acciones en su parte central podremos ver una carpeta con el nombre Acciones por defecto. Haga clic sobre el pequeño triángulo situado a la izquierda para mostrar todas las acciones que Photoshop incluye de forma predeterminada en su instalación. Como puede observar, a la izquierda de cada acción se encuentra otro pequeño triángulo. Si hace clic sobre él, accederá a los comandos que componen la acción.
En resumen, los niveles que componen el panel de acciones serían: grupo de acciones, acción, comandos que componen la acción y opciones de configuración del comando. Para entender mejor esta estructura, observe la figura B.1.

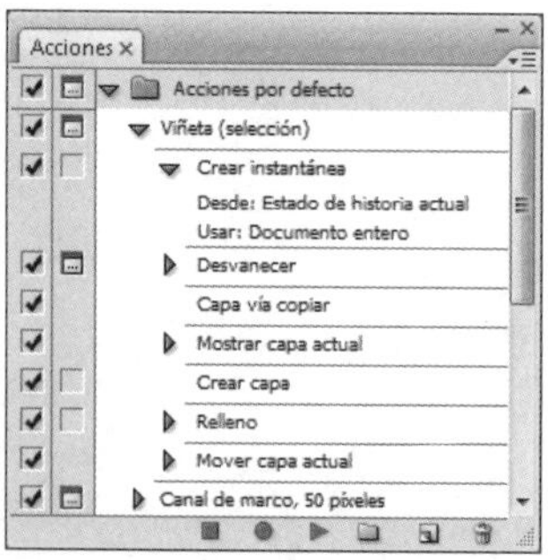


**Figura B.1.** Estructura del panel Acciones.

**Nota:**

*Es importante que tengamos claro la jerarquía que siguen las acciones, tanto para su organización como para entender mejor su funcionamiento.*

En el margen izquierdo del panel Acciones, nos encontramos con dos casillas de verificación: la primera de ellas permite activar o desactivar completa o selectivamente los comandos componen una acción. Esta puede ser una buena forma de configurar una acción incluso después de haberla creado, ya que podemos activar sólo los comandos que deseemos ejecutar en cada momento. La columna situada junto a la anterior sirve para conmutar la aparición de los cuadros de diálogo asociados a los comandos que intervienen en una acción. Si optamos por no mostrarlos, Photoshop tomará los valores por defecto. En cambio, si activa esta opción, la ejecución de la acción se detendrá cada vez que se encuentre con un comando que dispone de su propio cuadro de diálogo para que, en ese momento, introduzcamos los valores que deseemos.

**Truco:**

*Photoshop permite cambiar el aspecto del panel Acciones sustituyendo su apariencia inicial por botones de colores que representan cada acción. Para llevar a cabo este cambio, active la opción* Modo de botón *en el menú asociado al panel. En el modo de botón, no es posible acceder a los comandos que componen cada acción, pero sin duda resulta mucho más cómoda de utilizar. Además, desaparecen las casillas para activar y desactivar tanto acciones como la aparición de cuadros de diálogo.*

Si necesita seleccionar más de una acción o comando dentro del panel Acciones, mantenga pulsada la tecla **Control** mientras hace clic en los elementos que desea incluir en la selección. Este método permite seleccionar grupos, acciones o comandos alternos. Si desea hacer lo mismo para acciones o comandos contiguos, utilice la tecla **Alt**.

# Crear una acción

Para crear una nueva acción, debemos utilizar el botón Crear acción nueva que se encuentra situado en la parte inferior del panel Acciones o el comando Acción nueva de su menú asociado. En cualquiera de estos dos casos, aparecerá el cuadro de diálogo que muestra la figura B.2 donde encontramos las siguientes opciones:

- **Nombre:** Escriba el nombre que quiere utilizar para identificar a la acción. Le aconsejamos que utilice un nombre lo más descriptivo posible pero sin extenderse demasiado.
- **Conjunto:** seleccione el grupo de acciones donde quiere incluir la nueva. Al final de este capítulo, hablaremos de cómo crear grupos de acciones...
- **Teclas de función:** En lugar de utilizar el panel Acciones para ejecutar una acción, podemos asignarle una combinación de teclas. Sin duda, éste es el mejor método para ejecutar nuestras acciones más comunes.
- **Color:** Al configurar el panel Acciones en modo botón, éste será el color que adopte el botón asociado a la acción.

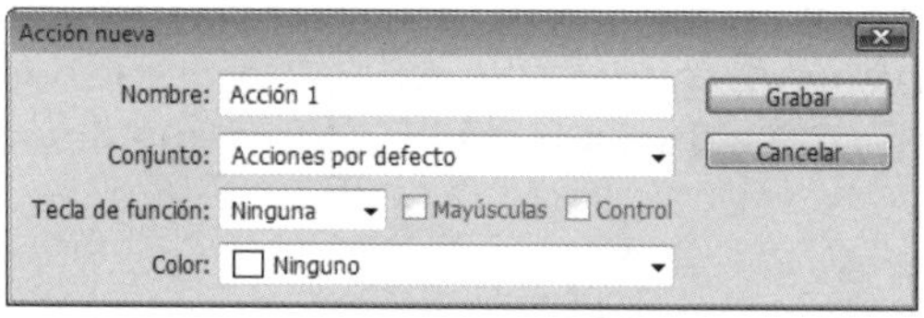


**Figura B.2.** Cuadro de diálogo Nueva acción.

Después de completar todas las opciones anteriores, el siguiente paso será seleccionar el conjunto de comandos que aplicaremos sobre la imagen en el momento de ejecutar la acción. Para completar este paso, disponemos del botón Grabación. Después de seleccionar el botón Grabación, Photoshop comenzará a registrar todas y cada una de las operaciones que realicemos. Por lo tanto, antes de hacer clic sobre este botón, debemos tener muy claras las tareas que deseamos grabar, para no cometer ningún error. Pero no se preocupe, lo mejor es respirar hondo y actuar de forma decidida.

Para detener la grabación, haga clic en el botón Detener ejecución/grabación situado en la parte inferior del panel Acciones. Después, compruebe que aparece al final del panel la nueva acción que acabamos de crear, incluyendo todos los comandos seleccionados durante el proceso de grabación.

**Advertencia:**

*Si se equivoca, le recomendamos que no intente arreglarlo eliminando comandos de la acción como veremos un poco más adelante. Sin duda, lo mejor será que empiece de nuevo o que utilice el comando* Volver a grabar *situado en asociado al panel.*

# Ejecutar una acción

Una vez creada la acción, el paso siguiente es ejecutarla. Llegados a este punto, nos encontramos con dos posibilidades:

- ...el panel Acciones se encuentra en su modo por defecto: En este caso deberá seleccionar la acción y hacer clic sobre el botón Ejecutar selección situado en la parte inferior del panel.
- ...hemos asignado a la acción una combinación de teclas: Pulse la combinación de teclas. Esta fórmula es independiente de las anteriores; aunque la acción tenga asociada una combinación de teclas, puede usar los métodos anteriores.

**Nota:**

*En Photoshop existe una tercera opción para ejecutar una opción, además de las dos anteriores. Se trata de hacer clic sobre el botón que representa la acción siempre que el panel se encuentre en este modo.*

En cualquier caso, podrá seguir las evoluciones de las acciones desde la barra de estado, donde irá apareciendo el nombre de los comandos que se van ejecutando. Si al ejecutar la acción existiera algún problema, Photoshop detendría su ejecución y mostraría un mensaje de error. Además, desplegaría la acción y seleccionaría el comando sobre el que se ha producido el error, siendo de gran ayuda para depurar nuestras acciones.

**Truco:**

*Si lo desea, puede aprovechar las posibilidades de la selección múltiple de acciones y ejecutar más de una al mismo tiempo.*

# Insertar paradas en la acción

Imaginemos que a mitad de una acción necesitamos realizar una selección o cualquier otro proceso manual que, por las peculiaridades de la tarea, no es posible automatizar. Para resolver este problema, disponemos del comando Insertar parada. Este comando permitirá incluir un mensaje breve e incluso un botón Continuar.

Para insertar una parada, seleccionaremos el comando después del cual queremos que se efectúe la parada. Después utilizaremos el comando Insertar parada del menú asociado al panel y, en el cuadro de diálogo que aparece escribiremos el texto que deseamos mostrar, al mismo tiempo que activamos la casilla Continuar si queremos que la acción continúe sin detenerse.

# Grupos de acciones

Los grupos de acciones facilitan la tarea de organización de todas nuestras acciones, ya que permiten agruparlas bajo un nombre determinado y trabajar con ellas de forma conjunta.
Para crear un grupo de acciones, seleccionaremos el comando Grupo nuevo del menú asociado al panel Acciones y en el cuadro de diálogo que aparece introduciremos el nombre que deseamos asignarle.

**Advertencia:**

*A la hora de crear una nueva acción, no olvide seleccionar previamente el grupo adecuado en la lista desplegable* Conjunto *del cuadro de diálogo* Acción nueva.

Es interesante que preste atención a las últimas opciones del menú asociado al panel Acciones, ya que corresponden a grupos de acciones predefinidos en Photoshop que podemos aprovechar para llevar a cabo tareas habituales. Después de seleccionar cualquiera de ellos, el grupo se añadirá al panel y tendremos acceso a todas las acciones y comandos que contiene.

# Índice alfabético

## C



## D

## E



## F



## G



## H